현장삼장 한역

유가사지론
瑜伽師地論

3

(제21권 - 제29권)

현장삼장 한역

유가사지론
瑜伽師地論

3

(제21권 - 제29권)

신현승 역주

도서
출판 **묘광**

머리말

미륵보살彌勒菩薩께서 설하신 『유가사지론』이 인도에 출현한 지 천칠백 년이 넘었고, 현장삼장玄奘三藏께서 한역하신 지는 천삼백 년이 넘었다. 그리고 고려 현종顯宗 연간에 초조대장경初雕大藏經으로 판각된 지는 천년이 넘었다. 이십 세기가 되어 일본의 국역일체경본으로 완역된 지는 백 년이 넘었고, 한글대장경본으로 번역된 지는 오십 년이 다 되어 간다.

본 역주자가 『유가사지론』 한역본을 처음 접한 것은 박사 과정에서 『성유식론』을 연구하면서였다. 『성유식론』은 중국 법상종의 소의 논서로 알려졌는데, 『성유식론』을 해득하다 보니 정작 『성유식론』은 『유가사지론』의 설명에 근거해서 각종 교의를 구성하고 있었다. 그래서 박사학위를 취득한 뒤 역주자의 관심은 『유가사지론』을 향했다.

『유가사지론』 산스크리트 본은 여러 사정으로 지금은 전체의 절반에 해당되는 본지분本地分 오십 권만 전해지고 있는 데 반해, 티벳 본과 한역본은 논서 전체가 전해지고 있다. 따라서 원본인 산스크리트 본이 논서 전체가 전해지고 있지 않은 이상 그 전모를 알기 위해서는 티벳 본이나 한역본이 중요하다. 그런데 티벳으로 불교가 처음으로 전래된 시기가 7세기 경인데, 이때에는 이미 현장 삼장이 『유가사지론』을 한역하였다. 또한 그 당시 중국 불교 교학의 발전 단계는 성숙 단계였다. 그런 섬에서 한역본의 중요성을 짐작할 수 있다.

그러나 『유가사지론』 한역본은 문장을 전개해 나가는 데 있어서 병렬과 비약이 심하고, 교학용어나 고유명사 표현이 다른 경론과 달라서 내용 해득이 쉽지 않다. 더구나 문맥 내부에서 단어들 간의 상관관계로 그 의미를 추측할 수 없는 단어들도 곧잘 출현해서 내용을 전개해 가는 데에 커다란 장애를 준다. 일본의 국역일체경본이나 한글대장경본은 정교한 축자 번역이기는 하나, 여러 사람이 나누어 번역한 것이다 보니 같은 뜻의 말을 서로 달리 번역하기도 하고 문맥이 잘 연결되지 않는 부분도 눈에 뜨인다.

본 역주자는 이러한 여러 가지 어려움에 주목하여 역주본의 서술 방향을 정하였다. 첫째, 한자어 중심의 교학용어보다는 가급적이면 지금 사용하는 우리말로 번역한다. 둘째, 같은 한자라 하더라도 문맥에 맞추어 번역어를 달리 쓰는 경우가 있으나, 가능하면 번역어를 일치시켜서 일관성 있게 번역하고 괄호를 사용하여 원문의 표현을 병기 한다. 셋째, 문장 구조가 난해한 경우에는 단순한 문장 구조로 바꾸어 표현하고, 문맥이 이어지도록 괄호 안에 생략된 내용을 삽입한다. 넷째, 문맥 내에서 의미가 드러나지 않는 단어는 『유가사지론』 안에 있는 정의나 다른 주석서를 근거로 하여 번역어를 정하고, 각주에 학술적 인용 가치가 있게 주석의 출전 문헌과 그 소재를 정확하게 기재한다.

고심 끝에 각주 출전 문헌은 『유가사지론』의 한역 시기에 가까워 한역자의 번역 의중을 알 수 있고, 『유가사지론』 전편에 걸쳐 여러 논사의 견해를 수록한 둔륜遁倫논사 저술인 『유가론기瑜伽論記』로 정하였다. 그리고 한글 주석문에는 반드시 대정신수대장경 상의 소재를 밝히고, 번역문 말미에는 한문 원문을 병기하여 한역문 본래의 형태를 참조할 수 있도록 하였다.

불교에 관심이 있는 이들이 대개 알고 있는 것처럼 『유가사지론』 일백 권은 유식유가행파의 근본 논서이다. 크게 보아 다섯 부분으로 나누어져 있다. 내용 순서대로 보면 본지분本地分, 섭결택분攝決擇分, 섭석분攝釋分, 섭이문분攝異門分, 섭사분攝事分이다. 이 가운데 본지분은 오십 권, 섭결택분은 삼십 권이나 된다. '관행하는 이'[瑜伽師]의 영역[地]에 관한 말씀[論]이라는 제목이 보여주듯이 본지분 오십 권에서는 관행하는 이들이 이해해야 할 열일곱 영역에 관해 자세하게 설명하고 있다. 그리고 이에 이어지는 섭결택분 삼십 권은 본지분의 내용 가운데 의문인 것에 대해 답을 하는 내용으로 되어 있다.

본지분의 열일곱 영역 중에서 오식신상응지(제1권), 의지(제1권에서 제3권), 그리고 유심유사지, 무심유사지, 무심무사지를 합한 유심유사등삼지(제4권에서 제10권까지) 등 첫 영역에서 다섯째 영역까지는 본 역주본 1에서 다루었다. 삼마히다지(제11권부터 제13권까지), 비삼마히다지(제13권), 유심지와 무심지(제13권), 문소성지(제13권부터 제15권까지), 사소성지(제16권부터 제19권까지), 수소성지(제20권) 등 여섯째 영역에서 열두째 영역까지를 본 역주본 2에서 다루었다.

이 책[유가사지론 3]은 열셋째 영역인 성문지에 관한 내용이다. 성문지는 최초유가처(제21권에서 제25권까지), 제이유가처(제26권에서 제29권까지), 제삼유가처(제30권에서 제32권까지), 제사유가처(제33권에서 제34권)로 구성되어 있다. 이처럼 성문지는 한역본 유가사지론의 제21권에서 제34권까지의 방대한 분량이다. 이 중에서 이 책은 최초유가처와 제이유가처를 다루고 있고 제21권에서 제29권까지에 해당하는 내용이다.

최초유가처는 '종성 영역'[種姓地], '들어가는 영역'[趣入地], '벗어나는 영역'[出離地] 의 세 영역으로 구성된다. 종성 영역에서는 종성의 본성, 열반의 조건, 종성에 머무르는 보특가라의 모습을 개괄적으로 다룬다. 종성에 머무르는 보특가라補特伽羅는 열반의 조건을 만나면 열반을 이룩할 수 있는 종자種子라는 존재가 있다. 열반의 조건은 자기가 완성됨을 맨 처음으로 하여 삼마지에 의지함까지 열두 가지의 조건, 그리고 사성제의 교법에 의지한 뛰어난 조건을 들고 있다.

들어가는 영역에서는 들어감의 본성, 들어감 이후에 전개되는 단계, 들어간 이의 모습을 보여준다. 들어간다는 것은 종성에 머무는 이가 부처님과 부처님 제자로 부터 교법을 듣고 처음으로 바른 믿음을 이루고, 청정한 계를 받아지니고, 많이 들으며, 보시 수행을 하고, 모든 견해를 부드럽게 하는 등 교법을 받아지니게 되는 것이다. 이 원인과 조건으로 관행觀行의 바른 실천을 하고 점점 나아가 궁극에 도달할 수 있게 된다.

벗어나는 영역에서는 '욕망으로부터 떠나는'[離欲] 두 과정, 즉 '세상의 과정'[世間道]과 '세상을 벗어나는 과정'[出世間道], 그리고 이 두 과정의 수행을 위한 자량도資糧道를 설명한다.

특히 자량도는 매우 비중있게 다루고 있다. 관행을 위한 식량을 모으는 자량 수행을 총 열가지로 보여준다. 계戒와 근根 에 적합함, 먹는 것의 한도를 앎, 초저녁과 늦은 밤에 잠에서 깨난 유가 수행, 실천할 때나 머무를 때 바르게 알고 머무름, 수행을 함께 하는 착한 벗의 성품, 정법正法을 듣고 생각함, 수행에 장애가 되는 존재를 없애는 일, '은혜로운 보시'[惠捨] 수행, 바른 사문沙門으로서 여러 공덕이라는 훌륭한 장신구로 장식하여 편안히 머무르고 수행하는 사문의 장식[莊嚴] 등, 각각이 어떤 것이며, 어떻게 실천할 지를 자세히 다룬다.

제이유가처는 우선 관행하는 이를 근기, 작용, 수행 과정과 결과 등으로 구분하고 그 특성을 구분하여 삼마지에서 각각에 알맞은 대상을 준비시킨다. 관행의 대상[所緣]은 알아야 할 대상 열두 가지에 대한 비발사나 실천으로 나타나는 '알아야 할 대상과 비슷한 성질의 비친 모양'[所知事同分影像]인 '추리가 있는 영상'[有分別影像]이다. 그리고 이 영상에 대한 사마타 실천으로 '아홉 가지 작용'[九種行相]이 마음이 한 가지로 향해 나아가 그 생각을 편안히 머무르게 하고 더이상의 자세한 살핌이 없는 '추리가 없는 영상'[無分別影像]을 대상으로 관행觀行한다.

이러한 관행 대상은 진소유성盡所有性과 여소유성如所有性을 갖추어 대상의 한계[事邊際性]까지 갖추고 있다. 관행하는 이는 사마타와 비발사나를 많이 수습하여 모든 대상 영상의 의도를 완성하고 이 완성으로, 모든 추중麁重을 다 소멸하고 근거 전환[轉依]을 이루어 영상을 넘어서 직각하는[現量] 지견智見을 이룬다. 초정려, 제이정려, 제삼정려, 제사정려에 들어 각각에 작용하는 대상영역에 대해, 공무변처空無邊處, 식무변처識無邊處, 무소유처無所有處, 비상비비상처非想非非想處에 들어 그 선정이 작용하는 대상영역에 대해 선정을 이루어 해야 할 것을 완성하여 갖추는 것이다.

아울러, '알아야 할 대상'[所知事] 열두 가지에 대하여 상세한 수행방법을 제시한다. '깨끗이 하는 수행'[淨行]에서 깨끗지 못한 대상으로 탐냄 작용을, 자애롭고 가엾어함의 대상으로 분노 작용을, 연성緣成과 연기緣起를 대상으로 어리석음 작용을, '여섯 영역'[六界] 구별을 대상으로 으스댐 작용을, 아나파나념阿那波那念을 대상으로 즉 수를 세는 수습, 모든 온蘊·연기·사성제를 깨달아 드는 수습, 열여섯 가지 뛰어난 수행의 수습에 의해서 '깊은 생각'[尋思] 작용을 깨끗이 한다.

다음으로 정교함[善巧]에 대한 관행에서 오온에 정교함을 대상으로 존재의 성질에 대해, 열여덟 영역[十八界]에 정교함을 대상으로 '원인과 조건'[因緣]에 대해, 십이처十二處에 정교함을 대상으로 유전流轉에 대해, 십이연기十二緣起에 정교함을 대상으로 무상지無常智·고지苦智·무아지無我智에 대해, '이치에 알맞음과 이치에 어긋남'[處非處]에 정교함을 대상으로 이숙異熟의 결과에 대해 바르게 분명히 알고 통달하게 한다.

그리고 번뇌를 깨끗이 하는 관행에서, 아래 영역의 '거친 성질'[麁性]과 위 영역의 '고요한 성질'[靜性]을 살피는 '세상의 과정'[世間道]과 사성제四聖諦를 살피는 '세상을 벗어나는 과정'[出世間]에 의해서 번뇌와 근거를 소멸시켜 궁극적인 끊음을 이루는 수행을 이루게 한다.

유가 수행의 배움에 대해서 증상계학增上戒學, 증상심학增上心學, 증상혜학增上慧學의 삼학三學에 대해, 공해탈空解脫, 무원해탈無願解脫, 무상해탈無相解脫 등의 해탈에 대해, 그리고 배움을 따르는 십상十想과 십법十法으로 관행하는 이가 수습하고 배워야할 것을 제시한다.

유가란 무엇이며, 유가 수행에서 생기는 의도[作意], 모습[相], 해석[勝解]에 대하여, 그리고 유가에서 지어야 할 것과 관행하는 이[瑜伽師]에 대해 간략히 설명하면서, 유가 수행을 생각하는 수행과 깨달음 부분 수행의 두 부분으로 상세히 다룬다.

생각하는 수행은 세상의 과정 수행에서는 과환상過患想을, 열반도 수행에서는 끊음·욕망을 떠남·소멸의 영역을 수습하고, 사마타 수행에서는 상하상上下想을, 비발사나 수행에서는 전후상前後想의 경우를 들어 설명한다. 깨달음 부분 수행법으로 사념주四念住, 사정단四正斷, 사신족四神足, 오근五根, 오력五力, 칠각지七覺支, 팔성도八聖道 등의 서른일곱 가지의 수행법을 설명한다.

　부지런히 관행을 닦는 모든 유가사가 잘 알아서 바르게 멀리해야 할 마라[魔]에 대하여, 그리고 관행은 모든 근根이 모이고, 가르쳐 주는 것을 따르고, 등지等持의 힘이 강성한 경우에야 성과가 있게 됨을 간략히 다룬다.

　본 역주본은 모든 부처님, 보살님, 신장님의 가피로 출판하게 되었다. 선친이신 묘광당妙光堂 대사님께 감사한다.

그럼, 삼계의 모든 중생에게 회향하며
2024. 겨울
도서출판 묘광 장경실에서
신현승 합장 배상

일러두기

본 역주본을 읽을 때 유의할 점을 몇 가지 적는다.

1. 본 역주본 본문의 저본은 대정신수대장경大正新脩大藏經 제30책, 유가사지론瑜伽師地論이다. 그리고 각주의 저본은 대정신수대장경 제42책, 유가론기瑜伽論記이다.
2. 번역에 참고한 저술은 다음과 같다.
   (1) 한글대장경 128-131권, 유가사지론 1-4(1976-1980년).
   (2) 국역일체경國譯一切經 인도찬술부 유가부1-6(1981-1982년).
   (3) 국역일체경 화한찬술부 논소부9-12(1981년).
3. 부호 사용 방식
   (1) 번역어 뒤의[ ] 안에 원문의 한자어, 또 다른 번역어를 병기하여 내용을 이해하는 것을 도왔다. 두 단어 이상으로 번역된 경우는 ' '로 묶어 지시하는 범위를 나타냈다.
      보기) '보이는 것'[色]
         '이숙과를 받는'[태어나는]
   (2) 번역어와 원문의 한자어가 같은 경우 번역어 뒤에 병기하였고, 간략하게 의미를 설명할 경우 괄호를 하고 그 설명을 추가 하였다.
      보기) 일체종자식一切種子識
         구유의(俱有依: 항상 함께하는 근거)
   (3) 원문에는 없지만 문맥 이해에 필요한 경우 주석서를 감안하여 역주자가 단어나 구절을 괄호 안에 넣어 삽입하였다.
      보기) 소라[螺貝](로 만든 악기 부는)소리

⑷ 번역어가 보다 일반적인 것일 경우에는 괄호 안에 우선 그 번역어의 발음과 일치하는 한자어부터 표기하고, 그 다음으로 원문의 한자어를 표기하였다.

　　　보기) 정거천(淨居天: 淨天)

⑸ 산스크리트어를 음사한 한역어의 경우, 번역어부터 표기하고 괄호 안에는 원문의 한자어, 산스크리트어 철자 순으로 표기하였다.

　　보기) 니민달라산(尼民達羅山: nimimdhara)

⑹ 각주에서 출전 근거는 보기와 같이 표시하였다.

　　　보기) 유가론기 제2권상(대정장 42. p.343b10)

위에서 '대정장 42'는 대정신수대장경 제42책을 의미하고, 'p.343b10'는 343페이지의 b단 제10행을 의미한다.

4. 각주는 전반적으로 유가론기에서 가져왔으며 각주마다 번역문 말미에 한문 원문을 병기하였다.

목차

머리말 · 5
일러두기 · 13

제10 성문지聲聞地

1. 최초 유가처의 종성 영역初瑜伽處種姓地 · 27 ············[논 제21권]
   1.1 종성의 본성種姓自性 · 28
   1.2 종성을 설명함種姓安立 · 29
      1.2.1 반열반般涅槃하지 못하는 네 가지 원인과 조건 · 29
      1.2.2 열반법의 조건涅槃法緣 · 32
         (1) 낮은 조건 · 32
         (2) 뛰어난 조건 · 42
   1.3 종성種姓에 머무르는 이의 모든 모습諸相 · 43
      1.3.1 열반법涅槃法이 없는 보특가라補特伽羅의 모든 모습 · 43
      1.3.2 종성種姓에 편안히 머무르는 보특가라補特伽羅 · 47

2. 최초 유가처의 들어가는 영역初瑜伽處趣入地 · 52
   2.1 들어가는 본성趣入自性 · 53
   2.2 들어감을 설명함趣入安立 · 54
   2.3 들어간 이의 모든 모습趣入者諸相 · 59
   2.4 이미 들어간 보특가라已趣入補特伽羅 · 63

3. 최초 유가처의 벗어나는 영역初瑜伽處出離地·64······[논 제22권]
   3.1 세상의 과정世間道에 의해 이욕離欲으로 나아감·64
   3.2 세상을 벗어나는 과정出世道에 의해 이욕離欲으로 나아감·65
   3.3 두 과정의 식량二道資糧·66
      3.3.1 계에 적합함戒律儀·66
         (1) 세 가지 설명辨三·67
         (2) 손실과 완성虧滿·74
         (3) 다른 부문異門·81
         (4) 맑음淨·85
         (5) 공덕의 뛰어난 이익功德勝利·88
      3.3.2 근에 적합함根律儀·92················[논 제23권]
      3.3.3 먹을 것의 한도를 앎於食知量·101
         (1) 바르게 생각하여 선택해서 먹기·102
         (2) 방탕하거나 교만하거나 꾸미려고 먹지 않기·109
         (3) 편안히 머무르고 추스르기 위해 먹기·112
         (4) 요점·116
      3.3.4 잠에서 깨난 유가 수행覺寤瑜伽修行·120·········[논 제24권]
         (1) 낮과 초저녁 수행·121
         (2) 교법에 맞게 눕기·128
         (3) 늦은 밤 수행·131
         (4) 요점·132
      3.3.5 바르게 알고 머무름正知住·134
         (1) 실천할 때 바르게 알고 머무름·134

(2) 머무를 때 바르게 앎 · 139

　　(3) 바르게 알고 머무는 일들 · 142

　　(4) 요점 · 149

3.3.6 착한 벗의 성품善友性 · 152 ·····················[논 제25권]

　　(1) 여덟 가지 원인과 조건 · 152

　　(2) 착한 벗의 다섯 가지 공덕 · 156

　　(3) 요점 · 159

3.3.7 정법을 듣고 생각함聞思正法 · 160

　　(1) 정법正法 · 160

　　(2) 정법을 들음聞正法 · 165

　　(3) 정법을 생각함思正法 · 165

3.3.8. 장애가 없음無障 · 169

　　(1) 안과 외부에 의한 장애 · 169

　　(2) 요점 · 171

3.3.9. 은혜롭게 베풂惠捨 · 175

　　(1) 보시의 주체와 대상 · 176

　　(2) 보시물 · 177

　　(3) 보시의 모습과 방법 · 179

　　(4) 보시의 이유 · 180

3.3.10. 사문의 장식沙門莊嚴 · 181

　　(1) 바른 믿음正信 · 182

　　(2) 알랑대고 굽힘이 없음無諂曲 · 182

　　(3) 질병이 적음少病 · 182

(4) 정진精進 · 183

　　(5) 지혜慧 · 183

　　(6) 욕망이 적음少欲과 기쁘게 만족喜足 · 183

　　(7) 봉양하기 쉬움易養과 만족시키기 쉬움易滿 · 184

　　(8) 두다의 공덕杜多功德 · 184

　　(9) 단정함端嚴 · 190

　　(10) 한도를 앎知量 · 191

　　(11) 현명하고 선한 이의 교법賢善士法 · 191

　　(12) 총명하고 지혜로운 이의 모습聰慧者相 · 192

　　(13) 감당함堪忍 · 192

　　(14) 부드럽고 온화함柔和 · 192

　　(15) 현명하고 선함賢善 · 193

4. 제이유가처第二瑜伽處 · 196 ·······················[논 제26권]
　4.1. 보특가라종류補特伽羅品類 · 197
　4.2. 보특가라의 성립補特伽羅建立 · 206
　　4.2.1 근기根 · 205　　　　4.2.2 무리衆 · 205
　　4.2.3 작용行 · 206　　　　4.2.4 서원誓願 · 211
　　4.2.5 실천의 자취行跡 · 212　4.2.6 과정과 결과道果 · 212
　　4.2.7 힘씀加行 · 213　　　4.2.8 선정定 · 213
　　4.2.9 생겨남生 · 214
　　4.2.10 물러남과 물러나지 않음退不退 · 214
　　4.2.11 장애障 · 215

4.3. 대상所緣 · 217

    4.3.1. 널리 가득 찬 대상인 경사遍滿所緣境事 · 218

      (1) 추리가 있는 영상有分別影像 · 218

      (2) 추리가 없는 영상無分別影像 · 219

      (3) 대상의 한계까지인 성질事邊際性 · 220

      (4) 해야 할 것을 완성하여 갖춤所作成辦 · 221

      (5) 대상에 마음이 편안히 머묾安樂住 · 223

    4.3.2. 깨끗이 하는 수행의 대상淨行所緣 · 229

      (1) 깨끗지 못함의 대상不淨所緣 · 229

      (2) 자애롭고 가엾어함의 대상慈愍所緣 · 234

      (3) 조건의 성질과 조건이 생김의 대상緣性緣起所緣 · 236

                                                                  [논 제27권]

      (4) 영역 구별의 대상界差別所緣 · 237

      (5) 아나파나념阿那波那念 · 241

    4.3.3. 정교함의 대상善巧所緣 · 260

      (1) 유위법에 정교함蘊善巧 · 260

      (2) 영역에 정교함界善巧 · 262

      (3) 십이처에 정교함處善巧 · 263

      (4) 연기에 정교함緣起善巧 · 264

      (5) 이치에 알맞음과 이치에 어긋남에 정교함處非處善巧 · 265

    4.3.4 번뇌를 깨끗이 함의 대상淨惑所緣 · 266

      (1) 세상의 과정世間道: 추성과 정성麁性靜性 · 266

      (2) 세상을 벗어난 과정出世間道: 사성제四聖諦 · 267

4.4 가르쳐줌敎授 · 274

4.5 배움學 · 276 ··[논 제28권]

    4.5.1 세 가지 뛰어난 배움三勝學 · 276

    4.5.2 세 가지 보특가라三補特伽羅 · 280

    4.5.3 세 가지 해탈 부문三解脫門 · 281

4.6 배움을 따르는 존재隨順學法 · 282

    4.6.1 배움에 거스르는 존재違逆學法 · 282

    4.6.2 열가지 생각十想과 열가지 존재十法 · 284

4.7 유가를 망가뜨림瑜伽壞 · 287

4.8 유가瑜伽 · 290

    4.8.1 믿음信 · 290

    4.8.2 의욕欲 · 291

    4.8.3 정진精進 · 291

    4.8.4 수행방법方便 · 292

4.9 의도作意 · 293

    4.9.1 네 가지 의도四作意 · 293

    4.9.2 모습相 · 295

    4.9.3 해석勝解 · 296

4.10 유가의 지어야 할 것瑜伽所作 · 297

4.11 유가사瑜伽師 · 298

4.12. 유가의 수행瑜伽修 · 300

    4.12.1 생각의 수행想修 · 300

4.12.2 깨달음 부분의 수행菩提分修 · 302

    (1) 사순관四循觀과 사념주四念住 · 304

    (2) 사정승四正勝과 사정단四正斷 · 320 ················[논 제29권]

    (3) 사삼마지四三摩地와 사신족四神足 · 327

    (4) 오근五根과 오력五力 · 332

    (5) 칠각지七覺支와 팔정도八正道 · 336

4.13 수행의 결과修果 · 340

  4.13.1 사문과沙門果 · 340

  4.13.2 번뇌가 얇은 이의 작용行相 · 342

4.14 보특가라의 다른 부문補特伽羅異門 · 346

  4.14.1 사문沙門 · 346

  4.14.2 바라문婆羅門 · 348

  4.14.3 범행하는 이梵行 · 349

  4.14.4 비구苾芻 · 349

  4.14.5 매우 부지런한 이精勤 · 350

  4.14.6 출가한 이出家 · 350

4.15 여덟 가지 보특가라補特伽羅와 성립 · 351

  4.15.1 여덟 가지 보특가라八補特伽羅 · 351

  4.15.2 성립의 원인과 조건 · 351

4.16 마라魔 · 353

  4.16.1 네 가지 마라四魔 · 353

  4.16.2 마라가 하는 일魔事 · 355

4.17 결과 없음의 원인과 조건無果因緣 · 356

제10 성문지聲聞地

제10 성문지聲聞地

(제21권 - 제29권)

앞에서는 수소성지(修所成地: 수행으로 이루어진 영역)를 설명하였다. 성문지(聲聞地: 성문聲聞의 영역)란 무엇인가? 모든 성문지를 아울러 요약[嗢拕南: udāna][1] 하자면 아래와 같다.

만일 이 영역[地]을 간략히 설명한다면,
종성 등과 삭취취[2],
알맞게 설명함[安立],
세상[世間]과 '세상을 벗어남'[出世間]이다.

이 영역은 간략히 세 가지이다. '종성 영역'[種姓(地)], '들어가는 영역'[趣入(地)], 아울러 '벗어나는 영역'[出離想地]이다. 이를 성문지[聲聞]라고 한다.

1. 최초 유가처의 종성 영역初瑜伽處種姓地

'종성 영역'[種姓地]이란 무엇인가? 요약하자면 아래와 같다.

간략하게 모두 말하는
종성지를 알라.
본성[自性]과 설명함[安立]과
'모든 모습'[諸相]과 삭취취數取趣이다.

종성(種姓: 서로 구별되는 종류)의 본성[自性]), 종성種姓을 설명함[安立], 종성種姓에 머무르는 이의 '모든 모습'[諸相]과 종성種姓에 머무르는 보특

---

1) 유가사지론석(대정장 30. p.885b15-16): 올타남嗢拕南이란 우선 요약된 시 형식으로 답을 하는 것인데, (여기에서는) 대상영역의 이름[地名]을 간략히 모아서 여러 배우는 이에게 설명하는 것이다.　嗢拕南者。先略頌答。略集地名。施諸學者。名嗢拕南。
2) 삭취취數取趣: 보특가라補特伽羅: 자주자주 다섯 세상[趣]의 삶을 사는 이.

가라補特伽羅, 이와 같은 모두를 아울러서 간략히 종성지(種姓地: 서로 구별되는 종류의 영역)라고 한다.

(우선) 종성이란 무엇인가? 종성에 머무르는 보특가라(補特伽羅: pudgala: 삭취취數取趣: 인人, 아我, 유정)에게는 종자種子라는 존재가 있고 지금 소유하고 있기 때문에, 종성에 편히 머무르는 보특가라가 만일 '뛰어난 조건'[勝緣]과 만나면 감당하고 힘이 있어서 그 열반涅槃을 이룩할[得] 수 있고 경험할[證] 수 있다.

1.1 종성의 본성種姓自性

질문(1) 이 종성種姓은 어떻게 구별되는가?

대답(2) 경우에 따라 종자種子라고도 하고, 계界라고도 하고, 성性[3]이라고도 한다. 이것을 구별이라고 한다.

질문(2) 이제 이 종성種姓은 무엇을 체성[體]으로 삼는가?

대답(2) '의지할 대상'[所依]에 붙어서 이와 같은 모습이 있다. 육처(六處: 육근六根)에 속한다. 아득히 먼 옛 세상서부터 전개되어 전해져 으레[法爾] 이룬 것이어서 이와 같이 서로 구별되는 이름을 지었다. 이를테면 종성種姓, 종자種子, 계界, 성性인데 이들을 종성種姓이라고 한다.

---

3) 유가론기 제6권상(대정장 42. p.430c3-5): 생기고 나타나 작용할 수 있기 때문에 종자種子라고 한다. 범본梵本에서 이르는 타도(馱都: dhātu: 근본 요소), 이것은 계(界: 경계의 안 부분)라고 한다. '원인을 이루는 근본'[因]이라는 의미이다. 범본에서 이르는 습박사박(濕縛娑縛: svabhāba: 본성), 이것은 성(性: 본성)이라고 한다. '체를 이루는 성질'[體性]이라는 의미이다.　　能生現行故名種子。梵本云馱都此云界。是因義也。梵本云濕縛娑縛。此云性。是體性義也。

1.2 종성을 설명함種姓安立

종성種姓에 대해 어떻게 설명[安立]하는가? 흔히 질문하기를, "이제 이 종성은 미미하다[細]고 하겠는가, '(알맹이가) 크다'[麁]고 하겠는가?"라 한다. (그러면 어떤 경우는) 미미하다고 대답 할 것이다. 왜냐하면, 이 종자種子는 아직 열매[果]를 부여하지 못하고, 아직 그대로[習] 열매[果]를 이룩하지 못했기 때문에 미미하다고 하는 것이다. 만일 이미 결과가 부여되고 그대로 결과[果]를 이룩했다면, 그 때에는 종성이 종자[種]와 열매[果]를 갖추어 (알맹이가) 크다고 한다.

질문 이와 같은 종성은 한 가지로 '지속하는 것'[相續]에 속한다고 해야 하는가? (아니면) 많은 것으로 지속하는 것에 속한다고 해야 하는가?

대답 한 가지로 지속하는 것에 속한다고 해야 한다. 왜냐하면 만일 존재[法]가 '다른 모습'[異相]과 더불어 있어 전개된다면, 그 각각 다른 여러 종류로 지속하고, 여러 종류로 유전(流轉: 존재의 원인과 결과가 계속됨)하는 것을 보게 될 것이기 때문이다.

이와 같이 종자種子는 육처六處에 각각 다른 모습으로 있는 것이 아니다. 이와 같이 (한) 종류의 부분[分位]인 '여섯 곳'[六處]이 뛰어나 아득히 먼 옛 세상서부터 전개되어 전해져 으레 이루어져, 이와 같이 상(想: 개념형성: 생각)과 설명[言說]이 있게 되니, 이를테면 종성種姓, 종자種子, 계界, 성性이라고 한다. 그러므로 하나로 지속하는 것에 속한다고 해야 한다.

1.2.1 반열반般涅槃하지 못하는 네 가지 원인과 조건

질문 만일 종성에 머무르는 보특가라에게 열반법(涅槃法: 열반 존재)이 있다면, 이 종성에 머무르는 보특가라가 어떤 '원인과 조건'[因緣] 때문에 열반법涅槃法이 있는데 전생에서부터 오랜 동안 유전流轉하여 반열반般涅槃하지 못하는가?

대답 네 가지 원인과 조건 때문에 반열반般涅槃하지 못했다. 무엇이 네 가지인가? 첫째, (시간적) 틈이 없는 곳에 생겨났기 때문이다. 둘째, 방종한[放逸] 잘못 때문이다. 셋째, '비뚤게 해석하고 실천하기'[邪解行] 때문이다. 넷째, 장애가 있는 결함 때문이다.

(첫째) 무엇을 (시간적) 틈이 없는 곳에 생겨났다고 하는가? 예를 들자면 어떤 이가 변방 국가에서 달수(達須: dasyu: 총령(葱嶺: 파미르 고원)의 동쪽 지역)[4], 멸려차(篾戾車: 돌궐突厥 지역) 가운데 태어났는데 (그곳에는) '네 무리'[四衆], 현인[賢良], '정지한 선한 이'[正至善士][5]가 가서 돌아다니지 않는다. 이를 (시간적) 틈이 없는 곳에 생겨났다고 한다.

(둘째) 무엇을 방종한 잘못이라고 하는가? 예를 들자면 어떤 이가 달수達須, 멸려차篾戾車가 아닌 '중앙의 국가'[中國: 중인도][6]에 태어났는데, (그곳에는) '네 무리'[四衆], 현인[賢良], '정지한 선한 이'[正至善士]가

---

4) 유가론기 제6권상(대정장 42. p.426b7-9): 혜경惠景논사에 다시 의하면 멸려차蔑戾車는 더러운 것을 즐긴다고 이름하는데 돌궐이다. 달수達須는 하천민인데 총령의 동쪽 여러 나라이다.　景公復云。蔑戾車者。名樂垢穢。突厥等。達須是下賤類。即説此葱嶺已東諸國是也。

5) 유가론기 제6권상(대정장 42. p.431b19-20): 정지正至란 바로 사과四果의 성인으로 정지正至의 '선한 이'[善士]라고 한다.　正至即是四果聖人名正至善士。

6) 유가론기 제6권상(대정장 42. p.426b5-7): 혜경惠景논사와 규기窺基논사의 동일한 해석에 의하면 인도의 세간에서 말하는 것에 따르면 오천축을 중국이라고 한다. 그 외는 모두 변방 지역이다. 부처님 교법이 전하는 곳은 오직 중인도이므로 중국이라고 한다. 그 외는 모두 변방 지역이다.　景基同釋。依西方俗間所説。唯五印度名爲中國。餘皆邊地。佛法所傳唯中印度名爲中國。餘名邊地。

가서 돌아다니지만, 높은 계층 집안에 생겨나 귀한 재물이 충분하여 모든 뛰어난 욕망을 좇아 집착하고 받아써서[受用] (그것들의) 잘못을 보지 못하고 벗어날 줄 모른다. 이를 방종한 잘못이라고 한다.

(셋째) 무엇을 '비뚤게 해석하고 실천함'[邪解行]이라고 하는가? 예를 들자면 어떤 이가 중앙의 국가 등에 생겨났지만, 외도外道의 여러 가지 '악한 견해'[惡見]가 있어 이러한 견해를 일으키고 저러한 이론을 내세워 보시를 하지 않는 등, "어떤 '나중 존재'[後有]도 없음을 나는 스스로 분명히 알고 있다."라고 한다. 또한 이러한 외도의 견해 때문에 모든 부처님이 세상에 나타나실 때를 만나지 못하고 '바른 교법'[正法]을 설명해 주는 모든 선한 벗이 없다. 이를 '비뚤게 해석하고 실천함'[邪解行]이라고 한다.

(넷째) 무엇을 장애가 있는 결함이라고 하는가? 예를 들자면 어떤 이가 중앙의 국가에 생겨난 등등은 앞서 설명한 것과 같고, 모든 부처님이 세상에 나타나실 때를 만나고, '바른 교법'[正法]을 설명해 주는 모든 선한 벗을 만나지만, 어리석고 둔하고 미련하여 아는 것이 없다. 또한 '말 못하는 병에 걸려'[瘖瘂] 손으로 대신 말하니 교법에 대해 선하게 설명한 건지 악하게 설명한 건지 분명하게 알 능력이 없다. 또한 모든 무간업無間業을 짓는다. 또한 오랜 동안 모든 번뇌를 일으킨다. 이를 장애가 있는 결함이라고 한다.

이와 같은 것을 네 가지 '원인과 조건'[因緣]이라고 한다. 이 원인과 조건 때문에 반열반법(般涅槃法: 반열반의 존재)이 있어도 반열반하지 못한다. 그가 만일 모든 부처님이 세상에 나타나실 때를 만나면, '바른 교법'[正法]을 듣고 가르침과 지도를 따르게 된다. 그러한 (네 가지) '원인과 조건'[因緣]이 없다면, 그때에는 점점 선근(善根: 선한 작용이 강한 것)이 성숙해져 차차

진행되어 반열반을 이룬다.

열반법涅槃法이 없는 보특가라는 결정취(決定聚: 결정된 무리)에 머물러 조건[緣]과 만나든 안 만나든 모든 종류에 걸쳐 끝내 반열반을 이룰 수 없다.

1.2.2 열반법의 조건涅槃法緣

질문 무엇을 열반(涅槃法: 열반 존재)의 조건이라고 하기에 결함[闕] 때문에, 없기[無] 때문에, 만나지 못하기 때문에, 반열반般涅槃하지 못한다고 하는가?

대답 두 가지 조건이 있다. 무엇이 두 가지인가? 첫째는 뛰어난 것이고, 둘째는 낮은 것이다. 무엇이 '뛰어난 조건'[勝緣]인가? '바른 교법'[正法]을 뛰어나게 하는 남의 음성과 안의 여리작의(如理作意: 이치에 맞는 의도)를 가리킨다. 무엇이 '낮은 조건'[劣緣]인가? 이 낮은 조건은 여러 가지가 있다. '자기가 완성된'[自圓滿] 경우, '남이 완성된'[他圓滿] 경우, '선한 존재에 대한 의욕'[善法欲](이 있는) 경우, '바르게 출가한'[正出家] 경우, '계에 적합한'[戒律儀] 경우, '근에 적합한'[根律儀] 경우, '먹을 것의 한도를 아는'[於食知量] 경우, 초저녁과 늦은 밤에 언제나 부지런히 '잠에서 깨난'[覺寤] 유가瑜伽를 수행하는 경우, 바르게 알고 머무르는 경우, 멀리함을 즐기는 경우, 모든 개(蓋: 덮개: 번뇌)를 청정하게 하는 경우, 삼마지三摩地에 의지하는 경우를 가리킨다.

(1) 낮은 조건

① 자기가 완성됨自圓滿

'자기가 완성됨'[自圓滿]이란 무엇인가? '사람의 몸을 잘 이룩함'[善得人身], '성스러운 곳에 태어남'[生於聖處], '모든 근이 결함이 없음'[諸根無缺], '뛰어난 곳에 대해 깨끗이 믿음'[勝處淨信], '모든 업의 장애로부터 떠남'[離諸業障]을 가리킨다.

 (첫째) '사람의 몸을 잘 이룩함'[善得人身]이란 무엇인가? 예를 들어 어떤 이가 '사람의 서로 비슷한 성질'[人同分] 가운데 태어나 사내의 몸을 이룩하여 '남자의 생식기'[男根]를 성취하거나 여자의 몸을 이루는 것이다. 이와 같은 것을 사람의 몸을 잘 이룩하는 것이라고 한다.

 (둘째) '성스러운 곳에 태어남'[生於聖處]이란 무엇인가? 예를 들어 어떤 이가 중앙의 국가에 생겨나는 등등은 앞서 설명한 것과 같고, 내지는 '선한 이'[善士]가 모두 가서 돌아다닌다. 이와 같은 것을 성스러운 곳에 태어나는 것이라고 한다.

 (셋째) '모든 근이 결함이 없음'[諸根無缺]이란 무엇인가? 예를 들어 어떤 이가 성품이 어리석고 둔하지도 않고, 미련하지도 않은 데다, 또한 '말 못하는 병에 걸리지'[瘖瘂]도 않은 등 내지는 사지[支節]도 '상하지 않았다'[無減]. 그는 이와 같이 사지에도 결함이 없고 귀도 결함이 없는 등으로 말미암아 '선한 종류'[善品]를 부지런히 수행할 수 있다. 이와 같은 것을 모든 근이 결함이 없는 것이라고 한다.

 (넷째) '뛰어난 곳에 대해 깨끗이 믿음'[勝處淨信]이란 무엇인가? 예를 들어 어떤 이가 모든 여래如來 정각正覺께서 설명하신 교법과 비나야에 대해 깨끗하게 믿는 마음을 이룩하는 것이다. 이와 같은 것을 뛰어난 곳에 대해 깨끗이 믿는 것이라고 한다. '뛰어난 곳'[勝處]이라고 한 것은 여래如來 정각正覺께서 설명하신 교법과 비나야는 모든 세상과 세상을 벗어난 '희고 깨끗한 존재'[白淨法]를 생기게 하기 때문이다. 여기에서 일어난, 앞서의 실천을 뛰어나게 하는 모든 청정한 믿음을 뛰어난 곳에 대해 깨끗이 믿는 것이라고 한다. 모든 번뇌의 때[垢穢]로 흐려지는 것을 제거하기 때문이다.

(다섯째) '모든 업의 장애로부터 떠남'[離諸業障]이란 무엇인가? 다섯 가지 무간업無間業을 멀리하는 것이다. 이를테면 그가 어머니를 살해하고, 아버지를 살해하고, 아라한阿羅漢을 살해하고, '어우러져 있는 승단'[和合僧]을 깨뜨리고, 여래如來께 악한 마음으로 피가 나게 하는 것이다. 하나하나가 무간업無間業의 장애가 있으니, 지금생에 짓지도 않고 실천하지도 않는 것이다. 이와 같은 것을 모든 업의 장애로부터 떠나는 것이라고 한다. 만일 이 다섯 가지의 무간업을 짓거나 자라게 하면, 지금생에 끝까지 전개하여 반열반般涅槃을 이루거나 '성스러운 과정'[聖道]을 생기게 할 수 없다. 그러므로 간략히 모든 업의 장애로부터 떠난다고 한다.

오직 이와 같은 다섯 가지 세목으로만 '자체가 완성됨'[自體圓滿]이어서 이를 '자기가 완성됨'[自圓滿]이라고 한다.

② 남이 완성됨他圓滿

'남이 완성됨'[他圓滿]이란 무엇인가? '모든 부처님께서 세상에 나타나심'[諸佛出世], '바른 교법의 가르침을 설명하심'[説正法教], '교법의 가르침이 오래 머묾'[法教久住], '교법에 머물러 (근기根機에) 따라 전개함'[法住隨轉], '남에게 불쌍히 여김을 받음'[他所哀愍]을 가리킨다.

(첫째) '모든 부처님께서 세상에 나타나심'[諸佛出世]이란 무엇인가? 예를 들어 어떤 이가 널리 모든 유정들[有情類]에 대해 좋은 이익을 뛰어나게 하려는 의욕[意樂]을 일으켜, 수천의 난행難行, 고행苦行을 수행하기를 삼대겁三大劫 아승기야(阿僧企耶: asaṃkhya: 무수겁無數劫)를 지나며 크나큰 복덕(福德: 즐거움을 불러들이는 능력), 지혜智慧 등 두 가지 식량[資糧]을 모아 최후의 아주 훌륭한 몸을 얻었다. 최고로 뛰어난 보리좌菩提座에 편안하게 앉아 다섯 가지 개(蓋: 덮개: 번뇌)를 끊어

없애고, 사념주(四念住: 네 가지로 생각이 머무름)에 그 마음이 잘 머무르고, 서른일곱 가지 '깨달음의 부분을 이루는 수행법'[菩提分法]을 수행하여 지금생에 무상정등보리(無上正等菩提: 최고의 완전한 깨달음)을 경험한다. 이와 같은 것을 '모든 부처님께서 세상에 나타나심'[諸佛出世]이라고 한다. 과거, 지금, 미래의 모든 부처님은 모두 같기 때문에 '세상에 나타나신다'[出世]고 한다.

(둘째) '바른 교법의 가르침을 설명하심'[說正法教]이란 무엇인가? 이와 같이 모든 부처님 세존世尊께서 세상에 출현하셔서 모든 성문聲聞을 불쌍히 여기시기 때문에 사성제四聖諦로 진실한 괴로움[苦], (괴로움의) 원인[集], (괴로움의) 소멸[滅], (괴로움을 소멸시키는) 방도[道] 등 무수한 교법의 가르침을 밝혀 말씀하셨다. 바로 계경(契經: 경經: 소달람소달纜: sūtra: 부처님 말씀)[7], 응송(應頌: 중송重頌: 기야祇夜: geya), 기별(記別: 수기授記: 화가라나和伽羅那: vyakarana), 풍송(諷誦: 가타伽陀: gatha), 자설(自說: 우타나優陀那: udāna), 인연(因緣: 연기緣起: 니타나尼陀那: nidāna), 비유(譬喩: 아파다나阿波陀那: apadāna), 본사(本事: 여시어

---

[7] 계경契經부터 논의論議까지의 열두 가지는 부처님 가르침을 표현 형식에 따라 구분한 것이다. 계경契經은 산문체의 경전이다. 응송應頌은 산문체의 경문 뒤에 그 내용을 운문으로 표현한 것이다. 기별記別은 경의 의미를 문답 형식으로 해석하고, 또 제자들이 내생에 날 곳을 예언한 것이다. 풍송諷誦은 본문의 내용과 관계없이 송한 운문이다. 자설自說은 어떤 이의 질문 없이 스스로의 감흥으로 송한 운문이다. 인연因緣은 교법을 말하게 된 동기나 이유를 서술한 것이다. 비유譬喩는 비유로 교법을 설명한 부분이다. 본사本事는 여시아문(如是我聞: 내게는 이렇게 들렸다)이라고 쓰여 있는 부분을 가리킨다. 본생本生은 부처님의 전생 이야기이다. 방광方廣은 교법의 의미를 자세히 설명한 부분이다. 희법希法은 경전에서 불가사이한 일을 말한다. 논의論議는 부처님이 논의하고 문답하여 온갖 교법의 내용을 명백히 밝힌 부분을 가리킨다.

如是語: 이제왈다가伊帝曰多伽: itivṛttaka), 본생(本生: 담타가潭陀伽: jātaka), 방광(方廣: 방등方等: 비불약毘佛略: vaipulya), 희법(希法: 미증유법未曾有法: 아부타달마阿浮陀達摩: adbhuta dharma)과 논의(論議: 우파제사優波提舍: upadeśa)를 가리킨다. 이와 같은 것을 '바른 교법의 가르침을 설명하심'[説正法教]이라고 한다. 모든 부처님 세존世尊과 성스러운 제자, 모든 '바른 이'[正士]는 모두 이 교법을 타고 벗어날 수 있었고, 남에게 밝혀 말하고 칭찬하셨다. 그러므로 이것을 '바른 교법의 가르침을 설명하심'[説正法教]이라고 하고, 이 때문에 '바른 교법의 가르침'[正法教]이라고 한다.

(셋째) '교법의 가르침이 오래 머묾'[法教久住]이란 무엇인가? '바른 교법'[正法]을 설명하시고 나서 '법의 수레바퀴'[法輪]를 굴리신 뒤에 세존世尊의 수명[壽量]이 오래 머무르고, 열반涅槃 후 '그러한 시간'[爾所時][8]이 지나도록 '바른 수행'[正行]이 아직 감소하지 않고, 바른 교법이 아직 사라지지 않는다. 이와 같은 것을 '교법의 가르침이 오래 머묾'[法教久住]이라고 한다. 이와 같이 오래 머무른다는 것은 그 '뛰어난 의미'[勝義]의 바른 교법을 설명하는 것과 '이치를 경험함'[證道理]에 머무르는 것이라는 것을 알라.

(넷째) '교법에 머물러 (근기根機에) 따라 전개함'[法住隨轉]이란 무엇인가? 이와 같이 '바른 교법'[正法]을 경험한 이는 이와 같은 바른 교법을

---

8) 유가론기 제6권상(대정장 42. p.431c2-6): 혜경惠景논사에 의하면 석가모니 수명이 팔십 년, 미륵세존이 머문게 육만 년, 석가가 열반에 든 후 정법이 오백 년, 상법이 천 년, 미륵이 열반 후 법이 세상에 머물게 육만 년으로, 혹은 머물든 혹은 멸하든 '그러한 시간'[爾所時]이 지나도록 정법은 사라지지 않았다. 景云。如釋迦佛壽量八十。彌勒世尊住六萬歲。釋迦入涅槃後 正法五百。像法一千年。彌勒涅槃之後法住 於世亦六萬歲。若住若滅經爾所時正法不滅。

경험할 수 있는 힘이 있는 중생衆生을 분명하게 알기 때문에, 경험한 대로 (근기根機에) 따라 전개하며 따르면서 가르쳐주고 지도한다. 이와 같은 것을 '교법에 머물러 (근기根機에) 따라 전개함'[法住隨轉]이라고 한다.

(다섯째) '남에게 불쌍히 여김을 받음'[他所哀愍]이란 무엇인가? 남이란 시주(施主: 보시하는 사람)를 가리킨다. 그는 수행자[行者]에 대해 '불쌍히 여기는 마음'[哀愍心]을 일으켜 '깨끗한 생활'[淨命]에 따르는 살림살이를 '은혜롭게 보시한다'[惠施]. 예를 들자면 '교법에 맞는'[如法] 의복, 음식, 여러 방석과 침구, 병과 관련한 의약醫藥이다. 이와 같은 것을 '남에게 불쌍히 여김을 받음'[他所哀愍]이라고 한다.

③ 선한 존재에 대한 의욕善法欲

'선한 존재에 대한 의욕'[善法欲]이란 무엇인가? 예를 들어 어떤 이가 부처님이나 제자[弟子所]로부터 바른 교법을 들은 뒤에 깨끗한 믿음을 얻고, 깨끗한 믿음을 얻고 나서 이와 같이 배워야 한다. "가정에 머무르는 것은 성가셔서[煩擾] '묵은 집'[塵宇]에 머무르는 것 같고, 출가는 널찍해서[閑曠] 마치 허공에 머무르는 것과 같다. 그러므로 이제 처자, 친척, 재물, 귀한 보배 등을 모두 버리고 교법에 대해 선하게 설명하는 비나야 가운데를 향해, 제대로 '가정의 관습'[家法]을 버리고 '집이 아닌 곳'[非家]으로 가야겠다."라고 한다. 출가하고 나서는 부지런히 '바른 실천'[正行]을 수행하여 완성되게 한다. '선한 존재'[善法] 가운데에서의 이와 같은 의욕을 '선한 존재에 대한 의욕'[善法欲]이라고 한다.

④ 바르게 출가함正出家

'바르게 출가함'[正出家]이란 무엇인가? 뛰어난 '선한 존재에 대한 의욕'

[善法欲]의 강한 힘 때문에 백사갈마白四羯磨[9)]로써 '충분히 갖춘 계'[具足戒]를 받거나 부지런히 격려하며 배워야할 시라尸羅를 받기도 한다. 이를 바르게 출가함이라고 한다.

⑤ 계에 적합함戒律儀

'계에 적합함'[戒律儀]이란 무엇인가? 그는 이와 같이 바르게 출가한 뒤에 구계(具戒: 구족계具足戒)에 편히 머무르며 굳세게 보호하고 별해율의(別解律儀: 별해탈율의別解脫律儀: 십계十戒, 구족계具足戒 등 각각 몸이나 말로 짓는 악업惡業으로부터 벗어나는 계)와 규칙[軌則]으로 실천해야 할 모두를 완성하고, 사소한 죄에 대해서 큰 두려움을 보이며 모든 '배워야할 것'[學處]을 받아들여 배운다. 이를 계에 적합함이라고 한다.

⑥ 근에 적합함根律儀

'근에 적합함'[根律儀]이란 무엇인가? 이러한 '시라에 적합함'[尸羅律儀: 계율의戒律儀]에 의지하여 '바르게 유념함' [正念]을 보호하고, 수행에 있어 항상 '자세히 생각하며'[委念] 유념함으로써 마음을 보호하여 '평정한 상태'[平等位]에서 실천한다. 눈으로 '보이는 것'[色]을 보고서도 모습[相]을 취하지 않고, '부차적인 특징'[隨好]도 취하지 않는다. 이것에 의해 안근眼根에 적합함을 수행하고 보호하지 않아서 그 마음에 머무르고 모든 욕망과 근심, '악하고 불선한 존재'[惡不善法]가 새나올까 두려워한다. 그러므로 그 적합한 실천을 수행하고 안근을 보호하여, 안근에 대한 적합한 실천을 수행한다.

이와 같이 실천하는 이는 귀로 소리를 듣고 나서, 코로 냄새를 맡

---

9) 백사갈마白四羯磨는 일백 삼갈마一白三羯磨를 의미한다. 즉, 그날의 안건을 '한번 제시'[一白]하고, 세 번[三]에 걸쳐 찬반을 묻는 절차[羯磨]이다.

고 나서, 혀로 맛을 (맛)보고 나서, 몸으로 접촉을 느끼고 나서, 의意로 존재[法]를 분명하게 알고 나서, 모습[相]을 취하지 않고, '부차적인 특징' [隨好]도 취하지 않는다. 이것에 의해 의근意根에 적합함을 수행하고 보호하지 않아서 그 마음에 머무르고 모든 욕망과 근심, '악하고 불선한 존재'[惡不善法]가 새나올까 두려워한다. 그러므로 그 적합한 실천을 수행하고 의근을 보호하여, 의근에 대한 적합한 실천을 수행한다. 이를 '근에 적합함'[根律儀] 이라고 한다.

⑦ 먹을 것의 한도를 앎於食知量

'먹을 것의 한도를 앎'[於食知量]이란 무엇인가? 그는 이와 같이 '모든 근'[諸根]을 보호하고 나서 바르게 '생각하여 선택함'[思擇]으로써 먹을 것을 먹는다. 방탕하기[倡蕩] 위해서도 아니고, 교만하기[憍逸] 위해서도 아니고, '아름답게 꾸미기'[飾好] 위해서도 아니고, 단정하게[端嚴] (보이기) 위해서도 아니게, 먹을 것을 먹는 것이다. 다만 먹을 것을 먹는 것은, 몸을 편히 머무르게 하기 위해서, 잠시 추스르기 위해서, 굶주림과 갈증을 제거하기 위해서, 범행梵行을 받아들이기 위해서, '있어왔던 느낌'[故受]을 끊기 위해서, '새로운 느낌'[新受]이 장차 다시는 생기지 않게 하기 위해서, 장차 힘을 길러[存養] 즐거이 죄 없고 편안하게 머무르기 위해서이다. 이를 '먹을 것의 한도를 앎'[於食知量]이라고 한다.

⑧ 잠에서 깨난 유가 수행覺寤瑜伽修行

초저녁과 늦은 밤에 언제나 부지런히 '잠에서 깨난'[覺寤] 유가瑜伽를 수행한다는 것은 무엇인가? 그는 이와 같이 먹을 것의 한도를 알고 나서는 낮에는 (피로를 풀고 졸음을 쫓기 위해 일정한 곳 주위를 왕복하여) 걷기[經行], '고요하게 앉아있기'[宴坐] 등 두 가지 행동을 하여 '장애를 따르는 존재'[順障法]로부터 그 마음을 깨끗하게 수행한다. 초저녁에도 걷기[經行], '고요하게 앉아있기'[宴坐] 등 두 가지 행동을 하여 장애를 따르는 존재로부터 마음을 깨끗하게 수행한다. 이때가 지나면 머무는 곳 밖으로 나가 발을 씻고, 오른쪽으로 움츠리고[脇] 누워 발을 포개어 '광명의 생각'[光明想]에 머물러 '바른 유념'[正念], '바르게 앎'[正知]으로 사유하여 생각[想]을 일으킨다. 새벽에는 빨리 잠에서 깨어나, 걷기[經行], '고요하게 앉아있기'[宴坐] 등 두 가지 행동을 하여 '장애를 따르는 존재'[順障法]로부터 마음을 깨끗하게 수행한다. 이를 초저녁과 늦은 밤에 언제나 부지런히 '잠에서 깨난'[覺寤] 유가瑜伽를 수행한다고 한다.

⑨ 바르게 알고 머무름

'바르게 알고'[正知] 머무르는 것은 무엇인가? 그는 이와 같이 초저녁과 늦은 밤에 언제나 부지런히 '잠에서 깨난'[覺寤] 유가瑜伽를 수행하고 나서는, 가거나 오거나 바르게 알고 머무르며, '자세히 보거나'[覩] 바라보거나[瞻] 바르게 알고 머무르며, (몸을) 구부리거나 펴거나 바르게 알고 머무르며, 지니는 (비구의 세 가지 옷 가운데 하나인) 승가지(僧伽胝: saṃghāṭi)와 옷과 식기[鉢]에 대해 바르게 알고 머무르며, 먹거나 마시거나 씹거나[噉] 맛보거나[嘗] 바르게 알고 머무르며, 걷거나 멈추거나 앉거나 눕거나 바르게 알고 머무르며, 깨어나 있을 때에 바르게 알고 머무르며, 말하거나 침묵하거나[默] 바르게 알고 머무르며, '피로를 푸는 것'[解勞]과 마찬가지로 '잠잘 때'[睡時] 바르게 알고 머무른다. 이를 바르게 알고 머무른다고 한다.

⑩ 멀리함

멀리함을 즐기는 것은 무엇인가? 이와 같이 수행한 '선한 존재'[善法]로 말미암아 초업지(初業地: 최초로 지어야 할 일의 영역)를 전도됨이 없이 제대로 수행하고 나서, 모든 침구[臥具]를 탐내고 집착함을 멀리하고, 아란야[阿練若: aranya: 寂靜處], 나무 아래, 빈방, 산골짜기, '봉우리의 굴'[峯穴], 돗자리[草藉], 노지[逈露], '무덤 사이'[塚間], '나무가 우거진 곳'[林藪], 드넓은 평야, 낡아빠진 침구에 머무른다. 이를 멀리함을 즐기는 것이라고 한다.

⑪ 개蓋를 청정히 함

모든 개(蓋: 덮개: 번뇌)를 청정하게 한다는 것은 무엇인가? 그는 이와 같이 아란야阿練若나 나무 아래나, 빈방 등에 머무르면서 다섯 가지 개蓋에 대해 그 마음을 청정하게 수행한다. 이를테면 탐냄[貪欲], 성냄[瞋恚], '(정신이) 흐릿하게 가라앉고 잠듦'[惛沈睡眠], '(마음이) 요동하고 후회함'[掉擧惡作] 및 머뭇거림[疑] 개蓋를 가리킨다. 그는 모든 개蓋로부터 마음을 청정하게 수행한 뒤에 마음이 모든 개蓋로부터 떠나 '현명하고 선한'[賢善] 뛰어난 삼마지三摩地에 편안하게 머무른다. 이를 모든 개蓋를 청정하게 하는 것이라고 한다.

⑫ 삼마지에 의지함

삼마지三摩地에 의지한다는 것은 무엇인가? 그는 이와 같이 다섯 가지 개蓋를 끊고 나서, 곧 마음이 번뇌를 따르는 것을 멀리하고 모든 욕망[欲]의 악하고 불선한 존재를 멀리하며, '찾음도 있고 살핌도 있기'[有尋有伺]는 하지만, '(욕계를) 떠나 생기는 기쁨과 즐거움'[離生喜樂]으로 초정려初靜慮에 들어 충분히 머무른다. (다음으로) '찾음과 살핌'[尋伺]이 고요한, 안이 고르게 깨끗한 심일취성心一趣性이 되어 '찾음도 없고 살핌도 없는'[無尋無伺] '선정에서 생기는 기쁨과 즐거움'[定生喜樂]으로 제이정려第二靜慮에 충분히 머무른다. (다음으로) '기쁨을 탐냄'[喜貪]을 멀리하고 '평정한 생각'[捨念]에 편안히 머무르며 '바르게 앎'[正知]으로써, 몸에 즐거움[樂]을 받아들인다. 성자께서 밝혀 말씀하신 평정한 생각으로 충분히 안락하고 즐겁게 머무르며 제삼정려第三靜慮에 충분히 편안하게 머무른다. (다음으로) 궁극적으로 즐거움마저 끊는데, 우선 괴로움부터 끊고, 기쁨과 근심도 모두 없어져 괴롭지도 즐겁지도 않은 '평정한 생각'[捨念]으로 청정한 제사정려第四靜慮에 충분히 편안하게 머무른다. 이를 삼마지三摩地에 의지한다고 한다.

그는 이와 같이 점점 수행하여 뒤로 갈수록 뛰어나고, 늘어나고, 보다 낫게 '모든 조건'[諸緣]을 수행하는데, 맨 처음을 '자기가 완성됨'[自圓滿]으로 하고 '삼마지에 의지함'[依三摩地]을 맨 나중으로 하여야 한다. 이와 같은 마음을 이루어 청정하고 희디희어[鮮白] 어떠한 흠[瑕穢]도 없이 따르는 번뇌로부터 떠나, 정직[質直]하게 견뎌내어[堪能] '움직임이 없음'[無動]에서 편안하게 머무른다.

(2) 뛰어난 조건

만일 사성제四聖諦에 의지하여, (세상에 존재하는 모든 세목을)'두루 알고'[遍知], '영원히 끊고'[永斷], '경험을 지어'[作證], 다른 이가 음성으로 가르치고 지도한 대로 수행하여, 이와 같이 견디는[堪能] 힘이 생겨 '이치에 맞게 유도된 의도'[如理所引作意]와 이것을 앞세운 '바른 견해'[正見]를 이룬다. 이로 말미암아 사성제四聖諦에 대해 '진실하게 나타난 것을 살핌'[眞現觀]에 들고, 해탈을 완성하여, 무여의열반계(無餘依般涅槃界: 의지할 데, 즉 몸이 없는 반열반의 영역)에서 반열반般涅槃하게 된다.

이 중에서 '바른 견해'[正見]로부터 해탈을 완성함, 무여의열반계無餘

依般涅槃界에서 반열반般涅槃하는 것까지를 종성種性의 진실한 '수행하여 모음'[修集]이라고 한다는 것을 알라. '자기가 완성됨'[自圓滿]으로부터 마지막 '삼마지에 의지함'[依三摩地]까지를 '낮은 조건'[劣緣]을 '수행하여 모음'[修集]이라고 한다는 것을 알라. 사성제의 교법의 가르침이 뛰어나지게 가르치고 지도하는 다른 이의 음성에 의지하는 것과 '이치에 맞게 유도된 의도'[如正理所引作意]는 '뛰어난 조건'[勝緣]을 '수행하여 모음'[修集]이라고 한다는 것을 알라. 이와 같은 것을 종성種姓을 설명함[安立]이라고 한다.

1.3 종성種姓에 머무르는 이의 모든 모습諸相

무엇이 종성種姓에 머무르는 이의 '모든 모습'[諸相]인가? 모든 열반법涅槃法이 없는 보특가라補特伽羅의 모든 모습과 반대면, 종성에 편안히 머무르는 보특가라의 모든 모습임을 알라.

1.3.1 열반법涅槃法이 없는 보특가라補特伽羅의 모든 모습

질문 무엇을 열반법(涅槃法: 열반 존재)이 없는 보특가라補特伽羅의 모든 모습이라고 하는가? 그것[모든 모습]을 성취하기 때문에 열반법이 없는 보특가라라고 한다고 알아야하는가?

대답 열반법이 없는 보특가라는 여러 모습이 있다. 나는 이제 그 모습 중 약간만 설명하겠다.

(첫째) 맨 처음으로는 종성에 머무르지 않는, 열반법이 없는 보특가라인데, 아뢰야阿賴耶의 애착[10]은 모든 종류에 두루하여 모두를 다 따르며 결박

---

10) 유가론기 제6권상(대정장 42. p.432a18-21): 혜경惠景논사에 의하면 아뢰야를

하고 '의지할 대상'[所依]에 따라붙어 '무수한 존재'[無量法]을 이루어 뽑아낼[傾拔] 수가 없다. 오래도록 '쫓아 따라가'[隨逐] 결국 견고하게 (무수한 존재를) 쌓아서[依附] 지속하니 모든 부처님도 구제해 줄 수 없다. 이를 첫째의 종성에 머무르지 않는 보특가라의 종성이 없는 모습이라고 한다.

(둘째) 그밖에도 종성에 머무르지 않는 보특가라의 종성이 없는 모습이 있다. 그는 무수한 부문으로 생사生死의 여러 잘못을 듣고, 또한 무수한 부분으로 열반涅槃의 여러 공덕功德을 칭찬함을 듣고서도 생사生死에 대해 조금만치도 희론戲論의 잘못을 보지 못하고, 조금만치도 근심을 보지 못하며, 또한 조금만치도 '염증나서 떠날 수'[厭離] 없다. 이와 같이 보는 것, 염증내는 것은 과거에도 할 수 없었고, 미래에도 할 수 없을 것이고, 지금도 곧바로 할 수 없다.

아울러 애착[愛]이 다한 고요한 열반涅槃에 대해 조금만치의 낮은 공덕 功德도 보지 못하고, 조금만치도 '뛰어난 이익'[勝利]을 보지 못하며, 또한 조금만치도 '기쁘고 즐겁지'[欣樂] 않다. 이와 같이 보는 것, 즐거워하는 것은 과거에도 할 수 없었고, 미래에도 할 수 없을 것이고, 지금도 곧바로 할 수 없다. 이를 둘째의 종성에 머무르지 않는 보특가라의 종성이 없는 모습이라고 한다.

(셋째) 그밖에도 종성에 머무르지 않는 보특가라의 종성이 없는 모습이 있다. 그는 본성本性이 심한 '(자신에게) 안 부끄러워함'[無慚], '(남에게)

나로 헤아려서, 나를 사랑하고 나의 여러 지닌 것을 사랑하므로 아뢰야의 애착이 모든 종류에 두루 하여 모두를 다 따르며 결박한다. 다시 이 애착으로 말미암아 나의 미혹됨이 생겨나고 자란 아뢰야 중에 있게 된다.　　　景云。計賴耶為我。以愛我 故愛我眾具故賴耶愛遍一切種皆悉隨縛。復因此愛生長餘惑 在賴耶中。

안 부끄러워함'[無愧]을 성취하여, 이 때문에 '염증이 나서 싫어함'[厭惡]이 없고 마음에 '겁내고 꺼림'[怯畏]이 없이 기쁜 마음으로 여러 악한 것을 곧바로 실행한다. 이 때문에 후회하지 않고 오직 지금만을 살핀다. 이 때문에 자기 몸의 귀한 재물이 쇠퇴하는 잘못이 있다. 이를 셋째의 종성에 머무르지 않는 보특가라의 종성이 없는 모습이라고 한다.

(넷째) 그밖에도 종성에 머무르지 않는 보특가라의 종성이 없는 모습이 있다. 모든 종류가 완성되고 분명하여 이치에 맞는데다, '아름답고 훌륭하고'[美妙] 뛰어나 이해하기 쉬울뿐더러, 고제苦諦에 의하거나, 집제集諦에 의하거나, 멸제滅諦에 의하거나, 도제道諦에 의하여 '바른 교법'[正法]의 가르침을 밝혀 말씀하며 보여줄 때에도, 사소한 '마음이 발생함'[發心], 사소한 '믿고 해석함'[信解]도 획득할 수 없는데, 털이 곤두서거나, 슬퍼 울며 눈물을 흘리겠는가! 이와 같은 것은 과거, 미래, 지금이 구별된다. 이를 넷째의 종성에 머무르지 않는 보특가라의 종성이 없는 모습이라고 한다.

(다섯째) 그밖에도 종성에 머무르지 않는 보특가라의 종성이 없는 모습이 있다. 그는 어떤 때에는 교법과 비나야를 선하게 설명하는 가운데로 잠시 출가하기도 하고, 국왕에게 짓눌려서, 미친 도적에게 짓눌려서, 채권자에게 짓눌려서, 두려움에 짓눌려서, 생계를 꾸려나가지 못할 것이라는 두려움에 짓눌리기 (때문이지만), 스스로가 (번뇌를) 굴복시키기 위해서는 아니고, 스스로 고요하기 위해서도 아니고, 스스로 열반涅槃하기 위해서도 아니고, '사문의 본성'[沙門性]을 위한 것도 아니고, '바라문의 본성'[婆羅門性]을 위한 것도 아니면서 출가를 추구하였다. 이미 출가한 뒤에는 가정에 머무르는 무리, 출가한 무리와 함께 떠들썩하게 섞여 머무르는 것을 즐긴다.

아울러 '비뚠 바람'[邪願]을 발생시켜 여러 범행梵行을 수행한다. 이를테면 천계에 생겨나기를 추구하거나 다른 천계에 생겨나기를 추구한다. 또는 배워야할 '금지와 계'[禁戒]에서 물러나 버리거나 시라尸羅를 어긴다. 속으로는 '썩어 문드러진 것'[朽敗]을 품고서 밖으로는 진실함을 나타낸다. 마치 물에서 여러 더러운 것을 배출하고 있는 달팽이[蝸牛]나, 소라[螺]의 소리를 하며 (즉 좋아서 낑낑대며) 개가 가는 것과 같다.[11] 실은 사문沙門이 아닌데도 스스로 사문이라고 일컫고, 범행梵行을 실천하지 않으면서도 스스로 범행이라고 일컫는다. 이와 같은 것은 과거, 미래, 지금이 구별된다.

이와 같은 것이 종성에 머무르지 않는 보특가라가 가짜로 출가하는 것인 줄 알라. 배우는 것을 즐거워하지 않는 보특가라를 진실한 출가라고 하여 구족계具足戒를 받게 해도 '비구의 본성'[苾芻性]이 이루어지지 않는다. 이와 같이 '부문이 다르기'[異門] 때문에, '의도의 나아감'[意趣] 때문에 '진짜가 아닌 것'[義]이 그에게 드러나며, 본래 출가한 것이 아니고 다만 출가한 이의 형상[相狀]만 유지하여 출가자의 숫자에 속했을 뿐이다. 이를

---

11) 유가론기 제6권상(대정장 42. p.432a28-b04): 혜경惠景논사에 의하면 달팽이가 물에 있으면서 다닐 적에 물을 더럽고 탁하게 하는 것이 마치 저 달팽이가 침을 뱉는 듯하며, 인도에선 소라가 소리를 낸다고 하는데 어떤 개가 소리를 내는 것이 저 소라가 소리내며 가는 것처럼 하며 개가 간다는 것이다. (이는) 저 비구가 안에 품고 있는 탐냄 등을 경계하는 것이다. 신태神泰논사가 또한 해석하여 이르기를 불법佛法은 물과 같아서 계戒를 어기는 비구는 물에 여러 잡스럽게 더럽히는 달팽이와 같고, 아울러 개가 소리내기를 좋아해서 소라가 하듯이 하며 개가 가는 것과 같다. 계戒를 어기는 비구는 형상만 실제와 비슷하고 실제 본성은 '악한 실천'[惡行]인 것이다. 景云。蝸牛在水行時令水穢濁。如彼牛涎。西國界螺音。然有者 狗咢似彼螺音而行狗行。譬彼苾芻內懷貪 等。泰又解云。佛法如水。破戒苾芻如水眾 雜穢蝸牛。又如狗好聲如螺然有狗行。破戒 苾芻。形相似實。實性惡行。

다섯째의 종성에 머무르지 않는 보특가라의 종성이 없는 모습이라고 한다.

(여섯째) 그밖에도 종성에 머무르지 않는 보특가라의 종성이 없는 모습이 있다. 그는 조금이나마 선업善業을 짓는다. 어떤 경우에는 몸, 말, 의도[意] 모두로 '모든 존재'[諸有]를 바란다[希求]. 어떤 경우에는 장차의 뛰어난 '뒤의 존재'[後有]를 추구한다. 어떤 경우에는 귀한 재물을 추구한다. 어떤 경우에는 뛰어난 귀한 재물을 추구한다. 이를 여섯째의 종성에 머무르지 않는 보특가라의 종성이 없는 모습이라고 한다.

이와 같은 등의 종류에는 여러 모습이 있어서, 그것을 성취하기 때문에 반열반법般涅槃法이 없는 이의 숫자에 속하게 된다.

1.3.2 종성種姓에 편안히 머무르는 보특가라補特伽羅

무엇이 종성에 편안히 머무르는 보특가라인가? 종성에 머무르는 보특가라는 어떤 경우에는 종성에 머무르기[住]만 하고, 아직 들어가지[趣入]도 또한 아직 벗어나지[出離]도 못한다. 또 어떤 이는 종성에 편안히 머무르고 이미 들어가기는 했지만, 아직 벗어나지는 못한다. 또 어떤 이는 종성에 편안히 머무르고 이미 들어갔고 이미 벗어났다. 또 어떤 이는 '약한 근'[軟根]이거나, '가운데 근'[中根]이거나, '예리한 근'[利根]이다. 또 어떤 이는 탐냄[貪]을 작용시키기도 하고, 어떤 이는 분노[瞋]를 작용시키기도 하고, 어떤 이는 어리석음[癡]을 작용시키기도 한다. 또 (시간적) 여유가 없는 (곳에) 생겨나거나, (시간적) 여유가 있는 (곳에) 생겨난다. 또 방탕하거나[縱逸] 방탕하지 않고, 또 '비뚠 실천'[邪行]을 하거나 비뚠 실천을 하지 않고, 또 장애障礙가 있거나 장애가 없다. 또한 멀거나 가깝거나, 미성숙未成熟하거나 이미 성숙했거나, 아직 청정淸淨하지 않거나 이미 청정하다.

무엇을 종성에 편안히 머무르는 보특가라가 종성에 머무르기[住]만 하고, 아직 들어가지[趣入]도 또한 아직 벗어나지[出離]도 못한다고 하는가? 예를 들어 어떤 보특가라가 세상을 벗어나는 '성스러운 교법'[聖法]의 종자를 성취하였지만, 아직 '선한 이'[善士]를 가까이하여 정법正法을 듣게 됨을 이루지 못하고, 아직 여래如來 정각正覺께서 교법과 비나야를 바르게 설명하심에 대해 바른 믿음을 이루지 못하고, 아직 '깨끗한 계'[淨戒]를 받아 지니지 못하고, 아직 '많이 들음'[多聞]을 받아들이지 못하고, 아직 '지혜로운 보시'[慧捨]를 기르지도 못하고, 아직 모든 견해를 '부드럽게 하지'[調柔]도 못했다. 이를 종성에 머무르기[住]만 하고 아직 들어가지[趣入]도 또한 아직 벗어나지[出離]도 못하는 보특가라라고 한다.

무엇을 종성에 편안히 머무르고 이미 들어가기는 했지만, 아직 벗어나지는 못하는 보특가라라고 하는가? 앞서 설명한[12] (유전流轉하는 방향으로 고苦·집集 등 두 진리를 자세히 살피는) '물드는 종류'[黑品]와 반대인 (환멸還滅하는 방향으로 멸滅·도道 등 두 진리를 자세히 살피는) '청정한 종류'[白品]를 종성에 편안히 머무르고 이미 들어간 보특가라라고 한다는 것을 알라. 구별되는 점을 말하자면 아직 성스러운 과정 그리고 성스러운 과정의 결과인 번뇌의 결박을 벗어남을 이루지 못한 것이다.

무엇을 종성에 편안히 머무르고 이미 들어갔고 이미 벗어난 보특가라라고 하는가? 앞서 설명한 것과 같은데 구별되는 점을 말하자면 이미 '성스러운 과정'[聖道] 그리고 '성스러운 과정의 결과'[聖道果]인 '번뇌의 결박을 벗어남'[煩惱離繫]을 이룩했다는 것이다.

무엇을 '약한 근'[軟根]의 보특가라라고 하는가? 다음과 같은 보특가라

---

12) 본 역주본 제1권, p.374 참조.

가 있는데, '알아야할 대상'[所知事]인 대상영역[所緣境界]에 대해 '모든 근'[諸根: 육근六根: 육처六處]이 아주 느즈러지게[遲] 전개되고[運轉] 자질구레하게[微劣] 전개된다. 어떤 경우에는 '들어서 이루어진'[聞所成], '생각해서 이루어진'[思所成], '수행해서 이루어진'[修所成] 의도[作意]와 관련하기도 하는데, 신근(信根: 믿음), 정진근(精進根: 정진), 염근(念根: 유념), 정근(定根: 선정), 혜근(慧根: 추리선택) (등 서른일곱 가지 깨달음의 부분을 이루는 수행법 가운데의 오근五根)을 감당하지 못하고, 교법의 의미를 통달하여 진실을 빠르게 경험할 힘이 없다. 이를 '약한 근'[軟根]의 보특가라라고 한다.

무엇을 '가운데 근'[中根]의 보특가라라고 하는가? 다음과 같은 보특가라가 있는데, 알아야할 대상인 대상영역에 대해 '모든 근'[諸根]이 약간 느즈러지게 전개된다. 모든 것이 앞서 자세히 설명한 것과 같다. 이를 '가운데 근'[中根]의 보특가라라고 한다.

무엇을 '예리한 근'[利根]의 보특가라라고 하는가? 다음과 같은 보특가라가 있는데, 알아야할 대상인 대상영역에 대해 느즈러지지 않게 전개되고 자질구레하지 않게 전개된다. 어떤 경우에는 '들어서 이루어진'[聞所成], '생각해서 이루어진'[思所成], '수행해서 이루어진'[修所成] 의도[作意]와 관련하기도 하는데, 신근信根, 정진근精進根, 염근念根, 정근定根, 혜근慧根 (등 오근五根)을 감당해내고, 교법의 의미를 통달하여 진실을 빠르게 경험할 큰 힘이 있다. (이를) '예리한 근'[利根]의 보특가라라고 한다.

무엇을 탐냄[貪]을 작용시키는 보특가라라고 하는가? 다음과 같은 보특가라가 있는데, '사랑스러운 대상'[可愛事]이나 '집착할 만한 대상'[可染著事]인 대상영역에 대해 '예리한 탐냄'[猛利貪]과 '오랜 시간의 탐냄'[有長

時貪]이 있다. 이를 탐냄[貪]을 작용시키는 보특가라라고 한다.

무엇을 분노[瞋]를 작용시키는 보특가라라고 하는가? 다음과 같은 보특가라가 있는데, '미워할 만한 대상'[可憎事]이나 '분노할 만한 대상'[可瞋恚事]인 대상영역에 대해 '예리한 분노'[猛利瞋]와 '오랜 시간의 분노'[長時瞋]가 있다. 이를 분노[瞋]를 작용시키는 보특가라라고 한다.

무엇을 어리석음[癡]을 작용시키는 보특가라라고 하는가? 다음과 같은 보특가라가 있는데, '알아야할 대상'[所知事]인 대상영역에 대해 '예리한 어리석음'[猛利癡]과 '오랜 시간의 어리석음'[長時癡]이 있다. 이를 어리석음[癡]을 작용시키는 보특가라라고 한다.

(시간적) 여유가 없는 (곳에) 생겨나거나, 방탕[縱逸]하거나, '비뚠 실천'[邪行]을 하거나, 장애障礙가 있는 보특가라는 모두 앞에서와 같이 알라. 이와 반대면 바로 (시간적) 여유가 있는 (곳에) 생겨나거나, 방탕하지 않거나, 비뚠 실천을 하지 않거나, 장애가 없는 보특가라인 것을 알라.

무엇을 먼[遠] 보특가라라고 하는가? 다음과 같은 보특가라가 있는데, 시기적으로 멀기 때문에 열반涅槃으로부터 먼 것이다. 또는 힘씀[加行]이 멀기 때문에 멀다고 한다. (먼저) 시기적으로 멀기 때문에 열반으로부터 멀다고 하는 것은 무엇인가? 다음과 같은 보특가라가 있는데, 수백 생, 또는 수천 생, '아주 많은'[多百千] 생生을 지난 뒤에야 겨우 '뛰어난 조건'[勝緣]과 만나 반열반般涅槃을 이루는 것이다. (그리고) 힘씀[加行]이 멀기 때문에 멀다고 하는 것은 무엇인가? 다음과 같은 보특가라가 있는데, 종성에만 머무르고 아직 들어가지[趣入] 않아 빠르게 뛰어난 조건과 만나 반열반을 이루지 못한다. 그는 열반에 대해 아직 '뛰어난 힘씀'[勝加]을 발생시키지 못하기 때문에 힘씀이 멀기 때문에 멀다고 하는 것이지

시기적으로 멀기 때문은 아니다. 이와 같은 두 가지를 하나로 해서 먼[遠] 보특가라라고 한다.

무엇을 가까운 보특가라라고 하는가? 다음과 같은 보특가라가 있는데, 시기적으로 가깝기 때문에 열반涅槃으로부터 가까운 것이다. 또는 힘씀 [加行]이 가깝기 때문에 가깝다고 한다. (먼저) 시기적으로 가깝기 때문에 열반으로부터 가깝다고 하는 것은 무엇인가? 다음과 같은 보특가라가 있는데, 최후의 생에 머무르고, 최후의 존재[有]에 머무르고, 최후의 몸에 머무르는 것이다. 즉 이 몸으로 열반을 이룬다. 또는 이 찰나刹那에서 곧 바로[無間] '번뇌 끊음'[煩惱斷]에 대한 경험을 짓는다. 이를 시기적으로 가깝기 때문에 열반涅槃으로부터 가깝다고 한다. (그리고) 힘씀[加行]이 가깝기 때문에 가깝다고 하는 것은 무엇인가? 다음과 같은 보특가라가 있는데, 종성에 편안히 머무르고 이미 들어갔다. 이와 같은 두 가지를 하나로 간략히 하여 가까운 보특가라라고 한다.

무엇을 미성숙未成熟한 보특가라라고 하는가? 다음과 같은 보특가라가 있는데, 아직 '최후 존재의 몸'[最後有身]을 이루지 못한 것이다. 여기에 머물러 반열반般涅槃하거나, 정성이생(正性離生: 번뇌가 생기는 것으로부터 떠나는 바른 성품: 견도위見道位)에 들어가는 것을 가리킨다. 이를 미성숙한 보특가라라고 한다.

무엇을 이미 성숙한 보특가라라고 하는가? 다음과 같은 보특가라가 있는데, 이미 '최후 존재의 몸'[最後有身]을 이룬 것이다. 여기에 머물러 반열반般涅槃하거나, 정성이생正性離生에 들어가는 것을 가리킨다. 이를 이미 성숙한 보특가라라고 한다.

무엇을 아직 청정하지 않은 보특가라라고 하는가? 다음과 같은 보특가라라가 있는데, 아직 '성스러운 과정'[聖道]을 생기게 하지 못했고, '성스러운 과정의 결과'[聖道果]인 '번뇌의 결박으로부터 벗어남'[煩惱離繫]에 대해 경험을 짓지 못하였다. 이를 아직 청정하지 않은 보특가라라고 한다.

무엇을 이미 청정해진 보특가라라고 하는가? 위와 반대되는 것이 그 모습이라고 알라.

이와 같은 것을 종성에 편안히 머무르는 보특가라의 구별이라고 한다. 그들이 건너세[度] 하려고 모든 부처님 세존世尊께서는 세상에 출현하신다. 이를테면 아직 들어가지 못했으면 그를 들어가게 하고, 아직 성숙하지 못했으면 그를 성숙하게 하고, 아직 청정하지 않으면 그를 청정하게 하려고, 정법正法의 수레바퀴[輪]를 굴리고, 학처(學處: 배워야할 것)을 정하셨다.

2. 최초 유가처의 들어가는 영역初瑜伽處趣入地

앞서와 같이 '종성 영역'[種姓地]을 설명하였다. '들어가는 영역'[趣入地]이란 무엇인가? 요약하면 다음과 같다.

모든 것을 간략히 하여 설명하는
취입지趣入地를 알라.
본성[自性], 설명함[安立],
'모든 모습'[諸相], 삭취취數取趣이다.

이를테면 들어가는[趣入] 본성[自性], 들어감을 표현함[安立], 들어간 이의 '모든 모습'[諸相]과 이미 들어간 보특가라(補特伽羅: 삭취취數取趣)이다. 이와 같은 모든 것을 하나로 간략히 하여 '들어가는 영역'[趣入地]이라고 한다.

2.1 들어가는 본성趣入自性

'들어가는 본성'[趣入自性]이란 무엇인가? 종성種姓에 편안히 머무르는 보특가라의 본성本性이 열반의 종자를 성취하고, 그때 부처님께서 세상에 출현하시고, 달수達須, 멸려차蔑戾車가 아닌 '중앙의 국가'[中國: 중인도]에 태어나고 내지는 처음으로 부처님과 부처님 제자를 뵙고, 가서[往詣] 모시고[承事] 그들로부터 교법을 듣고 처음으로 '바른 믿음'[正信]을 이룬다. 청정한 계戒를 받아 지니고 많이 들으며 '은혜로운 보시'[惠捨]를 기르고 '모든 견해'[諸見]을 부드럽게 한다. 이후로 이 교법을 받았기 때문에, 이 '원인과 조건'[因緣] 때문에, 몸이 붕괴[滅壞]되고 지금생이 지난 뒤에 육처(六處: 육근六根)의 이숙異熟에 속한 뛰어난 '모든 근'[諸根]을 획득하여 오랜 동안 점점 뛰어난 바른 믿음을 짓는 몸[依止]이 생기고, 그와 더불어 청정한 계戒를 받아 지니고 많이 들으며, '은혜로운 보시'[惠捨]를 기르고 '모든 견해'[諸見]을 부드럽게 한다. 보다 낫고, 보다 뛰어나고, 보다 '섬세하고 뛰어남'[微妙]을 '의지할 대상'[所依止]으로 삼는다. 이와 같이 보다 낫고, 보다 뛰어나고, 보다 섬세하고 뛰어난 믿음 등의 '모든 존재'[諸法] 때문에 다시 다른 뛰어난 이숙異熟을 이루며, 이 이숙 때문에 다시 다른 '세상을 벗어남'[出世]을 따르는 보다 뛰어난 선법善法을 얻는다.

이와 같이 점점 서로 '의지하는 원인'[依因]이 되고 서로 힘을 부여해 내내생[後後生]에 이르도록 점점 '다음 단계로 나아가며'[昇進], 내지는 '최후 존재의 몸'[最後有身]을 이룬다. 이에 머물러 반열반般涅槃을 이루고, 또는 정성이생(正性離生: 번뇌가 생기는 것으로부터 떠나는 바른 성품: 견도위見道位)에 들어간다. 이를 들어간다[趣入]고 한다. 왜냐하면 과정[道: 일곱 가지 방편方便]이나 길[路: 팔정로八正路]이나 '바른 실천의 자취'[正行跡]¹³⁾면 열반을 이룩할 수 있고, 열반으로 나아갈 수 있다. 그는 이때 '다음 단계로 오를 수'[昇] 있고, 들 수 있고, '바른 실천(의 자취를 따라) 밟을 수'[正行履]있어 점점 '향해 나아가'[趣向] '더할 나위 없는 궁극'[極究竟]에 도달한다. 그러므로 이를 '이미 들어갔다'[已趣入]고 하며, 이를 '들어가는 본성'[趣入自姓]이라고 한다.

2.2 들어감을 설명함趣入安立

무엇이 '들어감을 설명함'[趣入安立]인가? (첫째) 종성이 있는 경우, (둘째) 들어감[趣入]이 있는 경우, (셋째) 장차 성숙할 경우, (넷째) 이미 성숙한 경우, (다섯째) 들어가기만 하고, 장차 성숙할 것도 아니고, 이미 성숙한 것도 아닌 경우, (여섯째) 들어가서 장차 성숙할 것이지만, 이미 성숙한 것은 아닌 경우, (일곱째) 들어가서 이미 성숙해서 장차 성숙할 것이 아닌 경우, (여덟째) 들어가지 않아서 장차 성숙할 것도 아니고, 이미 성숙한 것도 아닌 경우이다.

(첫째) 종성이 있음이란 무엇인가? 앞서 설명한 것을 가리킨다.

(둘째) 들어감이 있음이란 무엇인가? 종성에 머무르는 보특가라가 최초로 그전에는 이루지 못하던 모든 여래如來 정각正覺께서 교법과 비나야를 바르게 설명하심에 대해 바른 믿음을 이루고, '깨끗한 계'[淨戒]를 받아 지니고, '많이 들음'[多聞]을 받아들이고, '은혜로운 보시'[惠捨]를 기르고, 모든 견해를 부드럽게[調柔] 한다. 이를 들어감[趣入]이라고 한다.

---

13) 유가론기 제6권상(대정장 42. p.432c8-9): 과정[道]은 이른바 칠방편七方便 과정이다. 길[路]은 이를테면 팔정로八正路 등이다. 실천의 자취는 사성제관四聖諦觀이다.　　道謂七方便道。路謂道品八正路等。行跡即是四聖諦觀。

(셋째) 무엇이 장차 성숙함인가? 이와 같이 '최후 존재의 몸'[最後有身]을 이루는 것은 제외하고, 이미 들어간 보특가라가 이에 머무르며 반열반을 이루는 것을 가리킨다. 또는 정성이생正性離生에 들어가, 들어간 뒤로부터 내내생[後後生]에 '모든 근'[諸根]을 수행하고 모아, 보다 더 낮고, 보다 뛰어나고, 보다 섬세하고 뛰어나진다. 이를 장차 성숙함이라고 한다.

(넷째) 무엇이 이미 성숙함인가? 최후유신最後有身을 이룬 것을 가리킨다. 이에 머무르며 반열반을 이루거나, 정성이생正性離生에 들어간다. 이를 이미 성숙했다고 한다.

(다섯째) 무엇을 들어가기만 하고, 장차 성숙할 것도 아니고, 이미 성숙한 것도 아닌 것이라고 하는가? 최초로 모든 여래如來 정각正覺께서 교법과 비나야를 바르게 설명하심에 대해 바른 믿음을 이루는 등 모든 견해를 부드럽게 하지만, 아직은 이로부터 한 번의 생生이 지나지 않은 것이다. 이를 들어가기만 하고, 장차 성숙할 것도 아니고, 이미 성숙한 것도 아닌 것이라고 한다.

(여섯째) 무엇을 들어가서 장차 성숙할 것이지만, 이미 성숙한 것은 아닌 것이라고 하는가? 최초로 모든 여래如來 정각正覺께서 교법과 비나야를 바르게 설명하심에 대해 바른 믿음을 이루는 등 모든 견해를 부드럽게 하고, 이로부터 한 번, 또는 두 번, 또는 많은 생生이 지났지만 아직 최후유신最後有身을 이루지 못한 것이다. 이에 머무르며 반열반을 이루는 등은 앞서 설명한 것과 같다. 이를 들어가서 장차 성숙할 것이지만, 이미 성숙한 것은 아닌 것이라고 한다.

(일곱째) 무엇이 들어가서 이미 성숙해서 장차 성숙할 것이 아닌 것이라고 하는가? 이와 같이 이미 들어간 보특가라가 최후유신最後有身도 이룬 것을

가리킨다. 이에 머무르며 반열반을 이루는 등은 앞서 설명한 것과 같다. 이를 들어가서 이미 성숙해서 장차 성숙할 것이 아닌 것이라고 한다.

(여덟째) 무엇이 들어가지 않아서 장차 성숙할 것도 아니고, 이미 성숙한 것도 아닌 것이라고 하는가? 이와 같이 열반법(涅槃法: 열반 존재)이 있는 보특가라가 종성에 머무르기만 하고 아직 들어가지 못한 것이다. 이를 들어가지 않아서 장차 성숙할 것도 아니고, 이미 성숙한 것도 아닌 보특가라라고 한다. 그런데 (이 보득가라는) 감당할 수 있어서 반드시 장차 들어가고, 장차 성숙함을 이룬다. 또 어떤 종류의 보특가라는 장차 들어감과 장차 성숙함을 감당할 수 없다. 예를 들어 종성으로부터 떠나서 열반법涅槃法이 없는 보특가라이다. 알아야 할 것이 있는데, 이와 같은 보특가라는 종성이 없기 때문에 장차 들어감과 장차 성숙함을 절대 감당할 수 없는데, 어떻게 장차 반열반을 이룰 수 있겠는가!

위에서 설명한 모든 보특가라는 '여섯 단계'[六位]에 속함을 알라. 무엇이 여섯 단계인가? 첫째, 감당할 수 있는 보특가라, 둘째, '낮은 종류'[下品]의 '선한 근'[善根]을 성취한 보특가라, 셋째, '중간 종류'[中品]의 '선한 근'[善根]을 성취한 보특가라, 넷째, '높은 종류'[上品]의 '선한 근'[善根]을 성취한 보특가라, 다섯째, '궁극에 이르는 수행방법'[究竟方便]의 보특가라, 여섯째, 이미 궁극[究竟]에 도달한 보특가라이다.

(첫째) 감당할 수 있는 보특가라는 무엇인가? 종성에 편안히 머무르는 보특가라가 아직 최초로 여래如來 정각正覺께서 교법과 비나야를 바르게 설명하심에 대해 바른 믿음을 이루는 등 모든 견해를 부드럽게[調柔] 하지 못한 것이다. 이를 감당할 수 있는 보특가라라고 한다.

(둘째) '낮은 종류'[下品]의 선한 근根을 성취한 보특가라는 무엇인가?

종성에 편안히 머무르는 보특가라가 최초로 여래如來 정각正覺께서 교법과 비나야를 바르게 설명하심에 대해 바른 믿음을 이루는 등등 모든 견해를 부드럽게 함을 이미 이룬 것이다. 이를 낮은 종류의 선한 근善을 성취한 보특가라라고 한다.

(셋째) '중간 종류'[中品]의 선한 근근을 성취한 보특가라는 무엇인가? 종성에 편안히 머무르는 보특가라가 최초로 여래如來 정각正覺께서 교법과 비나야를 바르게 설명하심에 대해 바른 믿음을 이루는 등 모든 견해를 부드럽게 함을 이미 이루고, 이로부터 한 번, 또는 두 번, 또는 많은 생생이 지나 점점 '다음 단계로 나아갔는데'[勝進] 아직 최후유신最後有身을 이루지 못하였다. 이에 머무르며 반열반하거나, 정성이생正性離生에 들어간다. 이를 중간 종류의 선한 근근을 성취한 보특가라라고 한다.

(넷째) '높은 종류'[上品]의 선한 근근을 성취한 보특가라는 무엇인가? 이와 같이 점점 다음 단계로 나아간 보특가라가 최후유신最後有身을 이루어, 이에 머무르며 반열반하거나, 정성이생正性離生에 들어간다. 이를 높은 종류의 선한 근근을 성취한 보특가라라고 한다.

(다섯째) '궁극에 이르는 수행방법'[究竟方便]의 보특가라는 무엇인가? 이미 최후유신最後有身을 이룬 보특가라가 모든 번뇌[漏]를 다하게 하려고 정법正法을 듣거나, 전도됨이 없는 가르침과 지도를 받거나, 바른 수행에 힘쓰지만 아직 두루 모든 종류의 번뇌를 영원히 다하게 하지 못하고, 아직 '궁극에 도달하지'[到究竟] 못한 것이다. 이를 '궁극에 이르는 수행방법'[究竟方便]의 보특가라라고 한다.

(여섯째) 이미 궁극[究竟]에 도달한 보특가라는 무엇인가? 이와 같은 보특가라가 모든 번뇌[漏]를 다하게 하려고 정법正法을 듣거나, 전도됨이

없는 가르침과 지도를 받는 등 이러 저러하게 바른 수행에 힘써, 두루 모든 종류의 번뇌를 영원히 다하게 하고 '지을 것'[所作]을 이미 갖추어, 궁극의 첫째 청량清凉함을 이루었다. 이를 이미 궁극[究竟]에 도달한 보특가라라고 한다.

알아야 할 것이 있는데, 이 중에 감당할 수 있는 종류의 보특가라는 종성을 의지하고 머무르면서 낮은 종류의 선한 근근을 얻어, 들어갈[趣入] 수 있다. 이미 들어산 뒤에는 아래 종류의 선한 근근에 의시하고 머무르면서 다시 중간 종류의 선한 근근을 얻는데, 이 선한 근근은 저절로 성숙된다. 그는 이와 같이 저절로 성숙되었을 때, 중간 종류의 선한 근근에 의지하고 머무르면서 높은 종류의 선한 근근을 얻는데, 이미 성숙함을 이룬다.

그는 이와 같은 높은 종류의 선한 근근 때문에, (이를) 원인으로 삼아 이루는 자체自體를 수행하여 모으며, 다시 보다 뛰어난 식량[資糧]을 수행하여 모은다. 이 때문에 심일경성(心一境性: 마음이 하나의 대상영역인 성질)을 '접촉하여 경험하여'[觸證], 다시 정성이생正性離生에 들어가, 예류과預流果, 또는 일래과一來果, 또는 불환과不還果를 경험한다. 그런데 아직은 가장 뛰어난 제일의 아라한과阿羅漢果를 경험하지는 못한다. 이를 '궁극에 이르는 수행방법'[究竟方便]의 보특가라라고 한다. 만일 모든 번뇌煩惱가 다 영원히 끊어진 아라한과阿羅漢果를 경험하면, 그때에는 이미 궁극[究竟]에 도달한 보특가라라고 한다.

여기에서는 곧 최초, 중간, 최후의 모든 성문聲聞이 수행하는 '바른 실천'[正行]으로 말미암아 표현되는 여섯 종류의 보특가라를 보여준 것이다. 종성이 있는 성문의 정행正行으로 말미암아 최초의 보특가라를 보여주었고, 궁극에 도달한 성문의 정행正行으로 말미암아 최후의 보특가라를 보여주었고, 나머지 성문의 수행하는 정행正行으로 말미암아 중간의 보특가라를 보여주었다.

질문 이미 '들어감'[趣入]을 이룬 보특가라는 '정해진 한도'[定量]가 있어 언제나 고르게 반열반을 이루는가? (아니면) 정해진 한도가 없어 언제라도 고르지 않게 반열반을 이루는가?

대답 정해진 한도가 없다. 또한 언제라도 고르게 반열반을 이루는 것도 아니다. 그런즉 (제각각) 알맞은 것과 만나는 조건에 구별이 있기 때문에 반열반하게 된다.

이 중에 어떤 종류는 아주 오래도록 지나야, 어떤 종류는 아주 오래도록 지나지는 않게, 어떤 종류는 가장 빠르게 반열반을 이룬다는 것을 알라. 이를테면 종성에 머무르는 보특가라 (가운데) 가장 빠르게 반열반하는 이는 세 번의 생生을 지난다. 첫째 생 중에는 최초로 들어가고, 둘째 생 중에는 수행이 성숙하게 하고, 셋째 생에는 수행이 이미 성숙해져 어떤 경우에는 이 몸으로 반열반을 이루기도 하고, 반열반을 이루지 못한 이는 반드시 (유)학위學位에 들어 (수명을 다하지 못하고) 일찍 죽더라도 최대 일곱 생[有]을 지나면 반열반을 이룬다.

이를 들어감을 설명[安立]하는 것이라고 한다.

2.3 들어간 이의 모든 모습趣入者諸相

무엇을 들어간 이의 '모든 모습'[諸相]이라고 하는가? (첫째) 종성에 편안히 머무르는 보특가라가 잠시라도 들어갔으면, 전환하여 다른 생生에서 자기의 큰 스승 및 교법과 비나야에 대해 선하게 설명함 가운데에서 기억을 잊었더라도, 만일 세상에 지금 교법과 비나야에 대해 악하게 설명함과 교법과 비나야에 대해 선하게 설명함과 마주쳤을 때, 교법과 비나야에 대해 악하게 설명함의 뛰어난 공덕功德을 무수한 부문으로 찬양하는 것을 오래도록 듣더라도 '믿고 해석하고'[信解] '사랑스러워 즐겁게'[愛樂] 수행하지 않는다. 또한 그를 위해 출가를 추구하지도 않는다. 잠시 출가에 잠깐 들어감[趣入]을 이루었더라도 빨리 버리고 되돌아온다. 그것을 즐겁게 편안히 머무르지 않는 성품이어서, 마치 꿀에서 생긴 벌레가 식초[醶酢]에 빠진 것과 같고, '뛰어난 욕망'[妙欲]을 사랑스러워 즐겁게 느끼는 이가 진흙탕에 빠진 것과 같다.

　그는 전생의 '훌륭하고 선한 원인의 힘'[妙善因力]을 유지하고 있기 때문에, 잠시라도 교법과 비나야에 대해 선하게 설명함의 약간의 공덕功德을 찬양하는 것을 들었거나 전혀 듣지 못했을 경우, (이렇게) 잠시 듣거나 전혀 못 들어다 할지라도 빠르게 믿고 해석하여 들어가고, 사랑스러워 즐겁게 수행하거나 출가를 추구한다. 출가한 뒤에는 결국 들어가 끝내 '도로 물러나지 않는다'[無退轉]. 그것을 사랑스러워해 즐겁고 편안히 머무르는 성품이 마치 꿀에서 생긴 벌레가 좋은 꿀에 빠진 것과 같고, '뛰어난 욕망'[妙欲]을 사랑스러워 즐겁게 느끼는 이가 '뛰어난 욕망'[勝欲] 중에 빠진 것과 같다. 그는 전생의 '훌륭하고 선한 원인의 힘'[妙善因力]을 유지하고 있기 때문이다. 이를 첫째의, 이미 들어간 보특가라의 이미 들어간 모습이라고 한다.

　(둘째) 또 다른, 이미 들어간 보특가라의 이미 들어간 모습이 있다. 아직 모든 '나쁜 세상'[惡趣], '(시간적) 틈이 없는 곳'[無暇]에 갈지도 모르는 '번뇌의 결박으로부터 벗어나지'[煩惱離繫]는 못했지만, 나쁜 세상이나

(시간적) 틈이 없는 곳에서 생겨나지는 않는다. 세존世尊께서는 이 이미 들어간 보특가라에 대해 '깊은 뜻'[密意]으로 말씀하시기를, "만일 세상의 높은 종류의 '바른 견해'[正見]를 가진다면 천 번의 생生을 지나도 '나쁜 세상'[惡趣]에 떨어지지 않는다."라고 하셨다. 만일 이미 높은 종류의 '선한 근'[善根]에 들어 점점 성숙함을 향한다면, 그때에는 곧 (시간적) 틈이 없는 곳이나 그 외 '나쁜 세상'[惡趣]에서 생겨나지 않는다. 이를 둘째의, 이미 들어간 보특가라의 이미 들어간 모습이라고 한다.

(셋째) 또 다른, 이미 들어간 보특가라의 이미 들어간 모습이 있다. 잠시 부처님, 교법[法], 승단[僧]의 뛰어난 공덕功德에 대해 듣고 나서 곧 청정한 '믿는 마음'[信心]을 '마음에 떠올려'[隨念], 크나큰 (번뇌로부터) 벗어나는 '선한 존재'[善法]를 유도하여 발생시켜, 자주 '관련된 생각'[緣念]을 '깨끗한 마음'[淨心]에 녹여 훈련하니, 마침내 몸의 털이 곤두서고, 슬피 울며 비 오듯 눈물을 흘리게 된다. 이를 셋째의, 이미 들어간 보특가라의 이미 들어간 모습이라고 한다.

(넷째) 또 다른, 이미 들어간 보특가라의 이미 들어간 모습이 있다. 성품이 예리한 '(자신에게) 부끄러움'[慚], '(남에게) 부끄러움'[愧]을 성취하여, 나타나 작용하는 모든 죄 짓는 것에 대해 깊은 수치심이 생긴다. 이를 넷째의, 이미 들어간 보특가라의 이미 들어간 모습이라고 한다.

(다섯째) 또 다른, 이미 들어간 보특가라의 이미 들어간 모습이 있다. 받아 지녀 읽고 외우고, 묻고 사유하며, 관행觀行으로 '선한 존재'[善法]를 추구하는 중에 깊은 즐거움[欲樂], 예리한 즐거움이 있다. 이를 다섯째의, 이미 들어간 보특가라의 이미 들어간 모습이라고 한다.

(여섯째) 또 다른, 이미 들어간 보특가라의 이미 들어간 모습이 있다.

모든 '죄 없는'[無罪] 사업事業에 있어서 모든 '선한 종류'[善品]에 힘씀을 수행하고 모으고, 바른 수행방법[方便] 중에 선함을 수행하고 모아 견고하게 발생시키고, 오랜 동안 발생시키고, 결정적으로 발생시킨다. 이를 여섯째의, 이미 들어간 보특가라의 이미 들어간 모습이라고 한다.

(일곱째) 또 다른, 이미 들어간 보특가라의 이미 들어간 모습이 있다. 그는 성품이 '먼지와 때'[塵垢]가 '매우 적고'[微薄], 번뇌가 약하여[羸劣] 여러 얽음[纏]이 일어나더라도 긴 시간 지속하면서 오래 머무르지 않는다. 알랑댐[諂]이 없고 홀림[誑]도 없어, 교만과 나[我]·내것[我所]이라는 집착을 제어하고, 공덕功德 취하기를 좋아하며 잘못을 미워하여 등진다. 이를 일곱째의, 이미 들어간 보특가라의 이미 들어간 모습이라고 한다.

(여덟째) 또 다른, 이미 들어간 보특가라의 이미 들어간 모습이 있다. 그 마음을 정교하게 보호하고[藏護], 여러 크나큰 (자기 능력에) 알맞게 경험한 것에 대해 스스로를 경멸輕蔑하지 않고, 무능력한 상태에 스스로 편안히 머무르지도 않고, '믿고 해석한'[信解] 바를 더욱 '용맹하고 왕성하게'[猛盛] 한다. 이를 여덟째의, 이미 들어간 보특가라의 이미 들어간 모습이라고 한다.

이와 같은 종류의 이미 들어간 보특가라의 이미 들어간 모습은 무수함을 알라. 나는 이 가운데에서 약간만을 설명했을 뿐이다.

이와 같은 여러 모습 가운데 (첫째) 만일 낮은 종류의 선근善根에 편안히 머물러 들어간 이라면 낮은 종류로서 '(시간적) 틈'[間隙]이 있다는 것을 알라. 아직 간격[間]이 없을 수 없고, 아직 제대로 청정할 수 없다. (둘째) 만일 중간 종류의 선근善根에 편안히 머물러 들어간 이라면 중간 종류임을 알라. (셋째) 만일 높은 종류의 선근善根에 편안히 머물러 들어간 이라면 높은 종류로서 (시간적) 틈[間隙]이 없음을 알라. 이미 간격[間]이 없고, 이미 제대로 청정하다. 이를 이미 들어간 보특가라의 이미 들어간 모습이라고 하는데, 이와 같이 들어간 모습을 성취한 이는 이미 들어간 (이의) 숫자에 속함을 알라. 이와 같이 종성에 편안히 머무르며 이미 들어간 보특가라 가운데 수많은 '상서로운 이'[吉祥士]의 모습은 오직 부처님 세존世尊과 첫째 궁극[究竟]에 도달한 제자들뿐임을 알라. 제대로 청정한 뛰어나고 훌륭한 지견智見으로 '지금 보고'[現見], '지금 경험하여'[現證], 종성에 따라, 들어감[趣入]에 따라, 알맞게 구제救濟하신다.

2.4 이미 들어간 보특가라已趣入補特伽羅

'이미 들어간 보특가라'[已趣入補特伽羅][14]는 무엇인가? 이미 들어간[趣入] 보특가라로서 들어가기만 하고 장차 성숙할 것도 아니고 이미 성숙한 것도 아닌 경우, 들어가서 장차 성숙할 것이지만 이미 성숙한 것은 아닌 경우, 들어가서 이미 성숙해서 장차 성숙할 것이 아닌 경우, 들어가지 않아서 장차 성숙할 것도 아니고 이미 성숙한 것도 아닌 경우이다.

이미 들어간 보특가라로서, 이미 들어갔을 뿐 장차 성숙할 것도 아니고, 이미 성숙한 것도 아니고, 아직 벗어나지도[出離] 못한 경우가 있다. 이미 들어가 장차 성숙할 것이지만, 이미 성숙한 것도 아니고, 아직 벗어나지도 못한 경우가 있다. 이미 들어가 이미 성숙했지만 아직 벗어나지 못한 상태에서 바라는 대로 실천하는 경우가 있다. 이와 같은 구별은 앞서와 같이 이미 그 모습을 판별[辨]한 것임을 알라.

아울러 나머지 것은 종성지(種姓地: 종성 영역)에서와 같이 '약한

---

14) 이 책, pp.55-56, 2.2 들어감을 설명함趣入安立의 다섯째부터 여덟째 경우까지이다.

근'[軟根] 등의 보특가라에 대한 구별을 설명한 것이다. 지금 이 중에서는 각각에 알맞은 것이니 그 구별에 대해 알라.

이와 같이 설명한 들어가는 본성[自性], 들어감을 설명함[安立], 들어간 이의 '모든 모습'[諸相]과 이미 들어간 보특가라補特伽羅를 모두 아울러 설명하여 취입지(趣入地: 들어가는 영역)라고 한다.

3. 최초 유가처의 벗어나는 영역初瑜伽處出離地

앞에서는 '들어가는 영역'[趣入地]을 설명하였다. '벗어나는 영역'[出離地]이란 무엇인가? 요약[嗢拕南: udāna]하자면 아래와 같다.

세상[世間]의 '욕망으로부터 떠나는'[離欲] 경우,
이와 마찬가지로 '세상을 벗어남'[出世間],
그리고 이 두 가지의 식량[資糧]이다.
이를 출리지出離地라고 한다.

'세상의 과정'[世間道]에 의해 이욕(離欲: 욕망으로부터 떠남)으로 나아감, '세상을 벗어나는 과정'[出世道]에 의해 이욕離欲으로 나아감, 이 두 과정의 식량[資糧]이다. 아울러 간략히 하나로 해서 출리지(出離地: 벗어나는 영역)라고 한다.

3.1 세상의 과정世間道에 의해 이욕離欲으로 나아감

무엇이 '세상의 과정'[世間道]에 의해 이욕離欲으로 나아감인가? 예를 들어 어떤 이가 아래인 욕계欲界에 대해 살펴 '거친 모습'[麁相]으로 삼고, 초정려初靜慮에서 (욕망[欲]으로부터) '떠나 기쁨과 즐거움이 생겨'[離生喜樂], 선정이나 생겨나기[生]를 살펴 '고요한 모습'[靜相]으로 삼는 것이다.

그는 이러한 살핌에 자주 머무를 때, 욕계欲界에 대해 이욕離欲을 이루기 때문에, '최초의 정려'[最初靜慮]로 '경험해 든다'[證入].

이와 같이 또한 초정려의 위에 대해 점점 알맞게 모든 '아래 영역'[下地]을 살펴 거친 모습으로 삼고, 모든 '위 영역'[上地]을 살펴 고요한 모습으로 삼는다. 그는 이러한 살핌에 자주 머무를 때, 곧 (무색계의 제삼천인) 무소유처無所有處에 이르기까지 이욕離欲을 이루기 때문에, (무색계의 제사처인) 비상비비상처非想非非想處에 이르기까지 '경험해 든다'[證入]. 이를 '세상의 과정'[世間道]에 의해 이욕離欲으로 나아감이라고 한다. 이를 제외하고는 더한 것이 없다.

3.2 세상을 벗어나는 과정出世道에 의해 이욕離欲으로 나아감

무엇이 '세상을 벗어나는 과정'[出世道]에 의해 이욕離欲으로 나아감인가? 예를 들면 어떤 이가 '선한 이'[善士]를 가까이 하여 '성스러운 교법'[聖法] 중에서 이미 '총명한 지혜'[聰慧]를 이루고, 성스러운 교법 중에서 이미 온순함[調順]을 이루고, '괴로움이라는 성스러운 진리'[苦聖諦]에 대해 사실대로 괴로움을 알고, '(괴로움의) 원인이라는 성스러운 진리'[集聖諦]에 대해 사실대로 '(괴로움의) 원인'[集]을 알고, '(괴로움의) 소멸이라는 성스러운 진리'[滅聖諦]에 대해 사실대로 '(괴로움의) 소멸'[滅]을 알고, '(괴로움을 소멸시키는) 방도라는 성스러운 진리'[道聖諦]에 대해 사실대로 '(괴로움을 소멸시키는) 방도'[道]를 알고 나서는 유학有學의 지견智見을 성취한다. 이러한 뒤로 점점 '성스러운 과정'[聖道]을 수행하여 두루 삼계三界의 견도見道와 수도修道에서 끊어야할 모든 존재 중에서 저절로 '(번뇌의) 결박으로부터 떠나고'[離繫], 저절로 해탈解脫을 이룬다. 이와 같이 한 즉 삼계三界를 넘는다. 이를 '세상을 벗어나는 과정'[出世道]에 의해 이욕離欲으로 나아감이라고 한다.

3.3 두 과정의 식량二道資糧

무엇을 두 과정의 식량[資糧]이라고 하는가? 요약하자면 아래와 같다.

'자기와 남이 완성됨'[自他圓滿], '선법에 대한 의욕'[善法欲],
'계와 근에 적합함'[戒根律儀], '먹을 것의 한도를 앎'[食知量],
'깨어 있음'[覺寤], '바르게 알고'[正知] 머무름, '착한 벗'[善友],
들음[聞], 생각함[思], '장애 없음'[無障], 보시[捨], 장식[莊嚴].

이를테면 '자기가 완성됨'[自圓滿], '남이 완성됨'[他圓滿], '선법에 대한 의욕'[善法欲], '계에 적합함'[戒律儀], '근에 적합함'[根律儀], '먹을 것의 한도를 앎'[於食知量], 초저녁과 늦은 밤에 언제나 부지런히 '잠에서 깨난'[覺寤] 유가瑜伽를 수행함, 바르게 알고 머무름, '착한 벗의 성품'[善友性], 정법正法을 들음, 정법에 대해 생각함, 장애가 없음, '은혜로운 보시'[惠捨]을 수행함, 사문沙門의 장식[莊嚴] 등이다. 이와 같은 수행법을 바로 세상[世間]과 '세상에서 벗어남'[出世間]의 모든 '욕망으로부터 떠나는 과정'[離欲道]에 의해 나아가는 식량[資糧]이라고 한다.

이 중에서 '자기가 완성됨'[自圓滿], '남이 완성됨'[他圓滿], '선법에 대한 의욕'[善法欲] 등 이 세 가지는 앞서 종자를 수행하여 모으는 여러 '낮은 조건'[劣緣] 안에서 이미 그 모습을 설명한 것임을 알라.

3.3.1 계에 적합함戒律儀

무엇이 '계에 적합함'[戒律儀]인가? 요약하자면 다음과 같다.

'계에 적합함'[戒律儀]에 대해 알라.

'세 가지 설명'[辨三], 손실[虧]과 완성됨[滿]이 열 가지 씩,

여섯 가지 '다른 부문'[異門], 세 가지 맑음[淨],

열 가지 '뛰어난 공덕'[勝功德]이다.

(1) 세 가지 설명辨三

① 첫째 설명

'계에 적합함'[戒律儀]이란 예를 들어 어떤 이가 구족계[具戒]에 편안히 머무르고 내지는 '배워야할 것'[學處]을 받아들여 배우는 것이다.

(첫째) 무엇을 구족계에 편안히 머무른다고 하는가? 받아들여 배워야할 '배워야할 것'[學處]에서 신업身業을 손실[虧]하지 않고, 어업語業을 손실하지 않고, 약해지지도[缺] 않고, 뚫리지도[穿] 않는 것이다. 이를 구족계에 편안히 머무른다고 한다.

(둘째) 무엇을 별해탈율의(別解脫律儀: 십계十戒, 구족계具足戒 등 각각 몸이나 말로 짓는 악업惡業으로부터 벗어나는 계)를 잘 보호한다고 하는가? 일곱 무리가 받아들인 별해탈율의를 보호하는 것을 가리킨다. 이 율의(律儀: 계戒)의 무리는 구별되기 때문에 여러 가지 율의律儀로 이루어진다. 이제 이 의미 가운데 비구[苾芻]의 율의만 들어 별해탈율의를 잘 보호하는 것을 설명한다.

(셋째) 무엇을 규칙[軌則]이 완성됨[圓滿]이라고 하는가? 예를 들어 어떤 이가 '행동하고 있을 경우'[威儀路]에, '해야 할 일'[所作事]에서, '선한 종류'[善品]에 힘쓰는 것에서, 규칙을 성취하여 세상[世間]을 따라 세상을 뛰어넘지 않고 비나야를 따라 비나야를 뛰어넘지 않는 것이다.

무엇을 '행동하고 있을 경우'[威儀路]에 규칙을 성취하여 세상을 따

라 세상을 뛰어넘지 않고 비나야를 따라 비나야를 뛰어넘지 않는 것이라고 하는가? 예를 들어 어떤 이가 '가야할 것'[所應行]이나 '가는 것과 같은 것'[如所行]에서 이와 같이 가면, 이렇게 갔기 때문에 세상으로부터 비난받지 않고, 현인[賢良], '정지한 선한 이'[正至善士], 모든 교법을 함께하는 이, 모든 계율을 유지하는 이, 모든 계율을 배우는 이로부터 비난받지 않는다. 가는 것과 같이 머무르는 것, 앉는 것, 눕는 것도 마찬가지라는 것을 알라. 이를 행동하고 있을 경우에 규칙을 성취하여 세상을 따라 세상을 뛰어넘지 않고 비나야를 따라 비나야를 뛰어넘지 않는 것이라고 한다.

무엇을 '해야 할 일'[所作事]에서 규칙을 성취하여 세상을 따라 세상을 뛰어넘지 않고 비나야를 따라 비나야를 뛰어넘지 않는 것이라고 하는가?

예를 들어 어떤 이가 해야 할 일인 의복에 관한 일, 대소변 보는 일, 물 쓰는 일, 양치질[楊枝], 마을에 들어가 걸식乞食하는 일, 받아쓰는[受用] 일, '식기 세척하는'[盪鉢] 일, 보관하는[安置] 일, '발 닦는'[洗足] 일, 침구를 까는 등의 일, 즉 간략히 말하자면 옷의 일, 식기의 일, 그 외 이런 종류의 해야 할 일을 '할 일'[所作事]이라고 한다. 각각에 알맞게, '해야 할 것'[所應作]이나 '할 일과 같은 것'[如所作]에서 이와 같이 하면, 이렇게 했기 때문에 세상으로부터 비난받지 않고, 현인[賢良], '정지한 선한 이'[正至善士], 교법을 함께하는 모든 이, 계율을 유지하는 모든 이, 계율을 배우는 모든 이로부터 비난받지 않는다. 이를 해야 할 일에서 규칙을 성취하여 세상을 따라 세상을 뛰어넘지 않고 비나야를 따라 비나야를 뛰어넘지 않는 것이라고 한다.

무엇을 '선한 종류'[善品]에 힘쓰는 것에서 규칙을 성취하여 세상을 따라 세상을 뛰어넘지 않고 비나야를 따라 비나야를 뛰어넘지 않는 것이라고 하는가?

여러 가지 '선한 종류'[善品]에 힘쓰는 것에서, 정법正法을 받아 지녀 읽고 외우며, 웃어른[尊長]을 온화하게 존경하는 일을 수행하면서 만나 뵈어 모시고, 환자에게는 '불쌍히 여기는 마음'[慈悲心]을 일으켜 정중하게 [殷重] 시중들며[供侍], 이치에 맞게 '밝혀 알려 주는 것'[宣白]에 힘쓸 적에는 자비심慈悲心에 머물러 점점 '바라는 것을 준다'[與欲][15]. 정법正法에 대해 '매우 부지런히'[翹勤] 묻고 들어 게으름에 떨어지지 않으며, 함께 범행梵行을 하는 지혜 있는 이에게는 온몸의 힘을 다하여 존경하고, 남의 '선한 종류'[善品]에 대해서 언제나 부지런히 격려하며[讚勵], 언제나 즐겁게 남을 위해 정법正法에 대해 밝혀 말하고, '고요한 방'[靜室]에 들어가 결가부좌結跏趺坐하고 '생각을 묶어'[繫念] 사유思惟한다.

이와 같은 종류와 그 외 무수한 수행해야 할 '선한 존재'[善法]를 모두 '선한 종류'[善品]에 힘쓰는 것이라고 한다. 그는 이와 같이 밝혀 말한 선한 종류에 힘쓰는 것을 따라서 각각에 알맞게, '해야 할 것'[所應作]이나 '할 일과 같은 것'[如所作]에서 이와 같이 하면, 이렇게 했기 때문에 세상 으로부터 비난받지 않고, 현인[賢良], '정지한 선한 이'[正至善士], 교법을 함께하는 모든 이, 계율을 유지하는 모든 이, 계율을 배우는 모든 이로부터 비난받지 않는다. 이를 모든 선한 종류에 힘쓰는 것에서 규칙[軌則]을 성취하여 세상을 따라 세상을 뛰어넘지 않고 비나야를 따라 비나야를 뛰어넘지 않는 것이라고 한다. 만일 이와 같이 설명한 '실천하는 모습'[行

---

15) 유가론기 제6권상(대정장 42. p.433b23-24): 이는 법을 설명할 때에 이치에 맞게 대중에게 말해주고 자비심에 머물러 그 사람이 바라는 것을 주어야 한다.　　此即為法事時。如理白眾。應住慈心受彼人欲。

相]의 규칙[軌則]으로 구별된 것을 모두 다 갖추면 규칙이 완성됨이라고 한다는 것을 알라.

(넷째) 무엇을 '가는 것'[所行]이 완성되었다고 하는가? 모든 비구[苾芻]는 간략히 다섯 가지 가지 말아야 하는 곳이 있다. 다섯 가지란 무엇인가? 첫째, 창령가(唱令家: 양을 도살하는 집), 둘째, '기녀의 집'[婬女家], 셋째, 술집[酤酒家], 넷째, 국왕가國王家, 다섯째, 전다라(旃荼羅: canḍāla: 도살업사) 빛 갈치나(羯恥那: khaṭṭika: 도살업자, 형벌집행자)의 집이다. 이와 같이 여래如來께서 제지하신 가지 말아야 하는 곳을 멀리하고, 그 외 죄가 없는 가는 곳은 때를 알고서 가는 것이다. 이를 가는 것이 완성되었다고 한다.

(다섯째) 무엇을 '소소한 죄'[微小罪]에 대해 큰 두려움을 본다고 하는가? 모든 '소소하게 따라야 할 것'[小隨], '소소한 배워야할 것'[小學處]에 있어, 만일 어기게 되면 도로 깨끗하게 할 수 있는 것을 '소소한 죄'[微小罪]라고 한다. 모든 '배워야할 것'[學處]에 대해 지금 어기면 죄罪라고 한다. 이미 어긴 뒤에 조금 힘을 써서 도로 깨끗해지면 소소하다[微小]고 한다. 이 때문에 '소소한 죄'[微小罪]라고 한다.

이 중에 큰 두려움을 본다고 하는 것은 무엇인가? 이를테면 이렇게 살핀다. "내가 이 어기는 '원인과 조건'[因緣]에 있어, 아직 이루지[得] 못한 것을 이룬다든지, 아직 접촉[觸]하지 못한 것을 접촉한다든지, 아직 경험[證]하지 못한 것을 경험하는 등을 감당하지 못하는 것은 아닐까? 나는 이 때문에 모든 '나쁜 세상'[惡趣]에 가까워지고, 모든 나쁜 세상으로 가는 것은 아닐까? 또는 스스로 비난하게 되고, 또는 큰 스승님이나 모든 천天, 지혜 있는 범행梵行을 함께하는 이들로부터 교법에 의해 비난받지 않을까? 나는 이 때문에 모든 방향의 멀거나 가까운 데에 악명惡名, '나쁘게 부르는 이름'[惡稱], '나쁜 평판'[惡聲], '나쁜 말'[惡頌]이 퍼지지나 않을까?"라고 살핀다. 그는 이와 같이 지금과 장차의 어기는 원인으로부터 생기는 모든 '사랑스럽지 않은 결과'[非愛果]로부터 큰 두려움을 본다. 이 때문에 '소소하게 따라야 할 것'[小隨], '소소한 배워야할 것'[小學處]에 있어서 (비구로서의) '생명을 위태롭게 할'[命難] '원인과 조건'[因緣](이 될지도 모르는 것은) 고의로는 어기지 않는다. 어떤 때, 어떤 장소에서 기억을 잃어 어겨도, 곧바로 교법에 맞게 드러내어 도로 깨끗하게 한다. 이를 '소소한 죄'[微小罪]에 대해 큰 두려움을 본다고 한다.

(여섯째) 무엇을 '배워야할 것'[學處]을 받아들여 배운다고 하는가? 앞서 별해탈계(別解脫戒: 별해탈율의別解脫律儀)를 받고 백사갈마白四羯磨로써 구족계具足戒를 받을 때, 계사戒師스님으로부터 약간의 학처學處의 체성體性에 대해 듣고, 다시 친교사(親教師: 은사恩師스님), 궤범사(軌範師: 규칙에 모범이 되는 스님)로부터 듣는다. 그 외 『별해탈경別解脫經』은 이백 오십 학처學處가 넘는 것을 아울러 간략히 밝혀 말한 것인데, 모두 스스로 바라 말하기를, "모든 것을 배우겠습니다." 라고 한다.

아울러 그 외 항상 논의하던 이, 논의를 함께하는 이, 항상 교분이 있는 이, 친한 이로부터 학처學處를 들으며, 또한 반 달 마다 설명하는 『별해탈경別解脫經』에서 학처學處를 듣고 모두 스스로 바라 말하기를, "모든 것을 배우겠습니다."라고 한다. 모든 해당 학처學處를 다 받아들여 배우기 때문에 별해율의別解律儀를 획득했다고 한다. 이후로는 모든 학처에 대해 정교하다면 어기지 않고, 어긴다 해도 곧 교법에 맞게 참회한다. 만일 모든 학처에 대해 아직 정교하지 못하고, 아직 '환히 깨닫지'[曉悟]

못했다면, 앞서 스스로 받아들여 지닐 것을 바랐기[誓願] 때문에 지금 정교함을 추구해 받고, '환히 깨달음'[曉悟]을 추구할 수 있다.

앞서 설명한 모든 학처는 친교사親教師나 궤범사軌範師께 앞서와 같이 여쭙고, 이미 정교함과 환히 깨달음을 이루었으면 가르침과 지도에 더함도 덜함도 없이 다시 받아들여 배운다. 존중할 만한 이와 존중할 만한 이와 같은 이가 말하는 학처에 대하여 글자[文]나 의미[義]가 전도됨이 없이 받아들인다. 이를 '배워야할 것'[學處]을 받아들여 배운다고 한다. 이와 같이 '계에 적합함'[戒律儀]에 대해 자세히 말하였다.

② 둘째 설명

이 가운데의 요지를 어떻게 알아야 하는가? 이 가운데에서 세존世尊께서 보여주신 계온(戒蘊: 계로서의 유위법)의 요지는 세 가지 모습이 있다. 첫째, '잃고 무너짐이 없는 모습'[無失壞相], 둘째, '본성의 모습'[自性相], 셋째, '본성의 공덕의 모습'[自性功德相]이다.

이는 또한 무엇인가? 만일, "구족계[具戒]에 편안히 머무른다."라고 했다면, 이를 가지고 '시라에 적합함'[尸羅律儀]의 '잃고 무너짐이 없는 모습'[無失壞相]을 보여주신 것이다. 만일 다시, "별해율의別解律儀를 잘 보호한다."라고 했다면, 이를 가지고 시라율의尸羅律儀의 본성의 모습을 보여주신 것이다.

만일 다시, "규칙[軌則]대로 실천함[所行]이 모두 다 완성되었다." 라고 했다면, 이를 가지고 별해율의(別解律儀: 별해탈율의別解脫律儀)를 받아들인 것과 같이 하고, 남의 뛰어남을 살피는 본성의 공덕功德의 모습을 보여주신 것이다. 왜냐하면 남이 이와 같이 규칙대로 실천함이 완성된 것을 보고서 아직 믿지 않았던 이는 믿게 되고, 믿는 이는 (믿음이) 자라게 된다.

이 때문에 청정한 믿음을 발생시켜, 마음에는 '염증이 나 싫어함'[厭惡]이 없고, 말에는 비난이 없게 된다.

만일 시라를 충분히 갖추고, 규칙대로 실천함이 모두 완성되었다(는 말이 진실로 한 말과 달리 완성된 것이 아니라면) 남의 뛰어난 공덕功德을 살피고서도 뛰어난 이익이 없을 것이다. 오히려 이와 반대로 잘못이 있을 것이다.

만일 다시, "소소한 죄에 대해 큰 두려움을 보고, '배워야 할 것'[學處]을 받아들여 배운다."라고 했다면, 이를 가지고 별해율의別解律儀를 받아들인 대로하고 자기의 뛰어난 본성의 공덕의 모습을 살피는 것을 보여주신 것이다. 왜냐하면 이와 같이 규칙[軌則]대로 실천함[所行]이 모두 다 완성된다는 것으로 말미암아, 앞서와 같이 남의 뛰어난 공덕을 살핌으로써 뛰어난 이익을 획득한다고 해도, (자기의) 깨끗한 계戒를 어기는 '원인과 조건'[因緣] 때문에 장차 '나쁜 세상'[惡趣]에서 생겨날 것이기 때문이다. 또는 아직 이루지 못한 것을 이루는 것을 감당할 수 없는 등은 앞서 자세히 설명한 것과 같다.

만일 '소소한 죄'[微小罪]에 대해 큰 두려움을 보고, 앞서 받아들인 '높은 종류'[上品]의 '배워야 할 것'[學處] 바르게 배우면 이 때문에 몸이 붕괴되고 나서 장차 '좋은 세상'[善趣]에서 생겨날 것이다. 그리고 아직 '이루지 못한 것'[所未得]을 이루는 것을 감당할 것이다. 이 때문에 이를 별해율의別解律儀라고 하는데, 받아들인 대로 자기의 뛰어난 공덕의 뛰어난 이익을 살피는 것이다.

③ 셋째 설명

또 다른 부문이 있다. 부처님 세존世尊께서는 이 가운데에서 간략히 세 가지 '계의 성질'[戒性]을 나타내셨다. 첫째, '받아 지니는 계의 성질'[受持戒性], 둘째, '벗어나는 계의 성질'[出離戒性], 셋째, '수행하는 계의 성질'[修習戒性]이다.

만일, "구족계[具戒]에 편안히 머무른다." 라고 했다면, 이를 가지고 '받아 지니는 계의 성질'[受持戒性]을 보여주신 것이다.

만일 다시, "별해율의別解律儀를 잘 보호한다."라고 했다면, 이를 가지고 '빗어나는 계의 성질'[出離戒性]을 보여주신 것이다. 왜냐하면 별해율의別解律儀에 속한 깨끗한 계戒를 '뛰어난 계戒를 배움'[增上戒學]이라고 한다는 것을 알아야 한다. 즉 이와 같은 '뛰어난 계戒를 배움'[增上戒學]에 의해, '뛰어난 마음을 배움'[增上心學]과 '뛰어난 지혜를 배움'[增上慧學]을 수행하며, 이로 말미암아 모든 괴로움이 다하는 궁극적 벗어남[出離]을 이룬다. 이와 같이 벗어남은 뛰어난 계戒로 앞서 가는 의지의 대상으로 삼는다. 그러므로 이 별해율의別解律儀를 벗어나는 계의 성질이라고 한다.

만일 다시, "규칙을 실천함이 모두 다 완성되고, '소소한 죄'[微小罪]에 대해 큰 두려움을 보고, '배워야 할 것'[學處]을 받아들여 배운다." 라고 했다면, 이를 가지고 '수행하는 계의 성질'[修習戒性]을 보여주신 것이다. 왜그러냐면 이와 같이 말한 여러 모습의 별해율의別解律儀로 말미암아 깨끗한 계戒를 수행하는 것을 잘 수행하고 아주 잘 수행한다고 하기 때문이다.

이와 같이 한 가지의 시라율의尸羅律儀를 바로 지금 밝혀 말하는 것으로서는 (요약에 해당되는 둘째 설명과 셋째 설명을 모두 합해) 여섯 가지가 된다는 것을 알라.

(2) 손실과 완성虧滿

위와 같은 시라율의尸羅律儀는 열 가지 '원인과 조건'[因緣] 때문에 손실함[虧損]을 알라. 이것과 반대되는 열 가지 '원인과 조건'[因緣] 때문에 완성함[圓滿]을 알라.

무엇이 열 가지 손실하는 원인과 조건인가? 첫째, 애초에 시라율의를 나쁘게 받아들이는 것이다. 둘째, 아주 심하게 '가라앉는 것'[沈下] 이다. 셋째, 아주 심하게 '들떠서 풀어짐'[浮散]이다. 넷째, '방종하고 게으름' [放逸懈怠]에 속한 것이다. 다섯째, '비뚠 바람'[邪願]을 발생시키는 것이다. 여섯째, 규칙[軌則]을 손실시키는 데에 속한 것이다. 일곱째, '깨끗한 생활'[淨命]을 손실시키는 데에 속하는 것이다. 여덟째, '두 극단'[二邊]에 떨어져 있는 것이다. 아홉째, 벗어날 수 없음이다. 열째, '받아들인 것'[所受]을 손실시킴이다.

(첫째) 무엇을 애초에 시라율의를 나쁘게 받아들이는 것이라고 하는가? 예를 들자면 어떤 이가 국왕에게 짓눌려서 출가를 추구하고, 미친 도적에게 짓눌려서, 채권자에게 짓눌려서, 두려움에 짓눌려서, 생계를 꾸려나가지 못할 것이라는 두려움에 짓눌려서 출가를 추구하기(는 하지만,) '사문의 본성'[沙門性]을 위한 것도 아니고, '바라문의 본성'[婆羅門性]을 위한 것도 아니고, 스스로가 (번뇌를) 굴복시키기 위해서도 아니고, 스스로 고요하기 위해서도 아니고, 스스로 열반涅槃하기 위해서도 아니면서 출가를 추구한다. 이를 애초에 시라율의를 나쁘게 받아들이는 것이라고 한다.

(둘째) 무엇을 아주 심하게 '가라앉는 것'[沈下]이라고 하는가? 예를 들자면 어떤 이의 성품이 수치심이 없고 후회함[惡作]이 미미하며, 성품이 '느려 터져'[慢緩] 모든 학처學處에 대해 '짓는 것'[所作]이 느려 터진다. 이를 아주 심하게 '가라앉는 것'[沈下]이라고 한다.

(셋째) 무엇을 아주 심하게 '들떠서 풀어짐'[浮散]이라고 하는가? 예를

들자면 어떤 이가 '악한 집착'[惡取]에 굳게 집착하고, '이치에 어긋난 것' [非處]16)을 후회하고, 해서는 안 되는 여러 가지 후회 가운데에서 터무니 없는 후회를 이치에 어긋나게 해댄다. 남에 대해 경멸하는 마음이나 해코지하려는 마음을 일으키고, 이치에 맞지 않는 (엉뚱한) 것에 '환히 깨달음'[曉悟]이 생긴다. 이를 아주 심하게 '들떠서 풀어짐'[浮散]이라고 한다.

(넷째) 무엇을 '방종하고 게으름'[放逸懈怠]에 속한 것이라고 하는가? 예를 들자면 어떤 이가 과거[過去世]에 '어기는 대상'[所犯]을 어기고, 이 어긴 사실에 대해 잊어버렸기 때문에 한 종류도 교법에 맞게 도로 깨끗하게 할 수 없다. 과거와 같이 미래와 지금도 마찬가지라는 것을 알라. (즉) '어기는 대상'[所犯]을 어기고, 이 어긴 사실에 대해 잊어버리기 때문에 한 종류도 교법에 맞게 도로 깨끗하게 할 수 없음을 가리킨다.

아울러 이전에 어긴 것에 대해 어기지 않으리라는 의욕[樂欲]을 예리하게 발생시키지 않는다. 이를테면, "나는 정녕코 평소대로[如如] '가야 할 곳'[所行]과 평소대로 '머물러야 할 곳'[所住]을 이러하고 저러하게 가야 할 곳으로 가고, 이러하고 저러하게 머물러야 할 곳에서 머무른다. '어기는 대상'[所毀犯]을 끝내 어긴 적이 없다." 라고 한다. 이 때문에 가고 머무르는 데에 따라서 이러하고 저러하게 어길 대상을 어긴다. 이 때문에 앞[前際]에서 함께하는 것, 나중[後際]에 함께하는 것, 중간[中際]에 함께하는 것, 이전에 지은 것 및 함께 따라하는 방종함[放逸]을 성취한다.

아울러 스스로 잠[睡眠]에 집착해 즐거움으로 삼고, '벌떡 누워 있는

---

16) 유가사지론 제57권(대정장 30. p.613a13-14)에 의하면 처處는 여러 가지 외부 대상[事]과 이치[理]가 서로 어긋나지 않는 것이다. 비처非處는 여러 가지 외부 대상과 이치가 서로 어긋나는 것이다.

것'[偃臥]을 즐거움으로 삼고, '움츠리고 눕는 것'[脇臥]을 즐거움으로 삼는다. 성품이 별로 부지런하지[翹勤] 않고, 성품이 게을러서[懶惰] (어기지 않으리라는 의욕[樂欲]을 예리하게) 발생시키지 않고, 범행梵行을 함께하는 지혜로운 이께 때때로 찾아가 묻고 모시지 않는다. (이를) '방종하고 게으름'[放逸懈怠]에 속한 것이라고 한다.

(다섯째) 무엇이 '비뚠 바람'[邪願]을 발생시키는 것인가? 예를 들자면 어떤 이가 '비뚠 바람'[邪願]에 의지하여 범행梵行을 수행하며, "내가 지닌 '계와 금지'[戒禁: 준수할 것과 금지할 것], 항상 정진함[精勤], 수행하는 범행梵行이면, 장차 천天이나 다른 천[天處]에 생겨날 것이다."라고 한다. 또는 이익 보는 것과 공경을 사랑스러워하고 즐거워하며 범행梵行을 수행한다. 이를테면 이 때문에 남으로부터 이익 보는 것과 공경을 바라고 추구하는 즉 이와 같은 이익 보는 것과 공경에 대해 '물들어 집착함'[染著]이 깊숙이 생긴다. 이를 '비뚠 바람'[邪願]을 발생시키는 것이라고 한다.

(여섯째) 무엇이 규칙[軌則]을 손실시키는 데에 속한 것인가? 예를 들자면 어떤 이가 '행동하고 있을 경우'[威儀路]나 '해야 할 일'[所作事]이나 '선한 종류'[善品]에 힘쓰는 것 등에서, 규칙에 대해 세상을 따르지 않고 세상을 뛰어넘으며 비나야를 따르지 않고 비나야를 뛰어넘는 등 앞서 자세히 설명한 것과 같다. 이를 규칙을 손실시키는 데에 속한 것이라고 한다.

(일곱째) 무엇이 '깨끗한 생활'[淨命]을 손실시키는 데에 속한 것인가? 예를 들자면 어떤 이가 성품이 욕망이 커서 만족할 줄 몰라, 봉양하기[養] 어렵고 만족시키기 어렵다. 항상 '교법에 맞지 않게'[非法] 의복, 음식, 침구, 병과 관련한 의약 및 여러 살림살이를 추구하니, '바른 교법'[正法]이 아닌 것이다. 또한 여러 가지 의복, 음식, 침구, 병과 관련한 의약, 살림살이를

탐내어[貪求], 자기에게는 뛰어난 공덕功德이 있다고 드러내고서는 속임수[矯詐]로 평소 행동이 아닌 것을 꾸며댄다[構集]. 남을 속이려 하기 때문에 항상 모든 근根이 들뜨지 않고, 모든 근이 움직이지 않고, 모든 근이 고요하다[寂靜]고 가짜로 보여준다. 이로 말미암아 남이 그를 능력[德]이 있다고 이르게 한다. "보시가 있어야 짓는 것도 있다"라고 하는데, (바로) 의복, 음식, 침구, 병과 관련한 의약 및 여러 살림살이를 받들어 공급하라는 것을 가리킨다.

　아울러 자주 '험상궂고 패악해서'[凶悖] '말로 억지로 시키는데다'[強口] '아주 오만하고'[矯傲], 이름을 꾸미며 (출신) 부족[種姓]에 대해 자부한다. '많이 들음'[多聞]을 추구하기도 하고, 교법을 유지하기도 하는데, 이익 보는 것 때문에 남을 위해 정법正法을 밝혀 말한다. 어떤 경우에는 부처님께서 말씀하신 것, 제자가 설명한 것을 밝혀 말하고, 또는 자기에게 실제로 능력이 있다고 밝혀 말하며, 어떤 경우에는 조그마한 것을 부풀리기도 한다. 어떤 경우에는 남 앞에서 방법으로써 모습을 꾸미기도 하는데 의복을 구하기 위한 것이다. 또는 사문沙門의 살림살이를 하나하나 구하려고, 또는 많이 '섬세하고 훌륭한 것'[精妙]을 구하려고, 부족하지 않은 데도 옷을 입고 나타나니 (바로) '해진 옷'[蔽衣裳]이다. 이는 깨끗한 믿음을 지닌 장자長者, 거사居士, 바라문婆羅門 등이 그의 의복이 부족하다고 알고 정중하게 받들어, 아주 훌륭한 의복을 많이 보시하게 하려는 것이다. 의복과 같이 하나하나 사문의 생활을 돕는 여러 도구도 마찬가지이다. 어떤 경우에는 깨끗한 믿음을 지닌 장자, 거사, 바라문으로부터 그의 바람에 '걸맞게 이루지'[稱遂] 못하거나, 그 재물에 '(있어야 할 것이) 빠져서 모자라'[闕乏] 구하고자 한 것을 이루지 못할 때에는 곧 '억지로 따르게 하거나'[强逼] 갈아대고[硏磨], '추악하게 말하여'[麁語] 고달프게 하여 '애써서 찾아낸다'[求索]. 또는 그 재물에 '(있어야할 것이) 빠져서 모자라지는'[闕乏] 않더라도 '하찮은 것'[下劣]을 얻을 때에는 곧 시주施主에게 대놓고 바로 앞에서 얻은 재물을 깨뜨려 버리며 말하기를, "어이[咄哉]! 이 남자야. 아무개 선남자善男子, 아무개 선여인善女人은 이제 막 너희 가문[族姓]이나 '귀한 재물'[財寶]에 비해 아주 하찮고, 아주 '형편없이 부족한'[貧匱]데도, 이러하고 저러하게 많고 훌륭하여 마음에 흡족한 자산과 여러 도구를 '자애롭게 보시'[惠施]하였구나. 너는 그 사람에 비하면 가문도 귀하고, 귀한 재물도 풍부한데 어째서 겨우 이와 같이 적고 하찮아 마음에 흡족하지 않은 물건만 보시하였느냐?"라고 한다. 그는 이와 같이 속임수나 비뚠 거짓말, 또는 가짜 모습을 보이거나, 고달프게 '갈아대고 닦달한다'[硏逼]. 또는 이자놀이하는[利求利] 등 여러 가지 형상[狀相]으로 남으로부터 '교법에 맞지 않게'[非法] 의복, 음식, 침구, 병과 관련한 의약 및 여러 살림살이를 추구하니, '바른 교법'[正法]이 아닌 것으로 추구하는 것이다. '교법에 맞지 않기'[非法] 때문에 '비뚠 생활'[邪命]이라고 한다. 이를 '깨끗한 생활'[淨命]을 손실시키는 데에 속한 것이라고 한다.

(여덟째) 무엇을 '두 극단'[二邊]에 떨어져 있는 것이라고 하는가? 예를 들자면 어떤 이가 '아주 즐거운 실행'[極樂行]의 극단을 받아쓰는 것을 '좋아 애착하여'[耽著], 남으로부터 교법에 맞게 또는 '교법에 맞지 않게'[非法] 얻은 의복, 음식, 침구, 병과 관련한 의약 및 여러 살림살이를 '애착하여 감상하고'[愛玩] 받아쓰느라 잘못을 살피지 않고 벗어날 줄 모른다. 이를 한쪽 극단이라고 한다.

아울러 또 한 가지 종류는 스스로 고행苦行하는 극단[邊]을 받아쓰는 것을 좋아 추구하는 것인데, 무수한 부문으로 스스로 들볶아[煎迫] 아주 '심한 괴로움'[苦楚]을 겪는다. 이를테면 '나무 가시'[棘刺]나 잿가루[灰坌]나 '나무로 만든 (땅을 다지는 데 쓰는) 몽둥이'[木杵]나 '널빤지로 만든 쟁반'[木板]으로, 또는 '여우처럼 섰거나'[狐蹲住] '여우처럼 앉아'[狐蹲坐] 수행하며 유가瑜伽를 끊는다. 아니면 불을 받드는데, (하루에) 세 번씩 불에 예배한다. 또는 물속에서 오르는데, 이를테면 (하루에) 세 번씩 그 물속에서 오르는 것으로서 한쪽 다리를 (물속의 기둥 위에) 머무르게 하고, 해를 따라 돈다. 아니면 그 외 앞서와 비슷한 종류로 스스로 고행苦行을 수행한다. 이것이 둘째 극단이다. 이와 같은 것을 '두 극단'[二邊]에 떨어져 있는 것이라고 한다.

(아홉째) 무엇을 벗어날[出離] 수 없음이라고 하는가? 예를 들자면 어떤 이가 계(戒: 준수해야할 것)나 금(禁: 금지해야할 것)에 대한 견해 때문에 집착하는 것이다. 이를테면, "나는 이 계戒나 금禁으로 장차 청정하게 해탈解脫하여 출리出離를 이룰 것이다." 그런데 모든 외도外道의 금禁과 계戒로 잘 보호하여 아주 청정해진다고 해도 어차피 그 청정함으로는 (삼계三界로부터) 벗어난다고는 하지 않는다. 이를 벗어날[出離] 수 없음이라고 한다.

(열째) 무엇을 '받아들인 것'[所受]을 손실시킴이라고 하는가? 예를 들자면 어떤 이가 도무지 수치심이 없고 (자기가) 사문沙門이라는 것을 돌아보지 않고 깨끗한 계戒를 어기고 여러 '악한 존재'[惡法]를 익힌다. 속으로는 '썩은 것'[腐敗]을 품고서 밖으로는 곧고 진실함을 나타낸다. 마치 맑은 물에서 (더러움을) 배출하는 달팽이[蝸牛]나, 소라[螺]의 소리를 하며 (즉 좋아서 낑낑대며) 개가 가는 것과 같다. 실은 사문沙門이 아닌데도

스스로 사문이라고 일컫고, 범행梵行이 아닌데도 스스로 범행이라고 일컫는다. 이를 '받아들인 것'[所受]을 손실시킴이라고 한다.

간략히 이러한 열 가지 '원인과 조건'[因緣]으로 말미암아 계戒를 손실시킴이라고 한다. 세존世尊께서는 시라尸羅를 손실시킴이라고 말씀하기도 하고, 어떤 때에는 시라를 '어렵게 함'[艱難]이라고 하셨다. 이 모든 '원인과 조건'[因緣]은 두 가지 원인과 조건으로 말미암은 것이니, (아홉째) 벗어날 수 없음과 (열째) 받아들인 것을 손실시킴이라는 것을 알라. 나머지 (여덟 가지) 원인과 조건은 다만 시라를 손실시킴이라고 한다는 것을 알라.

이와 같은 (유전流轉하는 방향으로 고苦·집集 등 두 진리를 자세히 살피는) 열 가지 '물드는 종류'[黑品]의 원인과 조건을 표현한 것과 반대인 (환멸還滅하는 방향으로 멸滅·도道 등 두 진리를 자세히 살피는) '청정한 종류'[白品]의 원인과 조건은 시라가 완성됨, 시라가 청정함이라고 한다는 것을 알라.

(3) 다른 부문異門

어느 곳에선가 세존世尊께서 시라尸羅를 근본根本이라고 밝혀 말씀하셨는데 게송(偈頌: 가타伽他: gatha)으로 말하자면 다음과 같다.

> 만일 근본根本에 잘 머무르면
> 그 마음은 곧 고요해진다.
> '성스러운 견해'[聖見]와 '악한 견해'[惡見] 때문에
> 관련하거나 관련하지 못한다.

어느 곳에선가 세존世尊께서 시라尸羅를 장신구[莊嚴具]라고 밝혀 말씀하셨는데 게송으로 말하자면 다음과 같다.

필추(苾芻: 비구比丘), 필추니(苾芻尼: 비구니比丘尼)여,
계戒로 장식하는 것을 완성하면
선하지 못한 것을 버릴 수 있고
선한 것을 수행할 수 있다.

어느 곳에선가 세존世尊께서 시라尸羅를 '바르는 향'[塗香]이라고 밝혀 말씀하셨는데 게송으로 말하자면 다음과 같다.

필추, 필추니여,
계戒로 바르는 향을 완성하면
선하지 못한 것을 버릴 수 있고
선한 것을 수행할 수 있다.

어느 곳에선가 세존世尊께서 시라尸羅를 '피우는 향'[薰香]이라고 밝혀 말씀하셨는데 게송으로 말하자면 다음과 같다.

아난阿難아, 어떤 향 종류는
순풍에도 퍼지고
역풍에도 퍼지니
순풍이나 역풍이나 마찬가지니라.

어느 곳에선가 세존世尊께서 시라尸羅를 '훌륭한 실천'[妙行]이라고 밝혀 말씀하셨는데 게송으로 말하자면 다음과 같다.

몸의 훌륭한 실천은 이루는 것이
사랑스러운 여러 이숙異熟이니
지금과 장차의
말의 훌륭한 실천도 마찬가지이다.

어느 곳에선가 세존世尊께서 시라尸羅를 '규범에 적합한 것'[律儀]이라고 밝혀 말씀하셨는데 게송으로 말하자면 다음과 같다.

'은혜로운 보시'[惠施]를 하는 모든 이는
계戒를 갖추고 '규범에 적합한 것'[律儀]에 머무르는 것이다.
아급마阿笈摩의 견해[見][17]가 있는 것이며
'결과 단계'[果]의 '바른 견해'[正見]가 있는 것이다.

아울러 구족계[具戒]에 편안히 머무르고 별해율의別解律儀를 잘 보호하라는 등등을 말씀하셨다.

질문(1) 어째서 세존께서는 시라를 근본根本이라고 밝혀 말씀하셨는가?

대답(1) 성립[建立]한다는 의미이고, 유지[任持]한다는 의미이니, 바로 근본이라는 의미이다. 이러한 시라로 말미암아 모든 세상과 '세상을 벗어나는 것'[出世間]에서 무죄無罪함을 유도하는 가장 뛰어난 제일 쾌락快樂의 공덕功德을 성립시키고 유지시켜 생기게 하고 경험하게 한다. 그러므로 시라를 근본이라고 한다. 마치 대지大地가 모든 약초, 초목[卉木], 나무숲[叢林]을 성립시키고 유지시켜 생기게 하고 자라게 하는 것과 같다. 이와 같은 시라는 앞서 자세히 설명하였다.

질문(2) 어째서 세존께서는 시라를 장신구[莊嚴具]라고 밝혀 말씀하셨는가?

---

17) 유가론기 제6권상(대정장 42. p.433c22-25): 아급마阿笈摩의 견해란 예전에는 아함의 견해라 했고 증명된 견해이다. 지금 말한 아급마라 한 이 이름은 전해진 것으로, 즉 부처님 가르침으로 전해 내려온 증명된 이론이고 바른 견해로서, 능히 결과를 얻을 수 있어서 견해가 있다고 하는 것이다.　　阿笈摩見者。舊云阿含見即是證見。今云阿笈摩此名為傳即佛教傳流證理正見。能得果故名有見。

대답(2) 다른 여러 세상의 귀고리[耳環], 가락지[指環] '(아래팔의) 팔찌'[腕釧], '(위팔의) 팔찌'[臂釧], 그리고 '보배 도장'[寶印], '금과 은으로 된 머리장식'[金銀鬘] 등 뛰어난 장신구를, 나이가 어린 검은 머리 젊은이가 한창 '앳되고 예쁜'[姝妙] 모습[形色]인 경우에 장식하면 '훌륭한 점'[妙好]이 약간 보태지지만, '나이가 많아 쇠약해져'[朽老] '맥을 못쓰고'[衰邁], 이가 빠지고 머리카락이 센, 나이가 팔십이 넘거나 구십인 이의 경우에는 장식해도 훌륭하지 않다. 다만 배우가 익살을 부려 관중을 즐겁게 웃게 하려고 (분장한 경우)는 예외로 한다. 질병의 괴로움을 만나거나, 재물이 부족하거나, 친척을 잃은 경우에는 당연히 장식해도 훌륭한 점이 없다. 계戒라는 장신구는 누구에게나 언제라도 장식하면 훌륭해진다. 그러므로 시라를 장신구라고 한다.

질문(3) 어째서 세존께서는 시라를 '바르는 향'[塗香]이라고 밝혀 말씀하셨는가?

대답(3) 받아들인 청정하고 무죄無罪인 훌륭하고 선한 시라로 말미암아, 받아들인 '악한 계'[惡戒]가 원인인 몸과 마음의 모든 '심한 괴로움'[熱惱]을 제거해버린다. 마치 가장 심한 열이 날 때 전단향栴檀香, 용뇌향(龍腦香: 장뇌樟腦: camphor)[18] 등을 바르면 모든 '언짢은 기분'[欝蒸]이 다 제거될 수 있는 것과 같다. 그러므로 시라를 바르는 향이라고 한다.

질문(4) 어째서 세존께서는 시라를 '피우는 향'[薰香]이라고 밝혀 말씀하셨는가?

---

18) 유가론기 제1권하(대정장 42. p.335b12-13): 용뇌향龍腦香이란 서역에 있는 것인데 향 오르는 모습이 구름같다. 빛깔은 얼음이나 눈같다.　　龍腦香者. 在於西域. 香状若雲. 色如氷雪.

대답(4) 계戒를 갖춘 남자[士夫]인 보특가라補特伽羅는 두루 모든 지역에서 뛰어나고 선한 명예[稱譽]를 칭송하는 소리가 널리 들린다. 마치 여러 가지 뿌리, 줄기의 향이 바람 따라 '흩날리고 드날려'[飄颺] 두루 모든 곳으로 '마음을 기쁘게 하는'[悅意] '짙은 향기'[芬馥]가 보다 멀리까지 퍼지는 것과 같다. 그러므로 시라는 피우는 향이라고 한다.

질문(5) 어째서 세존께서는 시라를 '훌륭한 실천'[妙行]이라고 밝혀 말씀하셨는가?

대답(5) 이 시라의 청정하고 선한 실천으로 말미암아 훌륭한 즐거움으로 나아가고, 훌륭한 천계[天趣]로 가며, 뛰어난 평안[安隱]으로 향하기 때문에 훌륭한 실천이라고 한다.

질문(6) 어째서 세존께서는 시라를 '규범에 적합한 것'[律儀]이라고 밝혀 말씀하셨는가?

대답(6) 이 시라의 청정한 선법이 바로 '보호하는 성질'[防護性]이고, 바로 '그치게 하고 제거하는 모습'[息除相]이고, 바로 '멀리하는 체성'[遠離體]이기 때문에 규범에 적합한 것이라고 한다.

(4) 맑음淨

'규범에 적합한 것'[律儀]은 또한 '청정을 살피는 것의 원인이 되는 모습'[觀淸淨因相]이 세 가지 있다. 무엇이 세 가지인가? 첫째, 신업(身業: 동작)을 살피는 것이다. 둘째, 어업(語業: 말하는 것)을 살피는 것이다. 셋째, 의업(意業: 의도)을 살피는 것이다.

무엇이 이러한 모든 업업을 살펴서 계율의戒律儀가 모두 청정을 이루게 하는 것인가? 장차 짓기를 바라고 지금 지으려 하는 것을 가리킨다. 몸으로 업업을 지을 때 다음과 같이 관찰한다. "나의 이 신업身業이 스스로를 해치고[損] 남을 해친다면, 바로 선하지 못한 성질이므로 여러 괴로움이 생기게 하고 괴로운 이숙異熟을 불러들인다. 스스로도 해치지 않고 남도 해치지 않으면, 바로 선한 성질이므로 여러 즐거움이 생기게 하고 즐거운 이숙異熟을 불러들인다." 이와 같이 살피고서, "나의 이 신업身業이 스스로를 해치고[損] 남을 해친다면, 바로 선하지 못한 성질이므로 여러 괴로움이 생기게 하고 괴로운 이숙異熟을 불러들인다." 라고 하는 것을 분명하게 알면, 곧 이 업業을 거두어들여 짓지도 않고 (지을 시간적) 틈을 주지도 않는다. 만일 나의 이 신업이 남도 스스로도 해치지 않는 선한 성질이라는 등을 분명하게 알면, 곧 이 업을 거두어들이지 않고, 지으며 (지을 시간적) 틈을 준다.

아울러 과거에 이미 지은 신업身業에 대해서도 자주 나의 이 신업이 스스로를 해치고 등 앞서 설명한 것과 같은 것을 살피고 나서는, 곧 함께 범행梵行을 하는 지혜 있는 이에게 사실대로 말하고 교법에 맞게 참회하여 (죄에서) 벗어난다. 만일 나의 이 신업이 남도 스스로도 해치지 않는 것이라는 등 앞서 설명한 것과 같은 것을 스스로 분명하게 알면, 곧 '아주 기뻐하며'[歡喜] 밤낮으로 편안히 머무르며 자주 따라 '배워야 할 것'[學]을 수행한다. 이와 같이 그는 과거, 미래, 지금에 지은 신업을 잘 살펴서 아주 청정해질 수 있다. 신업에 대해서와 같이 그 어업語業도 마찬가지라는 것을 알라.

과거의 실천을 조건[緣]으로 의도[意]가 생기고, 미래의 실천을 조건으로 의도가 생기고, 지금의 실천을 조건으로 의도가 생기는데, 이 의도에 대해서 자주 '자세히 살피며'[觀察], 나의 이 의업(意業: 의도)이 스스로를 해치고 등 앞서 설명한 것과 같은 것을 살피고 나서는, 만일 나의 이 의업이 바로 '물드는 종류'[黑品]라는 것을 스스로 분명하게 알면, 곧 이 업業을 거두어들여 일으키지도 않고 (지을 시간적) 틈을 주지도 않는다. 만일 나의 이 의업이 바로 '청정한 종류'[白品]라는 것을 스스로 분명하게 알면, 곧 거두어들이지 않고 발생시켜 (지을 시간적) 틈을 준다. 이와 같이 그는 과거, 미래, 지금에 일으킨 의업을 잘 살펴서 아주 청정해질 수 있다.

왜냐하면 과거, 미래, 지금의 사문이나 바라문은 신身, 어語, 의意 등 세 가지 업業 가운데에서 이미 관찰觀察하였고, 장차 관찰할 것이고, 지금 관찰하여, 이미 청정해졌거나, 장차 청정해질 것이거나, 지금 청정해지거나 하여, 이미 많이 머무르거나, 장차 많이 머무를 것이거나, 지금 많이 머무르기 때문이다.

모두 다 이와 같이 관찰하여 이와 같이 청정해진다. 일찍이 부처님 세존께서 장로長老 라호라羅怙羅에게 말씀하신 것과 같다.

> 그대 이제 라호라羅怙羅여,
> 신身, 어語, 의意의 업業에 대해서
> 자주 바른 관찰을 해야 하며
> 모든 부처님의 성스러운 가르침을 유념하라.
> 라호라羅怙羅, 그대는 장차
> 이 사문의 업業을 배우라.
> 만일 이를 배우면,
> 뛰어나게 선하기만 하고 악함이 없다.

만일 이와 같은 신身, 어語, 의意의 업業을 '자세히 바르게 생각하여 선택하면'[審正思擇], 앞서 자세하게 설명한 것과 같이 이 모든 업業이 스스로를 해치는가 등이라고 하게 된다. 이를 관찰觀察이라고 한다. 한편으로는 거두어들여 짓지 않고 틈도 주지 않는 등 내지는 드러내어 참회하고 (죄를) 제거하고, 다른 한편으로는 거두어들이지 않아 짓고 틈을 주는 등 내지는 곧 '아주 기뻐하며'[歡喜] 밤낮으로 편안히 머무르며 자주 따라 '배워야 할 것'[學]을 수행한다. 이를 청정淸淨이라고 한다.

(5) 공덕의 뛰어난 이익功德勝利

이와 같이 청정한 '시라에 적합한 것'[尸羅律儀]은 열 가지 공덕功德의 '뛰어난 이익'[勝利]이 있음을 알라. 무엇이 열 가지인가?

(첫째) 계계를 갖춘 남자[士夫]인 보특가라補特伽羅는 스스로 계계가 깨끗한지 살피니 '후회가 없다'[無悔]. 후회가 없으므로 '(몸이) 기뻐진다'[歡], (몸이) 기뻐지므로 '(마음의) 기쁨'[喜]이 생긴다. 마음이 기뻐지므로 몸이 가뿐해진다[輕安]. 몸이 가뿐해지므로 곧 '뛰어난 즐거움'[勝樂]을 느낀다. 즐거우므로 마음이 안정된다. 마음이 안정되므로 사실대로 알[知] 수 있고, 사실대로 볼[見] 수 있다. 사실대로 알고 보므로 곧 염증[厭]을 낼 수 있다. 염증을 낼 수 있으므로 곧 '물듦으로부터 떠난다'[離染]. 물듦으로부터 떠나므로 해탈解脫을 경험한다. 해탈하므로 스스로, "나는 이미 해탈하였고 내지 나는 무여의열반계無餘依般涅槃界에서 장차 반열반般涅槃할 것이다." 라고 알고 본다. 이와 같이 계계를 갖춘 남자인 보특가라는 시라 尸羅의 청정한 강한 힘 때문에 '후회 없음'[無悔]을 획득하여 점점 열반에 이를 수 있다. 이를 첫째의 '시라에 적합한 것'[尸羅律儀]의 공덕의 '뛰어난 이익'[勝利]이라고 한다.

(둘째) 다른, 계계를 갖춘 남자인 보특가라는 생명이 끝나려 할 때 다음과 같이 생각한다. "나는 이미 신身, 어語, 의意의 작용[行]을 잘 지었다. 나는 신身, 어語, 의意의 작용[行]을 악하게 짓지 않았다. 만일 어떤 세상

[趣]이 있어, 복업福業을 지은 이, 선업善業을 지은 이, 여러 두려움으로부터 구제하는 일을 지은 이가 장차 갈 곳이라면, 나는 이 세상[趣]으로 기필코 가리라." 이와 같이 해서 '착한 세상'[善趣]으로 가는 둘째의 후회 없음을 획득한다. '후회와 한탄이 없는'[無悔恨] 사람을 '어질고 선하게 죽었다'[賢善死], '어질고 선하게 젊은 나이에 죽었다'[賢善夭逝], '어질고 선하게 들러 갔다'[賢善過往]고 한다. 이를 둘째의 '시라에 적합한 것'[尸羅律儀]의 공덕의 뛰어난 이익이라고 한다.

(셋째) 또 다른, 계戒를 갖춘 남자인 보특가라는 두루 모든 지역에서 뛰어나고 선한 명예[稱譽]를 칭송하는 소리가 널리 들린다. 이를 셋째의 '시라에 적합한 것'[尸羅律儀]의 공덕의 뛰어난 이익이라고 한다.

(넷째) 또 다른, 계戒를 갖춘 남자인 보특가라는 편히 자고 편히 깨어 모든 몸과 마음의 '심한 괴로움'[熱惱]을 멀리한다. 이를 넷째의 '시라에 적합한 것'[尸羅律儀]의 공덕의 뛰어난 이익이라고 한다.

(다섯째) 또 다른, 계戒를 갖춘 남자인 보특가라는 자나 깨나 모든 천天이 보호한다. 이를 다섯째의 '시라에 적합한 것'[尸羅律儀]의 공덕의 뛰어난 이익이라고 한다.

(여섯째) 또 다른, 계戒를 갖춘 남자인 보특가라는 남이 흉포凶暴한 것에 대해서 그 포악함을 염려하지 않는다. 아무 두려움이 없으며 마음이 질겁하지 않는다. 이를 여섯째의 '시라에 적합한 것'[尸羅律儀]의 공덕의 뛰어난 이익이라고 한다.

(일곱째) 또 다른, 계戒를 갖춘 남자인 보특가라는 모든 '죽임을 좋아하는 이'[憙殺者], 원수, '악한 벗'[惡友]이 그 (악한 실천을 할 시간적) 틈을 얻어도 역시 (천天이) 항상 보호하므로 이 사람은 계戒를 갖춘 남자

인 보특가라라는 것을 분명하게 알고, '착한 벗'[善友]이 되거나 중간[中平]에 머무른다. 이를 일곱째의 '시라에 적합한 것'[尸羅律儀]의 공덕의 뛰어난 이익이라고 한다.

(여덟째) 또 다른, 계계를 갖춘 남자인 보특가라는 모든 도깨비[魍魎], 약차(藥叉: yakṣa), 주택신[宅神], '사람이 아닌 것'[非人] 종류가 (악한 실천을 할 시간적) 틈을 얻어도 (천天이) 항상 보호한다. 시라尸羅를 갖춘 강한 힘 때문이다. 이를 여덟째의 '시라에 적합한 것'[尸羅律儀]의 공덕의 뛰어난 이익이라고 한다.

(아홉째) 또 다른, 계계를 갖춘 남자인 보특가라는 교법을 '어렵게 함'[艱難]이 없어서, 남으로부터 여러 가지 '이익 보는 것'[利養]을 획득한다. 예를 들자면 의복, 음식, 침구, 병과 관련한 의약 및 여러 살림살이 등이다. 시라尸羅의 '강한 원인'[增上因]의 힘에 의지하기 때문에 국왕, 대신大臣 및 일반인[黎庶] 중 여러 재산이 풍부한 자산가[長者]와 '대상단의 대표'[商主] 등이 존경한다. 이를 아홉째의 '시라에 적합한 것'[尸羅律儀]의 공덕의 뛰어난 이익이라고 한다.

(열째) 또 다른, 계계를 갖춘 남자인 보특가라는 모든 바람을 다 알맞게 [稱遂] 이룬다. 만일 욕계欲界에 대해 '바라고 즐거워하여'[願樂], 장차 찰제리刹帝利 큰 가문, 또는 바라문婆羅門 큰 가문, 또는 여러 거사居士 큰 가문, 또는 자산가[長者] 큰 가문, 또는 사대왕중천四大王衆天, 또는 삼십삼천三十三天, 또는 야마천夜摩天, 또는 도사다천覩史多天, 또는 화락천化樂天, 또는 타화자재천他化自在天의 '서로 비슷한 성질'[衆同分][19]

---

19) 유가사지론 제52권(대정장 30. p.587b10-13)에 의하면 중동분衆同分이란 간략히 말해 여러 곳에 생명을 받아 나는 유정들의 같은 영역, 같은 세상, 같은 태어남,

가운데에 생겨나야겠다고 하면, 계가 깨끗하기 때문에 바람대로 장차 가서 생겨난다. 만일 또 모든 정려靜慮에 들어 현법락주(現法樂住: 지금 생의 즐거움에 머묾), 또는 색계천色界天의 '서로 비슷한 성질'[衆同分] 가운데에 머무르거나 가기를 '바라고 즐거워하면'[願樂], 계가 깨끗하기 때문에 '욕망으로부터 떠나서'[離欲] 바람을 다 이룬다. 만일 또 '고요하게 해석함'[寂靜勝解]을 바라고 즐거워하면, 색정(色定: 색계의 선정)을 지나 무색정(無色定: 무색계의 선정)에 들어 충분히 편안하게 머무른다. 또는 무색천(無色天: 무색계의 천)의 '서로 비슷한 성질'[衆同分] 가운데에 장차 가서 생겨난다. 만일 또 장차 최고[最極] 궁극[究竟]의 열반을 경험하기를 바라고 즐거워하면, 계가 깨끗하기 때문에 곧 모든 궁극적인 '욕망으로부터 떠남'[離欲]을 경험한다. 이를 열째의 '시라에 적합한 것'[尸羅律儀]의 공덕의 뛰어난 이익이라고 한다.

이와 같이 이미 계온(戒蘊: 계戒로서의 유위법)에 대해 설명하였는데, 계온戒蘊이 손실됨[虧損], 계온戒蘊이 완성됨[圓滿], 계온戒蘊의 '다른 부문'[異門], 계온戒蘊을 관찰觀察함 그리고 청정한 계온戒蘊의 공덕의 '뛰어난 이익'[勝利]에 대해 자세하게 설명하였다. 이에 대해 모든 종류의 모습과 가장 완성된 식량[資糧]에 속한 '시라에 적합한 것'[尸羅律儀]을 분명하게 밝혀 말해 주었다. 만일 사문沙門의 본성[性]과 바라문婆羅門의 본성[性]을 '애호하고 즐거워하는'[愛樂] 여러 선남자善男子라면 부지런히 '배워야할 것'[學]을 수행하라.

같은 부류·위치·성격·모양 등이다. 여러 부분이 서로 비슷한 성질을 중동분이라고 한다. 유정동분有情同分이라고도 한다.

3.3.2 근에 적합함根律儀

근율의(根律儀: 근에 적합함)란 무엇인가? 예를 들자면 어떤 이가 아주 편안히 머무르고 근문根門을 깊이 보호하며, 정념(正念: 바른 유념)을 수비[防守]하고, 정념正念을 '항상 자세히 하는'[常委] 등을 가리킨다.

무엇을 근문根門을 '깊이 보호한다'[密護]고 하는가? 정념正念을 수비[防守]하고, 정념正念을 '항상 자세히 하는'[常委] 등 의근意根을 '수비하고 보호하며'[防護] 의근율의(意根律儀: 의근에 적합한 것)를 바르게 수행하는 것이다. 이를 근문根門을 '깊이 보호한다'[密護]고 한다.

무엇을 정념正念을 수비[防守]한다고 하는가? 예를 들자면 어떤 이가 근문根門을 깊이 보호하는 강한 힘 때문에 '많이 들음'[多聞], 사유思惟, 수행[修習]을 받아들이고, 들음[聞]·생각[思]·수행[修]의 강한 힘 때문에 정념正念을 획득한다. 이러하게 얻은 정념正念을 잊지 않기 위해, 경험[證]으로 나아가기 위해, '잃고 무너뜨리지'[失壞] 않기 위해, 때때로 많이 듣고, 생각하고, 수행하여 유가瑜伽를 바르게 짓고, 바르게 부지런히 수행하고, 쉼 없이 힘쓰고[加行], 힘씀에서 떠나지 않는다. 이와 같이 많이 듣고, 생각하고, 수행하여 모인 '유념하는 것'[念]으로 말미암아, 때때로 바르게 듣고, 생각하고, 수행한 유가瑜伽 작용作用을 잘 수비한다. 이를 정념正念을 수비[防守]한다고 한다.

무엇을 정념正念을 '항상 자세히 한다'[常委]고 하는가? 이 '유념하는 것'[念]을 항상 자세히[細] 짓는 것을 가리킨다. 이 가운데에서 항상 짓는 것을 '쉴 새 없이 짓는다'[無間作]고 하고, 자세히[委細] 짓는 것을 '정중하게 짓는다'[殷重作]고 한다는 것을 알라. 즉 이와 같이 쉴 새 없이 짓고 정중하게 짓는 것을 아울러 정념正念을 '항상 자세히 한다'[常委]고 한다.

정념을 수비하는 것과 같이 '유념하는 것'[念]을 잊지 않고, 정념을 항상 자세히 하는 것과 같이 '유념하는 것'[念]을 잊지 않는 것에 대해 유지하는 힘을 얻는다. 곧 이와 같은 작용[功能]의 힘 때문에 색(色: 보이는 것), 성(聲: 소리), 향(香: 냄새), 미(味: 맛), 촉(觸: 접촉), 법(法: 존재)을 굴복시킨다.

무엇을 '유념하는 것'[念]이 의意를 수비하고 보호한다고 하는가? 눈[眼]은 '보이는 것'[色]을 조건[緣]으로 삼아 안식眼識이 생기게 한다. 안식眼識은 쉴 새 없이 분별(分別: 추리)하는 의식意識이 생기게 한다. 이 분별하는 의식意識은 사랑스러운 '보이는 것'[色色][20]에 대해 장차 '물들어 집착함'[染著]이 생기게 하고, 사랑스럽지 않은 '보이는 것'[色色]에 대해 장차 '미워 화냄'[憎恚]이 생기게 한다. '유념하는 것'[念]의 강한 힘이 이치에 맞지 않은 분별에 의해 일어나는 번뇌의煩惱意로부터 (의意를) 수비하고 보호하여 그것이 번뇌를 생기게 하지 않게 한다. 이와 같이 귀[耳], 코[鼻], 혀[舌], 몸[身]에 대한 자세한 설명도 마찬가지라는 것을 알라.

의意는 존재[法]를 조건[緣]으로 삼아 의식意識이 생기게 한다. 곧 이 의식意識은 이치에 맞지 않는 분별分別과 함께 작용하여 번뇌를 일으킨다. 이 의식意識은 사랑스러운 '보이는 존재'[色法]에 대해 장차 물들어 집착함이 생기게 하고, 사랑스럽지 않은 '보이는 존재'[色法]에 대해 장차 미워 화냄이 생기게 한다. '유념하는 것'[念]의 강한 힘이 이치에 맞지 않은

---

20) 유가론기 제6권상(대정장 42. p.434a26-28): 색색色色이란 오식은 '보이는 본체'[色體]를 조건으로 삼고, 의식은 '보이는 존재'[色法]를 조건으로 삼는다. 이를테면 저 '보이는 것'[앞의 色]의 생주이멸을 조건으로 삼아 이 '보이는 것'[뒤의 色] 일족의 임시 사상법(四相法: 생生·주住·이異·멸滅)이 '보이는 존재'[色法]가 됨을 말한다.　　色色者。五識緣色體。意識緣色法。謂緣彼色上生住異滅是色家假四相法名為色法。

분별에 의해 일어나는 번뇌의煩惱意로부터 (의意를) 수비하고 보호하여 그것이 번뇌를 생기게 하지 않게 한다. 이를 '유념하는 것'[念]이 의意를 수비하고 보호한다고 한다.

　무엇을 '평등한 상태'[平等位]로 작용한다고 하는가? 평등한 상태란 '선함의, (즐겁지도 괴롭지도 않은) 중립 (상태)'[善捨]이나 '(선하지도 악하지도 않은) 중립의 (즐겁지도 괴롭지도 않은) 중립 (상태)'[無記捨]을 가리킨나. 그는 이러한 이치에 맞지 않는 분별分別에 의해 일어나는 번뇌의煩惱意로부터 (의意를) 잘 수비하고 보호하고 나서 바로 '선함의, (즐겁지도 괴롭지도 않은) 중립 (상태)'[善捨]나 '(선하지도 악하지도 않은) 중립의 (괴롭지도 즐겁지도 않은) 중립 (상태)'[無記捨]에서 작용시킨다. 이 때문에 '평등한 상태'[平等位]로 작용한다고 한다. 바로 이를 '평등한 상태'[平等位]로 작용한다고 하는 것이다.

　무엇을 이러한 이치에 맞지 않는 분별分別에 의해 일어나는 번뇌의煩惱意로부터 (의意를) 잘 수비하고 보호한다고 하는가? 색色, 성聲, 향香, 미味, 촉觸, 법法에 대해서 그 모습[相]을 취하지 않고, '부차적인 특징'[隨好]도 취하지 않아 끝내 그것에 의해 여러 악하고 불선한 '깊은 생각'[尋思]을 발생하여 마음이 '흘러 새지'[流漏] 않게 하는 것이다. 만일 그가 어느 시기에 잊어버린다든지, 번뇌가 아주 심하다든지 하여, 그 모습[相]을 취하는 것과 '부차적인 특징'[隨好]도 취하는 것으로부터 떠났다가도 도로 악하고 불선한 존재[法]를 발생하여 마음이 '흘러 새면'[流漏], 곧 율의(律儀: 적합한 것)를 수행한다. 이 '두 가지 모습'[二相] 때문에 이치에 맞지 않는 분별分別에 의해 일어나는 번뇌의煩惱意로부터 (의意를) 잘 수비하고 보호한다.

무엇을 이 의意를 이러한 이치에 맞지 않는 분별分別에 의해 일어나는 번뇌의煩惱意로부터 잘 수비하고 보호하고 나서 바로 선사善捨나 무기사 無記捨에서 작용시킨다고 하는가? 바로 이 두 가지 모습 때문인데, (그렇다면) '두 가지 모습'[二種相]이란 무엇인가? 설명한 것과 같이 안근 眼根을 수비하고 보호하고 바로 안근眼根의 율의律儀를 수행하는 것을 가리킨다. 안근眼根을 수비하고 보호하는 율의律儀를 설명한 것 같이, 이 근耳根, 비근鼻根, 설근舌根, 신근身根, 의근意根을 수비하고 보호하며, 바로 의근意根의 율의律儀를 수행하는 것과 마찬가지라는 것을 알라. 이러한 두 가지 모습으로 말미암아 그 선사(善捨: 선함의, 즐겁지도 괴롭지도 않은 중립 상태)나 무기사(無記捨: 선하지도 악하지도 않은 중립의, 즐겁지도 괴롭지도 않은 중립 상태) 중에서 의意가 바르게 작용하게 한다.

무엇을 눈으로 '알려는 대상'[所識]인 색(色: 보이는 것) 중에서 그 모습을 취하지 않는다고 하는가? 모습을 취한다고 하는 것은 안식眼識이 '작용할 대상'[所行]인 색色 중에서, 안식으로 말미암아 작용할 대상인 모습을 취하는 것이다. 이를 눈으로 알려는 대상인 색色 중에서 그 모습을 '잡아 취한다'[執取]고 한다. 만일 이와 같은 안식이 작용하려는 대상영역 [境]의 모습을 멀리한다면, 이를 눈으로 알려는 대상인 색色 중에서 그 모습을 취하지 않는다고 한다. 그 눈으로 알려는 대상인 색色 중에서처럼 귀, 코, 혀, 몸, 의意로 알려는 존재[法] 중에서도 마찬가지임을 알라.

무엇을 눈으로 알려는 대상인 색色 중에서 수호(隨好: 부차적인 특징)를 취하지 않는다고 하는가? 수호隨好를 취한다는 것은 눈으로 알려는 대상인 색色 중에서 안식과 쉴 새 없이 함께 생기는 분별分別하는 의식意識이 작용하려는 대상영역[境]의 모습을 잡아 취하거나, 또는 탐냄[貪]을 일으키거나, 분노[瞋]를 일으키거나, 어리석음[癡]을 일으키는 것을 가리킨다. 이를 눈으로 알려는 대상인 색色 중에서 수호隨好를 잡아 취한다고 한다. 만일 이 작용 대상인 모습을 멀리하여 이 대상[所緣]에 대해 의식意識이 생기지 않게 하면, 이를 눈으로 알려는 대상인 색色 중에서 수호隨好를 취하지 않는다고 한다. 그 눈으로 알려는 대상인 색色 중에서처럼 귀, 코, 혀, 몸, 의意로 알려는 존재[法] 중에서도 마찬가지임을 알라.

아울러 그 모습을 잡아 취하고, 그 수호隨好를 잡아 취하는 다른 종류가 있다. 모습을 취한다고 하는 것은 '보이는 대상영역'[色境界]에서 보이는 장소에 있으면 의도[作意]를 생기게 하고, 바로 나타나 앞에 있으면 눈으로 여러 '보이는 것'[色]을 보는 것이다. 이를 그 모습을 잡아 취한다고 한다.

수호隨好를 취한다고 하는 것은 '보이는 대상영역'[色境]에서 보이는 장소에 있으면 의도[作意]를 생기게 하고, 바로 나타나 앞에 있으면 눈으로 색色을 본다. 그런데 그는 예전에 남으로부터 이러 저러하게 눈으로 알려는 대상인 색色이 있다고 들은 즉 (이미) 들었던 이름들[名身], 구절들[句身], 글자들[文身]을 따라 뛰어나지고, 의지되고, 머무르게 된다. 이와 같이 남자인 보특가라가 들은 대로 여러 가지 눈으로 알려는 대상인 색色을 분별分別한다. 이를 수호隨好를 잡아 취한다고 한다. 그 눈으로 알려는 대상인 색色 중에서처럼 귀, 코, 혀, 몸, 의意로 알려는 존재[法] 중에서도 마찬가지임을 알라.

아울러 이러한 모습을 취하는 것과 수호隨好를 취하는 것은 어떤 경우는 이 '원인과 조건'[因緣] 때문에, 이 의지하는 것 때문에, 이 뛰어난 것 때문에 여러 가지 악하고 불선한 존재[法]를 발생시켜 마음이 흘러 새게 한다. 어떤 경우는 이 '원인과 조건'[因緣] 때문에, 이 의지하는 것 때문에,

이 뛰어난 것 때문에 여러 가지 악하고 불선한 존재[法]를 발생시키지도 않고, 마음이 흘러 새게 하지도 않는다. 만일 이 중에 그 모습을 잡아 취하고, 수호隨好를 잡아 취해서 바른 이치에 맞지 않게 이 '원인과 조건'[因緣] 때문에, 이 의지하는 것 때문에, 이 뛰어난 것 때문에 여러 가지 악하고 불선한 존재[法]를 발생시켜 마음이 흘러 새게 하면, 그는 이와 같은 보이는 종류의 대상영역에서 모습을 취하고 수호隨好를 취하는 것을 멀리한다.

무엇을 '악하고 불선한 존재'[惡不善法]라고 하는가? 모든 탐냄[貪欲]과 탐냄에서 일어난 모든 '몸의 악한 실천'[身惡行], 모든 '말의 악한 실천'[語惡行], 모든 '의도의 악한 실천'[意惡行], 또는 모든 분노[瞋恚]나 모든 어리석음[愚癡]과 이 두 가지에서 일어난 모든 '몸의 악한 실천'[身惡行], 모든 '말의 악한 실천'[語惡行], 모든 '의도의 악한 실천'[意惡行]을 가리킨다. 이를 여러 가지 악하고 불선한 존재라고 한다.

어떻게 그것으로 인해 마음이 '흘러 새게'[流漏] 하는가? 만일 '여기 저기'[彼彼] 대상영역[所緣境界]에서 마음[心], 의意, 식識이 돌아다니고 '흘러 흩어지면'[流散], '여기 저기'[彼彼] 대상영역[所緣境界]에서 마음[心], 의意, 식識이 여러 가지로 관련되어 몸의 악한 실천, 말의 악한 실천을 일으키고, 탐냄[貪], 분노[瞋], 어리석음[癡]이 돌아다니고 '흘러 흩어지게'[流散] 한다. 이를 그것으로 인해 마음이 '흘러 새게'[流漏] 한다고 한다. 이와 같이 눈으로 알려는 대상인 색色 중에서 내지는 의意가 알려는 대상인 존재[法] 중에서 그 모습을 잡아 취하고, 수호隨好를 잡아 취하면, 여기에서 여러 가지 물듦[雜染]이 생기게 된다. 그는 모습을 취하는 것과 수호隨好를 취하는 것을 멀리하기 때문에 곧 여러 가지 물듦을 발생시키지 않는다. 만일 잊었거나 번뇌가 아주 심해 혼자 한가하게 머물러도 이전에 보았던 눈으로 알려는 대상인 색色의 강한 힘 때문에, 또는 이전에 느꼈던 귀, 코, 혀, 몸, 의意로 알려는 존재[法]의 강한 힘 때문에 여러 가지 악하고 불선한 존재를 발생시킨다 해도, 발생한 것을 따르지만 집착하지 않고 금방 '끊어 소멸시키고'[斷滅], 제거해버리고[除棄], '변화시켜 뱉는다'[變吐]. 이를 그것에 대해 율의律儀를 수행한다고 한다.

만일 그 눈으로 알려는 대상인 색色 중에서 안근眼根을 격려[策]하거나 귀, 코, 혀, 몸, 의意로 알려는 존재[法] 중에서 의근意根을 격려[策]해야 할 경우에는 곧 그 의도[作意]를 격려하여 발생시킨다. 이와 같이 격려하여 발생시켜 물들지 않게 한다. 이 때문에 이 물듦으로부터 안근을 '수비하고 보호하며'[防護] 내지는 의근을 수비하고 보호한다. 이를 안근을 수비하고 보호하며 내지는 의근을 수비하고 보호한다고 한다.

만일 그 눈으로 알려는 대상인 색色 중에서 안근眼根을 격려[策]하여 발생시키거나 귀, 코, 혀, 몸, 의意로 알려는 존재[法] 중에서 의근意根을 격려[策]하여 발생시키는 것을 하지 말아야 할 경우에는 곧 그에 대해 두루 모든 종류를 격려하여 발생시키지 말아야 하며, 격려하여 발생시키지 않기 때문에 물들지 않는다. 이 때문에 이 물듦에 대해 근율의(根律儀: 근에 적합한 것)를 수행한다. 이를 안근율의眼根律儀를 바르게 수행한다고 하며 내지는 의근율의意根律儀를 바르게 수행한다고 한다. 이와 같이 이미 자세하게 구별한 근율의根律儀의 모습을 알라.

무엇을 이[根律儀] 가운데 요점[略義]으로 알아야 하는가? 이것의 (첫째) 요점은 이를테면 '수비하고 보호하는 주체'[能防護], '수비하고 보호하는 대상'[所防護], '(그것)으로부터 수비하고 보호함'[從防護], '(그와) 같이 수비하고 보호함'[如防護], '바르게 수비하고 보호함'[正防護]인데, 이 모든 것을 아울러 하나로 간략히 하여 근율의根律儀라고 한다.

이제 이 중에 무엇을 '수비하고 보호하는 주체'[能防護]라고 하는가? 정념正念을 수비하고[防守], 정념正念을 '항상 자세히'[常委] 수행하는 것이다. 이것이 수비하고 보호하는 주체이다.

무엇이 '수비하고 보호하는 대상'[所防護]인가? 안근眼根을 수비하고 보호하고, 이근耳根, 비근鼻根, 설근舌根, 신근身根, 의근意根을 수비하고 보호하는 것을 가리킨다. 이것이 수비하고 보호하는 대상이다.

무엇'으로부터 수비하고 보호함'[從防護]이라고 하는가? '사랑스러운 색'[可愛色]과 '사랑스럽지 않은 색'[不可愛色]으로부터 내지는 '사랑스러운 존재'[可愛法]와 '사랑스럽지 않은 존재'[不可愛法]로부터 바르게 수비하고 보호하는 것을 가리킨다.

무엇'과 같이 수비하고 보호함'[如防護]인가? 모습을 취하지 않고 수호隨好를 취하지 않는 것이다. 만일 이것에서 여러 가지 악하고 불선한 존재가 발생하여 마음이 흘러 새게 하면 곧 이것에 대해 율의律義를 수행하여 근根을 수비하기 때문에 율의를 수행한다고 한다. 이와 같이 수비하고 보호하는 것이다.

무엇이 '바르게 수비하고 보호함'[正防護]인가? 정념正念으로 말미암아 의意를 수비하고 보호하여 '평등한 상태'[平等位]로 작용하는 것이다. 이를 바르게 수비하고 보호함이라고 한다.

(둘째) 요점[略義]은 '수비하고 보호하는 방법'[防護方便], '수비하고 보호해야 할 대상'[所防護事], '바르게 수비하고 보호함'[正防護]인데, 이 모든 것을 아울러 하나로 간략히 하여 근율의根律儀라고 한다.

이 중에 무엇을 '수비하고 보호하는 방법'[防護方便]이라고 하는가?

정념正念을 수비하고[防守], 정념正念을 '항상 자세히'[常委] 수행하는 것이다. 눈으로 색色을 보고 나서 그 모습을 취하지 않고 수호隨好를 취하지 않으며, 내지는 의意로 존재[法]를 알고 나서 그 모습을 취하지 않고 수호隨好를 취하지 않는다. 만일 이것에서 여러 가지 악하고 불선한 존재가 발생하여 마음이 흘러 새게 하면, 곧 이것에 대해 율의律儀를 수행하여 근根을 수비하기 때문에 율의를 수행한다고 한다. 이를 수비하고 보호하는 방법이라고 한다.

무엇을 '수비하고 보호해야 할 대상'[所防護事]이라고 하는가? 이를테면 눈[眼]·색色부터 의意·존재[法]까지를 수비하고 보호해야 할 대상이라고 한다.

이 중에 무엇을 '바르게 수비하고 보호함'[正防護]이라고 하는가? 설명한 것과 같이 그 정념正念으로 말미암아 의意를 수비하고 보호하여 '평등한 상태'[平等位]로 작용하는 것을 바르게 수비하고 보호함이라고 한다.

(셋째 요점으로) 근율의根律儀는 대략 두 가지이다. 첫째는 '생각하여 선택하는 힘'[思擇力]에 속한 것이고, 둘째는 '수행하는 힘'[修習力]에 속한 것이다.

생각하는 힘에 속한 근율의根律儀란 대상영역[境界]에 대해 깊이 잘못[過患]을 보기는 하지만 이 잘못을 제거해 버리지도, 끊어 소멸시키지도 못하는 것이다. 수행하는 힘에 속한 근율의根律儀란 대상영역[境界]에 대해 깊이 잘못[過患]을 보고는 이 잘못을 제거해 버리고, 끊어 소멸시키는 것이다.

아울러 생각하는 힘에 속한 근율의根律儀 때문에 대상영역[所緣境]에서 번뇌煩惱 전(纏: 얽힘)이 다시는 생기지 않게 하고, 다시는 앞에 나타나지 않게 하지만, '종자를 쌓고 지니고 여러 존재를 쌓는'[依附所依][21] 수면(隨眠: 잠재한 번뇌)을 끊어 없애지도 못하고, 영원히 뽑아버리지도 못한다. 수행하는 힘에 속한 근율의根律儀 때문에 대상영역의 번뇌 수면隨眠이 다시는 생기지 않게 하고, 다시는 앞에 나타나지 않게 하며, 언제나 '종자를 쌓고 지니고 여러 존재를 쌓는'[依附所依] 수면隨眠도 끊어 없애고 영원히 뽑아버린다.

이와 같이 생각하는 힘에 속한 근율의根律儀와 수행하는 힘에 속한 근율의根律儀는 이러한 구별이 있고, 이렇게 '의미가 나아감'[意趣]이 있으며, 이렇게 다르다. 이 중에 생각하는 힘에 속한 근율의根律儀는 '(수행의) 식량이 되는 과정'[資糧道]에 속하고, 수행하는 힘에 속한 근율의根律儀는 '욕망을 떠난 영역'[離欲地]에 속한다는 것을 알라.

3.3.3 먹을 것의 한도를 앎於食知量

'먹을 것의 한도를 앎'[於食知量]이란 무엇인가? 예를 들자면 어떤 이가 바르게 '생각하여 선택해서'[思擇] 먹을 것을 먹되, 방탕하기[倡蕩] 위해서도 아니고, 교만하기[憍逸] 위해서도 아니고, '아름답게 꾸미기'[飾好] 위해서도 아니고, 단정하기[端嚴] 위해서도 아닌 등을 가리킨다.

---

21) 유가론기 제1권상(대정장 42. p.318b4-6)에 인용된 혜경惠景논사의 설명에 의하면, 심心이 '모든 종자'[一切種子]의 소수의지所隨依止의 성격이라는 것은 종자를 쌓는다는 뜻이다. 그리고 소수의부所隨依附의 성격이라는 것은 종자를 지니고 여러 존재를 쌓는다는 두 가지의 뜻이다. 쌓기 때문에 심心이라고 한다. 景師解云。心謂一切種子所隨依止性者。即是集起種子義。又是所隨依附性者。即是持種集起諸法二義。集起故得名心。

(1) 바르게 생각하여 선택해서 먹기

무엇을 바르게 '생각하여 선택해서'[思擇] 먹을 것을 먹는다고 하는가? 바르게 생각하여 선택한다는 것은 '훌륭한 추리선택'[妙慧]등으로 '조각으로 먹기'[段食]22)의 잘못을 따르며 살펴, 잘못을 보고 나서는 깊이 '염증이나 미워함'[厭惡]이 생긴 연후에야 '목으로 삼키는'[吞咽]것이다.

무엇이 잘못을 살펴보는 것인가? 이 '조각으로 먹기'[段食]로 먹을거리에 대해 '받아쓰는 깃들'[受用種類]의 잘못을 살피고, '변하여 달라지는 것들'[變異種類]의 잘못을 살피고, '추구하는 것들'[追求種類]의 잘못을 살피는 것이다.

무엇이 '받아쓰는 것들'[受用種類]의 잘못인가? 예를 들자면 어떤 이가 장차 먹으려고 할 때, 조각으로 먹는 받아쓸 것이 모습[色], 냄새[香], 맛[味], 감촉[觸]이 모두 다 완성되어 있어 매우 '섬세하고 훌륭해서'[精妙] 바로 입에 넣고는, 이로 씹어 '침이 나오면'[津唾浸爛] '침으로 섞어'[涎液纏裹] 점점 목으로 넘긴다. 이 때 이 음식은 전에 있었던 기쁘게 하는 훌륭한 모습을 모두 버리고는 점점 미워할 만한 '지저분한 모습'[穢相]이 되며 장차 변한 뒤의 모습은 '변해서 토해 놓은 것'[變吐]처럼 된다.

먹을 능력이 있는 남자[士夫]인 보특가라가 만일 이 단계의 지저분한 모습을 생각한다면, 나머지 아직 변하지 않은 모든 섬세하고 훌륭한 받아쓸 음식에 대해 애초에 먹는 기쁨과 즐거움에 머무를 수 없을 텐데 이 단계의 것에 대해서 이겠는가! 이와 같은 등의 하나가 아닌 모습[相貌]으로 말미암아 점점 받아쓰는 강한 힘 때문에 그 음식이, 섬세하고 훌륭한 모습이 사라지고 '잘못된 모습'[過患相]이 생겨 깨끗지 못한 데 속하게

---

22) 본 역주본 제1권, pp.173-174, 1.5.2 음식을 받아씀 참조.

한다. 이를 음식에 대한, 받아쓰는 것들의 잘못이라고 한다.

무엇이 '변하여 달라지는 것들'[變異種類]의 잘못인가? 이 음식은 먹고[噉食]나서는 일부는 소화되어 한밤중[中夜分]이나 새벽녘이 되어 몸 안에서 곧 피와 살, '힘줄과 핏줄'[筋脈], 골수骨髓, 피부 등 한 가지가 아닌 여러 가지 깨끗지 못한 물질이 생겨 길러지고 자라서, 다음으로 일부는 대소변으로 변하고, 변하고 나서는 아래로 나아가 점점 흘러나온다. 이 때문에 날마다 자주 손이나 발이나 그 외 사지[支節]를 깨끗하게 씻어야 한다. 잘못하여 접촉하게 되면 자기나 남에게 염증이 나 미워하게 된다.

아울러 이 때문에 몸에 많은 종류의 질병이 생긴다. 예를 들어 종기[癰痤], 마른버짐[乾癬], 진버짐[濕癬], '전염성 피부질환'[疥癩], '황달기 있는 부스럼'[疸疔], '상기되는 증상'[上氣], 기침감기[痄瘶], 여드름[皰漿], 딸국질[噦噎], 조갈증[乾消], 간질[癲癇], '오한과 발열'[寒熱], 황달[黃病], '(폐의) 더운 피로 생기는 증상'[熱血], '생식기가 붓는 병'[陰胆]이다.

이와 같이 무수한 질병이 음식 때문에 몸 안에 생긴다. 또는 먹은 것이 조화롭지 않아 몸 안에서 소화되지 않고 머물러 있다. 이를 음식이 변화하는[轉變] 것들의 잘못이라고 한다.

무엇이 '추구하는 것들'[追求種類]의 잘못인가? 음식을 추구하는 것에는 많은 잘못이 있다. (첫째) 모으면서 짓는 잘못, (둘째) 수비하고 보호하느라 짓는 잘못, (셋째) 친애하는 이를 무너뜨리며 짓는 잘못, (넷째) '매우 만족함'[厭足]이 없어 짓는 잘못, (다섯째) 부자유해서 짓는 잘못, (여섯째) 악행(惡行: 몸, 말, 의도의 악한 실천)으로 짓는 잘못이다.

(첫째) 무엇을 모으면서 짓는 잘못이라고 하는가? 예를 들자면 어떤 이가 음식의 '원인과 조건'[因緣] 때문에 추울 때는 추위에 짓눌리고, 더울 때는

더위에 시달리며 여러 가지로 재촉하고 애쓰고 수고하며, 농사짓고 소 치며, 장사하고 계산하며[計算], '글씨 쓰고 계산하며'[書數], '새김이 있는 장신구 조각하기'[雕印] 그 외 여러 가지 기술업[工巧業處]을 하는 것은 아직 얻지 못한 음식을 얻거나 모으기 위한 것이다. 음식을 위한 것처럼 음식의 조건[緣]을 위한 것도 마찬가지임을 알라.

이와 같이 재촉하고 애쓰고 수고하며 구할 때 하던 사업이 '잘 이루어지지'[諧遂] 않으면, 이 때문에 '슬퍼하고 근심하며'[愁憂] '파리해져 괴로워하다'[燋惱] '가슴을 치며'[拊胸] '가슴 아파하고 탄식하고'[傷歎] '슬피 울며'[悲泣] 혼미해져[迷悶], "어떻게 내가 힘쓴 것은 헛수고가 되어 결과가 없을꼬."라고 한다. 이를 음식의 모으면서 짓는 잘못이라고 한다.

(둘째) 무엇을 음식을 수비하고 보호하느라 짓는 잘못이라고 하는가? 짓던 일이 잘 이루어지면 보호하는 것 때문에 (일이 잘못되지나 않을까 하는) 큰 걱정[憂慮]이 생겨, "나의 '귀한 재물'[財寶]을 왕이나 도둑에게 빼앗기지나 않을까? 또는 불타거나 물에 떠내려가지나 않을까? 또는 전생의 악한 짓 때문에 '없어지고 붕괴되지나'[滅壞] 않을까? 또는 지금생의 이치에 맞지 않게 지은 일로 장차 흩어져 없어지지나 않을까? 또는 여러 사랑스럽지 않은 이나 이전에 재물을 공유하던 이가 차지하거나 빼앗지나 않을까? 또는 집에 불이 나서 이 때문에 귀한 재물이 손실되지나[虧損] 않을까?"라고 한다. 이를 음식을 수비하고 보호하느라 짓는 잘못이라고 한다.

(셋째) 무엇을 음식(을 두고) 친애하는 이를 무너뜨리며 짓는 잘못이라고 하는가? 여러 세상에서는 음식의 '원인과 조건'[因緣] 때문에 다툼[鬪諍]이 많이 일어난다. 부자父子, 모녀母女, 형제兄弟, 친구[朋友] 사이에도 음식 때문에 서로 비난을 하는데, 친가[親里]가 아닌 경우에야 (더욱)

음식의 원인과 조건 때문에 점점 서로 다투지[鬪訟] 않겠는가! 이를테면 큰 가문의 여러 바라문婆羅門, 찰제리刹帝利 종족, 장자長者, 거사居士가 음식의 원인과 조건 때문에 교대로 다툼[違諍]을 일으켜 손발, 흙덩이, 칼, 몽둥이 등으로 서로 해코지한다. 이를 음식(을 두고) 친애하는 이를 무너뜨리며 짓는 잘못이라고 한다.

(넷째) 무엇을 '매우 만족함'[厭足]이 없어 짓는 잘못이라고 하는가? 찰제리刹帝利 종족으로서 관정(灌頂: 왕의 즉위식)의 지위에 오른 여러 국왕이 자기 나라의 왕의 도읍지나 취락(聚落: 마을이 모여있는 곳)에 만족하는 데 머무르지 않고, 군사[師]와 무기[兵戈]를 거느리고 서로 정벌[征討]하는데, 소라와 뿔(로 만든 나팔)을 불고, 쇠북[鍾鼓]을 치고, 칼을 휘두르고, 창을 놀리고[槊], 화살을 쏘고, 창을 쥐고, 전차와 말과 코끼리와 보병이 서로 섞여 치달려 여러 가지 창과 무기로 그 몸을 다치거나, 죽이거나, 죽을 정도로 괴롭힌다. 또한 이와 비슷한 또 다른 종류가 있다. 이를 음식의 '매우 만족함'[厭足]이 없어 짓는 잘못이라고 한다.

(다섯째) 무엇을 음식 때문에 부자유해서 짓는 잘못이라고 하는가? 예를 들자면 어떤 이가 왕을 모시고 견고한 성을 공격하다가 여러 가지 아주 뜨거운 기름[脂油], 뜨거운 '쇠 똥물'[牛糞汁], 녹인 철과 구리를 쏟아 붓는 일을 당하거나, 창과 무기로 그의 몸을 다치게 해 죽거나 죽을 정도의 괴로움을 당한다. 또한 이와 비슷한 또 다른 종류가 있다. 이를 음식 때문에 부자유해서 짓는 잘못이라고 한다.

(여섯째) 무엇을 음식 때문에 여러 악행(惡行: 몸, 말, 의도의 악한 실천)을 일으켜 짓는 잘못이라고 하는가? 예를 들자면 어떤 이가 음식의 원인과 조건 때문에 몸의 여러 악행을 짓고 모으며, 몸의 악행과 같이 말[語]과 의도[意]

도 그렇다. 생명이 끝나려 할 때에는 여러 중병의 괴로움에 짓눌리는데, 이전에 지은 몸, 말, 의도의 여러 가지 악행의 강한 힘 때문이다. 저녁 무렵 여러 산이나 봉우리의 드리운 그림자가 '걸리며 덮고'[懸覆], '가까이 덮고'[近覆], '깜깜하게 덮는'[極覆] 것을 보고 이렇게 생각한다. "나는 그전부터 몸과 말과 의도로 지은 모든 업업은 죄罪만 있고 복福이 없다. 만일 어떤 세상[趣]이 (있어) 여러 악행을 지은 이가 장차 그 안에 생겨난다면, 나는 이제 결정적으로 갈 것이다." 이와 같이 후회하고서는 곧 생명을 버린다. 생명을 버리고 나서는 업의 구별에 따라 여러 '나쁜 세상'[惡趣]에 생겨난다. 예를 들어 나락[那落迦: 지옥地獄], 동물[傍生]세상, 아귀餓鬼세상이다. 이를 음식으로 인한 악행이 짓는 잘못이라고 한다.

　이와 같이 '조각으로 먹기'[段食]는 추구할 때에 여러 잘못이 있고, 받아쓸 때에 여러 잘못이 있고, 변할 때에 여러 잘못이 있다.

　아울러 '조각으로 먹기'[段食]에는 약간의 '뛰어난 이익'[勝利]이 있다. 이는 무엇인가? 이를테면 이 몸은 음식에 의해서 머무르고 음식에 의해서므로 음식이 없을 수 없다는 것이다. 이와 같이 음식에 의해서 머무르는 몸이 가장 오래 머무르는 경우는 백 년을 지내는데, 만일 바르게 기르면[將養] 약간 더 되기도 하고, 어떤 경우는 채우지 못하고 일찍 죽기도 한다. 만일 이 몸이 잠시 머무르는 실천[行]만 수행하면 '훌륭한 실천'[妙行]이 아니고, 만일 이와 같이 몸이 잠시 머무르는 것에 기뻐 만족하면, '훌륭한 기뻐 만족함'[妙喜足]이 아니며, 음식으로 지은, 완성되고 죄罪 없는 공덕功德의 뛰어난 이익을 받아들이는 것이 아니다. 만일 몸이 잠시 머무르는 실천[行]만 수행하는 것이 아니고, 몸이 잠시 머무르는 것에 기뻐 만족하지 않으며, 이 잠시 머무르는 몸으로 범행梵行을 수행하고 모아 완성하면 훌륭한 실천이 되고 훌륭한 기뻐 만족함이 된다. 또한 음식으로 지은, 완성되고 죄罪 없는 공덕功德의 뛰어난 이익을 받아들이는 것이다.

마땅히 스스로 사유하기를, "내가 만일 저 우부愚夫와 '같은 성질'[同分]이어서 여러 우부愚夫와 같은 성질의 실천[行]을 수행한다면 내게는 적당하지 않다. 내가 만일 이 못난 '조각으로 먹기'[段食]의 약간의 뛰어난 이익에 편히 머무르고 기뻐 만족한다면 역시 내게는 적당하지 않다."라고 한다.

또한 이와 같은 모든 종류에 두루한 조각으로 먹기의 잘못에 대해 모두 알고 나서는 바르게 생각하여 선택함으로 깊이 잘못을 보고 벗어나려고[出離] 한다. 이와 같이 음식으로부터 벗어나려고 하기 때문에 '자식의 살'[子肉]과 같다고 생각하며 조각으로 먹을 것을 먹으며 다음과 같이 생각한다. "저 여러 시주施主가 모진 고생으로 모은 귀한 보배는 널리 추구하며 지은 여러 가지 잘못을 모두 겪은 것인데, (나를) '불쌍히 여기기'[悲愍] 때문에, '뛰어난 결과'[勝果]를 추구하기 때문에, 발라낸 피부와 살, 그리고 찔러 낸 피와 같은 것을 '자애롭게 보시'[惠施]하는 것이다. 나는 이 음식을 얻되 마땅히 다음과 같은 방법으로 받아써야 한다. 이를테면 당연히 교법에 맞게 스스로 편히 머무르면서 전도됨이 없이 받아쓰며 시주施主의 은혜를 갚고, 가장 훌륭한 큰 결과, 큰 이익, 크게 영화로움, 크게 번성함을 얻어야 한다. '달의 비유'[月喩][23]에 따라 시주의 집으로 가고,

---

23) 유가론기 제6권상(대정장 42. p.434c19-20): 신태神泰논사와 규기窺基논사가 동일하게 말하길, 달은 능히 사람을 청량하고 이롭게 한다. 시주의 집에 들어가 몸에 청량함이 있게 해주며 시주에게 도움을 주는데, 이것이 달과 같다는 것이다. 泰基同云。月能清涼益人。入施主家身有清涼益於施主。只如月也。

몸과 마음을 씻고 '(자신에게) 부끄러움'[慚]과 '(남에게) 부끄러움'[愧]에 머무르고, '지나치게 자부함'[憍傲]을 멀리하여 자기를 높이지[高擧] 않고 남을 업신여기지 않는다. 자기가 얻은 '이익 보는 것'[利養]이 마음에 기쁨을 생기게 하는 것처럼 남이 얻은 이익 보는 것에도 마음이 기뻐한다.

또한 다음과 같이 스스로 마음을 유지하고 시주의 집으로 가야한다. "어찌 출가한 이가 남의 집에 가서 남이 보시하기를 바라도 자애롭게 보시하지 않는 경우가 없겠으며, 남이 공경하기를 바라도 공경하지 않는 경우가 없겠으며, (음식의 양이) 많기를 바라도 적은 경우가 없겠으며, (음식이) 훌륭하기를 바라도 거친 경우가 없겠으며, 빨리 오기를 바라도 느즈러진 경우가 없겠는가!"

이런 생각을 하고 시주의 집으로 갔는데 은혜로운 보시가 없어도 끝내 그에게 원망과 해코지하려는 마음과 분노한 마음을 일으켜 서로 '미워하고 원망하지'[嫌恨] 않는다. "나는 이 원망과 해코지하려는 마음과 분노한 마음을 일으키는 증상연(增上緣: 확연하도록 돕는 조건)의 힘 때문에 몸이 붕괴되고 나서 여러 '나쁜 세상'[惡趣]에 생겨나서 고통[困厄]을 많이 겪지 말아야겠다. 공경하지 않아 공경함이 아니어도, 적어서 많음이 아니어도, 거칠어서 훌륭함이 아니어도, 느즈러져 빠름이 아니어도 또한 그에게 원망과 해코지하려는 마음과 분노한 마음을 일으켜 서로 '미워하고 원망하지'[嫌恨] 않는다." 등은 앞서의 자세한 설명과 같다.

또한 "나는 먹는 것인 조각으로 먹기에 의해 이러하고 저러한 '바른 수행'[正行]을 일으키고 그 양량에 대해 사실대로 분명하게 통달해야 한다. 이를테면 나의 수명[命根]은 이것 때문에 소멸하지 않으며 또한 이 음식에 너무 '좋아 애착하지'[耽著] 않고 결단코[纔] 범행梵行을 받아들이고 따라야 한다. 이와 같이 나는 이제 '사문의 본성'[沙門性]에 머무르고, '출가한 이의 본성'[出家性]에 머물러 음식을 받아쓰더라도 교법에 맞고 청정하게 여러 죄罪를 멀리한다."라고 한다. 이러한 여러 모습으로 말미암아 바르게 생각하고 선택하여 먹을거리를 먹는다.

무엇을 먹을 것이라고 하는가? 네 가지 먹을 것을 가리킨다. 첫째는 '조각으로 먹을 것'[段食]이고, 둘째는 '닿아서 먹을 것'[觸食]이고, 셋째는 '의意 등 생각으로 먹을 것'[意等思食]이고, 넷째는 '식識으로 먹을 것'[識食]이다. 지금은 이 뜻 가운데 '조각으로 먹을 것'[段食]을 설명하는 것이다.

이는 또 무엇인가? 이를테면 떡, 보릿가루, 밥, 국, 고깃국[臛], 죽, 크림치즈[(熟)酥: kūrcikā-vikṛti: 생소生酥를 숙성시킨 것], 기름, 당밀糖蜜, 생선, 젓갈[菹鮓], 발효유[乳酪], '(생균을 함유한) 버터'[生酥: kūrcikā: 버터와 치즈가 혼합된 상태], 생강, 소금, 식초 등 여러 가지 종류인데, 섞어서 덩어리로 만들어 조각조각 삼켜 먹기 때문에 '조각으로 먹을 것'[段食]이라고 한다. 먹는다는 것은 이를테면 먹고, 씹고, 삼키고, 맛보고, '홀짝홀짝 마시는'[啜飮] 등이 그 이름의 구별이다.

(2) 방탕하거나 교만하거나 꾸미려고 먹지 않기

무엇을 방탕하기[倡蕩] 위해서가 아니라고 하는가? 예를 들자면 어떤 욕망을 느끼기 좋아하는 이가 여러 욕망을 느끼기 위해 먹을거리를 먹으며 생각하기를, "나는 먹을거리를 먹어 몸이 배부르게 하고 몸이 기쁨으로 가득차게 하여 장차 해질녘이 지나 밤이 되면 '앳되고 예쁜데다'[姝妙] '잘 단장한'[嚴飾] 여인과 더불어 장난하고[嬉戲] '기쁘게 즐기며'[歡娛] '즐거움을 느끼고'[受樂] '이끌려 요동하며'[倡掉] 제멋대로[縱] 해야 겠다." '이끌려 요동한다'[倡掉]는 것은 이 성스러운 교리와 비나야毘奈耶

중에서 욕망을 느끼는 이가 탐냄[欲貪]에 유도되고, '성적으로 지저분한 것'[婬逸]에 유도된 여러 악하고 불선한 심사(尋思: 깊은 생각)를 말한다. 이 '먹을 것'[所食噉]을 먹을 때 그 모든 근根이 다 요동하게 하고, 의意가 들썩이게[躁擾] 하고, 의意가 불안하게 하고, 의意가 고요하지 못하게 한다. 만일 이런 일을 위해 먹을거리를 먹는 이라면 '이끌려 요동하기'[倡掉] 위해 먹을거리를 먹는다고 한다. '많이 들은'[多聞] 여러 성스러운 세자는 생각하여 선택하는 힘으로 깊이 잘못을 보고 벗어남을 잘 알며 먹을거리를 먹는다. 앞서 설명한 여러 욕망을 느끼는 이가 먹을거리를 먹는 경우는 아니다. 그러므로 방탕하기[倡蕩] 위해서가 아니라고 한다.

무엇을 교만하기[憍逸] 위해서도 아니고, '아름답게 꾸미기'[飾好] 위해서도 아니고, 단정하게[端嚴] 하기 위해서도 아니라고 하는가? 예를 들자면 욕망을 느끼기를 즐거워하는 이가 여러 욕망을 느끼기 위해 먹을거리를 먹는데, 그는 생각하기를, "나는 당연히 먹을거리를 많이 먹고, 먹을거리를 배불리 먹으며, 힘 되는대로 육덕지게[肥腻] 먹어 더욱 '(살이) 늘어지고'[房], 모습, 냄새, 맛을 갖춘 뛰어난 음식으로 보충하여 오늘 밤이 지나 내일 아침이 되어 '무예를 겨루는 일'[角武事]에 힘이 있어야겠다. 이를테면 문지르기[按摩], 공치기[拍毱], '돌비석 밀기'[扥石], 뜀뛰기[跳躑], 공차기[蹴蹋], '팔로 밀어내기'[攘臂], '주먹을 불끈 쥐기'[扼腕], '창 휘두르기'[揮戈], '칼로 공격하기'[擊劍], '큰활 구부리기'[伏弩], 활쏘기[控弦], '바퀴 던지기'[投輪], '새끼줄 던지기'[擲索]이다. 이와 같은 여러 가지 '무예를 겨루는 일'[角武事]로 장차 용맹을 이루고 몸이 충실하여 오랜 동안 병이 없고 오래도록 젊고 힘차서, 빨리 노쇠하지 않고 수명이 길어, 능히 많이 먹고 자주 먹고 나서는 잘 소화하여 여러 가지

질환을 없앨 수 있다."라고 한다. 이와 같이 병이 없음에 교만하고, 젊고 힘참에 교만하기 위하여, 장수함에 교만하여 먹을거리를 먹는다.

  무예를 겨루고 나서는 다시 생각하기를, "나는 목욕해야지."라고 하면서 곧 여러 가지 청정한 향수香水로 그 몸을 목욕한다. 그 몸을 목욕하고 나서는 그 머리카락을 빗질하고[梳理], 머리카락을 빗질하고서는 여러 가지 뛰어난 향을 그 몸에 바르고, 몸에 바르고서는 여러 가지 아주 뛰어난 의복과 여러 가지 '꽃으로 된 머리장식'[花鬘]과 여러 가지 장신구[嚴具]로 그 몸을 장식한다. 이 중에 목욕하고, '머리카락을 가다듬고'[理髮], 향을 바르는 것을 '아름답게 꾸민다'[飾好]고 한다. 아름답게 꾸미고 나서는 그 몸을 다시 뛰어난 의복과 꽃으로 된 머리장식과 장신구로 장식하는 것을 단정하게[端嚴] 한다고 한다. 이를 모두 아울러서 아름답게 꾸미기 위해서 단정하기 위해서 먹을거리를 먹는다고 한다.

  그는 이와 같이 교만하게[憍逸] 하고, '아름답게 꾸미고'[飾好], 몸을 단정하게[端嚴] 하고 나서는 한낮이나 저녁 무렵에 밥 먹을 때가 되면 한꺼번에 배고프고 목말라 여러 음식을 몹시 바라게 되어, 아주 기뻐하고 즐거워서, 잘못을 보지 못하고 벗어날 줄 모르고서 얻는 대로 먹는다. 또한 자주 방탕하고[倡蕩] 교만하게[憍逸] 하고 '아름답게 꾸미고'[飾好] 단정하게[端嚴] 하기 위해서 많이 먹고 많이 마시고 몸이 기쁨으로 가득차게 한다.

  여러 많이 들은 성스러운 제자는 생각하여 선택하는 힘으로 깊이 잘못을 보고 벗어남을 잘 알며 먹을거리를 먹는다. 앞서 설명한 여러 욕망을 느끼는 이가 먹을거리를 먹는 경우는 아니어서, 오직 생각하기를, "나는 지금 버릇 들이지 말아야 하고, 끊어야 할 음식을 자주 버릇 들이는 것은 이와 같은 음식을 영원히 끊으려고 하기 때문이다."라고 한다.

(3) 편안히 머무르고 추스르기 위해 먹기

무엇을 몸이 편안히 머무르기 위해 먹을거리를 먹는다고 하는가? 마시고 먹고 나서는 수명이 보존되고, 마시고 먹지 않으면 수명이 보존되지 않기 때문에 몸이 편안히 머무른다고 한다. "나는 이제 음식을 받아들여 수명이 보존되어 장차 '젊어서 죽지'[夭沒] 않을 것이다. 이 '원인과 조건'[因緣]으로 말미암아 몸이 편안히 머무르고 '바른 실천'[正行]을 수행해 모든 음식을 영원히 끊을 수 있다."라고 하는 것이다.

무엇을 잠시 추스르기[支持] 위해서 먹을거리를 먹는다고 하는가? 간략히 말해 두 가지 기름[存養]이 있다. 첫째, 어렵게 기름, 둘째, 어렵지 않게 기름이다.

무엇을 어렵게 기름이라고 하는가? 이와 같이 (한도를 모르고) 음식을 받아들이면 자주 배고파 지쳐 몹시 괴롭고 중병重病이 더한다. 또는 교법에 맞지 않게 음식을 추구하니 정법正法이 아닌 것이다. 얻고 나서는 '애착에 물들고'[染愛] 즐거워하고[耽嗜] '몹시 탐내고'[饕餮] 번민하고[迷悶] '굳게 쥐고'[堅執] '집착에 빠져'[湎著] 받아쓴다. 또는 먹고 나서는 몸을 무겁게 하여 '견딜 능력'[堪能]이 없고 '(번뇌를) 끊음의 수행'[修斷]에 견딜 수 없다. 또는 먹고 나서는 마음을 '몹시 굼뜨게 하여'[遲鈍] 빠르게 선정을 이루지 못한다. 또는 먹고 나서는 '들숨과 날숨'[入出息]의 왕래가 어렵다. 또는 먹고 나서는 마음이 자주 혼침수면(惛沈睡眠: 정신이 흐릿해 잠을 잠)에 얽혀 흐려진다. 이를 어렵게 기름이라고 한다.

무엇을 어렵지 않게 기름이라고 하는가? 이와 같이 (한도를 알고) 음식을 받아들이면 배고파 지치지 않고 심한 괴로움과 중병이 없다. 또는 정법正

法으로 음식을 추구하니 교법에 맞지 않는 것이 아니다. 획득하고 나서는 물들지 않고, 애착하지 않고, 즐거워하지 않고, 몹시 탐내지 않고, 번민하지 않고, 굳게 쥐지 않고, 집착에 빠지지 않고 받아쓴다. 이와 같이 받아쓰니 몸이 무겁지 않아 '견딜 능력'[堪能]이 있고, '(번뇌를) 끊음의 수행'[修斷]에 견딜 수 있고, 마음이 빠르게 삼마지三摩地를 이룬다. '들숨과 날숨'[入出息]의 왕래가 어렵지 않고, 마음이 자주 혼침수면惛沈睡眠에 얽혀 흐려지지 않는다. 이를 어렵지 않게 기름이라고 한다.

만일 어렵게 기름으로 말미암아 수명이 보존되고 몸이 편안히 머무르면, 이를 죄가 있고 물듦이 있다고 한다. 만일 어렵지 않게 기름으로 말미암아 수명이 보존되고 몸이 편안히 머무르면, 이를 죄가 없고 물듦이 없다고 한다. 여러 많이 들은 성스러운 제자는 죄가 있고 물듦이 있는 기름을 멀리하고, 죄가 없고 물듦이 없는 기름을 자주 가까이 한다. 이 때문에 잠시 추스르려고 한다고 한다.

질문 무엇이 앞서 설명한 죄가 없고 물듦이 없는 기름을 자주 가까이 하여 스스로 존재하며 사는 것인가?

대답 만일 음식을 받아들인다면, 굶주림과 목마름을 없애기 위해, 범행梵行을 받아들이기 위해, '있어왔던 느낌'[故受]을 끊기 위해, '새로운 느낌'[新受]이 장차 다시는 생기지 않게 하기 위해, 장차 힘과 즐거움을 길러 죄 없고 편안하게 머무르기 위한 것이다. 이와 같이 죄 없고 물듦이 없는 기름을 자주 가까이하여 스스로 존재하며 사는 것이다.

무엇을 굶주림과 목마름을 없애기 위해 여러 음식을 받아들인다고 하는가? 먹을 때가 되면 굶주리고 목이 말라 기력이 약해지고 음식을 바라게 되니, 이 굶주림과 목마름의 '얽혀 짓누름'[纏逼]과 기력이 약해짐을 멈추게 하려고 한도를 알고 먹는다. 이와 같이 먹고 나서는 때가 아니면 굶주림과 허약함에 얽혀 짓눌리지 않는다. 이를테면 해질녘 그리고 밤 내지는 다음 날 먹을 때에 이르지 않은 동안이다. 이를 굶주림과 목마름을 없애기 위해 여러 음식을 받아들인다고 한다.

　무엇을 범행梵行을 받아들이기 위해 여러 음식을 받아들인다고 하는가? 그 한도를 알고 여러 음식을 받아들이는 것을 가리킨다. 이 때문에 선품善品을 수행하는 이는 지금이나 다음날 먹고 나서도 몸이 무겁지 않아 '견딜 능력'[堪能]이 있고, '(번뇌를) 끊음의 수행'[修斷]에 견딜 수 있고, 마음이 빠르게 삼마지三摩地를 이룬다. '들숨과 날숨'[入出息]의 왕래가 어렵지 않고, 마음이 혼침수면惛沈睡眠에 얽혀 흐려지지 않는다. 이 때문에 빠르게 힘이 있게 되어 아직 이루지 못한 것을 이루고, 아직 접촉하지[觸] 못한 것을 접촉하고, 아직 경험하지[證] 못한 것을 경험한다. 이를 범행梵行을 받아들이기 위해 여러 음식을 받아들인다고 한다.

　무엇을 '있어왔던 느낌'[故受]을 끊기 위해 여러 음식을 받아들인다고 하는가? 예를 들자면 어떤 이가 과거에 한도를 알지 못하고 먹고, '적당치 않은 것'[匪宜]을 먹고, 소화되지 않았는데도 먹었다. 이 때문에 그 몸 안에 여기 저기 여러 가지 질병이 생긴다. 예를 들어 '전염성 피부질환'[疥癩], 여드름[皰漿], 기침[瘶] 등 앞서 자세히 설명한 것과 같다. 이 여러 가지 질병 때문에 몸 안에 아주 중하고 예리하고 왕성한 괴로움과 '마음에 들지 않는'[不可意] 느낌이 발생한다. 이와 같은 질병을 멈추어 제거하고 이 때문에 생긴 괴로운 느낌을 멈추어 제거하려고, 여러 가지로 '훌륭한 의원'[良醫]이 말한 이롭고[饒益] 마땅한 것을 자주 가까이하고 의약醫藥대로 따르며 여러 가지 '기분 좋은'[悅意] 음식을 받아들인다. 이로 말미암아 이미 생긴 질병과 그 때문에 생긴 괴로운 느낌을 끊는다. 이를 '있어왔던 느낌'[故受]을 끊기 위해 여러 음식을 받아들인다고 한다.

무엇을 '새로운 느낌'[新受]이 장차 다시는 생기게 하지 않기 위해 여러 음식을 받아들인다고 하는가? 예를 들자면 어떤 이가 지금 안락하고 질병이 없는데다 기력이 충분하며, 헤아리지 않고는 먹지 않고 적당치 않은 것은 먹지 않는다. 또한 소화되지 않은 채 거듭 먹어서 미래에 음식이 몸 안에 머물러 소화불량증에 걸리게 하거나, 장차 몸 안에서 '전염성 피부질환'[疥癩], 여드름[皰漿], 기침[瘷] 등 앞서 자세히 설명한 것과 같은 하나하나의 몸의 질병이 생겨 이 때문에 장차 몸 안에 앞서 설명한 것과 같은 여러 가지 괴로운 느낌이 생기게 하지 않는다. 나머지는 앞서 설명한 것과 같다. 이를 '새로운 느낌'[新受]이 장차 다시는 생기게 하지 않기 위해 여러 음식을 받아들인다고 한다.

무엇을 장차 힘과 즐거움을 길러 죄 없고 편안하게 머무르기 위해 여러 음식을 받아들인다고 하는가? 먹고 마시고 나서 수명이 보존되면 바로 기른다[存養]고 한다. 굶주림과 허약함을 제거하는 경우를 바로 힘[力]이라고 한다. 있어왔던 느낌을 끊고 새로운 느낌이 생기지 않는 경우를 즐거움[樂]이라고 한다. 정법正法으로 음식을 추구하여 물들지 않고 애착하지 않는 등으로 받아쓰는 경우를 바로 죄가 없다고 한다. 음식을 받아들이고 나서 몸이 무겁지 않아 '견딜 능력'[堪能]이 있고 '(번뇌를) 끊음의 수행'[修斷]에 견딜 수 있는 등 앞서 자세히 설명한 것과 같은 것을 편안히 머무른다고 한다. 그러므로 바르게 생각하여 선택함으로 말미암아 먹을 것을 먹는데, 방탕하기[倡蕩] 위함이 아니고, 교만하기[憍逸] 위함이 아니고, '아름답게 꾸미기'[飾好] 위함이 아니고, 단정하게[端嚴] 하기 위함이 아닌 등을 자세히 설명하였다. 이를 한도를 알고 먹기에 대해 자세하게 설명한 것이라고 한다.

(4) 요점

이 가운데 (첫째) 요점이 무엇이라고 알아야 하는가? '받아들일 음식'[所受食]을 이와 같이 먹는 것을 아울러 이 가운데 요점이라고 한다는 것을 알라.

무엇이 먹을거리인가? 모든 '조각으로 먹는 것'[段食] 즉 떡[餅], 보릿가루[麨], 밥, 국, 고깃국[臛], 죽[糜粥] 등 앞서 자세하게 설명한 것과 같다. 어떻게 해서 먹는다고 하는가? 바르게 생각하고 선택하여 먹을 것을 먹는데, 방탕하기[倡蕩] 위함이 아니고, 교만하기[憍逸] 위함이 아니고, '아름답게 꾸미기'[飾好] 위함이 아니고, 단정하게[端嚴] 하기 위함이 아닌 등을 자세히 설명하였다.

아울러 이 가운데 (둘째) 요점이 무엇이라고 알아야 하는가? 다스림[對治]을 받아들이기 위해, '욕망의 즐거운 실행의 극단'[欲樂行邊]을 멀리하고, '스스로 고행하는 극단'[自苦行邊]을 멀리하기 위해, 범행梵行을 받아들이기 위해, 여러 음식을 받아들인다.

무엇이 다스림을 받아들이기 위해 여러 음식을 받아들이는 것인가? 설명한 것과 같이 바르게 생각하여 선택하는 것으로 말미암아 먹을거리를 먹는 것을 가리킨다.

무엇이 '욕망의 즐거운 실행의 극단'[欲樂行邊]을 멀리하기 위해 여러 음식을 받아들이는 것인가? 설명한 것과 같이, 방탕하기[倡蕩] 위함이 아니고, 교만하기[憍逸] 위함이 아니고, '아름답게 꾸미기'[飾好] 위함이 아니고, 단정하게[端嚴] 하기 위함이 아니게 먹을거리를 먹는 것이다.

무엇이 '스스로 고행하는 극단'[自苦行邊]을 멀리하기 위해 여러 음식을 받아들이는 것인가? 설명한 것과 같이, 굶주림과 목마름을 제거하기 위해, '있어왔던 느낌'[故受]을 끊기 위해, '새로운 느낌'[新受]이 장차 다시는 생기지 않게 하기 위해, 장차로는 힘, 그리고 즐거움을 기르기 위해, 먹을거리를 먹는 것을 가리킨다.

무엇이 범행梵行을 받아들이기 위해 여러 음식을 받아들이는 것인가? 설명한 것과 같이 범행梵行을 받아들이기 위해, 죄 없이 편안히 머무르기 위해, 먹을거리를 먹는 것을 가리킨다.

아울러 이 가운데 (셋째) 요점이 무엇이라고 알아야 하는가? 두 가지가 있다. 첫째는 '먹음이 없음'[無所食]이고, 둘째는 '먹음이 있음'[有所食]이다. 먹음이 없음이란 모든 종류를 도무지 먹지 않음을 가리키는데, 먹지 않기 때문에 곧 젊어서 죽는다. 먹음이 있음이란 두 가지가 있다. 첫째는 '평등하게 먹는 것'[平等食]이고, 둘째는 '불평등하게 먹는 것'[不平等食]이다. 평등하게 먹는 것이란 아주 적게 먹지 않고, 아주 많이 먹지 않고, 마땅치 않게 먹지 않고, 소화되지 않게 먹지 않고, 물들게 먹지 않는 것이다. 불평등하게 먹는 것이란 아주 적게 먹기도 하고, 아주 많이 먹기도 하고, 마땅치 않게 먹기도 하고, 소화되지 않게 먹기도 하고, 물들게 먹는 것이다.

알아야 할 것은 이 가운데에서 평등하게 먹음으로 말미암아 아주 적게 먹지 않는다면 몸이 굶주리고 약함이 아직 생기지 않은 것은 생기지 않고, 이미 생긴 것은 소멸한다는 것이다. 평등하게 먹음으로 말미암아 아주 많이 먹지 않는다면, 몸이 무겁지 않아 '견딜 능력'[堪能]이 있고 '(번뇌를) 끊음의 수행'[修斷]에 견딜 수 있는 등 앞서 자세히 설명한 것이다. 평등하게 먹음으로 말미암아 마땅치 않게 먹지 않고, 소화되지 않게 먹지 않으면, '있어 왔던 느낌'[故受]을 끊고, '새로운 느낌'[新受]이 생기지 않아 이 때문에 장차 힘, 그리고 즐거움을 기르게 된다는 것이다. 평등하게 먹음으로 말미암아 물들게 먹지 않으면, 장차 죄 없이 편안하게 머무르게 된다는 것이다.

아주 적게 먹으면 수명을 보존하더라도 굶주림과 약함이 있어 역시 조금 살아있게 된다. 아주 많이 먹으면 아주 무거운 짐이 그 몸을 억누르는 것 같아서 때맞추어 먹은 것을 소화시키기 어려워, 음식을 소화시키지 못함으로 말미암아 또는 몸 안에 머물러 있어 소화불량증이 되거나 하나하나 몸의 여러 질병과 괴로움이 생긴다.

음식을 소화시키지 못하는 것처럼 마땅치 않게 먹음으로 말미암는 것도 그렇다는 것을 알라. 이 마땅치 않게 먹는 것이 구별되는 점은 몸 안에 여러 잘못이 모여 이 때문에 다시 아주 중한 질병과 괴로움에 접촉된다. 물들게 먹음으로 말미암아 교법에 맞지 않게 여러 음식을 추구하고 나서, 물들고 애착하고 즐거워하고[耽嗜] '몹시 탐내는'[饕餮] 등 앞서 자세하게 설명한 것과 같이 받아쓴다.

이 평등하게 먹을거리를 받아쓰고 불평등하게 먹는 것을 멀리하려 하기 때문에 음식에 대해 평등하게 짓는 것을 설명한 것이니, 즉 이 음식에 대해 평등하게 짓는 것을 자세하게 여러 구절로 알려주고 보여주었다. 이를테면 바르게 생각하고 선택함으로 말미암아 먹을 것을 먹는데, 방탕하기 위함이 아니고, 교만하기[憍逸] 위함이 아니고, '아름답게 꾸미기'[飾好] 위함이 아니고, 단정하게[端嚴] 하기 위함이 아닌 등 앞서 자세하게 설명한 것과 같이 말하였다.

이 안에서, 바르게 생각하고 선택함으로 말미암아 먹을 것을 먹는데, 방탕하기[倡蕩] 위함이 아니고, 교만하기[憍逸] 위함이 아니고, '아름답게 꾸미기'[飾好] 위함이 아니고, 단정하게[端嚴] 하기 위함이 아니고, 몸이 편하게 머무르기 위해 잠시 추스르기 위해서라고 말한 것은, 이로 말미암아 먹음이 전혀 없는 것을 막아서 못하게 하는 것이다.

다시 굶주림과 목마름을 제거하기 위해, 범행梵行을 받아들이기 위해, 내지는 편안히 머무르기 위해라고 말한 것은, 이로 말미암아 불평등하게 먹는 것을 막아서 못하게 하는 것이다. 무엇을 불평등하게 먹는 것을 막아서 못하게 하는 것이라고 하는가? 굶주림과 목마름을 제거하기 위한다고 하는 경우는 이로 말미암아 아주 적게 먹는 것을 막아서 못하게 하는 것이다.

또한 범행梵行을 받아들이기 위한다고 하는 경우는 아주 많이 먹는 것을 막아서 못하게 하는 것이다. 또한 있어 왔던 느낌을 끊기 위해, 새로운 느낌이 장차 다시는 생기지 않게 하기 위한다고 하는 경우는 이로 말미암아 소화되지 않았는데 먹는다거나 마땅치 않게 먹는 것을 막아서 못하게 하는 것이다.

또한 장차 기르기 위하고 장차 힘을 얻기 위한다고 하는 경우는 이로 말미암아 아주 적게 먹거나 아주 많이 먹어서는 안 된다는 것을 보여주는 것이다. 또한 장차 즐거움을 얻기 위한다고 하는 경우는 이로 말미암아 소화하고 나서 먹고 적당하게 먹는 것을 보여주는 것이다. 또한 장차 죄 없이 편안히 머무르기 위한다고 하는 경우는 이로 말미암아 물들지 않게 먹는 것을 보여주는 것이다.

왜냐하면 교법에 맞지 않게 음식을 추구하면, 그러고 나서 물들어 애착하기가 앞서 자세하게 설명한 것과 같이 하며 받아쓰기 때문인데, 물들게 먹는다고 하고 죄가 있다고도 한다.

선품善品을 부지런히 수행하는 이는 빈곳[空閑]에 머무르며 유가瑜伽를 의도[作意]하고, 받아 지니고, 읽고 외우며, 의미를 사유하는 중에 (그의)

여러 가지 악하고 불선한 깊은 생각으로 말미암아 마음이 흘러 새게 하고, (그) 마음이 지속되게 하며, 따라 나아가 들어가 전개되게 한다. 이 때문에 편안하게 머무르지 못한다. 그런데 이 (상황에서) 편안하게 머무(르는 방도는) 두 가지가 있다. 첫째는 아주 많이 먹는 것을 멀리한다. 이 때문에 몸이 무겁지 않아 '견딜 능력'[堪能]이 있고 '(번뇌를) 끊음의 수행'[修斷]에 견딜 수 있는 등 앞서 자세히 설명한 것이다. 둘째는 먹는 것에 '맛에 집착함'[味著]이 생기지 않게 한다. 이 때문에 여러 악한 깊은 생각이 요동함과 편안하게 머무르지 못함을 멀리한다.

그러므로 이와 같은 모든 구절은 다 음식에 대해 평등하게 짓는 것을 알리고 보여주기 위한 것이어서, 이를 자세하고도 간략하게 '먹는 것의 한도를 앎'[食知量]에 대해 밝혀 말한다고 한다.

3.3.4 잠에서 깨난 유가 수행覺寤瑜伽修行

초저녁과 늦은 밤에 언제나 부지런히 '잠에서 깨난'[覺寤] 유가瑜伽를 수행함에서, 초저녁은 무엇이고, 늦은 밤은 무엇이며, 잠에서 깨난 유가는 무엇이고, 언제나 부지런히 잠에서 깨난 유가를 수행함이란 무엇인가?

초저녁[初夜]이란 밤 (시간)의 네 부분 가운데 최초의 한 부분을 지나는 동안, 즉 '밤의 최초 부분'[夜初分]이다. '늦은 밤'[後夜]이란 밤 (시간)의 네 부분 가운데 마지막 한 부분을 지나는 동안, 즉 '밤의 마지막 부분'[夜後分]이다.

'잠에서 깨난'[覺寤] 유가瑜伽란 말한 것과 같이 낮에는 (피로를 풀고 졸음을 쫓기 위해 일정한 곳 주위를 왕복하여) 걷기[經行], '고요하게 앉아있기'[宴坐] 등 '장애를 따르는 존재'[順障法]로부터 그 마음을 깨끗하게 수행한다. 초저녁에도 걷기, 고요하게 앉아있기 등 '장애를 따르는 존재'[順障法]로부터 마음을 깨끗하게 수행한다. 마음을 깨끗하게 수행하고 나서는 머무는 곳 밖으로 나가 발을 씻고, 머무는 곳으로 되돌아와 오른쪽으로 움츠리고[脇] 누워 발을 포개어 '광명의 생각'[光明想]에 머문다. 정념正念, '바르게 앎'[正知]으로 사유하여 생각[想]을 일으키며 능숙하고 편안하게 눕는다. 늦은 밤에는 빨리 잠에서 깨어나, 걷기, 고요하게 앉아있기 등 '장애를 따르는 존재'[順障法]로부터 마음을 깨끗하게 수행한다.

언제나 부지런히 '잠에서 깨난'[覺寤] 유가瑜伽를 수행함이란, 예를 들자면 어떤 세존世尊의 제자가 잠에서 깨난 유가 수행법에 대해 듣고 나서는 즐거이 수행하고 배우고자 하여 곧 이와 같은 잠에서 깨난 유가에 대해 생각하기를, "나는 장차 부처님께서 허락하신 잠에서 깨난 유가를 갖추어야겠다."라고 한다. 즐거운 의욕이 생기게 해서 정진하고 고생하며[勤劬] 뛰어넘어 용감하게 힘을 일으키고, 용맹스러운 굳센 결단으로도 굴복시키지 못하면 그 마음을 격려하며 쉴 새 없이 지속 한다.

(1) 낮과 초저녁 수행

이 중에서 무엇이 낮에는 걷기[經行], '고요하게 앉아있기'[宴坐] 등 '장애를 따르는 존재'[順障法]로부터 그 마음을 깨끗하게 수행하는 것인가? 낮[晝日]이란 해 뜨는 때로부터 해지는 때까지이다. 걷기[經行]란 너비와 길이가 그 (걷기 하는) '길이와 용적'[度量][24]에 알맞은 어떤 장소에서 오가는 것과 관련한 동작[身業]이다. '고요하게 앉아있기'[宴坐]란 예를 들자면 어떤 이가 큰 평상이나 작은 '노끈 평상'[繩床]이나 '풀잎 자리'[草

---

24) 유가론기 제6권상(대정장 42. p.435b19-20): 혜경惠景논사에 의하면 너비는 세 걸음이고 길이는 삼십 걸음 정도로 이것이 경행의 방법이다.　景云。可廣三步。長三十步許。是經行道。

제 10 성문지聲聞地　121

葉座]에서 '책상다리로 앉아'[結跏趺坐] 단정한 몸으로 바른 바람을 하고 '(생사를) 등지는 생각'[背念]²⁵⁾에 편안히 머무르는 것이다.

장애[障]란 다섯 가지 개(蓋: 덮개)²⁶⁾이다. '장애를 따르는 존재'[順障法]란 개蓋를 유도하여 개蓋를 따르는 존재이다. 무엇이 다섯 가지 개蓋인가? 탐냄[貪欲]개, 성냄[瞋恚]개, '(정신이) 흐릿하게 가라앉고 잠듦'[惛沈睡眠]개, '(마음이) 요동하고 후회함'[掉擧惡作]개 및 머뭇거림[疑]개를 가리킨다. 무엇이 '장애를 따르는 존재'[順障法]인가? '깨끗하고 예쁜 모습'[淨妙相], '성냄의 모습'[瞋恚相], '깜깜한 모습'[黑闇相], 친척, 국토, 불사不死에 대해 심사尋思하고, 예전에 농지거리하며 즐거워하고 (이성을) 모시던[承事] 기억 및 (과거, 미래, 지금 등) 삼세三世에 대해 생각하고, 또는 삼세의 이치에 맞지 않는 존재에 대해 생각하는 것이다.

① 걷기經行

질문(1) 걷기[經行]할 때 몇 가지 장법(障法: 개蓋와 개를 유도하여 따르는 존재)으로부터 그 마음을 깨끗이 수행하는가? 어떻게 그것으로부터 그 마음을 깨끗이 수행하는가?

대답(1) '(정신이) 흐릿하게 가라앉고 잠듦'[惛沈睡眠]개 및 '(정신이) 흐릿하게 가라앉고 잠듦'[惛沈睡眠] 장애를 유도한 존재로부터 그 마음을 깨끗이 수행한다. 그것을 제거하기 위해 '광명의 생각'[光明想]을 능숙하고 정성스럽게 잘 취하고, 잘 생각하고, 잘 깨닫고, 잘 통달하여 밝은[明

---

25) 유가론기 제6권상(대정장 42. p.435b29-c1): 생사를 거슬러 등지기 때문에 등지는 생각이라고 한다. 생사를 등진 마음이 번뇌 없는 열반의 생각에 머무르기 때문이다.   違背生死故言背念. 所背生死之心安住無漏涅槃之念故.
26) 본 역주본 1권, pp.279-280 및 본 역주본 2권, pp.33-42, 2.2 덮개蓋 참조.

俱] 마음과 빛나는[光俱] 마음으로 가려진 곳이나 한데를 오가며 걷는다. 걷기 할 때에는 조건에 따라 일종의 '깨끗하고 뛰어난 대상영역'[淨妙境界]이 아주 잘 나타나, 그 마음을 권하며 이끌고, 권하며 격려하며, 기뻐하며 위로한다. '부처님을 생각하고'[念佛], 또는 '교법을 생각하고'[念法], 또는 '승단을 생각하고'[念僧], 또는 '규범을 생각하고'[念戒], 또는 '보시를 생각하고'[念捨], 또는 '천계를 생각한다'[念天][27].

어떤 경우에는 혼침수면惛沈睡眠의 잘못에 대해 밝혀 말한 정법正法과 관련한다. 이 법法 중에는 그것을 제거하기 위해 무수한 부분으로 혼침수면惛沈睡眠의 잘못을 비난하고, 무수한 부문으로 혼침수면惛沈睡眠을 영원히 끊는 공덕功德에 대해 '칭찬하고 드높이며'[稱揚], 감탄[讚歎]한다. 이를테면 계경(契經: 경經: 소달람素怛纜: sūtra: 부처님 말씀), 응송(應頌: 중송重頌: 기야祇夜: geya), 기별(記別: 수기授記: 화가라나和伽羅那: vyakarana), 풍송(諷誦: 가타伽陀: gatha), 자설(自說: 우타나優陀那: udāna), 인연(因緣: 연기緣起: 니타나尼陀那: nidāna), 비유(譬喻: 아파다나阿波陀那: apadāna), 본사(本事: 여시어如是語: 이제왈다가伊帝曰多伽: itivṛttaka), 본생(本生: 담타가潭陀伽: jātaka), 방광(方廣: 방등方等: 비불약毘佛略: vaipulya), 희법(希法: 미증유법未曾有法: 아부타달마阿浮陀達摩: adbhuta dharma)과 논의(論議: 우파제사優波提舍: upadeśa)이다.

---

27) 이 내용은 육수념(六隨念: 여섯 가지 마음에 떠올리는 것)을 가리키는 것인데, 불설장아함경佛說長阿含經 제2권(대정장 1. p.12a14-15)에 의하면 첫째, 부처님을 생각하고[念佛], 둘째, 교법을 생각하고[念法], 셋째, 승단을 생각하고[念僧], 넷째, 규범을 생각하고[念戒], 다섯째, 보시를 생각하고[念施], 여섯째, 천계를 생각하는 것[念天]이다.

그것(혼침수면)을 제거하기 위해 이 정법正法을 들어 받아 지니고, 큰 음성으로 읽고 외우며, 그 의미를 사유하고, 추측하고[稱量], 관찰觀察한 것을 남을 위해 보여주고, 또는 방위[方隅]를 살피기도 하고, 별, 달, 여러 별자리의 궤도[道度]를 바라보거나, 찬물로 얼굴을 씻는다. 이로 말미암아 혼침수면惛沈睡眠 전(纏: 얽음)과 개(蓋: 덮개)가 아직 생기지 않은 것은 생기지 않게 하고, 이미 생긴 것은 제거한다. 이와 같은 방법으로 '장애를 따르는 존재'[順障法]로부터 그 마음을 깨끗하게 수행한다.

② 고요하게 앉아 있기宴坐

질문(2) '고요하게 앉아 있기'[宴坐] 할 때 몇 가지 장법(障法: 개蓋와 개를 유도하여 따르는 존재)으로부터 그 마음을 깨끗이 수행하는가? 어떻게 그것으로부터 그 마음을 깨끗하게 수행하는가?

대답(2) 네 가지 장법障法으로부터 그 마음을 깨끗하게 수행한다. 탐냄[貪欲]개, 성냄[瞋恚]개, '(마음이) 요동하고 후회함'[掉擧惡作]개, 머뭇거림[疑]개와 그것을 유도한 존재로부터 마음을 깨끗하게 수행한다.

이미 생긴 탐냄[貪欲] 전纏과 개蓋를 빨리 제거하기 위해, 아직 생기지 않은 것을 아주 멀리하기 위해, 책상다리로 앉아 단정한 몸으로 바른 바람을 하고, '(생사를) 등지는 생각'[背念]에 편안히 머무르고, 또는 '(시신의) 피부가 푸릇하게 피가 맺힘'[青瘀]을 살피고, 또는 '고름으로 문드러짐'[膿爛]을 살피고, 또는 '변하여 뭉개짐'[變壞]을 살피고, 또는 부어오름[膖脹]을 살피고, 또는 '(벌레가) 씹어 먹음'[食噉]을 살피고, 혹은 '(시신이) 피 칠한 것처럼 됨'[血塗]을 살피고, 또는 그것의 뼈를 살피고, 또는 그것의 빗장뼈[鎖]를 살피고, 또는 '뼈가 이어져 있음'[骨鎖]을 살피고, 또는 하나하나

'현명하고 선한 선정의 모습'[賢善定相][28)]을 의도[作意]하고 사유한다.

또는 탐냄의 잘못을 밝혀 말한 정법正法과 관련한다. 이 법 중에서는 탐냄[貪欲]을 끊기 위해 무수한 부문으로 '욕계의 탐냄'[欲貪]. '욕계의 애착'[欲愛], '욕계의 품기'[欲藏], '욕계의 보호'[欲護], '욕계의 집착'[欲著]의 잘못을 비난하고, 무수한 부문으로 모든 탐냄을 영원히 끊는 공덕功德에 대해 '칭찬하고 드높이며'[稱揚], 감탄[讚歎]한다. 이를테면 계경(契經: 경經: 소달람素怛纜: sūtra: 부처님 말씀), 응송(應頌: 중송重頌: 기야祇夜: geya), 기별(記別: 수기授記: 화가라나和伽羅那: vyakarana) 등이다. 탐냄을 끊기 위해 이 정법正法을 듣고 받아 지녀, 말은 잘 통하고, 의意는 잘 심사尋思하고, 견해[見]는 잘 통달하니, 이 법에 대해 이와 같이 '고요하게 앉아'[宴坐] 이치에 맞게 사유한다. 이 때문에 탐냄[貪欲] 전纏과 개蓋를 아직 생기지 않은 것은 생기지 않게 하고, 이미 생긴 것은 제거한다. 이와 같은 방법으로 '장애를 따르는 존재'[順障法]로부터 그 마음을 깨끗하게 수행한다.

성냄[瞋恚]개, (그것을 따르는) 존재에서 구별되는 것은 이와 같이 고요하게 앉아 '자애로움을 갖춘 마음'[慈俱心]으로 원망도 없고 적도 없으며 해침도 없고 괴롭힘도 없는 드넓고 무수한 아주 선한 수행을 하며, 한 쪽에서 널리 해석[勝解]을 일으켜 충분하게 편안히 머무른다. 이와 같이 둘째, 이와 같이 셋째, 이와 같이 넷째인 위, 아래, 옆으로 퍼뜨려

---

28) 유가론기 제6권상(대정장 42. p.435c26-27): 현선정상賢善定相이란 혜경惠景논사에 의하면 무상無常 등과 함께 하며 하나의 '현명하고 선한 선정의 모습'[賢善定相]을 따라 보면서 역시 탐냄을 떠날 수 있다.　　賢善定相者。景云。觀共無常等隨一定相亦得離貪。본 역주본 제2권 p.73 참조.

널리 모든 한없는 세계에 해석[勝解]을 일으켜 충분하게 편안히 머무른다. 나머지는 앞서 설명한 것과 같다.

'(마음이) 요동하고 후회함'[掉擧惡作]개, (그것을 따르는) 존재에서 구별되는 것은 이와 같이 '고요하게 앉아'[宴坐] 마음이 안에 머물러 하나(의 대상으로) 나아가는 삼마지三摩地를 이룸을 갖추는 것이다. 나머지는 앞서 설명한 것과 같다.

미뭇거림[疑]개, (그것을 따르는) 존재에서 구별되는 것은 이와 같이 고요하게 앉아 전생에 대해 이치에 맞지 않게 의도[作意]하지 않고 사유하지 않으며, 내생과 지금생에 대해서도 이치에 맞지 않게 의도하지 않고 사유하지 않는 것이다. "나는 전생에 있었을까? 없었을까? 나는 전생에 무엇으로 있었을까? 어떻게 하며 있었을까? 나는 내생에 무엇으로 있게 될까? 어떻게 하며 있게 될까? 나는 지금생에 무엇으로 있을까? 어떻게 하며 있을까? 지금 이 유정有情은 어디로부터 왔으며, 여기에서 죽으면 장차 어디로 갈까?" 등에 대해 바른 이치에 맞지 않는 의도와 사유를 바르게 멀리 해야 한다.

이치에 맞게 과거, 미래, 지금을 사유하여 '있는 존재'[有法]만을 보고, '있는 대상'[有事]만을 보며, 있는 것은 있다고 알고, 없는 것은 없다고 알며, '있는 원인'[有因]만을 살피고, '있는 결과'[有果]만을 살피며, 실제로 '없는 일'[無事]에 대해서는 늘리지도[增] 말고, 보태지도[益] 말며, 실제로 '있는 일'[有事]에 대해서는 '돌려놓고 욕하지도'[毁] 않고, 비난하지도[謗] 않으며, 그 실제로 있는 일에 대해서는 실제로 있다고 분명하게 안다. 예를 들어 무상無常하고, 괴롭고[苦], 비어있고[空], '나라고 할 만한 것이 없는'[無我] '모든 존재'[一切法] 중에서는 무상無常, 괴로움, 비어있음,

나라고 할 만한 것이 없음을 분명하게 안다. 이와 같이 이치에 맞게 사유함으로써 부처님에 대해서 '헷갈려 함'[惑]도 없고, 머뭇거림[疑]도 없다. 나머지는 앞서 설명한 것과 같다. 교법[法]에 대하여, 승단[僧]에 대하여, 고(苦: 괴로움)에 대하여, 집(集: 괴로움의 원인)에 대하여, 멸(滅: 괴로움의 소멸)에 대하여, 도(道: 괴로움을 소멸시키는 방도)에 대하여, 원인[因]과 원인으로부터 생긴 제법(諸法: 모든 존재)에 대하여 헷갈려 함도 없고, 머뭇거림도 없다. 나머지는 앞서 설명한 것과 같다.

아울러 성냄[瞋恚]개에 대해서 설명해야 하는 것은, "성냄과 성냄의 모습을 끊기 위하여 이 정법正法을 듣고 받아 지니며…" 등이다. '(마음이) 요동하고 후회함'[掉擧惡作]개에 대해 설명해야 하는 것은, "'(마음이) 요동하고 후회함'[掉擧惡作]과 그것을 따르는 존재를 끊기 위해서 이 정법正法을 듣고 받아 지니며…" 등이다. 머뭇거림[疑]개에 대해서 설명해야 하는 것은, "머뭇거림 개와 그것을 따르는 존재를 끊기 위하여 이 정법正法을 듣고 받아 지니며…" 등이다.

이와 같은 방법으로 탐냄[貪欲]개, 성냄[瞋恚]개, '(정신이) 흐릿하게 가라앉고 잠듦'[惛沈睡眠]개, '(마음이) 요동하고 후회함'[掉擧惡作]개, 머뭇거림[疑]개 및 그것을 따르는 존재로부터 그 마음을 깨끗이 수행한다. 이래서 걷고, 고요하게 앉고, '장애를 따르는 존재'[順障法]로부터 그 마음을 깨끗하게 수행한다고 말한다.

이와 같이 앞에서는 '교법의 뛰어남'[法增上]으로 말미암아 장애를 따르는 존재로부터 그 마음을 깨끗하게 수행하는 것에 대해 설명하였다. 아울러 '자기가 뛰어남'[自增上]과 '세상이 뛰어남'[世增上]으로 말미암아 장애를 따르는 존재로부터 그 마음을 깨끗이 수행함이 있다.

무엇을 '자기가 뛰어남'[自增上]으로 말미암는다고 하는가? 예를 들자면 어떤 이가 모든 개蓋 중에서 한 종류가 일어남에 따라 곧 이것이 선법善法이 아님을 분명하게 알아 생겨난 개蓋에 대해 굳게 집착하지 않고 빠르게 버리고 '물리쳐 내쫓고'[擯遣] '변화시켜 뱉는다'[變吐]. 또한 이 생겨난 개蓋는 매우 수치스럽고 마음을 물들여 괴롭히고 지혜[慧]를 약하게 하니 바로 '해를 끼치는 종류'[損害品]라는 것을 스스로 살핀다. 이를 '자기가 뛰어남'[自增上]으로 말미암아 장애를 따르는 존재로부터 그 마음을 깨끗하게 수행한다고 한다.

무엇을 '세상이 뛰어남'[世增上]으로 말미암아 장애를 따르는 존재로부터 그 마음을 깨끗하게 수행한다고 하는가? 어떤 이가 여러 개蓋 중 하나하나가 이미 생기거나 장차 생기려 할 때 곧 생각하기를, "내가 만일 아직 생기지 않은 개蓋를 생기게 하면 장차 '큰 스승'[大師]께 비난 받게 될 것이고 또한 여러 천天과 범행梵行을 함께하는 여러 지혜 있는 이들에게 교법으로 '업신여겨 비난'[輕毀] 받게 될 것이다."라고 한다. 그는 이와 같이 '세상이 뛰어남'[世增上]으로 말미암아 아직 생기지 않은 여러 개蓋가 생기지 않게 하고, 이미 생긴 여러 蓋는 빠르게 버린다. 이를 '세상이 뛰어남'[世增上]으로 말미암아 장애를 따르는 존재로부터 그 마음을 깨끗이 수행한다고 한다.

(2) 교법에 맞게 눕기

아울러 여러 침구를 '보호하여 지니기'[護持] 위해, '세상의 동작'[世儀]을 따르기 위해, 초저녁이 다하도록 걷고 고요하게 앉아 장애를 따르는 존재로부터 그 마음을 깨끗하게 수행한다. 장애를 따르는 존재로부터 마음을 깨끗이 수행하고 나서는 머무는 곳 밖으로 나가 발을 씻고, 발을 씻고 나서는 머무는 곳으로 되돌아와 교법에 맞게 '누워 잔다'[寢臥]. 누워 자면서 대종大種[29]을 기르고, 더욱 기른 뒤에는 그 몸을 키워 점점 힘이 있고 점점 따를 수 있어 쉴 새 없이 항상 자세히 선품善品에 힘쓴다.

질문(1) 어째서 오른쪽으로 움츠리고 눕는가?

대답(1) 사자왕師子王의 방식과 '모습이 비슷하기'[相似] 때문이다.

질문(2) 어떤 방식과 모습이 비슷한가?

대답(2) 사자왕은 모든 동물 중에서 용맹하기[勇悍堅猛]로는 최고인 것과 같이, 비구比丘도 마찬가지이다. 항상 '잠에서 깨난'[覺寤] 유가瑜伽를 수행하는데, 정진[勤精進]함에 용맹하기가 최고이다. 이 때문에 사자왕이 눕는 방식과 유사하고, 그 외 귀鬼가 눕는 것, 천天이 눕는 것, '욕망을 느끼는 이'[受欲者]가 눕는 것과는 다른데, 그들 모두는 게으르고[嬾墮懈怠] 못나서 정진하는 기운이 약하기 때문이다.

방식도 그래서 사자왕이 오른쪽으로 움츠리고 눕는 것과 같게 눕는 이는 몸이 흔들리지 않고 생각한 것을 잊지 않으며, 잠이 너무 깊이 들지 않고 악몽을 꾸지 않는다. 이와 다르게 눕는 이는 이와 반대여서 모든 잘못이 있음을 알라. 그러므로 오른쪽으로 움츠리고 누워 그 발을 포개라고 한다.

무엇이 '광명의 생각'[光明想]에 머물러 능숙하게 눕는 것인가? 광명의 생각을 능숙하고 정성스럽게 잘 취하고, 잘 생각하고, 잘 통달하여 여러 천天의 광명을 사유하는 마음으로 능숙하게 눕는다. 이 때문에 다시 누워 자더라도 마음이 흐릿하지 않다. 이를 '광명의 생각'[光明想]에 머물러 능숙하게 눕는다고 한다.

무엇이 정념(正念: 바르게 유념함)하며 능숙하게 눕는 것인가? 만일

---

29) 본 역주본 제1권, pp.97-99, 3.1 대종大種 참조.

모든 방법을 이미 듣고, 이미 생각하고, 이미 익숙하게 수행한 '몸의 성질'[體性]이라면 바로 이익[義利]을 잘 유도한다. 정념正念으로 말미암아 잠이나 꿈에 이르더라도 항상 (그 방식의 모습이) 따라 전개된다. 정념正念으로 말미암아 잠이나 꿈 속에서도 항상 기억된 그 '방식의 모습'[法相]이 분명하게 앞에 나타나게 되니까, 그 방식에 대해 마음이 자주 따라 살피며, 정념으로 말미암아 그 '유념한 것'[所念]을 따라 선한 마음으로 잠을 자거나 중립[無記]의 마음으로 잠을 잔다. 그러므로 정념正念하며 능숙하게 눕는다고 한다.

 무엇이 정지(正知: 바르게 앎)하며 능숙하게 눕는 것인가? 정념正念하며 누워 잘 때, 만일 하나하나의 번뇌가 앞에 물들여 괴롭히면, 이 번뇌가 생기는 때에 바르게 '깨달아 분명히 알아'[覺了], 견고하게 집착하지 않고 빠르게 버리며, 통달하고서는 마음이 전환하게 한다. 이를 정지正知하며 능숙하게 눕는다고 한다.

 무엇이 사유하여 '생각을 떠올리며'[起想] 능숙하게 눕는 것인가? 정진精進으로 그 마음을 격려한 뒤에 누워 자는데, 누워 잘 때 때때로 잠에서 깨어나기를, 숲이나 들에서 사슴이 그 마음을 모두 내려놓지 말아야 하는 것과 같이하면서 잠을 따라 향하고 든다.

 또한 생각하기를, "나는 이제 모든 부처님께서 허락하신 '잠에서 깨난'[覺寤] 유가瑜伽를 모두 다 충분히 갖추어야겠다. 갖추기 위해서 정진하여 가장 진한[濃厚] 힘씀의 의욕[欲樂]에 머물러야겠다."라고 한다. 또한 생각하기를, "나는 이제 잠에서 깬 유가를 수행하기 위해 바른 정진을 발생시켜야겠다. 모든 선법善法을 수행하기 위해 바르게 '보다 부지런하여'[翹勤] 모든 게으름으로부터 떠나 발생시킴을 충분히 갖추어, 오늘 밤이 지나 '밝아오는 고요한 아침'[明淸旦]이 되면 갑절 정진에 머물러 발생시킴을 충분히 갖추어야겠다."라고 한다.

이 중에 알아야 할 것은, 첫째, 사유하여 '생각을 떠올림'[起想]으로 말미암아 잠이 깊이 들지 않고 일어나야 할 때에는 빠르게 일어나 결코 시각을 지나지 않고 잠에서 깨는 것이다. 둘째, 사유하여 '생각을 떠올림'[起想]으로 말미암아 모든 부처님께서 공통적으로 허락하신 사자왕師子王처럼 눕기에 있어서 방식에 맞게 누워 (이보다) 더함도 덜함도 없는 것이다. 셋째, 사유하여 '생각을 떠올림'[起想]으로 말미암아 선한 즐거움이 항상하여 '게을러 못쓰게 되지'[懈廢] 않으며, 잊어도 나중에 점점 받아들여 배워 끊어지지 않는 것이다. 이를 사유하여 '생각을 떠올리며'[起想] 능숙하게 눕는다고 한다.

(3) 늦은 밤 수행

무엇을 늦은 밤에 이르러 빠르게 잠에서 깨 걷고 고요하게 앉아 장애를 따르는 존재로부터 그 마음을 깨끗하게 수행한다고 하는가? '밤의 마지막 부분'[夜後分]이란 밤 (시간)의 네 부분 가운데 마지막 한 부분을 지나는 동안이 바로 밤의 마지막 부분이다. 그는 이와 같이 '광명의 생각'[光明想]에 머무르고, 정념正念하고, 정지正知하고, 사유하여 '생각을 떠올리며'[起想] 능숙하게 눕기 때문에 밤 (시간)의 네 부분 가운데 한 부분을 지나서야 잠자는 것에 익숙해지는데, 일어날 때에는 몸이 견딜 능력이 있어 시각에 맞추어 일어난다. 강한 '흐릿하게 가라앉고 잠듦'[惛沈睡眠] 전(纏: 얽힘)에 굴복당해 일어나려고 할 때에 '어리석고 우둔하거나'[闇鈍], 약하거나, 게으른 경우가 없다. 이와 같은 어리석고 우둔하거나, 약하거나, 게으른 경우가 없기 때문에 잠시 의도[作意]할 때에도 어려움이 없이 빠르게 일으킬 수 있다. 여러 장법(障法: 개蓋와 개를 유도하여 따르는 존재)으로부터 마음을 깨끗이 수행하는 것은 앞서와 같이 알아야 한다. 이와 같이 초저녁과 늦은 밤에 항상 부지런히 잠에서 깨난 유가를 수행하는 것에 대해 자세하게 설명하였다.

(4) 요점

이 가운데 요점을 무엇이라고 알아야하는가? 부지런히 잠에서 깨난 유가를 수행하는 남자[士夫]인 보특가라에게는 간략히 네 가지 '바르게 지을 일'[正所作事]이 있다. 무엇이 네 가지인가? 첫째, 잠에서 깨어 항상 수행한 선품善品을 버리고 떠나지 말고, 쉴 새 없이 항상 자세히 선법善法을 수행하며 용맹정진한다. 둘째, 때가 되어 눕고, 때가 아니면 그러지 않는다. 셋째, 물들지 않은 마음으로 잠에 익숙해지고, 물든 마음으로는 그러지 않는다. 넷째, 때가 되어 깨어 일어나고 때를 넘기지 않는다. 이를 네 가지 부지런히 잠에서 깨난 유가를 수행하는 남자[士夫]인 보특가라가 '바르게 지을 일'[正所作事]이라고 한다. 이 네 가지 바르게 지을 일로 모든 부처님 세존世尊께서는 성문聲聞 무리를 위해 잠에서 깨난 유가瑜伽를 수행함에 대해 밝혀 말씀하셨다.

어떻게 밝혀 말씀하셨는가? 낮에 걷고 고요하게 앉아 장애를 따르는 존재로부터 그 마음을 깨끗이 수행하고, 초저녁에 걷고 고요하게 앉아 장애를 따르는 존재로부터 그 마음을 깨끗이 수행한다는 말씀은 첫째 바르게 지을 일을 밝혀 말씀하신 것이다. 잠에서 깨어 항상 수행한 선품善品을 버리고 떠나지 말고, 쉴 새 없이 항상 자세히 선법善法을 수행하며 용맹정진한다는 것이다.

아울러 머무는 곳 밖으로 나가 발을 씻고, 머무는 곳으로 되돌아 와 오른쪽으로 움츠리고[脇] 누워 그 발을 포갠다는 말씀은 둘째 바르게 지을 일을 밝혀 말씀하신 것이다. 때가 되어 눕고, 때가 아니면 그러지 않는다는 것이다.

아울러 '광명의 생각'[光明想]에 머무르고, 정념正念하고, 정지正知하고, 사유하여 '생각을 떠올리며'[起想] 능숙하게 눕는다는 말씀은 셋째 바르게 지을 일을 밝혀 말씀하신 것이다. 물들지 않은 마음으로 잠을 익히고, 물든 마음으로는 그러지 않는다는 것이다.

아울러 늦은 밤에 빠르게 잠에서 깨 걷고 고요하게 앉아 장애를 따르는 존재로부터 그 마음을 깨끗이 수행한다는 말씀은 넷째 바르게 지을 일을 밝혀 말씀하신 것이다. 때가 되어 깨어 일어나고 때를 넘기지 않는다는 것이다.

이 가운데 '광명의 생각'[光明想]에 머무르고, 정념正念하고, 정지正知하고, 사유하여 '생각을 떠올리며'[起想] 능숙하게 눕는다는 말씀은 두 가지 조건으로 말미암아 물들지 않은 마음으로 잠을 익히고 물든 마음으로는 그러지 않는다는 것을 나타낸 것인데, 정념正念과 정지正知로 말미암은 것을 가리킨다. 또한 두 가지 조건으로 말미암아 때가 되어 깨어 일어나고 때를 넘기지 않는다는 것인데, 광명의 생각에 머무르는 것과 사유하여 '생각을 떠올림'[起想]으로 말미암는 것이다.

이는 또한 무엇인가? 정념正念으로 말미암아 '선한 대상'[善所緣]을 받아들여[攝斂] 눕는 것이고, 정지正知로 말미암아 선한 대상에서 마음이 '멀어져 놓쳐'[退失] 여러 번뇌가 일어나면 곧 빠르고 바르게 분명하게 아는 것이다. 이를 두 가지 조건으로 말미암아 물들지 않은 마음으로 잠을 익히고 물든 마음으로는 그러지 않는다고 한다. 광명의 생각에 머무르는 것과 사유하여 '생각을 떠올림'[起想]으로 말미암아 잠을 깊이 자지 않고, 잠에 얽매이지 않아 (잠이) '쫓아 따라옴'[隨逐]을 멀리할 수 있다. 이를 두 가지 조건으로 말미암아 때가 되어 깨어 일어나고 때를 넘기지 않는 다고 한다.

이와 같이 언제나 부지런히 '잠에서 깨난'[覺寤] 유가瑜伽를 수행함에 대해 밝혀 말씀하신 요점과 앞서 말씀하신 자세한 설명을 아울러 초저녁과 늦은 밤에 언제나 부지런히 '잠에서 깨난'[覺寤] 유가瑜伽를 수행한다고 한다.

3.3.5 바르게 알고 머무름正知住

무엇이 '바르게 알고 머무름'[正知而住]인가? 어떤 이가 가거나 오거나 바르게 알고 머무르며, 보거나[覩] 살펴보거나[瞻] 바르게 알고 머무르며, (몸을) 구부리거나 펴거나 바르게 알고 머무르며, 지니는 (비구의 세 가지 옷 가운데 하나인) 승가지(僧伽胝: saṁghāti)와 옷과 식기[鉢]에 대해 바르게 알고 머무르며, 먹거나 마시거나 씹거나[噉] 맛보거나[嘗] 바르게 알고 머무른다. 걷거나 멈추거나 앉거나 눕거나 바르게 알고 머무르며, 깨어나 있을 때 바르게 알고 머무르며, 말하거나 침묵하거나[默] 바르게 알고 머무르며, '피로해서 잠듦을 해소할 때'[解勞睡時] 바르게 알고 머무르는 것이다.

(1) 실천할 때 바르게 알고 머무름

가거나 오거나 '바르게 알고'[正知] 머무르는 경우에 간다는 것은 무엇이고, 온다는 것은 무엇이며, 가거나 오거나 바르게 알고 머무른다는 것은 무엇인가? 간다는 것은 어떤 이가 취락(聚落: 마을이 모여 있는 것)으로 가고 취락 사이로 가며, (어떤) 가족[家屬]에게로 가고 가족들 사이로 가며, '수행하는 곳'[道場]으로 가고 수행하는 곳들 사이로 가는 것이다. 온다는 것은 어떤 이가 취락으로부터 오고 취락 사이로 오며, (어떤) 가족으로부터 오고 가족들 사이로부터 오며, 수행하는 곳으로부터 오고 수행하는 곳들 사이로부터 오는 것이다.

가거나 오거나 바르게 알고 머무른다는 것은 스스로가 가는 데에, "내가 간다."라고 하는 것을 '바르게 알고'[正知], 스스로가 오는 데에, "내가 온다."라고 하는 것을 바르게 알고, 가야 할 곳과 가지 말아야 할 곳 분명하게 바르게 알며, 와야 할 곳과 오지 말아야 할 곳을 분명하게 바르게 알며, 가야 할 시각과 가지 말아야 할 시각을 분명하게 바르게 알며, 와야 할 시각과 오지 말아야 할 시각을 분명하게 바르게 아는 것인데, 그는 이러하고 저러하게 가야할 곳과 가지 말아야 할 곳을 분명하게 바르게 알고, 그는 이러하고 저러하게 와야 할 곳과 오지 말아야 할 곳을 분명하게 바르게 안다. 이를 정지正知한다고 한다.

그는 이 '바르게 앎'[正知]을 성취함으로 말미암아 스스로 알고 가고 스스로가 알고 오며, 가야 할 곳을 가고 가지 말아야 할 곳은 가지 않으며, 와야 할 곳으로부터 오고 오지 말아야 할 곳으로부터는 오지 않으며, 시각에 맞게 가고 오며 제 시각이 아니면 그러지 않는다. 그 '보이는 종류'[色類]의 행동거지[動止], 규칙[軌則], 예법[禮式], 동작[威儀]으로써 가야하고 와야 하는 것과 같이 가고 온다. 이를 가거나 오거나 바르게 알고 머무른다고 한다.

보거나[覩] 살펴보거나[瞻] '바르게 알고'[正知] 머무르는 경우에 보는 것은 무엇이고, 살펴보는 것은 무엇이며, 보거나 살펴보거나 바르게 알고 머무르는 것은 무엇인가? 본다는 것은 앞서 열거한 여러 가지 대상[事]

에서 가거나 오면서 이해력[覺慧]을 우선하지 않고, 힘씀[功用]을 우선하지 않고, 의욕[欲樂]을 우선하지 않고 그 중간에서 여러 가지 '보이는 것'[色]을 보는 것을 바로 '보는 것'[觀]이라고 한다.

살펴본다[瞻]는 것은 앞서 열거한 여러 가지 대상[事]에서 가거나 오면서 이해력[覺慧]을 우선하고, 힘씀[功用]을 우선하고, 의욕[欲樂]을 우선하여 여러 가지 '보이는 것'[色]을 보는 것이다. 예를 들어 여러 왕이나, '왕과 동등한 이'[王等]나, 여러 보좌관[僚佐]이나, 여러 일반인[黎庶]이나, 바라문婆羅門이나, 여러 거사居士나, 재산과 보배가 풍부한 장자長者와 '상단의 대표'[商主]나, 그 외 물체인 건물[房舍]이나 가옥[屋宇]이나 공공건물[殿堂]이나, (정무를 보는) 건물[廊廟]이나, 그 외 세상의 여러 가지 '뛰어난 대상'[妙事]인데, 이들을 '살펴보는 것'[觀見]을 살펴본다[瞻]고 한다.

보고, 살펴보는 자상(自相: 고유한 모습)을 분명하게 바르게 알고, 봐야 할 것과 살펴봐야 할 것을 분명하게 바르게 알고, 봐야 할 시각과 살펴봐야 할 시각을 분명하게 바르게 알고, 봐야 할 데 그대로, 살펴봐야 할 데 그대로 분명하게 바르게 아는 것을 정지正知한다고 한다.

그는 이 '바르게 앎'[正知]을 성취함으로 말미암아 스스로가 알고 보고 스스로가 알고 살펴보며, 봐야 할 것을 보고 살펴봐야 할 것을 살펴보며, 봐야 할 시각과 살펴봐야 할 시각에 바르게 보고 살펴보며, 봐야 할 데 그대로 보고 살펴보는 것을, 보거나[觀] 살펴보거나[瞻] 바르게 알고 머무른다고 한다.

(몸을) 구부리거나 펴거나 '바르게 알고'[正知] 머무르는 경우에 구부리는 것은 무엇이고, 펴는 것은 무엇이며, 구부리거나 펴거나 바르게 알고 머무르는 것은 무엇인가? 그는 이와 같이 볼 때와 살펴볼 때에 가는 것이나

오는 것을 우선하면서 발을 구부리거나 펴기도 하고, 팔을 구부리거나 펴기도 하고, 손을 구부리거나 펴기도 하고, 다리 하나하나를 구부리거나 펴기도 한다. 이를 구부리거나 펴는 것이라고 한다.

구부리거나 펴는 자상自相을 분명하게 바르게 알고, 구부릴 것과 펼 것을 분명하게 바르게 알며, 구부릴 시각과 펼 시각을 분명하게 바르게 알고, 구부릴 데 그대로, 펼 데 그대로 분명하게 바르게 아는 것을 정지正知한다고 한다.

그는 이 '바르게 앎'[正知]을 성취함으로 말미암아 구부림과 폄을 스스로가 알고 구부리고 스스로가 알고 펴며, 구부려야 할 것과 펴야 할 것을 (각각) 구부리고 펴며, 구부려야 할 시각과 펴야 할 시각에 구부리고 펴며, 구부려야 할 데 그대로, 펴야 할 데 그대로 구부리고 편다. 이를 (몸을) 구부리거나 펴거나 바르게 알고 머무른다고 한다.

승가지(僧伽胝: saṁghāṭi)와 옷과 식기[鉢]를 지니고 '바르게 알고'[正知] 머무는 경우에 승가지僧伽胝를 지닌다는 것은 무엇이고, 옷을 지닌다는 것은 무엇이며, 식기를 지닌다는 것은 무엇이며, 승가지僧伽胝와 옷과 식기[鉢]를 지니고 바르게 알고 머무른다는 것은 무엇인가? '큰 옷'[大衣]은 육십 조각[條]이나 아홉 조각[條] 등이 있는데, '두 겹 바느질'[兩重刺]하여 승가지僧伽胝라고 한다. 옷을 받아쓰면서 바르게 간수[將護]함을 지닌다고 한다. 또 '가운데 옷'[中衣]이나 '아래 옷'[下衣]이 있는데, 지녀 옷으로 삼기도 하고, '여벌 옷'[長衣]으로 소유하기도 하고, 깨끗이 해야 할 옷이 있고, 이미 깨끗이 한 옷이 있다. 이 모든 것을 옷이라고 하며, 옷을 받아쓰면서 바르게 간수[將護]함을 지닌다고 한다.

(음식을) 받아 지닐만한 쇠(로 된 것이)나 도기[瓦](로 된) 걸식하기에

알맞은 그릇을 식기[鉢]라고 하는데, 때맞추어 채워 받아쓰고 간수함을 지닌다고 한다.

이와 같은 승가지나 옷이나 식기의 자상自相을 분명하게 바르게 알고, 지녀야 할 승가지나 옷이나 식기가 깨끗한지 깨끗하지 않은지를 분명하게 바르게 알며, 이 때 승가지나 옷이나 식기를 이미 지니고 있는지 아니면 지녀야 할지에 대해 분명하게 바르게 알고, 이와 같은 승가지나 옷이나 식기를 이와 같이 지녀야 할지에 대해 분명하게 바르게 아는 것을 정지正知한다고 한다.

그는 이 '바르게 앎'[正知]을 성취함으로 말미암아 지녀야 할 승가지나 옷이나 식기를 스스로가 알고 지니고, 지녀야 할 것과 지녀야 할 시각에 바르게 지니며, 지녀야 할 것 그대로 지닌다. 이를 승가지僧伽胝와 옷과 식기[鉢]를 지니고 바르게 알고 머무른다고 한다.

먹거나 마시거나 씹거나[噉] 맛보거나[嘗] '바르게 알고'[正知] 머무는 경우에 먹는다는 것은 무엇이고, 마신다는 것은 무엇이고, 씹는다는 것은 무엇이고, 맛본다는 것은 무엇이며, 먹거나 마시거나 씹거나[噉] 맛보거나[嘗] 바르게 알고 머무른다는 것은 무엇인가? 모든 받아쓰는 음식을 아울러 먹는다고 한다. 이는 다시 두 가지가 있다. 첫째, 씹는 것, 둘째, 맛보는 것이다.

무엇이 씹는 것인가? 떡[餠], 보릿가루[麨]나 밥이나 죽[糜]이나 국이나 고깃국[臛]을 씹고, 또는 그 외 만들어 (형태나 성분을) 변화시켜 씹을 수 있고 먹을 수 있는 것으로 생명을 유지한다. 이와 같은 종류를 모두 씹는 것이라고 하고 먹는 것이라고 한다.

무엇이 맛보는 것인가? 발효유[乳酪], '(생균을 함유한) 버터'[生酥:

kūrcikā: 버터와 치즈가 혼합된 상태], 크림치즈[熟酥: kūrcikā-vikṛti: 생소生酥를 숙성시킨 것], 기름, 꿀, 사탕, 생선, 식초, 젓갈[鮓]을 맛보는 것이며, 또한 싱싱한 과일이나 여러 가지 씹는 종류가 있다. 이와 같은 모두를 아울러 맛보는 것이라고 하고 먹는 것이라고 한다.

무엇이 마시는 것인가? 사탕물[沙糖汁]이나 석청물[石蜜汁]이나 숭늉[飯漿飮]이나 연유음료[鑽酪飮]나 식초물[酢爲飮]이나 평낙음료[抨酪飮] 내지 물까지 모두 마시는 것이라고 한다.

이와 같은 먹는 것이나 마시는 것이나 씹는 것이나 맛보는 것의 자상自相을 분명하게 바르게 알고, 모든 먹을 것, 마실 것, 씹을 것, 맛볼 것에 대해 분명하게 바르게 알며, 그때에는 먹어야 함, 마셔야 함, 씹어야 함, 맛봐야 함에 대해 분명하게 바르게 알고, 먹어야 하는 그대로, 마셔야 하는 그대로, 씹어야 하는 그대로, 맛봐야 하는 그대로 분명하게 바르게 아는 것을 정지正知한다고 한다.

그는 이 '바르게 앎'[正知]을 성취함으로 말미암아 자기의 먹을 것, 마실 것, 씹을 것, 맛볼 것에 대해 스스로가 알고 먹고, 스스로가 알고 마시며, 스스로가 알고 씹고, 스스로가 알고 맛본다. 먹을 것과 마실 것과 씹을 것과 맛볼 것에 대해 바르게 먹고, 바르게 마시고, 바르게 씹고, 바르게 맛본다. 알맞은 시각에 먹고, 알맞은 시각에 마시며, 알맞은 시각에 씹고, 알맞은 시각에 맛본다. 먹어야 하는 그대로 내지는 맛봐야 하는 그대로 먹고 내지는 맛본다. 이를 먹거나 마시거나 씹거나 맛보거나 바르게 알고 머무른다고 한다.

(2) 머무를 때 바르게 앎

걷거나 멈추거나 내지는 '피로해서 잠듦을 해소하는 것'[解勞睡]에 대해 '바르게 알고'[正知] 머무르는 경우에 걷는 것은 무엇이고, 멈추는 것은 무엇이고, 앉는 것은 무엇이고, 눕는다는 것은 무엇이며, '잠에서 깨난 것'[覺寤]은 무엇이며, 말하는 것은 무엇이고, 침묵[默]한다는 것은 무엇이며, '피로해서 잠듦을 해소한다'[解於勞睡]는 것은 무엇이며, 걷거나 멈추거나 내지는 '피로해서 잠듦을 해소하는 것'[解勞睡]에 대해 바르게 알고 머무른다는 것은 무엇인가?

어떤 이가 '걷기 하는 곳'[經行處]에서 오가며 걷기도 하고, 교법을 함께 하는 이를 찾아뵙기도 하고, 길을 지나기도 한다. 이런 종류를 걷는다고 한다.

어떤 이가 걷기 하는 곳에 멈추어 있거나, 여러 교법을 함께하는 아차리야(阿遮利耶: ācārya: 궤범사[30]), 오파타야(鄔波拕耶: upādhyāya: 화상[31]) 및 여러 웃어른, 웃어른과 동등한 이 앞에 멈추어 있다. 이런 종류를 멈추어 있다고 한다.

어떤 이가 '큰 침상'[大床]이나 '작은 노끈 침상'[小繩床]이나 '풀 자리'[草葉座]나 여러 '펼치는 도구'[敷具]나 방석[尼師檀: nisīdana[32]]에 책상다리로 앉아 단정한 몸으로 바른 바람을 하고 '(생사를) 등지는 생각'[背念]에 편안히 머무른다. 이런 종류를 앉는다고 한다.

머무는 곳 밖으로 나가 발을 씻고, 머무는 곳으로 되돌아와 큰 침상이나 작은 노끈 침상이나 풀자리나 아란야(阿練若: araṇya: 적정처寂靜處)나

---

30) 본 역주본 제1권, pp.88-89, 각주 102) 참조.
31) 본 역주본 제1권, p.89, 각주 103) 참조.
32) 유가론기 제6권상(대정장 40. p.437a23-25): 혜경惠景논사에 의하면 니사단니사단尼師壇이란 앉는 도구이다. 커다란 모직물이 얼룩질까봐 별도로 한 장의 모직물을 그 위에 얌전하게 펼치고 눕는 것을 '펼치는 도구'[敷具]라고 한다. 　　景云。尼師壇者是坐具。恐污大氈。別安一氈布上而臥。名爲敷具。

나무 아래나 빈 곳에서 오른쪽으로 움츠리고[脇] 누워 그 발을 포갠다. 이 같은 종류를 눕는다고 한다.

어떤 이가 낮에 걷고, 고요하게 앉아 '장애를 따르는 존재'[順障法]로부터 그 마음을 깨끗하게 수행하고, 초저녁과 늦은 밤에 걷고, 고요하게 앉아 '장애를 따르는 존재'[順障法]로부터 그 마음을 깨끗하게 수행하는 것을 '잠에서 깨난 것'[覺寤]이라고 한다.

어떤 이가 항상 부지런히 이와 같이 잠에서 깨는 것을 수행하고, 아직 받아들이지 못한 교법, 이를테면 계경(契經: sūtra: 부처님 말씀), 응송(應頌: geya), 기별(記別: vyakarana) 등 앞서 자세히 설명한 것을 바르게 받아들이고 바르게 익혀 궁극을 이룬다. 곧 이미 받아들인 교법에 대해 말을 잘 통하는데 이를테면 큰 음성으로 읽고 외거나, 남을 위해 자세히 설명하여 보여주고, 때때로 여러 범행梵行을 함께하는 지혜로운 이들과, 아니면 가정에 머무르는 여러 현명하고 선한 이들과 대화하고 의논하며 서로 경하하고 위로하며 권하고 격려하려 하고 살림살이를 추구한다. 이 같은 종류를 말한다고 한다.

어떤 이가 앞서 들은 바에 따라, 앞서 익힌 바에 따라 궁극의 제법諸法에 대해 말로 잘 통하고, 빈 곳에 혼자 머무르며 그 의미를 사유하고 헤아려 잘 살핀다. 어떤 경우에는 고요한 방에 머무르며 마음이 고르게 머물게 하고, 편안하게 머물게 하고, 가까이 머물게 하여 굴복시켜 고요하고 가장 고요하여 한 곳으로 나아가 등지(等持: 삼마지三摩地: samādhi: 정신집중)를 한다. 어떤 경우에는 그 비발사나毘鉢舍那에서 유가행瑜伽行을 한다. 이 같은 종류를 침묵한다고 한다.

어떤 이가 열기로 아주 더울 때나 더위에 시달리거나 애를 써서 피곤해져 잠에 집착하는 것을 피로해서 잠든다고 한다. 걷거나 내지는 '피로해서 잠듦을 해소하는 것'[解勞睡]에 대해 자상自相을 분명하게 바르게 알고, 걷기 해야 할 때 내지는 피로해서 잠듦을 해소해야 할 때에 대해 분명하게 바르게 아는데, 이처럼 걷기 할 때 내지는 피로해서 잠듦을 해소할 때에 대해 분명하게 바르게 아는 것을 정지正知한다고 한다.

그는 이러한 '바르게 앎'[正知]을 성취하기 때문에 그 스스로 걷는 것 내지는 그 스스로 피로해서 삼誩에 대해 바르게 알고 걷고, 나아가 바르게 알고 피로해서 잠듦을 해소한다. 걷기 해야 하거나 내지는 피로해서 잠듦을 해소해야 하면, 그가 걷고 내지는 그가 피로해서 잠듦을 해소한다. 만일 걸어야 할 때 내지는 피로해서 잠듦을 해소해야 할 때면, 이때 걷고 내지는 이때 피로해서 잠듦을 해소한다. 걸어야 하는 대로 내지는 피로해서 잠듦을 해소해야 하는 대로 걷고 내지는 피로해서 잠듦을 해소하면, 걷거나 멈추거나 앉거나 눕거나 깨어나 있거나 말하거나 침묵하거나 피로해서 잠듦을 해소하거나 바르게 알고 머무른다고 한다.

(3) 바르게 알고 머무는 일들

다음과 같이 바르게 알고 머무는데 어떤 차례로 어떤 일이 드러나는가? 예를 들어 어떤 이가 다음과 같은 마을[村邑], 취락(聚落: 마을이 모여 있는 것), 정자[亭: 벽 없이 기둥으로 지붕을 지탱하는 건물], 나(邏: 벽으로 기둥 사이사이를 막은 건물)에 머무르며, 다음과 같이 사유한다.

"내가 이제 이와 같은 마을[村邑], 취락聚落, 정자[亭], 나邏에 가서 돌아다니며 걸식해야겠다. 이 같은 걸식을 하고 나서 본래 처소로 돌아가야겠다. 또한 이와 같은 마을 등등의 안에 어떤 집에는 내가 가지 말아야지. 어떤 집이냐면 예를 들어 창령가(唱令家: 양을 도살하는 집), 술집

[酤酒家], '기녀의 집'[婬女家], 국왕가國王家, 전다라(旃荼羅: caṇḍāla: 도살업자)와 갈치나(羯恥那: khaṭṭika: 도살업자, 형벌집행자)의 집이다. 또한 한결같이 비난하여 되돌릴 수 없는 집이다.

어떤 집은 내가 가야하는 집이다. 예를 들자면 찰제리刹帝利 큰 가문의 집, 바라문婆羅門 큰 가문의 집, 여러 거사居士 큰 가문의 집, '관리의 집'[僚佐家], 재산이 많은 집, 장자長者의 집, '상단 책임자의 집'[商主家]이다.

어떤 집은 내 비록 가야는 하지만 너무 이르거나 늦게 가서는 안되겠다. 시주의 집에 바쁜 일이 있을 때에 가서는 안되겠다. 즐거운 일이 있거나 집을 짓고 단장할 때나 세상의 지저분한 짓을 벌이고 있을 때나 다투고 있을 때에 가서는 안 되겠다.

갈 데로 가야하지만 난폭한 코끼리와 함께 가지는 말아야겠고, 난폭한 수레들, 사나운 말, 사나운 소, 사나운 개와 함께 가지는 말아야겠다. 시끄럽고 번잡한 데 들어서는 안 되겠고, 가시나무를 밟아서도 안 되겠고, 울타리를 넘어서도 안 되겠고, 웅덩이를 뛰어넘어서도 안 되겠고, 언덕배기에서 떨어져도 안 되겠고, 깊은 물에 빠져서도 안 되겠고, 대소변을 밟아서도 안 되겠고, '달의 비유'[月喩][33]에 따라 시주의 집에 가야겠다. 부끄러움[慚愧]을 갖추고 '지나치게 자부함'[憍傲]을 멀리하여 몸과 마음을 씻어내, 이익 보는 것을 추구하거나 공경을 바라지 않는다. 자기가 얻은 '이익 보는 것'[利養]이 마음에 기쁨을 생기게 하는 것처럼 남이 얻은 이익 보는 것에도 마음이 기뻐한다. 자기를 높이지[高擧] 않고 남을 업신여기지 않으며 마음에 불쌍히 여김을 품는다.

다음과 같이 스스로 마음을 유지하고 시주의 집으로 가야한다. 어찌

---

[33] 이 책 p.107, 각주 23) 참조.

출가한 이가 남의 집에 가서 남이 보시하기를 바라도 자애롭게 보시하지 않는 경우가 없겠으며, 내지는 빨리 나오기를 바라도 느즈러진 경우가 없겠는가."

아울러 마음먹기를, "내 이제 다시 시주의 집으로 가서 보시 받은 물건에 대해 한도를 알아야겠다. 또한 나는 이익 보려고 속이거나, 거짓말하거나, 현혹시키는 어지러운 모습을 보이거나, '이자 놀이를 하지'[以利求利] 말아야겠다. 이익 보는 것을 얻고 나서도 물들거나 애착하지 말아야겠다. 또한 좋아서[耽嗜] '몹시 탐내고'[饕餮]³⁴⁾ 혼미해져[迷悶] 굳게 집착하고 '푹 빠지게 집착하며'[湎著] 받아쓰지 말아야겠다."라고 한다.

아울러 이미 갔거나 바로 가고 있을 때 여러 모습을 살펴보게 되는데, 이 여러 모습 가운데 일부는 살펴야 하고, 일부는 살피지 말아야 한다. 살피지 말아야 할 여러 모습에 대해서는 눈을 다잡아 모든 근根을 잘 보호해야 하며, 살펴야 할 여러 모습에 대해서는 생각을 잘 머물게 해 바르게 자세히 살펴야 한다.

'모습 종류'[色類]의 어떤 모습을 살피지 말아야 하는가? 이를테면 여러 가지 노래와 음악, 농지거리, 기쁘게 즐기는 것을 가리킨다. 또는 그 외 즐겁게 노는 것, 노래하고 춤추는 것, 음악 등의 일이다. 또는 이와 같은 것에다 뛰어나게 앳되고 한창인 예쁜 모습의 여자[母邑]이다. 또는 그 외 범행梵行을 무너뜨릴 수 있고, 범행梵行을 장애할 수 있고, 여러 가지 악하고 불선한 깊은 생각이 나타나 작용할 수 있게 하는 보이는 여러 모습

---

34) 유가론기 제2권하(대정장 42. p.356c24-25): 도철饕餮이란, 재물을 탐내는 것을 도饕라 하고 먹을 것을 탐내는 것을 철餮이라 한다.　　饕餮者。貪財爲饕。貪食爲餮。

이다. 이와 같은 모습 종류의 여러 모습은 살피지 말아야 한다.

　보이는 '모습 종류'[色類]의 어떤 모습을 살펴야 하는가? 이를테면 여러 늙어 쇠약하고 쓸모없게 되어 상기上氣한 이의 몸이 구부러져 지팡이에 기댄 것이다. 전상자[戰掉者]의 몸이나 중병의 고통에 시달리는 이의 몸이 다리가 붓고, 손이 붓고, 배가 붓고, 얼굴이 부은 데다 피부 빛깔은 시들어 '누런 종기'[黃瘡], 옴[癬], '전염성 피부질환'[癩]의 여러 괴로움에 짓눌려 모습이 지치고 짓물러 모든 근이 어둡고 무디어진 것이다. 또는 일찍 죽어 하루가 되거나, 이틀이 되거나, 칠일이 되어 까막까치[烏鵲], '주린 개'[餓狗], 수리[鵄鷲], 자칼[狐狼], 여우[野干] 등 여러 가지 포악한 동물의 먹잇감이 되고, 아니면 수명을 마친 뒤 높은 평상에 두고 휘장을 두르고 앞서거니 뒤서거니 많은 이가 슬퍼하거나 곡을 하며, 재와 흙으로 몸과 털에 뿌려 근심이 생기게 하고 괴로움이 생기게 하고 슬픔이 생기게 하고, 원망이 생기게 하고 걱정이 생기게 하고 번민이 생기게 한다. 이 같은 종류의 여러 가지 모습은 내가 자세히 살펴야 한다. 이 여러 가지 모습을 살피면 범행梵行을 따를 수 있고, 범행梵行과 함께 할 수 있고, 여러 선한 깊은 생각이 나타나 작용하게 할 수 있다.

　몸이나 팔이나 머리를 건들거리고 뛰어넘고 '뒷짐 지고'[携手] '허리를 재고'[叉腰] '어깨를 우쭐대며'[竦肩] 시주 집에 들어서지 않아야 한다. 허락하지 않은 자리에 쉽사리 앉아서는 안된다. 앉을 데를 세심하게 살피지 않고 앉지 말아야 한다. 온 몸을 멋대로 해서는 안되며 발을 곧추세워서는 안되며, 발끼리 엇갈려서도 안되며, 발 사이를 너무 좁히거나 넓히지 않고 단정하게 앉아야 한다.

　매듭[紐]이 열려서는 안 되고, 추녀[軒](처럼 끝이 올라가거나), 펼쳐져서도[磔] 안되며, 또한 걷어 올리지도[襃張] 말고 법복(法服: 법의法衣: 승복僧服)을 입는다. 입는 법의法衣는 모두 정돈이 되어 '코끼리 코'[象鼻][35] 같지도, 다라수(多羅樹:tāla)[36] 틈의 '늘어진 이삭'[房穗] 같지도, 용머리[龍首] 같지도, '콩 뭉치'[豆搏] 같지도 않게 법복法服을 입는다.

식기를 쥐고 음식에 미리 다가서지 말아야 하고, 식기를 쥐고 음식 앞에 있어서는 안되며, 지저분한 곳이나 '움푹하여 물 있는 곳'[坑澗處]이나 '둔덕신 곳'[崖岸處]에 식기를 놓아서는 안된다. 또한 음식을 차례로 받아써야 하고, 밥으로 국을 덮어서는 안되며, 국으로 밥을 덮어서도 안되고, 몹시 탐내며 여러 음식을 받아서도 안되며, 여러 음식을 불만스럽게 받아서는 안되고, 너무 크지도 작지도 않게 둥글게 뭉쳐 먹어야 되며, 손을 빨거나 식기를 핥아서는 안되고, 손이나 발을 떨면서 먹어서는 안되며, 이로 끊어 음식을 먹어서는 안된다.

시주의 집으로부터 머무는 곳으로 돌아와 밤낮으로 '남의 것이 아닌 자기의'[自別人] '걷기 하는 곳'[經行處]에 있으면서 왔다 갔다 걷기를

---

35) 유가론기 제6권상(대정장 42. p.437b5-9): 혜경惠景논사 등의 해석에 의하면 가사각이 내려 뜨려진 것을 '코끼리 코'[象鼻]와 같다고 한 것이다. 이는 도리어 옷을 걸치고 옷을 포개어 거꾸로 내려뜨려지지 않아 가지런하지 않게 솟아 위를 향한 것을 용머리[龍首]가 된다고 한 것이다. 또는 구부러진 섭이 팔뚝에 있는 것을 '콩 뭉치'[豆搏] 같다고 한 것이다. 또한 신태神泰논사의 해석에 의하면 다라수多羅樹 틈의 '늘어진 이삭'[房穗]이 나무 사이에 있는 것은 가사각이 옷에서 삐져 나와 모두 응하지 않는 것이다. 　景師等解。垂袈裟角名如象鼻。即此反搭衣疊衣不倒垂下則勞向上名為龍首。若屈攝在腕名如豆搏。泰師又解。多羅樹間房穗。在樹間。出袈裟角衣開出。皆不應。

36) 유가론기 제1권하(대정장 42. p.329b3-4): 다라수多羅樹는 종려나무[棕櫚樹]처럼 생겼는데 열매는 사발[鉢] 모양이다. 　多羅樹似棕櫚樹。果如鉢。

한다. 남의 곳이 아니거나, 내버려 두지 않은 곳이 아니거나, 마음대로 하지 못할 곳이 아니거나, 허락하지 않은 곳이 아니면 늘 걷기를 한다. 몸이 고생스럽지 않고, 몸이 피곤하지 않으며, 마음이 들뜨지 않고, (번뇌를) 굴복시킬 때 걷기를 익힌다.

선한 종류를 수행하기 위해, 잘 사유하기 위해 안으로 모든 근根을 다잡고, 마음을 밖으로 어지럽히지 않게 하며 걷기를 익힌다. 너무 빠르거나 조급하게 움직이지 않으며 또한 왔다 갔다 하는 일만 하지 않게 걷기를 익힌다. 때로는 나아가고 때로는 멈추며 걷기를 익히는데, 이와 같이 자기가 머무는 곳인 자기의 승원, 자기의 방, '남의 것이 아닌 자기의 곳'[自別人處], 승가에서 나누어 준 곳, (동시에) 남의 곳이 아닌 곳, 내버려 두지 않은 곳이 아닌 곳, 마음대로 하지 못할 곳이 아닌 곳이다.

걷기를 익히고서는 다시 큰 침상이나 작은 노끈 침상이나 풀자리나 방석이나 아란야[阿練若]나 나무 아래나 무덤 사이나 빈 방에서 책상다리로 앉아 단정한 몸으로 바른 바람을 하고 '(생사를) 등지는 생각'[背念]에 편안히 머물러 '고요하게 앉기'[宴坐]를 익힌다.

밤에는 교법에 맞게 자고 밤낮으로 모든 선한 종류를 수행하되 너무 급하지 말아야 한다. 이와 같이 앞서 설명한 것처럼 '광명의 생각'[光明想]에 머무르고, 정념正念하고, 정지正知하고, 사유하여 '생각을 떠올리며'[起想] 늦은 밤에는 빠르게 '잠에서 깨나야'[覺寤] 한다.

'말하고 논의하거나'[語論] 읽고 외우는 경우는 부지런히 힘씀[加行]을 부지런히 수행한다. (번뇌를) 끊는 것을 수행하기 위해 한가하게 머무르며 '고요하게 침묵한다'[宴默]. 교법을 사유할 때에는 세상을 따르는 책과 '꾸며대는 글자'[綺字], '꾸며대는 구절'[綺句], '꾸며대는 글'[綺飾文詞]은 의미 없는 것을 유도하여 신통神通, 등각等覺, '궁극적인 열반'[究竟涅槃]을 경험하지 못하게 하므로 멀리 해야 한다.

아울러 여래如來께서 설명하신 정법正法에서 '최고로 매우 깊은 것'[最極甚深][37], 그리고 '유사하게 매우 깊은'[相似甚深][38] 공성空性에 관련한 연성(緣性: 조건의 성질)과 모든 연기(緣起: 조건의 생김)를 따르며, 정중하고 쉴 새 없이 잘 다잡고 잘 받아들여 굳게 하고, 머무르게 하고, 잃지 않게 한다. 성행止行을 완성하기 위해 이익 보는 것과 공경과 명예[稱譽]를 위하지 않는다.

아울러 이 교법에 대해 말로 잘 통하고 지혜로 잘 살피며, 시끄러운 무리에 가까이해 버릇하는 것을 즐기지 않고, 번다한 일과 번다한 말을 즐기지 않는다. 때때로 정념正念에 편안히 머무르며, 여러 범행梵行을 함께하는 지혜로운 이와 말하고 논의하고 함께 서로 경하하고 위로하며, 묻기를 즐거워하고 모든 선한 것을 추구하고, 다투는 마음이 없으며, 말은 헤아려서 하고 이치에 맞고 정직하고 고요하다. 부지런히 남을 위해 정법正法을 밝혀 말하기를 즐겨 한다.

아울러 '고요하게 침묵하고'[宴默] 악하고 불선한 깊은 생각에 대해 깊이 생각하기를 즐거워 말아야 한다. 또한 이치에 맞지 않는 모든 교법에 대해 사유하는 것을 즐거워하지 않고, 자기가 경험한[證] 것에 대해 증상만增上慢을 떠나며, 적고 하찮은 종류의 경험에 대해서는 만족이 생기지

---

37) 유가론기 제6권상(대정장 42. p.437b15-16): 이중 진여법 영역이 '최고로 매우 깊은 것'[最極甚深]이다.   此中眞如法界最極甚深.
38) 유가론기 제6권상(대정장 42. p.437b16-17): 나머지 첫째 공空으로부터 모든 연기 인연법까지를 '유사하게 매우 깊은 것'[相似甚深]이라고 한다.   自餘一空及諸緣起因緣法名相似甚深.

않고, 위 단계의 경험에 대해서는 물러서지 않으며, 사유하지 말아야 할 것에 대해서는 잘 멀리하고, 때때로 지관止觀의 유가瑜伽를 수행하며, 끊는 것도 즐거워하고 익히는 것도 좋아하며 쉴 새 없이 수행하고 정중하게 수행한다.

아울러 뜨거워 아주 더운 때에는 용맹勇猛하게 격려하여 부지런히 정진精進하여 지어야 할 일 한 가지를 따르며 지으면 피곤하기 때문에 마침내 때가 아닌데도 졸음이 오는데, 이런 의미에서 잠시 자야 한다. (그러나) 졸음을 서둘러 제거한다고 하며 선한 종류를 오랫동안 줄여서도 안되며 선한 종류를 장애해서도 안된다. 잘 때에는 문을 닫아 걸기도 하고, 비구[苾芻]가 옆에서 지키게도 하며, 비나야毘奈耶의 은밀한 규칙으로서 옷으로 몸을 가리고 깊숙한[深隱] 곳에서 잠깐 잠으로써 여러 '피곤해서 오는 잠'[勞睡]을 모두 제거한다. 이와 같은 것을 '바르게 알고'[正知] 머무른다고 한다.

(4) 요점

앞뒤 차례로는 '실천에 의지하는 때'[依行時], '머무름에 의지하는 때'[依住時]를 가리킨다.

또한 전에는 듣지 못했던 선한 종류에 대해 마음에 힘씀을 일으켜 이치에 맞는 의도와 함께 작용하는 '훌륭한 지혜'[妙慧]를 정지正知라고 한다. 곧 이 정지正知는 실천할 때나 머무는 때 모두를 갖추어 줄지 않는다. 이와 같은 것을 '바르게 알고'[正知] 머무른다고 한다.

알아야 할 것은 이 가운데 가거나 오거나, 보거나[觀] 살펴보거나[瞻], (몸을) 구부리거나 펴거나, (비구의 세 가지 옷 가운데 하나인) 승가지(僧伽胝: saṃghāṭi)와 옷과 식기[鉢]를 지니거나, 먹거나 마시거나 씹거나

[嘾] 맛보거나[嘗] 바르게 알고 머무르는 것이다. 이 때문에 마을 등에서 교법에 맞게 실천할 때 '바르게 알고'[正知] 머무른다고 한다.

아울러 가거나 멈추거나 앉거나 눕거나 '잠에서 깨남'[覺寤]을 익히거나 말하거나 침묵하거나 '피로해서 잠듦을 해소하거나'[解勞睡] 바르게 알고 머무른다. 이 때문에 그 머무르는 곳에서 이치에 맞게 머무를 때 바르게 알고 머무른다고 한다. 이와 같이 이미 자세히 설명한 '바르게 알고'[正知] 머무르는 것을 알아야 한다.

아울러 이 가운데 무엇이 요점이라고 알아야 하는가? 실천할 때에 '다섯 가지 일'[五種業]이 있고, 머무를 때에 다섯 가지 일이 있으며, 실천할 때와 머무를 때에 바르게 알고 머무르는 네 가지 일이 있다. 이와 같은 것을 바르게 알고 머무른다고 한다.

요점이 무엇이냐면 실천할 때 다섯 가지 일이 있는 것이다. 첫째, 동작[身業], 둘째, '눈으로 보는 것'[眼業], 셋째, '사지의 움직임'[一切支節業], 넷째, '옷과 식기 운용법'[衣鉢業], 다섯째, '음식을 대하는 법'[飮食業]이다. 이와 같은 것을 실천할 때의 다섯 가지 일이라고 한다.

간다거나 온다고 말하는 것은 실천할 때의 동작[身業]을 보여주는 것이다. 본다[覲]거나 살펴본다[瞻]고 말하는 것은 실천할 때의 '눈으로 보는 것'[眼業]을 보여주는 것이다. 구부리거나 편다고 말하는 것은 실천할 때의 '사지의 움직임'[一切支節業]을 보여주는 것이다.

아울러 승가지(僧伽胝: saṁghāṭi)와 옷과 식기[鉢]를 지닌다고 말하는 것은 실천할 때의 '옷과 식기 운용법'[衣鉢業]을 보여주는 것이다. 먹거나 마시거나 씹거나[嘾] 맛본다[嘗]고 말하는 것은 실천할 때의 '음식을 대하는 법'[飮食業]을 보여주는 것이다.

무엇이 머무를 때 다섯 가지 일인가? 첫째, 동작[身業], 둘째, 말[語業], 셋째, '마음먹는 것'[意業], 넷째, '낮의 일'[晝業], 다섯째, '밤의 일'[夜業]이다.

이를테면 간다거나 멈춘다거나 앉는다고 말하는 것은 머무를 때의 동작을 보여주는 것이다. 말한다고 말하는 것은 머무를 때의 말을 보여주는 것이다. 눕는다거나 침묵한다거나 '피로해서 잠듦을 해소한다'[解勞睡]고 말하는 것은 머무를 때의 마음먹는 것을 보여주는 것이다. '잠에서 깨남'[覺寤]을 익힌다고 말하는 것은 머무를 때의 낮의 일, 밤의 일, 동작, 말을 보여주는 것이다. 또한 눕는다고 말하는 것은 머무를 때의 밤의 일을 보여주는 것이다. 이와 같은 것을 머무를 때의 다섯 가지 일이라고 한다는 것을 알라.

무엇을 실천할 때와 머무를 때에 '바르게 알고'[正知] 머무르는 네 가지 일이라고 하는가? 처음의 저 '실천하는 일'[行業]과 '머무르는 일'[住業]에 의해 이와 같은 일을 일으키는 것을 가리킨다. 곧 저 일을 하며, 정념正念에 편안히 머무르고 '방종하지 않음'[不放逸]에 머무르는 것이다. 이 일은 정념正念에 속하고, '방종하지 않음'[不放逸]에 속한다는 것을 알라.

만일 이와 같은 일, 이와 같은 곳, 이와 같은 시각에 '헤아린 대로'[如量], '이치에 맞게'[如理], 그 종류에 맞게 지어야 할 것이라면 곧 이와 같은 일, 이와 같은 곳, 이와 같은 시각에 '헤아린 대로'[如量], '이치에 맞게'[如理], 그 종류에 맞게 '바르게 알고'[正知] 짓는다. 그는 이와 같이 바르게 알고 짓기 때문에 지금생[現法]에 죄가 없고, 어기는 것이 없으며, '잘못 짓는 것'[惡作]이 없고, 변함이 없으며, 후회[悔]가 없다. 내생[當來世]에도 죄가 없고, 몸이 붕괴하여 죽은 뒤에 '나쁜 세상'[惡趣]에 떨어지지 않으며, 어떤 나락[那落迦]에도 생겨나지 않고, 이루지 못한 것을 이루기 위해 식량

[資糧]을 쌓고 익힌다. 이와 같은 것을 바르게 알고 머무른다고 한다.

앞서 자세히 설명한 요점과 지금의 요점은 모두 다 '바르게 알고'[正知] 머무른다고 한다.

3.3.6 착한 벗의 성품善友性

(1) 여덟 가지 원인과 조건

무엇을 '착한 벗의 성품'[善友性]이라고 하는가? 여덟 가지 원인과 조건 때문인데, 모든 종류의 완성된 착한 벗의 성품을 알아야 한다. 무엇이 여덟 가지인가? 어떤 이가 '금지와 계'[禁戒]에 편안히 머무르고, 충분히 '많이 들었으며'[多聞], '경험한 바'[所證]가 있고, '불쌍히 여김'[哀愍]이 많은 성품이며, 마음에 진력냄[厭倦]이 없고, 잘 감당하며[堪忍], 두려움[怖畏]이 없고, 말이 완성[圓滿]되어 있다.

(첫째) 무엇을 '금지와 계'[禁戒]에 편안히 머무른다고 하는가? 구족계[具戒]에 편안히 머무르고 별해탈율의[別解律儀]를 잘 보호하는 것인데, 앞서 자세히 설명한 것과 같다. '사문의 본성'[沙門性]을 즐거워하고 '바라문의 본성'[婆羅門性]을 즐거워하며, 자기가 굴복[調伏]시킴을 위해, 자기가 고요하기[寂靜] 위해, 자기가 열반하기 위해 정행正行을 수행한다. 이와 같은 것을 '금지와 계'[禁戒]에 편안히 머무른다고 한다.

(둘째) 무엇을 충분히 '많이 들었다'[多聞]고 하는가? 어떤 교법을 밝혀 말하고 보여 줄 때, 처음과 중간과 끝이 좋고 글자와 의미가 정묘하여 오직 완성되고 청정한 범행梵行일 뿐인, 이와 같은 종류의 많은 '훌륭한 교법'[妙法]을 잘 받아 지니고, 말이 잘 통하며, 뜻은 깊이 잘 생각하고 견해는 잘 통달한다. 이와 같은 것을 충분히 많이 들었다고 한다.

(셋째) 무엇을 '경험한 바'[所證]가 있다고 하는가? 이를테면 뛰어난

'무상하다는 생각'[無常想], '무상하니 괴롭다는 생각'[無常苦想], '괴로우니 나라고 할 만한 것이 없다는 생각'[苦無我想], '먹을 것을 염증내고 역겨워하는 생각'[厭逆食想], '모든 세상은 즐거울 수 없다는 생각'[一切世間不可樂想], '잘못이 있다는 생각'[有過患想], '(번뇌를) 끊는다는 생각'[斷想], '떠난다는 생각'[離想], '소멸한다는 생각'[滅想], '죽는다는 생각'[死想], '깨끗지 않다는 생각'[不淨想], '청어(青瘀: 시신의 피부가 푸릇하게 피가 맺힘)에 대한 생각'[青瘀想], '썩어 문드러진다는 생각'[膿爛想], '파괴된다는 생각'[破壞想], '부풀어 오른다는 생각'[膖脹想], '(짐승이나 벌레가) 먹는다는 생각'[噉食想], '피로 바른다는 생각'[血塗想], '흩어진다는 생각'[離散想], '뼈에 대한 생각'[骨鎖想], '공을 살펴본다는 생각'[觀察空想]을 경험하는[證得] 것이다.

아울러 (색계의) 최초정려最初靜慮, 제이정려第二靜慮, 제삼정려第三靜慮, 제사정려第四靜慮, (무색계의) 공무변처空無邊處, 식무변처識無邊處, 무소유처無所有處, 최후의 비상비비상처非想非非想處를 경험한다. 또한 자비희사(慈悲喜捨: 자애로움, 불쌍히 여김, 기뻐해 줌, 평정함)나 예류과(預流果: 성자의 흐름에 들어가는 수행결과)나 일래과(一來果: 욕계로 한 번 돌아오는 수행 결과)나 불환과(不還果: 욕계로 다시는 돌아오지 않는 수행 결과)나 신경통(神境通: 신족통神足通)이나 숙주통(宿住通: 숙명지통宿命智通)이나 천이통天耳通이나 사생통(死生通: 생사지통生死智通)이나 심차별통(心差別通: 타심통他心通)이나 아라한阿羅漢이 갖추는 팔해탈八解脫, 정려靜慮 등의 선정을 경험하여, 크게 감당할 능력이 있고, 큰 힘이 있어 남을 위해 '세 가지 신통 변화'[三神變][39]를

---

39) 유가론기 제6권하(대정장 42. p.438b21-25): '세 가지 신통 변화'[三神變]란 첫째는

잘 나타내어 가르치고 지도한다. '세 가지 신통 변화'[三神變]란 첫째 '신통력 신통 변화'[神力神變], 둘째 '기억했다가 말해주는 신통 변화'[記說神變], 셋째 '지도하여 이끄는 신통 변화'[敎導神變]이다. 이와 같은 것을 경험한 바가 있다고 한다.

(넷째) 무엇을 '불쌍히 여김을 성품으로 삼는다'[爲性哀愍]고 하는가? 항상 남이 불쌍하다고 여겨, 즐거이 '가치 있는 것'[義]을 주고, 즐거이 '이익되는 것'[利]을 주며, 즐거이 즐거움[樂]을 주고, 즐거이 '의지한다는 느낌'[猗觸]을 주고, 즐거이 안온함[安隱]을 준다. 이와 같은 것을 불쌍히 여김을 성품으로 삼는다고 한다.

(다섯째) 무엇을 마음에 진력냄[倦厭]이 없다고 하는가? 이를테면 잘 보여주고, 잘 가르쳐 주며, 잘 격려하고[讚勵], 잘 '경하하고 위로하며'[慶慰], '네 무리'[四衆]에 있어서 정법正法을 밝혀 말할 때에 피로함을 마다하지 않고 매우 부지런하고[翹勤] 게으름이 없이 완성하려 하며 즐거워함을 성품으로 삼아 정진한다. 이와 같은 것을 마음에 진력냄[厭倦]이 없다고 한다.

(여섯째) 무엇을 잘 감당한다[堪忍]고 하는가? 이를테면 욕[罵]을 해도 욕으로 갚지 않고, 분노해도[瞋] 분노로 갚지 않으며, 때려도 때리는 걸로

'신통력 신통 변화'[神力神變]로 즉 신통륜神通輪이다. 종종 전변하여 상대를 굴복시키는 것이다. 둘째는 '기억했다가 말해주는 신통 변화'[記說神變]로 즉 기심륜記心輪이다. 이는 타심통他心通이다. 셋째는 '지도하여 이끄는 신통 변화'[敎導神變]로 즉 설법륜說法輪이다. 이는 누진통漏盡通이다. 번뇌 끊음을 중생에게 가르치고 이끌어서 '번뇌 끊음'[漏盡]을 경험하게 한다. 　三神變。一神力神變者即是神通輪。種種轉變令他歸伏。二記說神變即記心輪。是他心通。記他人善惡心念。令其歸信。三教導神變即說法輪。是漏盡通。說已漏盡教導眾生令證漏盡。

갚지 않고, 비웃어도[弄] 비웃음으로 갚지 않으며, 몽둥이찜질[椎杵]도 참아내고, 여러 가지로 짓누르고[逼迫], 묶고[縛錄], 가두고[禁閉], 매질하고[捶打], 비난하고[毁辱], 협박하고[迫憎], 찍어대는[斫截] 온갖 괴로운 일 중에도 스스로 자기의 잘못을 헤아리고, '(이) 일의 결과'[業異熟]를 의지하고 나아갈 바로 삼아 끝내 남에게 분노[憤恚]를 발생시키지 않고, 원망하는 수면(隨眠: 잠재적인 번뇌)을 버리지 않음이 없다. 이와 같이 업신여김과 비난을 당해도 본성本性이 전혀 변함이 없이 다만 항상 남에게 이익[義利]되게 할 것만을 생각한다. 또한 추위와 더위, 굶주림, '모기와 등에'[蚊虻], 바람과 햇볕, 뱀과 전갈의 '독에 쏘임'[毒觸], (그리고) 남이 저지르는 참혹[磣毒]한 말, 몸 안에서 생기는 날카로운 괴로움, 심장을 가르고 수명을 앗아갈 듯한 괴로운 느낌을 감당하여, 감당함을 성품으로 삼아 받아들인다. 이와 같은 것을 잘 감당한다고 한다.

(일곱째) 무엇을 두려움[怖畏]이 없다고 하는가? 대중大衆 안에 있으면서 정법正法을 설명할 때, 마음에 겁이 없고 소리에 흔들림이 없으며, 말에 잘못이 없이 끝내 겁냄으로 인한 여러 두려움에 짓눌리지 않고, 겨드랑이에 땀이 흐르지 않으며, 몸의 털이 곤두서지 않는다. 이와 같은 것을 두려움이 없다고 한다.

(여덟째) 무엇을 말이 완성[圓滿]되었다고 하는가? 이를테면 최상의 말과 아주 아름답고 훌륭한 말, 매우 분명한 말, 쉽게 이해할 수 있는 말, 즐겨 듣고 싶은 말, 거슬리지 않는 말, '의지할 데를 (추구하지) 않는 말'[無所依語],[40] 한계가 없는 말을 성취하는 것이다. 이와 같은 것을 말이 완성되어

---

40) 유가론기 제6권하(대정장 42. p.438b28-29): 무소의어無所依語란 명성과 이익 등의 일을 욕심내어 구하면서 말로 교법[法]을 설명하지 않는 것을 '의지할 데를

말씨[言詞]가 정교하고 훌륭하다고 한다.

(2) 착한 벗의 다섯 가지 공덕

이와 같은 여덟 가지 원인과 조건을 (착한 벗은) 잘 '낱낱이 예를 들어 고치도록 말하고'[諫擧], 잘 기억나도록 하고, 잘 가르치고[教授], 잘 지도하고[教誡], 정법正法을 잘 설명한다.

(첫째) 무엇을 잘 '낱낱이 예를 들어 고치도록 말한다'[諫擧]고 하는가? 만일 어떤 이가 '뛰어난 계'[增上戒]에 있어 시라尸羅를 어기고, '뛰어난 규칙'[增上軌]에 있어서 규칙[軌則]을 어기면, 보고 듣고 의심으로 말미암아 바르게 진실眞實을 '낱낱이 예를 들어 고치도록 말하지'[諫擧] '이치에 맞지 않게'[虛妄] 하지 않는다. 때에 맞추어 하지 때가 아니면 하지 않는다. '이익을 주려고'[饒益] 하지 줄어들게[衰損] 하려고 하지 않는다. 부드러운 (말)로 하지 '거칠고 사나운'[麁獷](말)로 하지 않는다. '선한 벗'[善友]으로서 하지 '미움과 질투'[憎嫉]로서 하지 않는다. 이와 같은 것을 잘 낱낱이 예를 들어 고치도록 말한다고 한다.

(둘째) 무엇을 잘 기억나도록 한다고 하는가? 그전에 '어긴 죄'[犯罪]이거나, 교법[法]이거나, 의미[義]를 기억나게 하는 것이다.

무엇이 그전에 '어긴 죄'[犯罪]를 기억나게 하는 것인가? 만일 어떤 이가 그전에 어기고도 기억하지 못 한다면, 좋은 방법으로 기억나게 하면서 이르기를, "장로長老는 일찍이 아무 곳, 아무 일, 아무 때에 이러하고 저러하게 '보이는 것'[色類]으로 어겼소."라고 하는 것이다. 이와 같은 것을 그전에 어긴 죄를 기억나게 하는 것이라고 한다.

(추구하지) 않는 말'[無所依語]이라고 한다. 無所依語者。不為規求名利等事發語說法。名無所依語。

무엇이 교법[法]을 기억나게 하는 것인가? 만일 어떤 이가 그전에 듣고 받아들인 정법正法을 혼자 머무르며 '생각하고 유념하되'[思念], 예를 들자면 계경(契經: 경經: 소달람素怛纜: sūtra), 응송(應頌: 기야祇夜: geya), 기별(記別: 수기授記: 화가라나和伽羅那: vyakarana) 등 자세한 설명은 앞서와 같은데, 그가 기억하지 못 하면 기억나게 한다. 아니면 다시 '자세히 진술해'[稱述] 주어 기억나게 하기도 하고, 묻고 비난하여 기억나게 한다. 이와 같은 것을 교법[法]을 기억나게 하는 것이라고 한다.

무엇이 의미[義]를 기억나게 하는 것인가? 만일 어떤 이가 그전에 듣고 받아들인 '바른 의미'[正義]를 잊어 버렸다면, 기억나게 하려고 (다시금) 밝혀 말하고 보여 줘서 (기억이) 새로이 나타나게 한다. 또한 '이익 되는 것'[義利]을 잘 유도하고, 범행梵行을 잘 유도하는 것이어서 오랫동안 짓고, 오랫동안 설명한 것을 그가 잊어 버렸다면 기억나게 한다. 이와 같은 것을 (의미에 대해) 잘 기억나게 하는 것이라고 한다.

(셋째) 무엇을 잘 가르쳐준다[教授]고 하는가? '멀리하여 고요한 유가를 의도하는 지관'[遠離寂靜瑜伽作意止觀]에 대해 때때로 따르며 가르치고 전개하며, 때때로 그에 관련한 전도되지 않은 언론(言論: 말로 하는 이론)을 밝혀 말한다. 이른바 '마음이 장애로부터 떠남'[心離障蓋]으로 나아가는 매우 애호할 만한 시라(尸羅: 계戒)의 언론, 등지(等持: 삼마지)의 언론, '성스러운 지혜'[聖慧]의 언론, 해탈解脫의 언론, 해탈解脫한 지견智見의 언론, '욕망이 적음'[少欲]의 언론, '기뻐 만족함'[喜足]의 언론, '(번뇌를) 영원히 끊음'[永斷]의 언론, '욕망으로부터 떠남'[離欲]의 언론, 고요함[寂滅]의 언론, 줄어듦[損減]의 언론, '물들지 않음'[無雜]의 언론, 연성(緣性: 조건의 본성)과 연기(緣起: 조건의 일어남)의 언론 등이다. 이와 같은

것을 잘 가르쳐준다고 한다.

(넷째) 무엇을 잘 지도한다[教誡]고 하는가? '큰 스승'[大師]께서 말씀하신 '성스러운 가르침'[聖教]에 대해 정법正法으로, 비나야毘奈耶로 평등하게 지도하는 것이다. 또는 궤범사軌範師나, 친교사親教師나, '교법을 같이하는 이'[同法者]나 그 외 '존경할 만한 이'[尊重者]나 존경할 만한 이와 동등한 이'[等尊重者]가 어떤 곳에서 그가 어겼음[違越毀犯]을 사실대로 알게 됨에 따라 때때로 교법에 맞게 꾸짖고[呵責], '벌로 다스리고'[治罰], 내쫓아[驅擯] 그가 굴복하게[調伏] 하고, 굴복한 뒤에는 교법에 맞추어 평등하게 모든 '이익 보는 것'[利養]을 주고 '다시 함께'[和同] 타이르고 깨우쳐 주며'[曉悟] 거두어 준다. 지어야 할 것과 짓지 말아야 할 것은 실천[現行]하거나 실천하지 말아야 하므로, '버릇 들이거나'[積習] 버릇 들이지 말 것을 '가르쳐 이끌고'[教導] 지도한다. 이와 같은 것을 잘 지도한다고 한다.

(다섯째) 무엇을 정법正法을 잘 설명한다고 하는가? 때때로 처음에 지었던 전도되지 않은 언론言論을 잘 밝혀 말하는 것이다. 예를 들어 보시[施]에 관한 언론, 계戒에 관한 언론, '천계에 태어남'[生天]에 관한 언론이다. 모든 욕망에 관해서 잘못[過患], 벗어남[出離], '청정한 종류'[淸淨品]의 존재를 널리 보여준다. 또한 때때로 '빼어나게 뛰어난'[超勝] 사성제四聖諦에 관련한 언론言論을 밝혀 말한다. 이른바 '괴로움에 관한 언론'[苦論], '괴로움의 원인에 관한 언론'[集論], '괴로움의 소멸에 관한 언론'[滅論], '괴로움을 소멸시키는 방도에 관한 언론'[道論]이다.

모든 유정이 성숙成熟을 이루게 하려고, 모든 유정이 청정淸淨을 이루게 하려고, 정법正法이 오래 머무르게 하려고, 관련[相應]하고, 보조[助伴]하며,

따르고[隨順], 맑디맑으며[淸亮], 유용有用하고, 부합되며[相稱], '서로 따르는'[應順] 이름들[名身], 구절들[句身], 글자들[文身]이 있는 언론 言論을 밝혀 말한다.

아울러 이 언론은 때에 맞추어 하되, 점점 지속적으로 갖춰 그가 기뻐하게[欣慶] 하고, 그가 '사랑스럽고 즐거워하게'[愛樂] 하며, 그가 '몹시 기뻐하게'[歡喜] 하고, 그가 용감하게[勇悍] 하며, 꾸짖는 일 없이 맞추어 돕되, 어지러움 없이 교법에 맞게 대중의 모임에 '부합하여 따른다'[稱順]. '자애로운 마음'[慈愍心]이 있고, '이익(을 주려는) 마음'[利益心]이 있으며, '불쌍히 여기는 마음'[哀愍心]이 있되, '이익 보는 것'[利養]이나 공경恭敬이나, 칭송[讚頌]에 의지하지 않고, 자기를 높이지 않으며, 남을 업신여기지 않는다. 이와 같은 것을 정법正法을 잘 설명한다고 한다.

그는 이와 같이 ('금지와 계'[禁戒]에 편안히 머무르는 등 '착한 벗의 성품'[善友性]의) 여덟 가지 세목을 성취하기 때문에, 잘 '낱낱이 예를 들어 고치도록 말하고'[諫擧], 잘 기억나도록 하고, 잘 가르쳐주고[教授], 잘 지도하고[教誡], 정법正法을 잘 설명한다. 그러므로 그를 '착한 벗'[善友]이라고 한다. 지금까지 '착한 벗의 성품'[善友性]에 대해 자세하게 말하였다.

(3) 요점

이 가운데의 요점[略義]을 무엇이라고 알아야하는가? '착한 벗'[善友]은 마음이 아주 자상하여[稠密] '불쌍히 여김'[哀愍]을 성품으로 삼아, 우선 그에게 즐거이 이익利益이 되게 하고, 즐거이 안락安樂하게 한다. 또한 이러한 이익과 안락에서 사실대로 분명하게 알고 전도됨이 없이 '전도된 견해'[顚倒見]를 떠나게 한다. 또한 이러한 이익과 안락에 대해 큰 힘과 '정교한 방법'[方便善巧]이 있어 (그가 이익과 안락을) 잘 쌓고 '직접적으로 유도하게'[引發] 한다. 또한 이러한 이익과 안락에 대해 매우 부지런하고 게으름이 없이 완성함[圓滿]이 생기게 하고, 아주 즐거이 정진[勤精進]을 발생시킨다. 이 네 가지 원인과 조건 때문에 모든 것을 다 간략히 하여 '착한 지식(을 가진 이)의 성품'[善知識性]을 완성한다는 것을 알라. 이와 같은 것을 '착한 벗의 성품'[善友性]의 요점이라고 한다. 앞서 자세히 설명한 의미와 여기에서 설명한 요점을 모두 다하여 '착한 벗의 성품'[善友性]이라고 한다.

3.3.7 정법을 듣고 생각함聞思正法

(1) 정법正法

무엇이 정법正法을 '듣고 생각함'[聞思]인가? 정법正法이란 부처님 세존世尊이나 부처님 제자, '바른 이'[正士], '바르게 이른 (이)'[正至], '바르고 선한 사내'[正善丈夫][41]가 밝혀 말하고, 나타내고[開顯], 구별하고[分別], 비춰주신[照了] 것이다. 이는 다시 무엇을 말하는 것인가? 계경(契經: 경經: 소달람素怛纜: sūtra), 응송(應頌: 기야祇夜: geya), 기별(記別: 수기授記: 화가라나和伽羅那: vyakarana) 등 앞서 자세히 설명한 것과 같은데, 십이분교(十二分教: 열두 가지 가르침)를 바로 정법正法이라고한다.

무엇을 계경(契經: 경經: 소달람素怛纜: sūtra)이라고 하는가? 박가범薄伽梵께서 이곳저곳에서 이런저런 교화할 유정을 위해 이런저런 교화할 '모든 변천하는 존재'[諸行]의 구별에 의해, 무수한 오온[蘊]과 관련한 말씀,

---

41) 유가론기 제6권하(대정장 42. p.439a21-22): '바른 이'[正士]란 사향四向을 말한다. '바르게 이른 이'[正至]는 사과四果를 말한다. 부처 및 제자를 아울러서 '바르고 선한 사내'[正善丈夫]라고 한다.　　正士謂四向正至謂四果佛及弟子總名正善丈夫也。

십이처[處]와 관련한 말씀, 십이연기[緣起]와 관련한 말씀, '네 가지 먹는 것'[食]과 관련한 말씀, 사성제[諦]와 관련한 말씀, 십팔계[界]와 관련한 말씀, 성문승聲聞乘과 관련한 말씀, 독각승獨覺乘과 관련한 말씀, 여래승如來乘과 관련한 말씀, 사념주[念住], 사정단[正斷], 사신족[神足], 오근[根], 오력[力], 칠각지[覺支], '여덟 방도의 세목'[道支: 팔정도八正道] 등 (서른일곱 '깨달음의 부분을 이루는 수행법'[菩提分法]과) 관련한 말씀, '깨끗지 못하다고 (살피기)'[不淨][42], '호흡에 유념하기'[(出入)息念], '모든 배움'[諸學], '네 가지 청정함을 경험함'[證淨] 등과 관련한 말씀을 밝혀 말씀하셨다. 여래如來의 정법正法의 장(藏: pitaka: 모음집)을 결집(結集: saṁgīti: 합송)한 이가 이와 같은 여러 가지 '부처님 말씀'[聖語]을 모아서 '성스러운 가르침'[聖敎]이 세상에 오래 머무르게 하려고 여러 아름답고 훌륭한 이름들[名身], 구절들[句身], 글자들[文身]로 알맞은 차례로 나열하고, 차례대로 정리[結集]하였다. 여러 가지 이익[義利]을 유도하고, 범행梵行을 유도하는 '진실하고 선한 훌륭한 의미'[眞善妙義]를 (적은 패엽貝葉[43]을) 뚫고 꿰매 엮어 놓았다. 이를 계경契經이라고 한다.

  무엇이 응송(應頌: 중송重頌: 기야祇夜: geya)인가? (말씀하시는) 중간

---

42) 유가론기 제6권하(대정장 42. p.439a29-b1): 부정不淨이란 깨끗지 못하다고 살피는 것이다. 식념息念이란 '호흡에 유념하기'[(出入)息念]를 유지하는 것이다. 不淨者不淨觀。息念者持息念。

43) 패엽貝葉: 산스크리트어 패다라(貝多羅 pattra)는 잎사귀를 의미하는데, 패엽은 패다라의 '패'와 잎사귀를 의미하는 한자 '엽葉'이 동어 반복으로 합성된 말이다. 패엽은 다라수(多羅樹: tāla: Borassus flabellifer: tala palm)의 잎사귀를 의미한다. 이 잎사귀를 채취하여 일차로 잎맥을 제거하고 그늘에서 건조한 후, 다시 쌀과 우유를 갈아 섞은 물에 끓인 뒤 다시 건조한다. 그런 뒤 알맞은 크기 (대략 6cm-50cm 가량)로 잘라내어 경經의 내용을 적는 종이로 사용한다.

이나 마지막에 게송으로 밝혀 말씀하시어, 다시 '경에서 의미가 불분명한 부분'[未了義經]⁴⁴⁾을 밝혀 말씀하신 것이다. 이를 응송應頌이라고 한다.

무엇이 기별(記別: 수기授記: 화가라나和伽羅那: vyakarana)인가? 이 가운데에서는 제자가 수명을 마치고 난 후 내생[當生]의 일을 '분명하게 기록하거나'[記別], '경에서 의미가 분명한 부분'[已了義經]⁴⁵⁾을 밝혀 말씀하신 것이다. 이를 기별記別이라고 한다.

무엇이 풍송(諷誦: 가타伽陀: gatha)인가? 직접 설명하신 것이 아니고 '끝을 맺는 구절'[結句]로 설명하신 것이다. 두 구절이나, 세 구절이나, 네 구절이나, 다섯 구절이나, 여섯 구절 등으로 지으셨다. 이를 풍송諷頌이라고 한다.

무엇이 자설(自說: 우타나優陀那: udāna)인가? 이 가운데에서는 (따로) 질문한 보특가라補特伽羅의 이름이나 부족을 나타내지 않고 장차 정법正法이 오래 머물고 '성스러운 가르침'[聖教]이 오래 머물게 하려고 질문하지 않았는데도 설명하신 것이다. 이를 자설自說이라고 한다.

무엇이 인연(因緣: 연기緣起: 니타나尼陀那: nidāna)인가? 이 가운데에서는 질문한 보특가라補特伽羅의 이름과 부족을 보여주었는데, 질문을 해서 설명하신 것이다. 또한 여러 비나야毘奈耶에 관련한 원인[因]이 있고

---

44) 유가론기 제6권하(대정장 42. p.439b8-10): 현장삼장玄奘三藏에 의하면 부처님이 장행에서 간략히 말씀하신 미현未顯은 '의미가 불분명한 부분'[未了義]으로서 중간에 혹은 마지막에 게송[伽陀]으로 거듭 설명하여 명백히 알게 한 것이다. 그래서 다시 '경에서 의미가 불분명한 부분'[未了義經]을 거듭 밝혀 설명하셨다고 한 것이다.　　三藏云。佛於長行略說未顯名未了義。故於中間或於最後重說伽陀令顯了。故云或復宣說未了義經。
45) 유가론기 제6권하(대정장 42. p.439b16-17): 어떤 경우는 장행에서 따라 설명하신 어떤 법의 의미가 분명하다고 한 것도 또한 기별記別이라 한다.　　或復長行隨說何法義即顯了。亦名記別。

조건[緣]이 있는 『별해탈경別解脫經』이다. 이를 인연因緣이라고 한다.

무엇이 비유(譬喩: 아파다나阿波陀那: apadāna)인가? 이 가운데에서는 어떤 비유(譬喩: 견주어 가르쳐 줌)로 설명하는 것이다. 비유譬喩 때문에 본래의 의미가 분명해진다[明淨]. 이를 비유譬喩라고 한다.

무엇이 본사(本事: 여시어如是語: 이제왈다가伊帝曰多伽: itivṛttaka)[46]인가? (부처님이 지나온 아직 믿는 마음을 갖기 전의 일과 중생들의) 전생[宿世]에 관련한 여러 가지 일[事], (그) 의미[義], 말씀[言], (이에 대한) 가르침[敎]을 본사本事라고 한다.

무엇이 본생(本生: 담타가潭陀伽: jātaka)[47]인가? 이 가운데에서는 세존世尊께서 (믿는 마음을 가진 이후의) 전생[過去世]에 여기저기에서 죽기도 하고 태어나기도 하며 보살행菩薩行을 실천하고, '어려운 수행'[難行]을 실천하신 것을 밝혀 말씀하신 것이다. 이를 본생本生이라고 한다.

무엇이 방광(方廣: 방등方等: 비불약毘佛略: vaipulya)[48]인가? 이 가운데에서는 모든 보살도菩薩道를 자세히[廣] 설명하신 것인데, 아뇩다라삼먁삼보리(阿耨多羅三藐三菩提: 무상정지無上正智: 최고로 바른 지혜), 십력十

---

46) 유가론기 제6권하(대정장 42. p.439b27-29): 본사本事란 세존이 아직 믿는 마음을 일으키기 전의 겪은 일과 여러 중생의 전생의 일들을 두루 설명한 것을 본사라 한다.
本事者。通說世尊因地未發心前所經之事。及餘衆生宿世之事名爲本事。

47) 유가론기 제6권하(대정장 42. p.439b29-c1): 본생本生이란 세존이 처음 믿는 마음을 내어 (보살)행을 일으킨 이래로 죽기도 하고 태어나기도 하며 (보살)행을 하고 어려운 수행을 실천하는 등 겪으신 것을 말하여 본생이라 한다.
本生者。此說世尊因地從初發心起行已來所經死生行難行等。名本生。

48) 유가론기 제6권하(대정장 42. p.439c1-2): 방광方廣이란 일체 모든 보살 과정이 깨달음을 얻는 일을 설명한 것으로 방광이라 한다. 方廣者。唯說一切諸菩薩道得菩提事名方廣。

力, '두려움 없음'[無畏], '장애 없는 지혜'[無障智] 등의 모든 공덕功德을 '수행하고 경험하게'[修證] 하기 위한 것이다. 이를 방광方廣이라고 한다.

무엇이 희법(希法: 미증유법未曾有法: 아부타달마阿浮陀達摩: adbhuta dharma)인가? 이 가운데에서는 모든 부처님과 부처님 제자인 비구(比丘: bhikṣu), 비구니(比丘尼: bhikṣuṇī), 식차마나(式叉摩那: śikṣamāṇā: 정학正學), 노책남(勞策男: 사미沙彌: śrāmaṇera: 근책남勤策男), 노책녀(勞策女: 사미니沙彌尼: śrāmaṇerikā: 근책녀勤策女), 근사남(近事男: 우바새優婆塞: upāsaka), 근사녀(近事女: 우바이優婆夷: upāsikā) 등의 공통되거나 공통되지 않은, 다른 것보다 뛰어나거나 여러 세상에서보다 뛰어난, 동의하여 허락된 매우 기이하고 드물고[希有] 가장 뛰어난 공덕功德을 밝혀 말씀하셨다. 이를 희법希法이라고 한다.

무엇이 논의(論議: 우파제사優波提舍: upadeśa)인가? 모든 마달리가(摩呾履迦: mātṛkā: 논장論藏), 아비달마(阿毘達磨: abhidharma: 대법對法: 논론)를 가리킨다. 소달람(素呾纜: sūtra: 경장經藏)의 매우 깊은 의미를 연구하여 모든 계경契經의 요지[宗要]를 '후련하게 떨친'[宣暢] 것이다. 이를 논의論議라고 한다.

이와 같이 설명한 십이분교(十二分教: 열두 가지 가르침)은 삼장(三藏: 세 가지 모음집)에 속하는 것으로 소달람장(素呾纜藏: sūtra: 경장經藏)에 속하거나 비나야장(毘奈耶藏: vinaya: 율장律藏)에 속하거나 아비달마장(阿毘達磨藏: abhidharma: 논장論藏)에 속한다. 이 (열두 가지 가르침) 가운데 계경契經, 응송應頌, 기별記別, 풍송諷頌, 자설自說. 비유譬喩, 본사本事, 본생本生, 방광方廣, 희법希法을 설명한 것은 '소달람 모음집'[素呾纜藏]이라고 하고, 인연因緣을 설명한 것은 '비나야 모음집'[毘奈耶藏]이라고 하며,

논의論議를 설명한 것은 '아비달마 모음집'[阿毘達磨藏]이라고 한다. 그러므로 이와 같이 십이분교十二分敎는 삼장三藏에 속하는 것이다.

(2) 정법을 들음聞正法

이와 같이 모든 '바른 이'[正士], '바르게 이른 (이)'[正至], '바르고 선한 사내'[正善丈夫]가 공통적으로 밝혀 말했기 때문에 정법正法이라고 한다. 이를 듣기 때문에 정법正法을 듣는다고 한다. 이는 또 무엇인가? 이를테면 어떤 이가 소달람素怛纜을 받아 지니기도 하고, 어떤 경우는 비나야毘奈耶를 받아 지니기도 하고, 어떤 경우는 아비달마阿毘達磨를 받아 지니기도 하고, 어떤 경우는 소달람素怛纜과 비나야毘奈耶를 받아 지니기도 하고, 어떤 경우는 소달람素怛纜과 아비달마阿毘達磨를 받아 지니기도 하고, 어떤 경우는 비나야毘奈耶와 아비달마阿毘達磨를 받아 지니기도 하고, 어떤 경우는 소달람素怛纜과 비나야毘奈耶와 아비달마阿毘達磨를 갖추어 받아 지니기도 한다.

이와 같은 모든 것을 정법正法을 듣는 것이라고 한다. 이러한 정법正法을 듣는 것은 두 가지가 있다. 첫째, 그 글자[文]를 듣는 것이다. 둘째, 그 의미[義]를 듣는 것이다.

(3) 정법을 생각함思正法

무엇이 정법正法을 생각하는 것인가? 이를테면 어떤 이가 듣고 믿는 정법正法대로 '빈 곳'[空閑]에 혼자 머무르며 여섯 가지 '생각해서는 안되는 것'[不應思處]을 멀리하면서, 나[我]에 대한 생각, 유정[有情]에 대한 생각, 세상[世間]에 대한 생각, 유정의 업업에 대한 생각과 '결과인 이숙'[果異熟]에 대한 생각, 정려靜慮와 '정려의 영역'[靜慮境界]에 대한 생각, 모든 부처님과 부처님 영역에 관한 생각을 하는 것이다.

(이상의 것은 제외하고) 다만 제법諸法의 '고유한 모습'[自相]과 '공통된 모습'[共相] 만을 바르게 사유한다. 이와 같은 사유는 두 가지가 있다. 첫째, '숫자를 셈하는 작용'[算數行相]으로 하는 정교한 방법이니, 제법諸 法을 계산하는 것이다. 둘째, '추측하는 작용'[稱量行相]으로 하는 것인데 바른 이치에 의해 제법諸法의 '훌륭함과 잘못됨'[功德過失]을 자세히 살피는 것이다. 어떤 경우는 모든 온(蘊: 유위법)에 관련한 말씀의 가르침을 사유한다. 어떤 경우는 앞서 설명한 그 외 하나하나의 말씀의 가르침도 사유한다. 모두 이와 같은 두 가지 작용[行相]으로 말미암은 방법으로 사유한다.

이는 다시 무엇인가? ('숫자를 셈하는 작용'[算數行相]에서 우선) '보이는 것'[色]이란 곧 열 가지 '보이는 것'[色處]과 존재[法處]에 속한 '여러 보이는 것'[衆色]을 가리킨다. 이를 색온色蘊이라고 한다. 느낌[受]이란 곧 세 가지 느낌[受]이다. 이를 수온受蘊이라고 한다. 개념형성[想]이란 곧 여섯 가지 상신想身을 가리킨다. 이를 상온想蘊이라고 한다. (의지)작용[行]이란 곧 여섯 가지 사신思身 등이다. 이를 행온行蘊이라고 한다. (인)식[識]이란 여섯 가지 식신識身 등이다. 이를 식온識蘊이라고 한다. 이와 같은 것을 '숫자를 셈하는 작용'[算數行相]으로 모든 온蘊과 관련한 말씀의 가르침을 사유한다고 한다. 어떤 경우는 이 숫자를 셈하는 작용으로 각각의 사유를 점점 구별하기도 한다. 곧 무수한 구별이 있음을 알라.

무엇이 '추측하는 작용'[稱量行相]으로 하는 것으로서 바른 이치에 의해 제법諸法의 '훌륭함과 잘못됨'[功德過失]을 자세히 살피는 것인가? 네 가지 이치[道理]에 의해 전도됨이 없이 자세히 살피는 것을 가리킨다. 무엇이 네 가지인가? 첫째 '상대적인 이치'[觀待道理], 둘째 '작용하는 이치'[作用 道理], 셋째 '경험하여 완성하는 이치'[證成道理], 넷째 '존재는 으레 그렇다는 이치'[法爾道理]이다.

(그렇다면 첫째) 무엇이 '상대적인 이치'[觀待道理]인가? 간략히 설명하자면 두 가지 상대[觀待]가 있다. 첫째 '생길 때의 상대'[生起觀待], 둘째 '설명할 때의 상대'[施設觀待]이다. 생길 때의 상대란 여러 원인[因]과 여러 조건[緣]의 힘 때문에 모든 온蘊을 생기게 하는 것을 가리킨다. 이 온蘊이 생길 때, 요는 여러 원인과 조건을 상대시켜야 하는 것이다. 설명할 때의 상대란 이름들[名身], 구절들[句身], 글자들[文身]로, 모든 온蘊을 설명하는 것을 가리킨다. 이 온蘊을 설명할 때, 요는 이름들[名身], 구절들[句身], 글자들[文身]을 상대시켜야 하는 것이다. 이를 온蘊에 대한 '생길 때의 상대'[生起觀待], '설명할 때의 상대'[施設觀待]라고 한다. 곧 이러한 '생길 때의 상대'[生起觀待], '설명할 때의 상대'[施設觀待]는 모든 온蘊을 생기게 하고, 모든 온蘊을 설명한다. 이를 '(상대적인) 이치'[道理]로 '유가하는 방법'[瑜伽方便]이라고 한다. 그러므로 '상대적인 이치'[觀待道理]라고 한다.

(둘째) 무엇이 '작용하는 이치'[作用道理]인가? 모든 온蘊은 생기고 나서 '자기 조건'[自緣] 때문에 스스로의 작용이 각각 구별되는 것을 가리킨다. 이를테면 눈은 '보이는 것'[色]을 볼 수 있고, 귀는 소리[聲]를 들을 수 있으며, 코는 냄새[香]를 맡을 수 있고, 혀는 맛[味]을 맛볼 수 있으며, 몸은 감촉[觸]을 느낄[覺] 수 있고, 의意는 존재[法]를 알[了] 수 있다. '보이는 것'[色]은 눈의 대상영역[境]이 되어 눈이 '작용하는 대상'[所行]으로 삼고 내지는 존재[法]는 의意의 대상영역[境]이 되어 의意가 '작용하는 대상'[所行]으로 삼는다. 또는 나머지 이와 같은 종류도 이러저러한 존재[法]에 대한 각각 다른 작용이 있어, 마찬가지라는 것을 알라. 곧 이 제법諸法의 각각 다른 '작용의 이치'[作用道理]로 '유가하는 방법'[瑜伽方便]을 모두

'작용하는 이치'[作用道理]라고 한다.

(셋째) 무엇이 '경험하여 완성하는 이치'[證成道理]인가? 모든 온蘊은 다 무상無常하고, '여러 조건'[衆緣]으로 생긴 것이고, 괴롭고[苦], 비었고[空], '나라고 할 만한 것이 없으니'[無我], '세 가지 헤아림'[三量]으로 사실대로 자세히 살피는 것이다. 이를테면 지교량(至教量: 지극한 가르침)으로 말미암고, 직각[現量]으로 말미암고, 추리[比量]로 말미암아, 이 세 가지 헤아림으로 이치를 경험[證驗]하여 여러 지혜 있는 이는 마음에 바르게 '받아 지녀'[執受] 편안하게 성립시킨다. 이를테면 모든 온蘊은 다 무상無常한 성질이요, '여러 조건'[衆緣]으로 생기는 성질이요, 괴로운 성질이요, '비어있는 성질'[空性]이요, '나라고 할 만한 것이 없는 성질'[無我性]이니, 이와 같은 것을 '경험하여 완성하는 이치'[證成道理]라고 한다.

(넷째) 무엇이 '존재는 으레 그렇다는 이치'[法爾道理]인가? 무엇 때문에 저 모든 온蘊은 이와 같은 종류이며, 모든 기세간器世間은 이와 같이 '평안히 펼쳐 졌는가'[安布]? 무엇 때문에 땅은 단단한[堅] 모습이고, 물은 축축한[濕] 모습이며, 불은 따뜻한[煖] 모습이고, 바람은 '가벼이 움직이는'[用輕動] 모습인가? 무엇 때문에 '모든 온'[諸蘊]은 무상無常하고, 제법諸法에는 '나라고 할 만한 것이 없으며'[無我], 열반涅槃은 고요한가[寂靜]? 무엇 때문에 '보이는 것'[色]은 '변하여 망가지는'[變壞] 모습이고, 느낌[受]은 받아들이는[領納] 모습이며, 개념형성[想]은 '고르게 아는'[等了] 모습이고, (의지)작용[行]은 짓는[造作] 모습이며, (인)식[識]은 식별하는[了別] 모습인가? 저 제법諸法의 본성本性이 으레 그렇고, 자기의 성질[自性]이 으레 그러며, '존재의 성질'[法性]이 으레 그러한 즉, 이를 '존재가 으레 그렇다는 이치'[法爾道理]로 '유가하는 방법'[瑜伽方便]이라고 한다.

'이와 같기도'[如是] 하고, '이와 다르기도'[異如是] 하고, '이와 같지 않기도'[非如是]한 모든 것은 다 '존재는 으레 그런 것'[法爾]을 의지하여, 모두 다 '존재는 으레 그렇다는 이치'[法爾道理]로 돌아가 마음이 편안히 머무르게 하고, 마음이 '훤히 알게'[曉了] 한다. 이와 같은 것을 '존재는 으레 그렇다는 이치'[法爾道理]라고 한다.

이를 '네 가지 이치'[四道理]로 모든 온蘊과 관련한 말씀의 가르침을 자세히 살핀다고 한다.

'숫자를 셈하는 작용'[算數行相]과 '추측하는 작용'[稱量行相]으로 모든 온蘊과 관련한 말씀의 가르침을 자세히 살피는 것과 같이, 이 두 종류의 작용으로 그 나머지 말씀의 가르침을 자세히 살핀다. 이와 같은 것을 자세하고 바르게 살핀다고 한다. 모든 말씀하신 정법正法을 사유思惟하는, 이와 같은 것을 정법正法을 '듣고 생각한다'[聞思]고 한다.

3.3.8. 장애가 없음無障

(1) 안과 외부에 의한 장애

무엇이 '장애가 없음'[無障]인가? 이 장애가 없음에는 대략 두 가지가 있다. 첫째, 안[內]에 의한 것, 둘째, 외부[外]에 의한 것이다. 나는 우선 안과 외부에 의한 장애부터 설명하겠다. 그것과 어긋나면 곧 이것이 두 가지의 '장애가 없음'[無障]이란 것을 알라.

(첫째) 무엇이 '안에 의한 장애'[依內障]인가? 어떤 이가 그의 전생[先世]에 복(福: 즐거운 결과)을 닦은 적이 없었고, 복福을 닦지 않았기 때문에 때때로 따르는 살림살이[資生衆具]인 의복, 음식, 여러 가지 방석[坐具]과 침구[臥具], '병과 관련한 의약품'[病緣醫藥], 그리고 그 외 '(몸을) 돕는 살림살이'[什具]를 획득할 수가 없다. '예리한 탐냄'[猛利貪]과 '오랜 시간의

탐냄'[長時貪], 예리한 분노[瞋]와 오랜 시간의 분노[瞋], 예리한 어리석음[癡]과 오랜 시간의 어리석음[癡]이 있다. 또는 전생에 '질병이 많을 업'[多疾病業]을 쌓고 지었고, 그 원인으로 여러 질병이 많다. 또는 지금생[現在]의 '(지地, 수水, 화火, 풍風 등 네 영역이) 고르지 않을'[不平等] 실천을 하고, 이 때문에 풍열병[風熱], 천식[痰], '가슴의 병'[癊]이 자주 발생한다. 또는 '먹은 음식'[宿食]이 몸 안에 남아 있다. 또는 거칠게 먹고, 사업事業이 많아 지을 세 많으며, 무리와 보이는 경우가 많고, 사업에 '즐겨 집착하며'[樂著], 말하는 것에 즐겨 집착하고, 잠에 즐겨 집착하며, '시끄러운 무리'[諠衆]에 즐겨 집착하고, 서로 섞여 머무르는 것을 즐거워하며, 희론戲論에 즐겨 집착하고, 스스로를 '지나치게 믿어'[擧恃] 요동치고[掉亂] 방종하며 '이치에 알맞지 않은 곳'[非處]⁴⁹⁾에 머무르기를 즐거워한다. 이와 같은 종류를 모두 '안에 의한 장애'[依內障]라고 한다는 것을 알라.

(둘째) 무엇이 '외부에 의한 장애'[依外障]인가? 어떤 이가 '선하지 않은 이'[不善士]에 의지하여, 그 때문에 때때로 따르는 가르침과 지도를 획득할 수가 없다. 또는 '나쁜 곳'[惡處]에 머무르는데 이곳에서는 낮이면 여러 가지 시끄러운 무리가 모여 여러 이상한 일이 있고, 밤이면 여러 가지 높고 큰 소리로 대중大衆과 시끄럽게 섞여 있다. 아니면 여러 가지 예리한 '지독한 괴로움'[辛楚], 바람과 햇빛, '나쁜 감촉'[惡觸]이 있고, 또는 여러 가지로 사람[人]과 '사람 아닌 것'[非人]에 (의한) 두려움[怖畏]과 질겁함[驚恐]이 있다. 이와 같은 종류를 모두 '외부에 의한 장애'[依外障]

---

49) 유가사지론 제57권(대정장 30. p.613a13-14)에 의하면 처處는 여러 가지 '외부 대상'[事]과 이치[理]가 서로 어긋나지 않는 것이다. 비처非處는 여러 가지 외부 대상과 이치가 서로 어긋나는 것이다.

라고 한다는 것을 알라. 지금까지 안과 외부의 장애를 자세하게 말하였다.

(2) 요점

아울러 이것의 요점은 무엇이라고 알아야 하는가? 여기에는 간략히 세 가지 장애가 있다. 첫째, '힘써 함에 장애'[加行障], 둘째, '멀리 떠남에 장애'[遠離障], 셋째, '고요함에 장애'[寂靜障]이다.

(첫째) 무엇이 '힘써 함에 장애'[加行障]인가? 예를 들어 이 장애가 '바로 앞에 나타남'[現前]을 당하게 되면, 여러 선품善品에 힘씀[加行]을 모두 감당할 수 없고 힘도 없다. 이는 또한 무엇인가? 이를테면 항상 '고약한 병을 앓고'[疹疾], 몹시 괴로운 중병重病, 풍열병[風熱], 천식[痰], '가슴의 병'[癊]이 자주 발생한다. 또는 먹은 음식이 몸 안에 남아 있다. 또는 뱀, 전갈, 지네[百足], 돈벌레[蚰蜒] 등 '벌레에 쏘이고'[蛆螫], 또는 사람이나 '사람 아닌 것'[非人]에 '짓눌려 괴롭힘'[逼惱]을 당한다. 그리고 의복, 음식, 침구[臥具], '병과 관련한 의약품'[病緣醫藥]과 그 외 '(몸을) 돕는 살림살이'[什具]를 얻을 수가 없다. 이와 같은 종류를 모두 '힘써 함에 장애'[加行障]라고 한다는 것을 알라.

(둘째) 무엇이 '멀리 떠남에 장애'[遠離障]인가? 이를테면 거칠게 먹고, 사업事業이 많아 지을 게 많은 데다 사업事業을 즐기고, 이 때문에 여러 가지로 지은 사업을 '사랑스러워하고 즐거워 해서'[愛樂], 나중에 그 일 가운데에서 마음이 '흘러 흩어지거나'[流散], 또는 말하는 것을 즐긴다. 이 때문에 '멀리하고 끊는 고요함의 수행'[遠離斷寂靜修]을 감당할 수 있고 힘이 있기는 하지만, '읽고 외우기를 하면'[讀誦] 곧 만족해버린다. 또는 잠자는 것을 즐기고, 이 때문에 '(정신이) 흐릿하게 가라앉는'[惛沈] 잠에 항상 둘러싸여 성질이 게으른 데다 잠에 집착해 즐기고 기대기에 집착해

즐기고 눕기에 집착해 즐긴다.

아울러 시끄러운 무리를 즐거워하고, 이 때문에 '가정에 머무르는 무리'[在家衆] 그리고 '출가한 무리'[出家衆]와 더불어 여러 가지로 왕에 관한 이론, 도적에 관한 이론, 먹을 것에 관한 이론, 마실 것에 관한 이론, 훌륭한 의복에 관한 이론, '기녀妓女 골목에 관한 이론'[婬女巷論], 여러 국토에 관한 이론, '위대한 이에 관한 전설'[大人傳論], '세상에 관한 전설'[世間傳論], '큰 바다에 관한 진설'[人海傳論]을 이야기한다. 이와 같은 종류는 무의미함[無義]을 유도하고, '허황되게 꾸며낸 이론'[虛綺論] 가운데에서 즐거이 함께 이야기하며 왜곡되게 시일을 보내는 것이다.

아울러 자주 무리와 모이는 것을 아주 사랑스러워하고 즐거워해서 이러저러한 일 가운데 마음이 '움직여 달아나고'[散動], 마음이 요란하다. 또는 섞여 지내는 것을 즐거워하여 이 때문에 여러 '가정에 머무르는 무리'[在家衆] 그리고 '출가한 무리'[出家衆]를 만나지 못하면 그리워하고 보고 싶어 하고, 만나고 나면 헤어지지 않으려 한다.

아울러 희론戱論을 즐겨 이 때문에 세상의 여러 가지 희론戱論에 '즐겨 집착하고'[樂著], 향해 나아가야 할 것에 대해서는 '앞으로 가는 것'[前行]을 좋아 즐거워는 하지만, '멀리 떠남'[遠離]에서는 좋은[善] 멍에(軛: yoga: 유가瑜伽)를 기꺼이 버린다. 이와 같은 종류의 많은 장애하는 존재를 모두 '멀리 떠남에 장애'[遠離障]라고 한다는 것을 알라. 이 장애가 '바로 앞에 나타남'[現前]을 당하게 되면, 아란야처(阿練若處: aranya: 寂靜處), 숲[山林], '너른 들판'[曠野], 낡아빠진[邊際] 침구[臥具]에 있는 '탐내고 집착함'[貪著]을 '버리고 떠나기'[捨離] 어렵다. 그리고 아란야처阿練若處, '무덤 사이'[塚間], 나무 아래, '비고 고요한 방'[空閑靜室]에 머무를 수도 없다.

(셋째) 무엇이 '고요함에 장애'[寂靜障]인가? 고요함이란 사마타奢摩他, 비발사나毘鉢舍那를 가리키는데, (여기에는) 사마타奢摩他 장애가 있고, 비발사나毘鉢舍那 장애가 있다.

무엇이 '사마타 장애'[奢摩他障]인가? 여러 가지로 방종[放逸]하고 '이치에 알맞지 않은 곳'[非處]에 머무르는 것이다. 방종하기 때문에 경우에 따라서는 '(정신이) 흐릿하게 가라앉는'[惛沈] 잠에 그 마음이 둘러싸여 있고, 어떤 경우에는 사마타奢摩他을 이루고서는 곧 '그 맛에 애착함'[愛味]이 생긴다. 어떤 경우는 '하찮은 성질의 것'[下劣性]에 마음이 즐거워 들기[趣入]도 한다. 어떤 경우는 '이치에 어두운 성질의 것'[闇昧性]에 마음이 '즐거워 집착하기'[樂著]도 한다. 이와 같이 이치에 알맞지 않은 곳에 머무르기 때문에 사람이나 '사람 아닌 것'[非人]이 시끄럽게 모여들어 요란擾亂하게 굴어, 남에게 '짓눌려 괴롭힘'[逼惱]을 당해 마음이 바깥으로 달아나 버린다. 이와 같은 것을 '사마타 장애'[奢摩他障]라고 한다. 이 장애는 고요함[寂靜]을 장애한다는 것을 알라.

무엇이 '비발사나 장애'[毘鉢舍那障]인가? 이를테면 '스스로 지나치게 믿는 것'[自恃擧]을 즐겨 '요동치며 어지럽히는 것'[掉亂]이다. '스스로 지나치게 믿는 것'[自恃擧]을 즐긴다는 것은 예를 들자면 어떤 이가 다음과 같이 사유思惟하는 것이다. "나는 높은 부족에서 생겨나 깨끗한 믿음으로 출가했으니 하찮지 않지만, 여러 다른 비구比丘는 그렇지 않다." 이 때문에 스스로를 지나치게 높이고 남을 업신여긴다. (또 사유하기를,) "이와 같이 나는 부유한 가문에서 생겨나 깨끗한 믿음으로 출가했으니 궁핍하지 않고, 나는 '훌륭한 모습'[妙色]을 갖추었으니 보기에 기쁘고 단정하며, '많이 들었고'[多聞] '들음을 지녔다'[聞持]. 그 들은 것이 쌓여 정교한 말씨[言詞]에다 말하는 것은 완성되었지만, 여러 다른 비구比丘는 그렇지 않다."
이 때문에 스스로를 지나치게 높이고 남을 업신여긴다.

그는 이와 같이 스스로를 지나치게 믿기 때문에 여러 노장[耆年]으로서 지혜가 많고, 범행梵行을 쌓으며 수행한 스님[比丘]께 때때로 공경하며 질문을 할 수가 없다. 그 여러 스님[比丘]도 때때로 그를 위해 '아직 열리지 않은 곳'[未開發處]을 열어줄 수도, 그를 위해 '아직 분명하지 않은 곳'[未顯了處]을 분명하게 해 줄 수도 없다. 또한 그를 위해 정중하고도 정성스럽게 지혜[慧]로써 '매우 깊은'[甚深] 구절의 의미를 통달하게 해줄 수도, 수행방법[方便]을 '열어 보여줄'[開示] 수도 내지는 그의 지견智見을 청정淸淨하게 해 줄 수도 없다. 이와 같은 것을 '스스로 지나치게 믿는 것'[自恃擧]을 즐기는 '비발사나 장애'[毘鉢舍那障]라고 한다.

아울러 어떤 이가 적고 하찮은 지견智見만을 얻고서는 안온하게[安隱] 머무르는데, 그는 이와 같은 적고 하찮은 지견智見에 편안히 머무르기 때문에 곧 스스로 지나치게 믿고, 스스로 지나치게 믿기 때문에 곧 만족함이 생겨 다시는 그 위를 추구하지 않는다. 이와 같은 것을 스스로 지나치게 믿기를 즐거워하여 머무르는 '비발사나 장애'[毘鉢舍那障]라고 한다.

'요동치며 어지럽히는 것'[掉亂]이란 어떤 이가 근根이 고요하지 못해 '모든 근'[諸根: 육근六根]이 요동치며 어지럽히고, 모든 근이 야단스러워[囂擧], 항상 나쁘게 생각을 하고, 나쁘게 말을 하고, 나쁘게 동작[所作]을 하며, 편안히 머물러 제법諸法을 사유思惟하지도 못하고, 제법諸法을 견고하게 사유하지도 못하기 때문에 비발사나毘鉢舍那가 완성될[圓滿] 수 없고, 청정淸淨할 수도 없다. 이와 같은 것을 '요동치며 어지럽히는'[掉亂]

'비발사나 장애'[毘鉢舍那障]라고 한다.

이와 같이 두 가지 존재[法]는 사마타奢摩他를 장애하는데, 자주 방종하고[放逸], '이치에 알맞지 않은 곳'[非處]에 머무르는 두 가지 존재를 가리킨다. (그리고) 비발사나毘鉢舍那를 장애하는 것은 '스스로 지나치게 믿는 것'[自恃擧]을 즐기는 것과 '요동치며 어지럽히는 것'[掉亂]을 가리킨다. 이와 같이 사마타奢摩他의 장애가 되는 경우와 비발사나毘鉢舍那의 장애가 되는 경우를 아울러 '고요함에 장애'[寂靜障]라고 한다. 이와 같은 것을 장애[障]의 요점이라고 하는데, 이 요점과 앞서 자세히 말한 것을 모두 간략히 한 마디로 해서 장애[障]라고 한다. 이러한 장애와 어긋나는 것은 '장애가 없음'[無障]이란 것을 알라. 곧 이러한 장애의 '성질을 없애'[無性] 멀리하여 합하지[合]도 않고, 만나지[會]도 않는 것을 '장애가 없음'[無障]이라고 한다.

3.3.9. 은혜롭게 베풂惠捨

무엇이 '은혜롭게 베푸는 것'[惠捨]인가? 보시布施하는 경우 그 성질에 죄가 없고, 마음을 장식하기 위해, 마음을 돕기 위해, 유가瑜伽를 돕기 위해, (열반涅槃이라는) '높은 목표'[上義]를 이루기 위해 보시布施를 수행하는 것[50]을 '은혜롭게 베푸는 것'[惠捨]이라고 한다.

질문 누가 '보시의 주체'[能施]이고, 누가 '보시의 대상'[所施]이며, '무엇으로 보시하고'[用何施], '어떤 모습으로 보시하며'[何相施], '어떻게

---

50) 유가론기 제6권하(대정장 42. p.441a10-12): 무루심無漏心을 장식하기[莊嚴] 위해, 무루심無漏心으로 돕기 위해, 유가행을 닦는 것을 자량[資]하기 위해서, 열반이라는 최고의 높은 목표를 위해서 보시를 실천한다. 為莊嚴無漏心. 為與無漏心以為助伴. 為資修瑜伽行. 為涅槃最上義故而修布施.

보시하고'[云何施], '무엇 때문에 보시하는가'[何故施]? 이로 인해 '보시의 성질'[施性]에 죄는 없는가?

(1) 보시의 주체와 대상

대답 누가 '보시의 주체'[能施]인가는 이를테면 보시하는 이, '보시하는 주체'[施主]로 말하며 이를 바로 '보시의 주체'[能施]라고 한다. 누구를 보시하는 이라고 하며, 누구를 '보시하는 주체'[施主]라고 하는가? 자기 손으로 베풀면 보시하는 이라고 한다. 또한 자기 것[物]을 베풀거나, 또는 기쁘고 즐거워서 베푸는 것이니 '마지못해 베푸는 것'[不樂施]이 아닌 경우를 '보시하는 주체'[施主]라고 한다.

누가 '보시의 대상'[所施]인가는 이를테면 네 가지 보시의 대상이다. 첫째, 괴로운 이, 둘째, 은혜로운 이, 셋째, 친애親愛하는 이, 넷째, 존경하는[尊勝] 이이다.

괴로운 이란 빈곤한 이나 구걸하는[乞匃] 이나 노숙자[行路者]나 (도움을) 바라는 이나 시각장애인[盲瞽]이나 청각장애인[聾騃者]이나 무의탁자[無依者]나 '오갈 데 없는 이'[無趣者]나 여러 가지 살림살이가 부족한 이를 가리킨다. 그 외 이와 같은 종류(의 사람)을 괴로운 이라고 한다.

은혜로운 이란 아버지와 어머니나, 젖 먹여준 이나, 길러준 이나 장성케 한 이나, '너른 들판'[曠野], 사막[沙磧] 등에서 구제해준 이나, 흉년[飢儉]일 때 도와준 이나, 원수[怨敵]의 두려움에서 구원해준 이나, 붙들렸을 때 풀어준 이나, 질병에 걸렸을 때 치료해 준 이나, 이익利益에 대해 가르쳐준 이, 안락함[安樂]에 대해 가르쳐준 이, 이익으로 인도해준 이, 안락함으로 인도해준 이, 생기는 여러 사무事務를 따르며 도와준 이, 함께 기뻐해 준 이, 함께 '근심하고 슬퍼해'[憂愁] 준 이, 재난을 당했을 때 버리지 않은 이를 가리킨다. 그 외 이와 같은 종류(의 사람)을 은혜로운 이라고 한다.

친애親愛하는 이란 친구로서 그곳에서 친애하고 존경하거나, 믿고 말을 따르거나 자주 말하고 이야기하고 왕래하거나 친근한[親昵] 것을 가리킨다. 그 외 이와 같은 종류(의 사람)을 친애親愛한다고 한다.

존경하는[尊勝] 이란 사문沙門이나 바라문婆羅門으로서 세상에서 '현명하고 선하다'[賢善]고 함께 인정한 이, 해코지에서 떠난 이, 아주 해코지에서 떠난 이, 탐냄[貪欲]에서 떠난 이, 탐냄[貪]을 굴복시키기 위해 수행하는 이, 분노[瞋恚]에서 떠난 이, 분노[瞋]를 굴복시키기 위해 수행하는 이, 어리석음[愚癡]에서 떠난 이, 어리석음[癡]을 굴복시키기 위해 수행하는 이, 그 외 이와 같은 종류(의 사람)을 존경하는[尊勝] 이라고 한다.

(2) 보시물

'무엇으로 보시하는가'[用何施]는 간략히 설명해 '유정류의 것'[有情數物]으로 은혜롭게 베풀거나, '무정류인 것'[無情數物]으로 은혜롭게 베푸는 것이다.

무엇이 '유정류의 것'[有情數物]으로 '은혜롭게 베푸는 것'[惠施]인가? 어떤 경우는 아내와 자녀, 하인, 심부름꾼 (등의 노동력)이고, 어떤 경우는 코끼리, 말, 돼지, 소, 양, 닭, 오리, 낙타[駝], 노새[騾] 같은 종류이며, 어떤 경우는 그 외 '나이 많은 남자'[大男], 나이 많은 여자, '젊은 남자'[小男], 젊은 여자 (등의 노동력)이다. 어떤 경우는 이와 같은 종류의 '보시하는 것'[施物]이며, 어떤 경우는 '자기 몸'[內身]의 머리, 눈, 손, 발, 피, 살, 골수骨髓를 바라는 대로 시여施與하는 것도 '유정류의 것'[有情數物]을 가져다 보시布施에 쓴다고 한다.

이는 여러 보살菩薩이 '지금 실천하는'[現行] 일이며, 이 의미는 의도로만 보시하겠다는 것이 아니다. 그 유정류有情類(의 노동력)에 대해 (처리가) 자유로운 경우이거나, 권한[勢力]이 있는 경우이거나, '달래어 납득시킬'[制伏] 수 있는 경우이거나, 아니면 (동물의 경우) 그를 가져다 남에게 은혜롭게 베풀어야 하는 경우인데, 은혜롭게 베풀 때 (베푸는 사람) 자신이 죄가 없고, 그 은혜롭게 베푼 것 때문에 (받아들이는) 남이 마음에 '혐오와 원망'[嫌恨]이 없으며, (노동력이나 동물을) 남에게 베풀 때 그 유정이 괴로움[損惱]을 당하지 않는 것을 안다. 이와 같은 것을 죄 없이 '유정류의 것'[有情數物]을 가져다 은혜롭게 베푸는 것이라고 한다.

무엇이 '무정류인 것'[無情數物]으로 '은혜롭게 베푸는 것'[惠施]인가? 간략히 말해 세 종류의 것[物]이 있다. 첫째, 재물財物, 둘째, 곡물穀物, 셋째, '장소인 것'[處物]이다.

(우선) 재물財物이란 옥[末尼: maṇ], 진주, 에메랄드[綠柱石: 유리琉璃], 소라[螺貝], 벽옥璧玉, 산호珊瑚, '빛깔 무늬 있는 돌'[瑪瑙彩石], '본래 빛깔이 물들 수 있는 금속'[生色可染]⁵¹⁾, '오른쪽 맴돌이 무늬가 있는 붉은 구슬'[赤珠右旋]⁵²⁾을 가리킨다. 그 외 이와 같은 종류가 있다. 또는 여러 '진귀한 보배'[珍寶]나 금이나 은이나 여러 의복이나, 여러 살림살이나 향香이나 머리장식[鬘]을 바로 재물財物이라고 한다.

---

51) 유가론기 제6권하(대정장 42. p.441b10-12): '본래 빛깔이 물들 수 있는 금속'[生色可染]은 금은 원래 빛깔이고 은은 물들 수 있다. 이것은 범어의 소리라는 말이 있다. 그러하더라도 현응玄應논사가 말하기를 원래 색이 황색은 변하여 고칠 수 없어서 금이라 하고 백색은 물들여 변할 수 있어서 은은 물들 수 있다는 것이다. 生色可染者。金是生色。銀是可染。有言是梵音。但玄應師云生便黃色不可變改故名金也。白色可染變。故即銀名可染也。

52) 유가론기 제6권하(대정장 42. p.441b13): 적주보시赤珠布施란 무늬가 오른쪽에서 맴돈다.　赤珠布施者。文右旋也。

무엇이 곡물穀物인가? 이를테면 여러 먹을 수 있고 마실 수 있는 보리, 밀, 벼, 조, 기장, 깨, 콩, 팥 등과, 사탕수수[甘蔗], 포도(蒲桃: 포도葡萄), 발효유[乳酪], 과즙果汁, 여러 가지 음료[漿飮]이다. 그 외 이와 같은 종류를 바로 곡물穀物이라고 한다.

무엇이 '장소인 것'[處物]인가? 논밭과 집, 상점[邸店], '시장의 점포'[鄽肆], 그리고 불전[福舍]과 '절의 객사'[寺館]를 건립하기 등을 가리킨다. 그 외 이와 같은 종류를 '장소인 것'[處物]이라고 한다. 이와 같은 것을 죄 없이 '무정류인 것'[無情數物]을 가져다 은혜롭게 베푸는 것이라고 한다.

이 가운데 '유정류의 것'[有情數物]과 '무정류인 것'[無情數物] 모두 다 보시에 쓰는 것이라고 한다는 것을 알라.

(3) 보시의 모습과 방법

'어떤 모습으로 보시'[何相施]하는가는 무탐(無貪: 탐냄이 없음)과 함께 작용하는 의사[思]로 마음먹음[心意業]을 짓고, 이에서 발생한 동작[身業]과 말[語業]로 '보시할 것'[所施物]을 보시[捨]하는 것을 가리킨다.[53] 또는 '자기가 계속 (보시하든지)'[自相續] '(권유에 의해) 남이 계속 (보시하는 것)'[他相續][54]을 바로 '보시하는 모습'[施相]이라고 한다.

'어떻게 보시하는가'[何施]는 깨끗한 믿음으로 혜시(惠施: 은혜롭게 베푸는 것)를 실천하고, '바른 가르침'[正教]의 견해[見]로 혜시惠施를 실천

---

[53] 유가론기 제6권하(대정장 42. p.441b14): 탐냄이 없음과 관련하는 의사[思] 및 동작[身業]과 말[語業].　　即無貪相應思及身語業.
[54] 유가론기 제6권하(대정장 42. p.441b14-15): 혹은 '자기가 계속 하든'[自相續] 혹은 '남이 계속 하는 것'[他相續]이란 어떤 경우는 자기가 보시하고 어떤 경우는 권유해서 남이 보시하게 하는 것이다.　　或自相續或他相續者。或自施或勸他施.

하며, '과보가 있으리라는 견해'[有果見]로 혜시惠施를 실천하고, 아주 정중하게[殷重] 혜시惠施를 실천하며, 공경심에서 자기 손으로 보시를 실천하되 (상대방을) 업신여기지 않고, 시기에 맞추어 보시하여 남의 요긴한 데에 도움이 되도록 하며, 남이 번거롭지[損惱] 않게 혜시惠施를 실천하고, 이치에 맞게 평등하게 해야지 멋대로[兇暴] 해서는 안되며, 재물을 쌓아서 혜시惠施를 실천하고, '신선한 것'[鮮潔物]으로 혜시惠施를 실천하며, '섬세하고 훌륭한 것'[精妙物]으로 혜시를 실천하고, 청정清淨한 것으로 혜시惠施를 실천하는 것이다. 이 때문에 자기와 남 모두 죄가 없고, 자주 혜시惠施를 하여 '인색한 때'[慳垢]를 굴복시키며, 힘을 모아 혜시惠施를 실천한다. 우선 마음에서 기뻐 혜시惠施를 실천하며, 바로 보시할 때 마음이 청정清淨하여 보시하고 난 뒤에 후회가 없다. 이와 같이 보시하는 것이다.

(4) 보시의 이유

'무엇 때문에 보시하는가'[何故施]는 (첫째) '자애롭고 불쌍히 여기기'[慈悲] 때문에 혜시惠施를 실천하는 경우는 괴로움이 있어서이다. (둘째) 은혜를 알기 때문에 혜시惠施를 실천하는 경우는 은혜가 있어서이다. (셋째) 친애하고 존경하고 믿고 따르기 때문에 혜시惠施를 실천하는 경우는 친애에 대해 하는 것이다. (넷째) 세상[世間]의, '세상을 벗어남'[出世間]의 뛰어난 공덕功德을 추구하기 때문에 혜시惠施를 실천하는 경우는 존경에 대해 하는 것이다. 이 때문에 혜시惠施를 수행한다.

이와 같이 '실천하는 모습'[行相]으로 '가정에 머무르는 이'[在家者]나 출가자는 보시布施를 수행한다. 마음을 장식하기 위해, 마음을 돕기 위해, 유가瑜伽를 돕기 위해, (열반涅槃이라는) '높은 목표'[上義]를 이루기 위해 보시布施를 실천하는 것이다. 이 때문에 '보시의 성질'[施性]은 죄가 없다. 이와 같은 것을 '은혜롭게 베푸는 것'[惠捨]이라고 한다.

3.3.10. 사문의 장식沙門莊嚴

무엇이 '사문의 장식'[沙門莊嚴]인가? 요약[嗢拕南]하자면 아래와 같다.

'바르게 믿음'[正信], '알랑댐이 없음'[無諂],

'질병이 적음'[少病], 정진精進, 지혜[慧],

'욕망이 적음'[少欲]과 '기쁘게 만족(할 줄 앎)'[喜足]을 갖춤,

'봉양하기 쉬움'[易養]과 '만족시키기 쉬움'[易滿],

'두다(杜多: dhuta[두따])[55]의 공덕'[杜多德], 단정함[端嚴],

'한도를 앎'[知量], '선한 이의 교법'[善士法],

'총명하고 지혜로운 자의 모습'[聰慧者相]을 갖춤,

감당함[忍], '부드럽고 온화함'[柔和], '현명하고 선함'[賢善]이다.

어떤 이가 '바른 믿음'[正信]을 갖추고, '알랑대고 굽힘'[諂曲]이 없으며, 여러 가지 질병疾病이 적고, 정진[勤精進]하는 성품이며, '훌륭한 지혜'[妙慧]를 성취하고, '욕망이 적어 기쁘게 만족(할 줄 알며)'[少欲喜足], '봉양하기 쉬운 데다'[易養] '만족시키기 쉽고'[易滿], '두다의 공덕'[杜多功德]을 충분히 성취하며, 단정하고[端嚴], '한도를 알며'[知量], '현명하고 선한 이의 교법'[賢善士法]을 충분히 갖추고, '총명하고 지혜로운 자의 모습'[聰

---

55) 유가론기 제6권하(대정장 42. p.442a16-17): 옛적 명칭인 두타(頭陀[tóu tuó: 터우 퉈]는 잘못된 것이다. 지금 명칭인 두다(杜多[dù duō: 두 둬]), 이것은 '제대로 수행한다'[修治]고 이른다. 또는 '(의식주에 대한 욕망을) 떨어버린다'[抖揀]라고 번역한다. 또는 씻어버린다[洗浣] 등을 말한다.　舊名頭陀訛也。今名杜多。此云修治或翻抖揀或翻洗浣等。

慧者相]을 충분히 갖추며, 감당하며[堪忍], '부드럽고 온화하여'[柔和], '현명하고 선함'[賢善]을 성품으로 삼는다.

(1) 바른 믿음正信

무엇을 '바른 믿음'[正信]을 충분히 갖추었다고 하는가? '깨끗한 믿음'[淨信]이 많고, '바르게 존경하며 따름'[正敬順]이 많다. 해석[勝解]이 많이 생기게 하고, '선한 의욕'[善欲樂]이 많다. 모든 선법善法과 '큰 스승'[大師所]께 깨끗한 믿음을 깊이 내어 헷갈림[惑]이 없고, 머뭇거림[疑]도 없다. 큰 스승께 공경恭敬하고 존경하고[尊重] 받들고[承奉] 공양供養한다. 이와 같이 공경하고 존경하고 받들고 공양함을 수행하고 나서는 마음을 기울여 친근하게 가까이 의지하며 머무른다. 큰 스승께와 같이 '교법의 범행을 함께 하는 이'[法同梵行者]에게도 마찬가지이다. 여러 배울 것에 대한 가르침이나, 지도에 대해서, 공양供養 수행이나 '방종함이 없음'[無放逸]에나 삼마지三摩地에나 역시 마찬가지라는 것을 알라. 이와 같은 것을 바른 믿음을 충분히 갖춘다고 한다.

(2) 알랑대고 굽힘이 없음無諂曲

무엇을 '알랑대고 굽힘'[諂曲]이 없다고 하는가? '도타운 바탕'[純質]에 정직正直을 성품으로 삼아 큰 스승과 여러 '지혜 있는 범행을 함께하는 이'[有智同梵行所]에게 사실대로 자기를 나타낸다. 이와 같은 것을 알랑대고 굽힘이 없다고 한다.

(3) 질병이 적음少病

무엇을 여러 가지 질병疾病이 적다고 하는가? 본바탕이 질병이 없고, 시간을 보내며 소화하고[變熟], 고르게[平等] '(몸을) 간수하여'[執受] 너무 덥게도 너무 차게도 않으며, '해를 입지 않아'[無所損害] 안락安樂하게 시간을 보낸다. 이 때문에 먹는 것, 마시는 것, '우물우물 씹는 것'[噉], '맛보는 것'[甞]을 쉽게 제대로 소화한다. 이와 같은 것을 여러 가지 질병 疾病이 적다고 한다.

(4) 정진精進

무엇을 정진[勤精進]하는 성품이라고 하는가? 편안히 머무르며 힘이 있고, 부지런하고 용맹勇猛하며, 선법善法 가운데에서 멍에(軛: yoga: 유가瑜伽)를 버리지 않는다. '매우 부지런하여'[翹勤] 게으름이 없어, 완성됨[圓滿]을 발생시키고 '짓는 바'[所作]가 있다. 여러 '지혜 있는 범행을 함께 하는 이'[有智同梵行者]를 몸소 자기가 받든다. 이와 같은 것을 정진하는 [勤精進] 성품이라고 한다.

(5) 지혜慧

무엇을 '훌륭한 지혜'[妙慧]를 성취한다고 하는가? 총명함[聰], 유념함 [念], 깨달음[覺]이 모두 다 완성된 데다 근根이 '이치에 어둡고 둔하지'[闇鈍] 않으며 근根이 '고집스럽게 어리석지'[頑愚] 않다. 또한 '말 못 하는 병에 걸리지'[瘖瘂] 않아 손으로 말을 대신하지도 않는다. '선하게 설명하는'[善說] 교법의 의미와 '악하게 설명하는'[惡說] 교법의 의미를 분명히 알 수 있는 힘이 있다. 태어나면서부터[俱生] 이해력[覺慧]을 충분히 갖추었고, '힘써 함'[加行]에 대한 이해력[覺慧]을 충분히 갖추었다. 이와 같은 것을 훌륭한 지혜를 성취한다고 한다.

(6) 욕망이 적음少欲과 기쁘게 만족喜足

무엇을 '욕망이 적다'[少欲]고 하는가? 선善하게 '욕망이 적음'[少欲] 등의 공덕(功德: 훌륭한 결과를 내는 능력)을 성취했음에도, 자기가 '욕망이 적음'[少欲]이라는 공덕功德을 성취한 것에 대해 남이 알기를 바라지 않는 것이다. 이와 같은 것을 욕망이 적다고 한다.

(아울러) 무엇을 '기쁘게 만족(할 줄 안다)'[喜足]고 하는가? 하나하나 의복, 음식, 침구[臥具] 등의 대상[事]에 대해 기뻐하며 바로 만족할 줄 알며, 아직 얻지 못한 의복에 대해서는 거칠든[麁] 훌륭하든[妙] 다시는 바라지도 않고 생각지도 않고, 이미 얻은 것에 대해서는 물들지도 않고 애착하지도 않는다. 앞서 자세히 설명한 것과 같이 받아쓴다. 의복에 대해서와 같이 음식, 침구 등의 대상에 대해서도 마찬가지라는 것을 알라. 이와 같은 것을 '기쁘게 만족(할 줄 안다)'[喜足]이라고 한다.

(7) 봉양하기 쉬움易養과 만족시키기 쉬움易滿

무엇을 '봉양하기 쉽다'[易養]고 하는가? 혼자서도 스스로 '잘 먹을'[怡養] 수 있어 남 혹 여러 하인[僮僕]이나 그 외 사람들에게 의지하지 않고, 여분의 '귀한 재물'[財寶]을 추구하여 '남 시켜 보시하도록 한 이'[令他施者]와 '(직접) 보시한 이'[施主] 등의 부류가 '봉양하기 어렵다'[難養]고 말하지 않는다. 이와 같은 것을 봉양하기 쉽다고 한다.

(아울러) 무엇을 '만족시키기 쉽다'[易滿]고 하는가? 아주 적은 것을 얻고도 곧 스스로 지탱하고[支持], '거칠고 해진 것'[麁弊]을 얻고도 스스로 지탱한다. 이와 같은 것을 만족시키기 쉽다고 한다.

(8) 두다의 공덕杜多功德

무엇을 '두다의 공덕'[杜多功德]을 성취한다고 하는가? '항상 걸식하기를 바라고'[常期乞食], '차례대로 걸식하며'[次第乞食], '한번 앉은 (자리에서)만 먹고'[但一坐食], '우선 머문 뒤에 먹으며'[先止後食], '세 가지 옷만을 지니고'[但持三衣], '털옷만을 지니며'[但持毳衣], '똥을 제거하고 (지은) 옷을 지니고'[持糞掃衣], '아란야에 머무르며'[住阿練若], '항상 나무 밑에 머무르고'[常居樹下], '항상 노지에 머무르며'[常居逈露], '항상 무덤 사이에 머무르고'[常住塚間], '항상 단정하게 앉기를 바라고'[常期端坐], '언제나 앉던 자리에 앉는다'[處如常坐]. 이들에 의해 음식이나 의복이나 여러 '펴는 자리'[敷具]의 두다杜多의 공덕功德은 열두 가지이거나 열세 가지이다.[56]

(첫째) 걸식을 두 가지로 나누는데 첫째는 '얻는 대로 걸식하는 것'[隨得乞食]이고, 둘째는 '차례대로 걸식하는 것'[次第乞食]이(기 때문이)다.

'얻는 대로 걸식하는 것'[隨得乞食]이란 (평소) 왕래하던 집을 '잡히는 대로'[隨獲隨得] 곧 받아먹는 것이다. 그리고 '차례대로 걸식하는 것'[次第乞食]이란 마을에 들어가 '여러 집을 돌아다니면서'[巡家] 구걸하여, '얻어서 그 자리에서'[隨得隨現] 곧 받아먹는 것인데, 손을 쳐들며 다른 집으로 넘어가거나, 나 바라는 대로 '섬세하고 훌륭한'[精妙] 음식을 잡으려 하거나 내지는 많이 얻기를 기대하고 바라지 않는다. 이 가운데 걸식을 구별하지 않는 성질에 의한다면 (두다의 공덕은) 열두 가지일 뿐이고, 걸식을

---

56) 유가론기 제6권하(대정장 42. p.441b28-c4): 혜경惠景논사가 해석하여 나누기를 열두 가지는 세 종류로 포괄된다고 한다. 음식은 네 가지, 의복은 세 가지이고, 머무는 곳은 다섯 가지로 모두 '펴는 자리'[敷具]라 한다. 머무는 곳의 다섯번째는 항상 단정하게 앉아 있기를 바라며 언제나 앉던 자리에 앉는 것이다. 어떤 경우는 '차례대로 걸식하는 것'[次第乞食]은 둘로 나누어, 하나는 '얻는 대로 걸식한다'[隨得乞食], 다른 하나는 '여러 집을 돌아다니면서'[巡家] 차례대로 걸식한다로, 열세 가지가 되기도 한다. 만약 걸식을 구별하지 않는 성질에 의한다면 열두 가지일 뿐으로, 얻는대로 걸식한다가 모두 차례대로 걸식한다 중에 모여지기 때문이다.　　若依景師解列名有十二攝爲三類。食四衣三處中有五總名敷具。處中第五常期端坐處如常坐也。若於次第乞食中分二。一隨得乞食。二巡家次第而乞。即有十三。若依乞食無差別性唯有十二。以隨得乞食總入次第乞食中收故。

구별하는 성질에 의한다면 (두다의 공덕은) 곧 열세 가지임을 알라.

(둘째) 무엇이 '한번 앉은 (자리에서)만 먹는 것'[但一坐食]인가? 한 자리에 앉아서는 먹을 것을 모두 다 받아먹는 것이다. 이 자리에서 일어나고는 절대 '연거푸 먹지'[重食] 않는다. 이와 같은 것을 한번 앉은 (자리에서)만 먹는 것이라고 한다.

(셋째) 무엇이 '우선 머문 뒤에 먹는 것'[先止後食]인가? 먹기 위해 앉을 자리에 앉아서는 먹기 전에 우선 먹을 것을 받았음을 바로 분명히 알아야 하는 것이다. "나는 이제 받은 이 음식만으로 장차 스스로 지탱하리라." 또한 분명히 알아야 한다. "나는 이보다 더는 결코 먹지 않으리라." 이와 같이 받은 뒤에야 먹는다. 이와 같은 것을 우선 머문 뒤에 먹는 것이라고 한다.

(넷째) 무엇이 '세 가지 옷만을 지니는 것'[但持三衣]인가? '세 가지 옷'[三衣]만으로 스스로 '지탱하는 것'[支持]을 가리킨다. 무엇이 세 가지 옷인가? 첫째, 승가지(僧伽胝: saṁghāṭi: 천 조각들을 겹치고 덧대어 맨 겉에 입는 옷: 중의重衣: 합의合衣: 대의大衣), 둘째, 올달라승가(嗢怛囉僧伽: uttarāsaṅga: 겉옷), 셋째, 안달바삼(安怛婆參: antarvāsa: 속옷)[57]이다. 이

---

57) 유가론기 제6권하(대정장 42. p.442a1-7): 승가지僧伽胝란 겉에 있다는 의미다. 예를 들자면 왕궁이나 마을에 들어갈 적에 이 옷을 맨 겉에 입기 때문에 겉에 있다는 의미이다. 갖추어 입게 되면 승가지바삼僧伽胝婆參이라고 말하게 된다. 바삼婆參은 옷[衣]이다. 올달라승가嗢怛羅僧伽 역시 겉에 있는 입는 것이라는 의미이다. 예를 들자면 절 안에서는 곧 '일곱 조각(을 겹치고 덧대어 입는 옷인 올달라승가嗢怛羅僧伽)'[七條]을 입는 것인데, '다섯 조각(을 겹치고 덧대어 입는 옷인 안달바삼安怛婆參)'[五條]은 겉에 있는 것이다. 갖춰 입으면 당연히 올달라승가바삼嗢怛羅僧伽婆參이라고 한다. 바삼婆參은 옷[衣]이라고 한다. 안달바삼安怛婆參이란 속옷[內衣]을 일컫는다. 안달安怛은 속[內]이라고 하고, 바삼婆參은 옷[衣]이라고 한다. 단지 세 가지 옷이라고 하는데, '다섯 조각(을 겹치고 덧대어 입는 옷인 안달바삼安怛婆參)'[五條]은 몸을 감싸주는[儭] 것

세 가지 옷을 제외하고는 끝내 쌓아 두지 않는다. 이를 넘어서면 '여분의 옷'[長衣]이 된다. 이와 같은 것을 세 가지 옷만을 지니는 것이라고 한다.

(다섯째) 무엇이 '털옷만을 지니는 것'[但持毳衣]⁵⁸⁾인가? 지니고 있는 옷이 '세 가지 옷에 속하는 것'[三衣數]이든 '여분의 옷'[長衣]이든 모두 다 털[毛毳]을 사용하여 짓고, 끝내 다른 것으로 지은 옷은 쌓아 두지 않는 것을 가리킨다. 이와 같은 것을 털옷만을 지니는 것이라고 한다.

(여섯째) 무엇이 '똥을 제거하고 (지은) 옷을 지니는 것'[持糞掃衣]인가? 남이 버린 옷인데, 한길[街]이나 골목길[巷]이나 시장[市]이나 점포[鄽]나 길[道]이나 '길 아닌 곳'[非道]에 '던져 버린 것'[棄擲]으로서 대소변[便穢]이 섞여 있거나, 대소변, 고름, 피, '콧물과 눈물'[洟], 침에 더럽혀져 있는, 이런 깨끗지 못한 옷가지를 주워다 거친 오물을 제거하고, '꽉 쥐고'[堅執], '씻어 버리고'[洗浣], '기워 염색해서'[縫染] 받아 지닌다. 이와 같은 것을 똥을 제거하고 (지은) 옷을 지니는 것이라고 한다.

(일곱째) 무엇이 '아란야에 머무르는 것'[住阿練若]인가? '빈 곳'[空閑], 숲속[山林], 야외[坰野]에 머무르며, 낡아빠진[邊際] 침구[臥具]를 받아

이기 때문에 속옷[內衣]이라고 한다. 　僧伽胝者此當有上義。謂入王宮聚落此衣最在上被。故有上義。具足應言僧伽胝婆參。婆參衣。嗢怛羅僧伽者亦有上被義。謂在寺內即被七條。在五條上。具足應言嗢怛羅僧伽婆參。婆參名衣。安怛婆參者此云內衣。安怛名內。婆參名衣。謂但三衣。五條儭體。故名內衣。

58) 유가론기 제6권하(대정장 42. p.442a7-9): 털옷은 혜경惠景논사에 의하면 양의 털을 취毳라 하여, 이 취毳를 사용하여 직조해서 세 가지 옷을 완성한다. 이 털옷을 지닌 것만으로 혹은 똥을 제거하고 (지은) 것을 지닌 것만으로 세 가지 옷을 지니는 경우 모두 두다杜多이다. 　毳衣中景法師云。羊毛名毳。用毳毛織成三衣。或有唯持此毳衣。或有唯持糞掃三衣。皆名杜多。

제 10 성문지聲聞地　187

쓰며, 모든 마을[村], 도시[邑], '마을이 모여 있는 곳'[聚落]을 멀리하는 것이다. 이와 같은 것을 아란야에 머무르는 것이라고 한다.

(여덟째) 무엇이 '항상 나무 밑에 머무르는 것'[常居樹下]인가? 항상 바라는 것이 나무 밑에 머무르며 나무뿌리에 의지하는 것임을 가리킨다. 이와 같은 것을 항상 나무 밑에 머무르는 것이라고 한다.

(아홉째) 무엇이 '항상 노지에 머무르는 것'[常居逈露]인가? 항상 바라는 것이 노지[逈露]에 머무르며 '(비) 가릴 곳'[覆障處]이 없는 것임을 가리킨다. 이와 같은 것을 항상 노지에 머무르는 것이라고 한다.

(열째) 무엇이 '항상 무덤 사이에 머무르는 것'[常住塚間]인가? 항상 바라는 것이 '무덤 사이'[塚墓間]에 머무르며 여러 수명이 끝난 시신[尸骸]을 떠나보내는 곳에 머무르는 것임을 가리킨다. 이와 같은 것을 항상 무덤 사이에 머무르는 것이라고 한다.

(열한째) 무엇이 '항상 단정하게 앉기를 바라는 것'[常期端坐]인가? '큰 침상'[大床]이나 작은 '밧줄 침상'[繩床]이나 '풀과 잎 자리'[草葉座]에서 몸을 단정히 하고 시일[時日]을 '꾸준히 보내며'[推度], 끝내 등이나 옆구리로 큰 침상이나 작은 밧줄 침상이나 벽이나 나무, 풀잎 자리 등에 기대지 않는 것이다. 이와 같은 것을 항상 단정하게 앉기를 바라는 것이라고 한다.

(열두째) 무엇이 '언제나 앉던 자리인 대로 앉는 것'[處如常坐]인가? 앉고 눕는 여러 '풀 자리'[草座]나 여러 '잎 자리'[葉座]가 원래 깔아놓은 [敷設] 풀 자리나 잎 자리인 대로 항상 앉고 누워, 한번 깔아놓은 뒤에는 끝내 자주 뒤집어 들추거나 손보지 않는 것이다. 이와 같은 것을 언제나 앉던 자리인 대로 앉는 것이라고 한다.

질문 어째서 '두다의 공덕'[杜多功德]이라고 하는가?

대답 비유하자면 세상의 '(염소,낙타 등의) 털'[毛]이나 양털[氈]은 아직 도리깨질[鞭]하(여 떨어내)지 않고, 아직 타서[彈] (부풀려 주지) 않고, 아직 뒤섞지[紛] 않고, 아직 골라주지[擘] 않으면, 이때에는 (털들이) 서로 들러붙어 (결이) 부드럽지도 않고, 가볍지도 않아, 실[縷綖], 담요[氈], 요[褥]를 만들 수가 없지만, (이들 여러 동물털이나 양털을) 도리깨질하(여 떨어내)고, 타서 (부풀려 주)고, 뒤섞고, 골라주면, 이때에는 (털들이) 흩어지고, (결이) 부드럽고, '아주 가벼워'[輕妙], 실, 담요, 요를 만들 수 있는 것과 같다.

수행자[行者]도 이와 같아서 음식에 대한 탐냄[貪] 때문에 여러 음식에 마음이 '물들어 집착하고'[染著], 의복에 대한 탐냄 때문에 여러 의복에 마음이 물들어 집착하며, '펴는 자리'[敷具]에 대한 탐냄 때문에 여러 펴는 자리에 마음이 물들어 집착하지만, 그는 이와 같은 '두다의 공덕'[杜多功德] 때문에 깨끗하게 '제대로 수행한다'[修治]. 그가 '순박하고 솔직한 데다'[純直], 부드럽고, '아주 가뿐하여'[輕妙], 감당할[堪任] 수 있게 하며, 따르고 의지하며 범행梵行을 수행하게 한다. 이 때문에 '두다의 공덕'[杜多功德]이라고 한다.

음식 가운데에는 '맛있는 음식'[美食]에 대한 탐냄과 '많은 음식'[多食]에 대한 탐냄이 있어서 '선법을 수행하는'[修善] 데 장애가 된다. 그러므로 맛있는 음식에 대한 탐냄을 '끊고 제거하기'[斷除] 위해 '항상 걸식하기를 바라고'[常期乞食], '차례대로 걸식한다'[次第乞食]. 많은 음식에 대한 탐냄을 끊고 제거하기 위해 '한번 앉은 (자리에서)만 먹고'[但一坐食], '우선 머문 뒤에 먹는다'[先止後食].

의복 가운데에는 세 가지 탐냄이 있어서 '선법을 수행하는'[修善] 데 장애가 된다. 첫째, 많은 의복에 대한 탐냄, 둘째, '부드러운 감촉'[軟觸]에 대한 탐냄, 셋째, '아주 훌륭한 것'[上妙]에 대한 탐냄이다.

많은 옷에 대한 탐냄을 끊고 제거하기 위해 '세 가지 옷만을 지닌다'[但持三衣]. 여러 가지로 의복의 부드러운 촉감에 대한 탐냄을 끊고 제거하기 위해 '털옷만을 지닌다'[但持毳衣]. 여러 가지로 의복이 아주 훌륭한 것에 대한 탐냄을 끊고 제거하기 위해 '똥을 제거하고 (지은) 옷을 지닌다'[持糞掃衣].

여러 '펴는 자리'[敷具]에 대해서는 네 가지 탐냄이 있어서 선법을 수행하는'[修善] 데 장애가 된다. 첫째, '시끄러운 데 어울리려는'[諠雜] 탐냄, 둘째, 집[屋宇]에 대한 탐냄, 셋째, '기대는 즐거움과 눕는 즐거움'[倚樂臥樂]에 대한 탐냄, 넷째, '펴는 자리'[敷具]에 대한 탐냄이다.

시끄러운 데 어울리려는 탐냄을 끊고 제거하기 위해 '아란야에 머무른다'[住阿練若]. 집에 대한 탐냄을 끊고 제거하기 위해 항상 '나무 밑'[樹下], 노지[逈露], '무덤 사이'[塚間]에 머무른다. 또한 '음란 방탕'[婬佚]에 대한 탐냄을 끊고 제거하기 위해 '항상 무덤 사이에 머무른다'[常住塚間]. 기대는 즐거움과 눕는 즐거움에 대한 탐냄을 끊고 제거하기 위해 '항상 단정하게 앉기를 바란다'[常期端坐]. 펴는 자리에 대한 탐냄을 끊고 제거하기 위해 '언제나 앉던 자리인 대로 앉는다'[處如常坐]. 이와 같은 것을 '두다의 공덕'[杜多功德]을 성취한다고 한다.

(9) 단정함端嚴

무엇이 단정함[端嚴]인가? 가든, 오든, 보든[覩], 살펴보든[瞻], (몸을) 구부리든, 펴든, (비구의 세 가지 옷 가운데 하나인) 승가지(僧伽胝: saṁghāṭi)를 지니든, 옷을 지니든, 식기를 지니든 단정한 모습[形相]을 성취하는 것이다. 이와 같은 것을 단정함이라고 한다.

(10) 한도를 앎知量

무엇이 '한도를 아는 것'[知量]인가? 깨끗한 믿음을 가진 여러 바라문婆羅門, 장자長者, 거사居士가 '마음대로하게 한'[極恣] 의복, 음식, '펴는 자리'[敷具], '병과 관련한 의약품'[病緣醫藥], 여러 '(몸을) 돕는 것'[什物] 가운데에서 '한도를 알고'[知量] 모으는 것이다. 이와 같은 것을 한도를 아는 것이라고 한다.

(11) 현명하고 선한 이의 교법賢善士法

무엇이 '현명하고 선한 이의 교법'[賢善士法]을 성취하는 것인가? 높은 부족에서 태어나 깨끗한 믿음으로 출가하거나, 또는 부유한 가문에 태어나 깨끗한 믿음으로 출가하여, 용모가 훌륭해 보기에 기쁘고 단정하며, '많이 들었고'[多聞], 말하는 것이 완성되었다. 또는 '많지 않은 지혜'[少智], '많지 않은 견해'[少見], '많지 않은 안락함'[少安樂]을 획득하는 대로 머무르기는 하지만 이 때문에 스스로를 지나치게 높이거나 남을 업신여기지 않는다. 오직 '법행과 법을 따르는 행'[法隨法行][59]만이 있을 뿐이며 이것이 진실[諦實]임을 알고, 분명히 안 뒤에는 '법행과 법을 따르는 행'[法隨法行]의 수행에 정진한다. 이와 같은 것을 현명하고 선한 이의 교법을 성취한다고 한다.

---

59) 유가사지론 제88권(대정장 30. p.796a13-15)에 의하면 "나는 이미 법법 및 수법隨法을 분명히 알았다."라고 할 때, 법법은 견도(見道: 正見)에 들기에 앞서 성도聖道를 수행하는 말[言]이다. 수법隨法이란 남에게 소리로 들은 그 법에 의해 '이치에 맞게 의도하는 것'[如理作意]이다.

(12) 총명하고 지혜로운 이의 모습聰慧者相

무엇이 '총명하고 지혜로운 이의 모습'[聰慧者相]을 성취하는 것인가? '업을 짓는 모습'[作業相]으로 우부愚夫임을 드러내 안다. 업을 짓는 모습으로 '총명하고 지혜로움'[聰慧]을 드러내 안다. 그것은 무엇인가? 모든 우부愚夫는 생각할 것을 악악惡惡하게 생각하고, 말할 것을 악악惡惡하게 말하고, 지을 것을 악악惡惡하게 짓는다. (반면) 모든 총명하고 지혜로운 이는 생각할 것을 선선善善하게 생각하고, 말할 것을 선선善善하게 말하고, 지을 것을 선선善善하게 짓는다. 이와 같은 것을 '총명하고 지혜로운 이의 모습'[聰慧者相]을 성취한다고 한다.

(13) 감당함堪忍

무엇이 감당함[堪忍]인가? 이를테면 어떤 이가 욕[罵](을 먹어)도 욕으로 갚지 않고, 분노[瞋]에 분노로 갚지 않으며, 맞아도 때리는 걸로 갚지 않고, 비웃음[弄](을 당해도) 비웃음으로 갚지 않는다. 또한 이 존자尊者는 추위, 더위, 굶주림, 목마름, 모기, 등에, 바람, 햇볕, 뱀과 전갈에 쏘이는 것을 감당해낸다. 또한 남이 해대는 추악麤惡한 말을 견디어 낸다. 또한 몸 안의 예리하고 굳센 '지독한 괴로움'[辛楚], 심장을 가르고 수명을 앗아갈 듯한 괴로운 느낌을 견디어 낸다. 감당하는 것을 성품으로 삼아 받아들이는 것이다. 이와 같은 것을 감당함이라고 한다.

(14) 부드럽고 온화함柔和

무엇이 '부드럽고 온화함'[柔和]인가? 어떤 이가 큰 스승 등으로부터 '자애롭고 불쌍히 여기는'[慈愍] 동작을 충분히 성취하고, 자애롭고 불쌍히 여기는 말을 충분히 성취하고, 자애롭고 불쌍히 여기는 의도[意業]를 충분히 성취한다.

여러 지혜 있는 범행梵行을 함께하는 이들과 어우러져 받아쓰고 받아쓸 것에 응하며, 대개 먹고 마시는 것을 비밀로 하지 않으며, 이치에 맞게 획득獲得한 것은 '식기 안'[鉢中]에 넣고 식기[鉢]에 속하는 것으로 하여 받아쓰며, 계戒를 같이하고 견해[見]를 같이한다. 이와 같이 여섯 가지[60]를 성취하여 즐거울 수 있고, 애호할 수 있고, 소중히 여길 수 있다. '거스르고 다투는 법'[違諍法]이 없이 쉽사리 같이 머무를 수 있고 남을 괴롭히지 않는 것을 성품으로 하여 여러 지혜 있는 범행梵行을 함께 하는 이와 한 곳에 같이 머무르며 항상 '매우 기쁘다'[歡喜]. 이와 같은 것을 부드럽고 온화함이라고 한다.

(15) 현명하고 선함賢善

무엇이 '현명하고 선함'[賢善]인가? 이를테면 어떤 이가 '불쾌한 표정을 짓는 것'[顰蹙]을 멀리하여 '얼굴을 펴고'[舒顏] 바로 보며, 미소를 짓고 먼저 말하고 항상 '사랑스러운 말'[愛語]을 하며, 성품이 많이 챙겨주는 편이라 선법善法을 벗 삼아 몸과 마음이 맑고 깨끗하다. 이와 같은 것을 현명하고 선함이라고 한다.

요약하면, 만일 이와 같은 제법諸法을 성취하면, 정법正法을 '사랑스러워해 즐거워하고'[愛樂], 공덕功德을 사랑스러워해 즐거워하며, '이익 보는 것'[利養], 공경恭敬, 명예[稱譽]를 즐거워하지 않는다. 또한 늘어남[增益], 줄어듦[損減]의 두 가지 '비뚠 견해'[邪見]를 성취하지 않아, '있는

---

60) 유가론기 제6권하(대정장 42. p.442a21-22): 즉 육화경六和敬이다. (신身·구口·의意) 삼업이 세 가지이고, 어우러져 함께 받아쓴다가 한 가지이고, 계戒(를 같이 한다)와 견해[見](를 같이 한다)가 각각 한 가지가 되므로 여섯 가지이다. 即六和敬也。前三業為三。和同受用為一。戒見各為一。故六也。

존재가 아닌 것'[非有法]을 결코 늘이지 않고, '실제로 있는 존재'[實有法]를 결코 줄이지 않는다.

여러 세상의 '글자를 꾸며대는 것'[文綺]을 섬기는 이가 만든 세상을 따르는 여러 가지 '글자 모습'[字相], 꾸며대는 문구文句, 관련 있는 시론詩論을 바르고 분명하게 알지만, 의미 없고 이익 없는 것을 멀리하여 버리고 익히지도 애호하지도 유통[流傳]시키지도 않는다. 여분의 옷과 식기는 쌓아두기를 즐거워하지 않고, 집에 머무르는 이를 멀리하며 함께 시끄럽게 섞여 머무르는 것을 즐거워하지 않는데, 번뇌煩惱를 늘리기 때문이다. '성스러운 무리'[聖衆]와 어우러져 머무르는 것을 즐거워 하는데, 지혜[智]를 깨끗하게 수행하기 때문이다.

친가[親里], 친구를 챙기는 것을 즐거워하지 않는다. "나는 이 친가와 친구 때문에 장차 무수히 요란한[擾亂] 일을 불러들이지 말아야겠다. 그가 혹시 '변하여 망가지면'[變壞], 장차 여러 가지 '속태우며 슬퍼함'[愁慼], '마음 아파 탄식함'[傷歎], '슬퍼 괴로워함'[悲苦], '근심으로 몹시 괴로워함'[憂惱]이 생겨 근본[本], 그리고 따르는[隨] 두 가지의 번뇌[惑]가 따라 생길 것이다."라며, 굳게 집착하지 않고 빠르게 버리고 '제거하여 내쫓고'[除遣] '변화시켜 뱉는다'[變吐]. "나는 장차 이 두 가지 번뇌[惑] 때문에 지금생[現法]과 내생[後法]의 여러 괴로움을 생기게 하지 말아야겠다."라고 한다.

끝내 '믿음있는 보시'[信施]를 헛되게[虛損] 하지 않고, 끝내 청정한 '금지와 계'[禁戒]를 어기지 않으며, 믿음있는 보시를 받아쓰면서, 끝내 다른 이의 믿음있는 보시를 비난하지[毁呰] 않고, 끝내 '배운 것'[受學處]을 버리지 않으며, 항상 즐겨 자기의 잘못을 성찰省察하고, 기뻐 남이

'어긴 것'[愆犯]을 '엿보려 하지'[伺求] 않으며, 자기의 선善함은 감추고 자기의 악惡함은 드러내며, '생활이 어려워도'[命難] 고의[故思]로 여러 죄를 저지르지 않고, 잊고서[忘念] 사소하게 어기는 것이 있어도 곧바로 교법에 맞게 '참회하여 없애며'[悔除], 지을 일에 대해서는 아주 부지런하여 게으름이 없고, '대개 모든'[凡百]61) 할 것은 자기가 갖추고 끝내 남이 자기를 위해 모셔주기[給使]를 바라지 않는다.

부처님 세존世尊과 부처님 제자의 '생각할 수 없는'[不可思議] 위력[威德], '신통의 힘'[神力], 매우 깊은 '교법의 가르침'[法教]에 대해 깊이 '믿고 해석함'[信解]이 생기게 하고, 끝내 비난하지[毁謗] 않고, 이것은 여래如來만이 '아는 것'[所知], '보는 것'[所見]으로 나의 대상영역[境界]이 아니라는 것을 바르고 분명하게 알아 끝내 자기의 '이치에 맞지 않는 견해'[妄見]의 집착[取]과 '이치에 맞지 않는'[非理] '악한 견해'[惡見]로부터 생긴 이론[言論]과 주술呪術에 '너절하게 집착하고'[僻執] 머무르는 것을 즐거워하지 않는다.

만일 이와 같은 공덕功德과 관련하고[相應], 이와 같이 편안히 머무르고, 이와 같이 '배움을 수행하여'[修學] 바른 사문沙門의 여러 장신구[莊嚴具]로 스스로 장식하면 매우 '섬세하고 훌륭하다'[微妙].

비유하자면 어떤 이가 한창때에 단정端正하기를 좋아해 스스로를 장식하는 것이다. 여러 욕망을 느끼는 것을 즐겨 몸과 머리를 목욕하고, 훌륭한 향을 바르며, 희디흰[鮮白] 옷을 입고 여러 가지 훌륭한 장신구[莊嚴具]로 꾸민다. 이를테면 '(목이나 팔 가슴 등에 두르는) 구슬(을 꿴 장식

---

61) 유가론기 제6권하(대정장 42. p.442a23): '대강 백 가지'[凡百]란 '대개 모든'[凡諸]이다.　凡百者凡諸也.

품)'[瓔珞], 귀고리[耳環], 가락지[指環], '(아래팔의) 팔찌'[腕釧], '(위팔의) 팔찌'[臂釧], 여러 가지 훌륭한 '보배 새김'[寶印]과 금과 은으로 (장식한) 여러 가지 '꽃으로 된 머리장식'[華鬘]이다. 이와 같은 장식이 아주 '신기하고 훌륭한'[奇妙] 것과 같다.

이와 같이 수행자[行者]도 바른 사문沙門으로서 여러 가지 공덕功德이라는 훌륭한 장신구[莊嚴具]로 스스로를 장식[莊嚴]하면 그의 능력[德]은 왕성하게 '위대한 광채'[威光]가 '두루 비춘다'[遍照]. 그러므로 '사문의 장식'[沙門莊嚴]이라고 한다. 이와 같은 것을 사문沙門의 장신구[莊嚴具]의 의미라고 한다.

4. 제이유가처第二瑜伽處

앞서 들고 보여준 것과 같은 최초유가처[初瑜伽處: 최초 관행하는 처소]의 '벗어나는 영역'[出離地] 중에서 (첫째) 몇 종류의 보특가라補特伽羅가 벗어남[出離]을 경험할 수 있는가? (둘째) 어떻게 보특가라補特伽羅를 성립[建立]시키는가? (셋째) 무엇이 대상[所緣]인가? (넷째) 무엇이 가르쳐줌[教授]인가? (다섯째) 무엇이 배움[學]인가? (여섯째) 무엇이 '배워야 할 존재를 따르는 것'[隨順學法]인가? (일곱째) 무엇이 '유가를 망가뜨림'[瑜伽壞]인가? (여덟째) 무엇이 유가瑜伽인가? (아홉째) 무엇이 의도[作意]인가? (열째) 무엇이 '유가사가 지을 대상'[瑜伽師所作]인가? (열한째) 몇 종류의 유가사瑜伽師가 있는가? (열둘째) 무엇이 '유가의 수행'[瑜伽修]인가? (열셋째) 무엇이 '수행의 결과'[修果]인가? (열넷째) 몇 종류의 보특가라補特伽羅의 '다른 부문'[異門]인가? (열다섯째) 몇 종류의 보특가라補特伽羅가 있는가? (열여섯째) 몇 종류의 보특가라補特伽羅를 성립시키는 '원인과 조건'[因緣]이 있는가? (열일곱째) 몇 종류의 마라[魔: 마라摩羅: 마라魔羅: māra]가 있는가? (열여덟째) 몇 종류의 '마라가 하는 일'[魔事]이 있는가? (열아홉째) 무엇을 '나아가기 시작해도'[發趣] 헛되어 [空] 결과가 없다고 하는가? 요약[嗢拕南: udāna]하자면 아래와 같다.

'여러 보특가라'[諸補特伽羅],

'(보특가라의) 성립'[建立], 대상[所緣], 가르침[教],

배움[學], '배워야 할 존재를 따름'[隨順學法]

'(유가를) 망가뜨림'[壞], 유가瑜伽, 의도[作意],

유가사瑜伽師, '(유가사의) 지음'[作], '(유가의) 수행'[修],

(수행)결과[果], 부문[門], 삭취취數取趣,

'(삭취취의) 원인'[因], 마라[魔], '(그) 하는 일'[事], '결과가 없음'[無果]이다.

이 모두를 자세히 설명하겠다.

4.1. 보특가라종류補特伽羅品類

보특가라補特伽羅 종류[品類]는 스물여덟 가지로 구별된다. 무엇이 스물여덟 가지인가? 이를테면 '근기가 둔한'[鈍根] 이, '근기가 예리한'[利根] 이, '탐냄이 뛰어난'[貪增上] 이, '분노가 뛰어난'[瞋增上] 이, '어리석음이 뛰어난'[癡增上] 이, '(남에게) 으스댐이 뛰어난'[慢增上] 이, '깊은 생각이 뛰어난' [尋思增上] 이, 밋밋한[得平等] 이, '번뇌의 성질이 얇은'[薄塵性] 이, '향向을 실천하는'[行向] 이, '과果에 머무르는'[住果] 이, '따라 믿으며 실천하는'[隨信行] 이, '교법을 따라 실천하는'[隨法行] 이, '믿음으로 해석하는'[信勝解] 이, '도달함을 본'[見至] 이, '몸으로 경험한'[身證] 이, '최대 일곱 번을 반복해서 태어나는'[極七返有] 이, '집에서 집으로 (가는)'[家

家] 이, '한 번 틈이 있는'[一間] 이, '중유中有 상태에서 반열반 하는'[中般涅槃] 이, '생겨나서 반열반하는'[生般涅槃] 이, '실천한 것도 없이 반열반 하는'[無行般涅槃] 이, '실천해서 반열반하는'[有行般涅槃] 이, '위로 유전流轉하는'[上流] 이, '시기가 되어야 해탈하는'[時解脫] 이, '존재에 움직이지 않는'[不動法] 이, '지혜의 해탈을 하는'[慧解脫] 이, '모두 갖춘 해탈을 하는'[俱分解脫] 이 등이다.

(첫째) 무엇이 '근기가 둔한'[鈍根] 보특가라補特伽羅인가? 어떤 보특가라가 '둔한 근기'[鈍根]를 성취하여 '알아야 할 대상'[所知事]에 대해 '굼뜨고 미련하게'[遲鈍] 전개[運轉]하고, 자질구레하게[微劣] 전개한다. 앞서 이미 설명했다. 이는 또한 두 가지이니 그 모습을 알라. 첫째, 본래 근기가 둔한 '종자의 성질'[種姓]이다. 둘째, 아직 모든 근근에 대해 잘 수습修習을 못한 것이다.

(둘째) 무엇이 '근기가 예리한'[利根] 보특가라인가? 어떤 보특가라가 '예리한 근기'[利根]를 성취하여 '알아야 할 대상'[所知事]에 대해 굼뜨고 미련하게 전개하지 않고, 자질구레하게 전개하지 않는다. 앞서 이미 설명했다. 이도 역시 두 가지이니 그 모습을 알라. 첫째, 본래 근기가 예리한 종자의 성질이다. 둘째, 이미 모든 근근에 대해 잘 수습修習한 것이다.

(셋째) 무엇이 '탐냄이 뛰어난'[貪增上] 보특가라인가? 어떤 보특가라가 앞선 다른 생 가운데 탐냄[貪]의 번뇌를 이미 닦고[修] 익히고[習] 많이 '닦고 익혔기'[修習] 때문에, 지금 이생 가운데 '애착할 만한 대상'[所愛事]에 대해 예리한 탐냄이 있고, 오랫동안의 탐냄이 있는 것이다. 이와 같은 이를 탐냄이 뛰어난 보특가라라고 한다.

(넷째) 무엇이 '분노가 뛰어난'[瞋增上] 보특가라인가? 어떤 보특가라가

앞선 다른 생 가운데 분노[瞋]의 번뇌를 이미 닦고 익히고 많이 닦고 익혔기 때문에, 지금 이생 가운데 '분노할 만한 대상'[所憎事]에 대해 예리한 분노가 있고, 오랫동안의 분노가 있는 것이다. 이와 같은 이를 분노가 뛰어난 보특가라라고 한다.

(다섯째) 무엇이 '어리석음이 뛰어난'[癡增上] 보특가라인가? 어떤 보특가라가 앞선 다른 생 가운데 어리석음[癡]의 번뇌를 이미 닦고 익히고 많이 닦고 익혔기 때문에, 지금 이생 가운데 '어리석어질 만한 대상'[所愚事]에 대해 예리한 어리석음이 있고, 오랫동안의 어리석음이 있는 것이다. 이와 같은 이를 어리석음이 뛰어난 보특가라라고 한다.

(여섯째) 무엇이 '(남에게) 으스댐이 뛰어난'[慢增上] 보특가라인가? 어떤 보특가라가 앞선 다른 생 가운데 '(남에게) 으스댐'[慢]의 번뇌를 이미 닦고 익히고 많이 닦고 익혔기 때문에, 지금 이생 가운데 '으스댈만한 대상'[所慢事]에 대해 예리한 으스댐이 있고, 오랫동안의 으스댐이 있는 것이다. 이와 같은 이를 (남에게) 으스댐이 뛰어난 보특가라라고 한다.

(일곱째) 무엇이 '깊은 생각이 뛰어난'[尋思增上] 보특가라인가? 어떤 보특가라가 앞선 다른 생 가운데 그 '깊은 생각'[尋思]을 이미 닦고 익히고 많이 닦고 익혔기 때문에, 지금 이생 가운데 '깊이 생각할 만한 대상'[所尋思事]에 대해 예리한 깊은 생각이 있고, 오랫동안의 깊은 생각이 있는 것이다. 이와 같은 이를 깊은 생각이 뛰어난 보특가라라고 한다.

(여덟째) 무엇이 밋밋한[得平等] 보특가라인가? 어떤 보특가라가 앞선 다른 생 가운데 탐냄, 분노, 어리석음, 으스댐, 깊은 생각을 닦지도 않고 익히지도 않고 많이 닦고 익히지도 않았지만, 그 존재[法]의 잘못을 아직 보질 못했고, '염증이 나서 무너뜨리지'[厭壞] 못했고, 잘 추구推求하지

못했다. 이 때문에 애착할 만하고, 분노할 만하고, 어리석어질 만하고, 으스댈만하고, 깊이 생각할 만한 대상에 대해 예리한 탐냄이나 오랫동안의 탐냄이 없기는 하지만 '바로 그 대상일 것 같으면'[如彼事] 탐냄은 '나타나 작용한다'[現行]. 탐냄과 같이 분노, 어리석음, 으스댐, 깊은 생각도 그렇다. 이와 같은 이를 밋밋한 보특가라라고 한다.

(아홉째) 무엇이 '번뇌의 성질이 얇은'[薄塵性] 보특가라인가? 어떤 보특가라가 앞선 다른 생 가운데 탐냄[貪]의 번뇌를 닦지도 않고 익히지도 않고 많이 닦고 익히지 않았다. 이미 그것에 대한 많은 잘못을 보았고, 이미 '염증이 나서 무너뜨렸으며'[厭壞], 추구推求를 잘 하였기 때문이다. 그래서 지금 이생 가운데 '애착할 만한 대상'[所愛事]에 대하여 마침[會遇] '앞에 나타난'[現前] 수많은 아름답고 훌륭한 '높은 종류'[上品]의 대상영역[境] 가운데에서 자질구레한[微劣] 탐냄이 일어나고, 그 '중간 종류'[中品], '낮은 종류'[下品]의 대상영역 가운데에서는 탐냄이 전혀 일어나지 않는다. 탐냄과 같이 분노, 어리석음, 으스댐, 깊은 생각도 그렇다는 것을 알라. 이와 같은 이를 번뇌의 성질이 얇은 보특가라라고 한다.

(열째) 무엇이 '향함을 실천하는'[行向] 보특가라인가? '네 가지 향함'[四向]을 실천하는 보특가라를 가리킨다. 무엇이 네 가지인가? 첫째, 예류과향(預流果向: 성인의 흐름에 들어가는 결과를 향함), 둘째, 일래과향(一來果向: 한 번은 오는 결과를 향함), 셋째, 불환과향(不還果向: 욕계로 돌아오지 않는 결과를 향함), 넷째, 아라한과향(阿羅漢果向: 아라한[arhat: 응공應供]이라는 결과를 향함)이다. 이와 같은 이를 '향함을 실천하는'[行向] 보특가라라고 한다.

(열한째) 무엇이 '결과에 머무르는'[住果] 보특가라인가? '네 가지 결과'[四

果]에 머무르는 보특가라를 가리킨다. 무엇이 네 가지인가? 첫째, 예류과預流果, 둘째, 일래과一來果, 셋째, 불환과不還果, 넷째, 아라한과阿羅漢果이다. 이와 같은 이를 '과果에 머무르는'[住果] 보특가라라고 한다.

(열두째) 무엇이 '따라 믿으며 실천하는'[隨信行][62) 보특가라인가? 어떤 보특가라가 남의 가르침[敎授]과 지도함[敎誡]을 '구하고 청하는 것'[求請]으로 말미암아 이 힘 때문에 '결과를 경험하는 실천'[證果行]을 수행하는 것이다. 듣는 것, 느끼는 것, '궁극적으로 하는 것'[所究竟], 생각하는 것, '추측하는 것'[所量], '존재를 살피는 것'[所觀察法] 등과 같은 것을 자기의 작용[功能]이나 힘으로 '교법을 따라 수행하는 것'[隨法修行]이 아니다. 오직 다른 보특가라를 따라 믿어서 수행하는 것이다. 이와 같은 이를 '따라 믿으며 실천하는'[隨信行] 보특가라라고 한다.

(열셋째) 무엇이 '교법을 따라 실천하는'[隨法行] 보특가라인가? 어떤 보특가라가 듣는 것, 느끼는 것, 궁극적으로 하는 것, 생각하는 것, 추측하는 것, '존재를 살피는 것'[所觀察法] 등과 같은 것을 자기의 작용[功能]이나 힘으로 '교법을 따라 수행하는 것'[隨法修行]이다. 남의 가르침[敎授]과 지도함[敎誡]을 추구함을 따라 '결과를 경험하는 실천'[證果行]을 수행하는 것이 아니다. 이와 같은 이를 교법을 따라 실천하는 보특가라라고 한다.

(열넷째) 무엇이 '믿음으로 해석하는'[信勝解] 보특가라인가? 곧 '따라 믿으며 실천하는'[隨信行] 보특가라를 가리키는데, 남(이 베푼) 가르침과 지도함 때문에 '사문의 결과'[沙門果]에 대해 '닿아서 경험'[觸證]할 때 (이

---

62) 유가론기 제6권하(대정장 42. p.442b13-14): 수신행隨信行이란 이 사람은 견도見道 이전에 있어서 칠방편을 수행하는 계위이다.　　隨信行者。此人在於見道已前修七方便位。

를) 믿음으로 해석하는 보특가라라고 한다.

(열다섯째) 무엇이 '도달함을 본'[見至] 보특가라인가? 곧 '교법을 따라 실천하는'[隨法行] 보특가라를 가리키는 것인데, '사문의 결과'[沙門果]에 대해 '닿아서 경험'[觸證]할 때 (이를) 도달함을 본 보특가라라고 한다.

(열여섯째) 무엇이 '몸으로 경험한'[身證][63] 보특가라인가? 어떤 보특가라가 팔해탈八解脫[64]에 '따르거나 거슬러'[順逆] '들고 나며'[入出] '몸으로 경험하여'[身作證] 자주 편안히 머무르지만, 아직 모든 번뇌가 영원히 다함을 이루지 못한다. 이와 같은 이를 몸으로 경험한 보특가라라고 한다.

(열일곱째) 무엇이 '최대 일곱 번을 반복해서 태어나는'[極七返有] 보특가라인가? 어떤 보특가라가 이미 살가야견(薩迦耶見: satkāya-dṛṣṭi: 신견身見), 계금취(견)(戒禁取: 계계와 금지에 대한 집착), 머뭇거림[疑] 등 세 가지 결(結: 매임)을 영원히 끊었기 때문에 예류과預流果를 얻어 '(나쁜 세상으로) 떨어지지 않는 법'[無墮法]을 완성하여 결정적으로 깨달음[菩提]으로 나아간다. 최대 일곱 번을 반복해서 태어나면서 천계[天]와 사람세상[人]을 왕래하여 최대 일곱 번 반복에 이르면 '괴로움의 한계'[苦邊][65]를 경험한다. 이와 같은 이를 최대 일곱 번을 반복해서 태어나는 보특가라라고 한다.

---

63) 유가론기 제6권하(대정장 42. p.442b21-22): 신증身證이란 팔해탈 중에서 여덟째는 무심(無心: 상수멸상수멸想受滅)을 몸으로 경험하고, 셋째 해탈(깨끗한 해탈을 몸으로 경험함으로써 완성에 머무르는 해탈) 성취는 몸에 있으므로, '몸으로 경험한다'[身證]고 한다.　　身證者於八解脫中第八無心依身而證。第三解脫成就在身名為身證。
64) 본 역주본 제2권, pp.29-30 및 pp.83-88, 4.1 해탈解脫 참조.
65) '괴로움의 한계'[苦邊]: 괴로움과 그 원인을 영원히 소멸함.

(열여덟째) 무엇이 '집에서 집으로 (가는)'[家家] 보특가라인가? 두 가지 '집에서 집으로 (가는 것)'[家家]이 있다. 첫째, '천계의 집에서 집으로 (가는 것)'[天家家], 둘째, '사람세상의 집에서 집으로 (가는 것)'[人家家] 이다. 천계의 집에서 집으로 (가는 것)이란 천계[天上]의 집으로부터 집에 이르는 것인데, 가고 오며 괴로움의 한계를 경험[證]하는 것이다. '사람세상의 집에서 집으로 (가는 것)이란 사람세상[人間]의 집으로부터 집에 이르는 것인데, 가고 오며 괴로움의 한계를 경험하는 것이다. 두 가지 모두 바로 예류과[預流: 일래향一來向]의 보특가라임을 알라.

   (열아홉째) 무엇이 '한번 틈이 있는'[一間][66] 보특가라인가? 곧 일래과[一來]의 보특가라가 불환과향不還果向을 실천한 뒤에 영원히 욕계欲界 번뇌煩惱의 '강한 것'[上品]과 '중간 것'[中品]을 끊고, '약한 것'[下品]만 남았는데, 다시 한번 욕계欲界의 천계[天]에 태어나 그곳에서 반열반般涅槃을 이루어 이 세상에 도로 태어나지 않는 것이다. 이와 같은 이를 한번 틈이 있는 보특가라라고 한다.

   (스무째) 무엇이 '중유中有 상태에서 반열반하는'[中般涅槃] 보특가라인가? 세 가지 '중유 상태에서 반열반하는'[中般涅槃] 보특가라가 있다.

   첫째, 중유中有 상태에서 반열반하는 어떤 보특가라 종류는 이곳에서 죽은 뒤에 중유로 이어 생겨나서, 중유로 생겨나자마자 곧 반열반般涅槃하는 것이다. 비유하자면 작은 불꽃의 작은 불티[星]가 드러나자마자 소멸[謝滅]하는 것과 같다.

---

66) 유가론기 제6권하(대정장 42. p.443a21-22): 일간一間이란 한번 태어난 사이에 부득이 열반하므로 '한번 틈이 있는'[一間]이라 한다. 간間은 틈[間染: 간극間隙]이다. 　一間者。唯為一生所間不得涅槃故名一間。間是間染。

둘째, 중유中有 상태에서 반열반하는 어떤 보특가라 종류는 이곳에서 죽은 뒤에 중유로 이어 생겨나서, 잠시 머무른 뒤에 '생길 때'[生有]로 나아가지 않고 곧 반열반般涅槃하는 것이다. 비유하자면 쇠를 '두드려 얇게'[搏鋌]할 때 불길이 활활 타올라 '쇠망치로 두드려'[鎚鍛] 불티가 날리자마자 소멸하는 것과 같다.

셋째, 중유中有 상태에서 반열반하는 어떤 보특가라 종류는 이곳에서 죽은 뒤에 중유로 이어 생겨난다. 중유로 생겨난 뒤에 '생길 때'[生有]로 나아가다가 미처 '생길 때'[生有]가 되지 않고 곧 반열반般涅槃하는 것이다. 비유하자면 저 뜨거운 쇠를 쇠망치로 두드려 불티가 날려 아직 땅에 닿기도 전에 소멸하는 것과 같다. 이와 같은 세 가지 '중유 상태에서 반열반하는'[中般涅槃] 보특가라는 아울러 한 가지로 하여 중유 상태에서 반열반하는 보특가라라고 한다.

(스물한째) 무엇이 '생겨나서 반열반하는'[生般涅槃] 보특가라인가? 그곳에 생겨나자마자 곧 반열반般涅槃하는 것이다. 이와 같은 이를 '생겨나서 반열반하는'[生般涅槃] 보특가라라고 한다.

(스물두째) 무엇이 '실천한 것도 없이 반열반 하는'[無行般涅槃] 보특가라인가? 그곳에 생겨나서 힘씀[加行]도 일으키지 않고, 작용[功用]도 짓지 않으며, 피곤함[勞倦]으로 말미암지도 않고서 (성)도(聖道: 괴로움의 원인을 소멸시키는 성스러운 방도)가 바로 앞에 나타나 반열반般涅槃하는 것이다. 이와 같은 이를 '실천한 것도 없이 반열반 하는'[無行般涅槃] 보특가라라고 한다.

(스물셋째) 무엇이 '실천해서 반열반하는'[有行般涅槃] 보특가라인가? 그곳에 생겨나서 힘씀[加行]을 발생시키고, 크게 작용[功用]을 지으며,

아주 피곤함[勞倦]으로 말미암아 (성)도聖道가 바로 앞에 나타나 반열반般涅槃하는 것이다. 이와 같은 이를 '실천해서 반열반하는'[有行般涅槃] 보특가라라고 한다.

(스물넷째) 무엇이 '위로 유전(流轉: 존재의 원인과 결과가 멈추지 않고 계속됨)하는'[上流] 보특가라인가? 어떤 불환과[不還]의 보특가라가 이곳[欲界]으로부터 위[上]인 초정려初靜慮에 생겨나서 그곳에서 머물다가 반열반般涅槃하지 않고, 그곳에서 '물질로 된 근[色根]이 소멸하고'[沒][67] 나서 점점 위로 여러 생겨날 곳에 생겨나며 내지는 색구경천色究竟天에 이르기도 하고, 비상비비상처非想非非想處에 이르기도 한다. 이와 같은 이를 '위로 유전流轉하는'[上流] 보특가라라고 한다.

(스물다섯째) 무엇이 '시기가 되어야 해탈하는'[時解脫] 보특가라인가? 어떤 보특가라가 '둔한 근기'[鈍根]의 '종자 성질'[種姓]인데 여러 세상의 '지금생의 즐거움에 머무름'[現法樂住]에서 '멀어져 놓치는 것'[退失]이 있을까 봐 어떤 경우에는 '스스로 해코지함'[自害]을 생각하고, 어떤 경우에는 해탈함[解脫]을 지키려고 힘써 '방종하지 않음'[不放逸]의 실천을 부지런히 수행하는데, '멀어져 놓치는 것'[退失]을 막는 강한 힘 때문이다. 어떤 경우에는 자기의 '선한 종류'[善品]에 편안히 머무른다. 어떤 경우에는 이러저러한 밤낮[日夜], 찰나刹那, '눈을 깜빡일 새'[瞬息], 수유(須臾: muhūrta: 순간)를 지나면서 힘써 '다음 단계로 나아가려'[勝進] 해도 아직 '최고로 예리함'[最極猛利]을 경험하지 못한다. 이와 같은 이를 '시기가 되어야 해탈하는'[時解脫] 보특가라라고 한다.

---

67) 본 역주본 제1권, pp.346-347, 끝남[沒] 참조.

(스물여섯째) 무엇이 '존재에 움직이지 않는'[不動法] 보특가라[68]인가? 어떤 보특가라가 위[스물다섯째 보특가라]와 서로 반대이면, 이와 같은 이가 '존재에 움직이지 않는'[不動法] 보특가라임을 알라

(스물일곱째) 무엇이 '지혜의 해탈을 하는'[慧解脫] 보특가라인가? 어떤 보특가라가 이미 (지혜의 힘으로) '모든 번뇌가 영원히 다함'[諸漏永盡]을 경험하였어도, 팔해탈八解脫에 대해 '몸으로 경험함'[身證]을 갖추어 편안히 머무르지 못한 것이다. 이와 같은 이를 '지혜의 해탈을 하는'[慧解脫] 보특가라라고 한다.

(스물여덟째) 무엇이 '모두 갖춘 해탈을 하는'[俱分解脫] 보특가라인가? 어떤 보특가라가 이미 '모든 번뇌가 영원히 다함'[諸漏永盡]을 경험하고, 팔해탈八解脫에 대해 '몸으로 이미 경험함'[身已作證]을 갖추어 편안히 머무르며, '번뇌장애 부분'[煩惱障分]과 '해탈장애 부분'[解脫障分][69]에서 마음이 모두 해탈解脫하는 것이다. 이와 같은 이를 '모두 갖춘 해탈을 하는'[俱分解脫] 보특가라라고 한다.

4.2. 보특가라의 성립補特伽羅建立

어떻게 보특가라補特伽羅를 성립[建立]하는가? 열한 가지 구별하는

---

68) 유가론기 제6권하(대정장 42. p.443b22-23): 부동不動은 여섯째 최상 근근의 사람으로 번뇌 등 나머지 조건에 움직이지 않으므로 '움직이지 않는'[不動]이라 한다.　不動即是第六最上根人。不爲煩惱等餘緣所動。故一名不動。

69) 유가론기 제6권하(대정장 42. p.443b29-c2): 구해탈俱解脫이란 번뇌장애[煩惱障]와 해탈장애[解脫障]가 모두 다한 것을 '모두 갖춘 해탈'[俱解脫]이라 한다. 번뇌장애[煩惱障]란 구지九地의 견·수도[見修]의 번뇌이다. 해탈장애[解脫障]란 팔해탈八解脫을 성취하지 못한 성질이다.　俱解脫者。煩惱及解脫障俱盡名俱解脫。煩惱障者。即是九地見修煩惱。解脫障者。即是於八解脫不成就性也。

이치로 보특가라를 성립한다는 것을 알라. 무엇이 열한 가지 구별하는 이치인가? 첫째, 근기[根]가 구별되기 때문이다. 둘째, 무리[衆]가 구별되기 때문이다. 셋째, 작용[行]이 구별되기 때문이다. 넷째, (서)원(誓願: 소원을 맹세함)이 구별되기 때문이다. 다섯째, '실천의 자취'[行跡]가 구별되기 때문이다. 여섯째, '과정과 결과'[道果]가 구별되기 때문이다. 일곱째, 힘씀[加行]이 구별되기 때문이다. 여덟째, 선정[定]이 구별되기 때문이다. 아홉째, 생겨남[生]이 구별되기 때문이다. 열째, 물러남[退]과 '물러나지 않음'[不退]이 구별되기 때문이다. 열한째, 장애[障]가 구별되기 때문이다.

4.2.1 근기根

무엇이 근기[根]의 구별로 성립한 보특가라인가? 근기[根]의 구별로 성립한 두 가지 보특가라를 가리킨다. 첫째, '둔한 근기'[鈍根], 둘째, '예리한 근기'[利]이다.

4.2.2 무리衆

무엇이 무리[衆]의 구별로 성립한 보특가라인가? 무리[衆]의 구별로 성립한 일곱 가지 보특가라를 가리킨다. 비구(比丘: bhikṣu), 비구니(比丘尼: bhikṣuṇī), 식차마나(式叉摩那: sikṣamānā: 정학正學), 노책남(勞策男: 근책남勤策男: 사미沙彌: śrāmaṇera), 노책녀(勞策女: 근책녀勤策女: 사미니沙彌尼: śrāmaṇerikā), 근사남(近事男: 우바새優婆塞: upāsaka), 근사녀(近事女: 우바이優婆夷: upāsikā)이다.

4.2.3 작용行

무엇이 작용[行]의 구별로 성립한 보특가라인가? 작용[行]의 구별로 성립한 일곱 가지 보특가라를 가리킨다. 탐냄[貪]이 뛰어난 보특가라의 경우 '탐냄이 작용하는 이'[貪行者]라고 한다. 성냄[瞋]이 뛰어난 보특가라의 경우 '분노가 작용하는 이'[瞋行者]라고 한다. 어리석음[癡]이 뛰어난 보특가라의 경우 '어리석음이 작용하는 이'[癡行者]라고 한다. '(남에게) 으스댐'[慢]이 뛰어난 보특가라의 경우 '(남에게) 으스댐이 작용하는 이'[慢行者]라고 한다. '깊은 생각'[尋思]이 뛰어난 보특가라의 경우 '깊은 생각이 작용하는 이'[尋思行者]라고 한다. 밋밋함[平等]을 이룬 보특가라의 경우 '밋밋함이 작용하는 이'[等分行者]라고 한다. '번뇌의 성질이 얇은'[薄塵性] 보특가라의 경우 '얇은 번뇌가 작용하는 이'[薄塵行者]라고 한다.

질문(1) '탐냄이 작용하는'[貪行] 보특가라는 어떤 모습이라고 알아야 하는가?

대답(1) 탐냄이 작용하는 보특가라는 여러 자질구레한[微劣] '애착할 만한 대상'[所愛事] 중에서 최고로 무거운 '강한 종류'[上品]의 '탐냄 전'[貪纒: 탐냄이라는 얽힘]이 생기게 하는데, '중간 종류'[中品], '높은 종류'[上品]의 대상영역이야 (어떻겠는가)!

또한 이 '탐냄 전'[貪纒]은 몸에 머물러 오래도록 지속하고, 오랫동안 따르며 묶는다. 탐냄 전纒 때문에 '애착할 만한 존재'[可愛法]에 굴복해[制伏] 그 애착할 만한 존재를 굴복시킬 수 없다. 모든 근根이 '아주 기쁘고'[悅懌], 모든 근根이 강하지 못하며, 모든 근根이 껄끄럽지[澁] 못하고, 모든 근根이 거칠지[麁] 못하며, 성품됨이 나쁜 언행[身語]으로 남 괴롭히는 것을 좋아하지 않는다. 멀리하게 하기 어렵고, 염증내게[厭患] 하기 어려우며, 못나게[下劣] 해석하고[勝解], 사업事業이 굳세고[堅牢], 사업이 '오랫동안 탄탄하며'[久固], '금지와 계'[禁戒]가 굳세고, 금지와 계가 오랫 동안 탄탄하여 잘 감당하고 잘 받아들인다. 살림살이[資生具]에 대해서는 '좋아 물드는'[耽染] 성품이라 '사랑스럽고 소중하게 여김'[愛重]이 깊이 생긴다. 아주 기쁘디 기뻐하며 '불쾌한 표정을 짓는 것'[顰蹙]을 멀리하여 '얼굴을 펴고'[舒顔] 바로 보며, 미소를 짓고 먼저 말한다. 이와 같은 종류가 바로 '탐냄이 작용하는 이'[貪行者]의 모습이라고 한다는 것을 알라.

　질문(2) '분노가 작용하는'[瞋行] 보특가라는 어떤 모습이라고 알아야 하는가?

　대답(2) 분노가 작용하는 보특가라는 여러 자질구레한 '분노할 만한 대상'[所憎事] 중에서 최고로 무거운 '강한 종류'[上品]의 '분노 전'[瞋纒: 분노라는 얽음]이 생기게 하는데, '중간 종류'[中品], '높은 종류'[上品]의 대상영역이야 (어떻겠는가)!

　또한 이 '분노 전'[瞋纒]은 몸에 머물러 오래도록 지속하고, 오랫동안 따르며 묶는다. 또한 이 분노 전纒 때문에 '분노할 만한 존재'[可憎法]에 굴복해 그 분노할 만한 존재를 굴복시킬 수 없다. 모든 근근이 '야위어 파리하고'[枯槁], 모든 근근이 억세며[剛强], 모든 근근이 거칠고[疎澀], 모든 근근이 성급하며[麁燥], 성품됨이 나쁜 언행[身語]으로 남 괴롭히는 것을 좋아한다. 멀리하게 하기 쉽고, 염증내게[厭患] 하기 쉬우며, 멋대로 [兇暴] 억지부리고[强口], '얼굴 표정'[形相]은 '서슬이 퍼러며'[稜層], 많은 해석[勝解]이 없고, 사업事業이 '굳세지 못하고'[不堅], 사업이 '탄탄 하지 못하며'[不固], '금지와 계'[禁戒]가 굳세지 못하고, 금지와 계가 탄탄 하지 못하여 감당하지 못하고 받아들이지 못하여 근심이 많고 괴로움이 많다. 성품이 어기기를 좋아하고, 취할 것을 따르지 않으며, 성품에 근심이 많고, 성품이 거친 말을 좋아하며, '미워하고 원망함'[嫌恨]을 많이 품고, '비참하고 끔찍하게'[慘烈] '하려 들며'[意樂], 패악悖惡스럽게 '구더기 대하듯 하고'[尤蛆], 상대방과 적대하기 좋아하며, 소소한 말이라도 들으면 많이 원망하고[悉] 많이 화내며[憤], (몹시 지쳐) 여위면서[憔悴] 분노하기 좋아하고, 얼굴에 '불쾌한 표정을 지으며'[顰蹙] 항상 '얼굴을 펴지'[舒顏] 않고 나쁜 눈으로 깔아 보고, 남의 이익에 대해서는 많이 미워하고 많이 질투한다. 이와 같은 종류가 바로 '분노가 작용하는 이'[瞋行者]의 모습이라고 한다는 것을 알라.

  질문(3) '어리석음이 작용하는'[癡行] 보특가라는 어떤 모습이라고 알아야 하는가?

  대답(3) 어리석음이 작용하는 보특가라는 여러 자질구레한 '어리석을 만한 대상'[所愚事] 중에서 최고로 무거운 '강한 종류'[上品]의 '어리석음 전'[癡纏: 어리석음이라는 얽음]이 생기게 하는데, '중간 종류'[中品], '높은 종류'[上品]의 대상영역이야 (어떻겠는가)!

  또한 이 '어리석음 전'[癡纏]은 몸에 머물러 오래도록 지속하고, 오랫동안 따르며 묶는다. 또한 이 어리석음 전纏 때문에 '어리석을 만한 존재'[可癡法]에 굴복해 그 어리석을 만한 존재를 굴복시킬 수 없다. 모든 근根은 '어둡고 둔한 데다'[暗鈍] 모든 근根이 멍청하고[愚昧], 모든 근根이 약하며[羸劣], 동작도 '느려 터지고'[慢緩], 말도 느려 터지며, 생각할 것도 악하게 생각하고, 말할 것도 악하게 말하고, 지을 것도 악하게 지으며, 게을러서[嬾墮懈怠] '완성되지 못함'[不圓滿]을 일으키고, 말솜씨[詞辯]가 부족하며, 성품이 '총명하거나 재빠르지'[聰敏] 못하고, 자주 잊어먹으며, 바르게 알지 못함에 머무르고, 취하는 것은 '그르게 치우치며'[左僻], 멀리하게 하기 어렵고, 염증내게[厭患] 하기 어려우며, 못나게[下劣] 해석한다[勝解]. '미련하고 어리석은'[頑騃] 데다 '말 못하는 병에 걸렸는지'[瘖瘂] 손으로 말을 대신하고, 선善하게 설명한 교법의 의미와 악惡하게 설명한 교법의 의미를 이해할 능력이 없으며, 조건[緣]에 얽매어 남에게 유인되어 빼앗기고, 남의 꾀에 부림을 받는다. 이와 같은 종류가 바로 '어리석음이 작용하는 이'[癡行者]의 모습이라고 한다는 것을 알라.

질문(4) '(남에게) 으스댐이 작용하는'[慢行] 보특가라는 어떤 모습이라고 알아야 하는가?

대답(4) (남에게) 으스댐이 작용하는 보특가라는 여러 자질구레한 '으스댈 만한 대상'[所慢事] 중에서 최고로 무거운 '강한 종류'[上品]의 '으스댐 전'[慢纒: 으스댐이라는 얽음]이 생기게 하는데, '중간 종류'[中品], '높은 종류'[上品]의 대상영역이야 (어떻겠는가)!

또한 이 '으스댐 전'[慢纒]은 몸에 머물러 오래도록 지속하고, 오랫동안 따르며 묶는다. 또한 이 으스댐 전纒 때문에 '으스댈 만한 존재'[可慢法]에 굴복해 그 으스댈 만한 존재를 굴복시킬 수 없다.

모든 근根이 요동하고[掉動], 모든 근根이 높아지며[高擧], 모든 근根이 흐트러지고[散亂], 몸단장에 부지런을 떨며, 말은 높고 큰데다 '겸손하게 낮추기'[謙下]를 좋아하지 않고, 자기 부모, 친척, 스승과 어른께 때때로 이치에 맞게 모시지 않으며, 교만함[憍傲]을 많이 품어, 절하고 찾아뵙고 합장하고 맞이하는[迎逆] 등의 '어우러져 공경하는'[和敬] 일을 수행할 수 없고, 자기는 높이고 남은 업신여기며, '이익 보는 것'[利養]에 즐겨 집착하고 공경 (받는 것)에 즐겨 집착하며, 세상에서 '칭찬을 소리 높여 기리는 것'[稱譽聲頌]에 즐겨 집착한다. 하는 것은 경솔하고 신이 나서 비웃으며, 멀리하게 하기 어렵고, 염증내게[厭患] 하기 어려우며, 크나큰 해석[勝解]과 보잘것없는 자비심으로, 나[我]다, 유정有情이다, '생명이 있는 이'[命者]다, '기르는 이'[養者]다, 보특가라補特伽羅다, '사는 이'[生者]다 등의 견해[見]를 헤아리는 것은 대개가 '높은 종류'[上品]이고, 원망[怨恨]이 많다. 이와 같은 종류가 바로 '으스댐이 작용하는 이'[慢行者]의 모습이라고 한다는 것을 알라.

질문(5) '깊은 생각이 작용하는'[尋思行] 보특가라는 어떤 모습이라고 알아야 하는가?

대답(5) '깊은 생각이 작용하는'[尋思行] 보특가라는 여러 자질구레한 '깊이 생각할 만한 대상'[所尋思事] 중에서 최고로 무거운 '강한 종류'[上品]의 '깊은 생각 전'[尋思纏: 깊은 생각이라는 얽음]이 생기게 하는데, '중간 종류'[中品], '높은 종류'[上品]의 대상영역이야 (어떻겠는가)!

이 '깊은 생각 전'[尋思纏]은 몸에 머물러 오래도록 지속하고, 오랫동안 따르며 묶는다. 이 전纏 때문에 '깊이 생각할 만한 존재'[可尋思法]에 굴복해 깊이 생각할 만한 존재를 굴복시킬 수 없다.

모든 근根이 머무르지 못하고, 모든 근根이 '둥둥 떠 흩어지며'[飄擧], 모든 근根이 요동하고[掉動], 모든 근根이 흐트러지며[散亂], 동작을 실수하고, 말을 실수하며, 멀리하게 하기 어렵고, 염증내게[厭患] 하기 어려우며, 희론戱論하는 것을 기뻐하고, 희론에 즐겨 집착하며, 헷갈림[惑]이 많고 머뭇거림[疑]이 많으며, '욕망을 추구함'[樂欲]을 많이 품고, '금지와 계'[禁戒]가 굳세지 못하며, 금지와 계가 안정되지 못하고, 사업事業이 굳세지 못하며, 사업이 안정되지 못하고, 두려움이 많으며, 자주 잊어버리고, 멀리함[遠離]을 즐거워하지 않으며, '움직여 달아남'[散動]을 많이 즐거워한다. 모든 세상의 여러 가지 '색다른 일'[妙事]에 대해서는 탐욕貪欲이 흘러 게으름 없이 부지런하게 완성됨[圓滿]을 발휘한다. 이와 같은 종류가 바로 '깊은 생각이 작용하는 이'[尋思行者]의 모습이라고 한다는 것을 알라.

이와 같은 것을 작용[行]의 구별로 성립한 보특가라라고 한다.

4.2.4 서원誓願

무엇이 (서)원(誓願: 소원을 맹세함)의 구별로 성립한 보특가라인가? 어떤 보특가라가 성문승聲聞乘에 '바른 바람'[正願: 서원誓願]을 일으켰고, 어떤 보특가라가 독각승獨覺乘에 바른 바람을 일으켰고, 어떤 보특가라가 그 대승大乘에 바른 바람을 일으켰다. 이 가운데 만일 보특가라가 성문승聲聞乘에 바른 바람을 일으켰다면, 그는 성문聲聞의 종성種姓이거나 독각獨覺의 종성이거나 대승大乘의 종성이다. 만일 보특가라가 독각獨覺의 깨달음[菩提]에 바른 바람을 일으켰다면, 그는 독각獨覺의 종성種姓이거나 성문聲聞의 종성이거나, 대승大乘의 종성이다. 만일 보특가라가 그 대승大乘에 바른 바람을 일으켰다면, 그는 대승大乘의 종성種姓이거나 독각獨覺의 종성이거나, 성문聲聞의 종성이다.

만일 성문聲聞의 종성種姓인 보특가라가 독각獨覺의 깨달음[菩提]이나 '위 없는 바르고 완전한 깨달음'[無上正等菩提]에 바른 바람을 일으켰어도, 그는 바로 성문聲聞의 종성이기 때문에 나중에 결정코 그의 바람을 '도로 내려 놓고'[還捨] 반드시 성문승聲聞乘의 바람에만 편안히 머무른다. 독각승獨覺乘의 종성이나 대승大乘의 종성인 보특가라도 마찬가지라는 것을 알라.

이 가운데에서 보특가라가 바람[願]을 옮기거나[移轉] 바람을 '버리고 떠날'[捨離] 수는 있지만 결정코 종성種姓을 옮기거나 종성을 버리고 떠날 수는 없다. 지금 이 의미 가운데에서 성문승聲聞乘의 바람만 설명한 줄 알라. 이와 같은 것을 (서)원誓願의 구별로 성립한 보특가라라고 한다.

4.2.5 실천의 자취行跡

무엇이 '실천의 자취'[行跡]의 구별로 성립한 보특가라인가? 앞서 들고 보여준 것과 같은 보특가라는 네 가지 '실천의 자취'[行跡]로 벗어난다[出離]. 무엇이 네 가지인가? 어떤 실천의 자취는 '괴로움이 더디 통하고'[苦遲通], 어떤 실천의 자취는 '괴로움이 빨리 통하며'[苦速通], 어떤 실천의 자취는 '즐거움이 더디 통하고'[樂遲通], 어떤 실천의 자취는 '즐거움이 빨리 통한다'[樂速通].

이 가운데 '둔한 근기 성질'[鈍根性]의 보특가라가 아직 근본정려根本靜慮를 이루지 못한 실천의 자취라면 괴로움이 더디 통한다고 한다. '예리한 근기 성질'[利根性]의 보특가라가 아직 근본정려를 이루지 못한 실천의 자취라면 괴로움이 빨리 통한다고 한다. '둔한 근기 성질'[鈍根性]의 보특가라가 이미 근본정려를 이룬 실천의 자취라면 즐거움이 더디 통한다고 한다. 예리한 근기 성질의 보특가라가 이미 근본정려를 이룬 실천의 자취라면 즐거움이 빨리 통한다고 한다. 이와 같은 것을 '실천의 자취'[行跡]의 구별로 성립한 보특가라라고 한다.

4.2.6 과정과 결과道果

무엇이 '과정과 결과'[道果]로 성립한 보특가라인가? 사향四向을 실천하는 이와 사과四果에 머무르는 이를 가리킨다. 사향四向을 실천하는 이란 첫째, 예류과預流果를 향하는 보특가라, 둘째, 일래과一來果를 향하는 보특가라, 셋째, 불환과不還果를 향하는 보특가라, 넷째, 아라한과阿羅漢果를 향하는 보특가라이다.

사과四果에 머무르는 이란 첫째, 예류과預流果, 둘째, 일래과一來果, 셋째, 불환과不還果, 넷째, 아라한과阿羅漢果이다.

'향하는 과정'[向道]을 지속하는 그를 '향함을 실천하는'[行向] 이라고 하는데, 향하는 과정이기 때문에 네 가지 보특가라를 성립한다. 사문과(沙門果: 사문으로서 수행결과)를 이루면 그를 '결과에 머무르는'[住果]이라고 하는데, '과정의 결과'[道果]이기 때문에 네 가지 보특가라를 성립한다. 이와 같은 것을 '과정의 결과'[道果]로 성립한 보특가라라고 한다.

4.2.7 힘씀加行

무엇이 힘씀[加行]의 구별로 성립시킨 보특가라인가? '따라 믿으며 실천하는'[隨信行] 보특가라와 '교법을 따라 실천하는'[隨法行] 보특가라를 가리킨다. 보특가라가 따라 믿으며 정행正行을 부지런히 수행하는 경우는 '따라 믿으며 실천하는'[隨信行] 보특가라라고 한다. 보특가라가 제법諸法에 대해 '다른 조건'[他緣]을 기다리지 않고, 비나야毘柰耶를 따라 정행正行을 부지런히 수행하면 '교법을 따라 실천하는'[隨法行] 보특가라라고 한다. 이와 같은 것을 힘씀[加行]의 구별로 성립한 보특가라라고 한다.

4.2.8 선정定

무엇이 선정[定]의 구별로 성립한 보특가라인가? '몸으로 경험한'[身證] 보특가라는 팔해탈八解脫에 대해 '몸으로 이미 경험하여'[身已作證] 충분히 편안하게 머무른다. 그렇지만 아직 모든 번뇌[漏]가 영원히 다하는 것을 획득하지 못하였다. 이와 같은 보특가라는, '모습이 있어 모든 모습을 자세히 살피는 해탈'[有色觀諸色解脫], '안으로[內: 자기 몸에 대해] 모습의 생각이 없어 모든 모습을 제외하고[外] 자세히 살피는 해탈'[內無色想觀外諸色解脫], '깨끗한 해탈을 몸으로 경험함으로써 완성하여 머묾'[淨解脫身作證具足住], '공空함이 무한한 곳의 해탈'[空無邊處解脫], '식識이 무한한 곳의 해탈'[識無邊處解脫], '아무것도 없는 곳의 해탈'[無所有處解脫], '생각도 아니고 생각 아닌 것도 아닌 곳의 해탈'[非想非非想處解脫], '개념형성과 느낌이 소멸한 해탈'[想受滅解脫]에 대해 이미 '따르거나 거슬러'[順逆] '들고 나는 것'[入出]이 자유롭다. 이와 같은 것을 선정[定]의 구별로 성립한 보특가라라고 한다.

4.2.9 생겨남生

무엇이 생겨남[生]의 구별로 성립한 보특가라인가? '최대 일곱 번을 반복해서 태어나는'[極七返有], '집에서 집으로 (가는)'[家家], '한 번 틈이 있는'[一間], '중유 상태에서 반열반하는'[中般涅槃], '생겨나서 반열반하는'[生般涅槃], '실천 없이 반열반 하는'[無行般涅槃], '실천해서 반열반하는'[有行般涅槃], 그리고 '위로 유전流轉하는'[上流] 등의 보특가라를 가리킨다. 이와 같은 것을 생겨남[生]의 구별로 성립한 보특가라라고 한다.

4.2.10 물러남과 물러나지 않음退不退

무엇이 물러남[退]과 '물러나지 않음'[不退]의 구별로 성립한 보특가라인가? 물러나기 때문에 '시기가 되어야 해탈하는'[時解脫] 아라한阿羅漢을 성립하는데, 그는 현법락주(現法樂住: 지금생의 즐거움에 머무름)로부터 '멀어져 놓칠 수'[退失] 있다. 물러나지 않기 때문에 '존재에 움직이지 않는'[不動法] 아라한阿羅漢을 성립하는데, 그는 현법락주現法樂住로부터 결정코 멀어져 놓치지 않는다. 이와 같은 것을 물러남[退]과 '물러나지 않음'[不退]의 구별로 성립한 보특가라라고 한다.

4.2.11 장애障

무엇이 장애[障]의 구별로 성립한 보특가라인가? '지혜의 해탈'[慧解脫] 그리고 '모두 갖춘 해탈'[俱分解脫]을 하는 보특가라를 가리킨다. 혜해탈慧解脫 아라한阿羅漢이란 이미 '번뇌의 장애'[煩惱障]로부터는 해탈했지만 아직 '선정의 장애'[定障]로부터는 해탈하지 못한 이를 가리킨다. 구분해탈俱分解脫 아라한阿羅漢이란 이미 '번뇌의 장애'[煩惱障]로부터도 해탈하고, 이미 '선정의 장애'[定障]로부터도 해탈한 이를 가리킨다. 그래서 '모두 갖춘 해탈'[俱分解脫]이라고 한다. 이와 같은 것을 장애[障]의 구별로 성립한 보특가라라고 한다.

여기에서 들고 보여준 구별의 이치로 말미암아 그 차례대로 보특가라를 성립한다는 것을 알라.

4.3. 대상所緣

무엇이 대상[所緣: alāmbana]인가? '(조건의) 대상'[所緣]인 경사(境事: vastu: 대상영역 안의 구체적인 대상)가 네 가지 있다. 무엇이 네 가지인가? 첫째로는 '널리 가득 찬 대상'[遍滿所緣]인 경사境事, 둘째로는 '깨끗이 하는 수행의 대상'[淨行所緣]인 경사境事, 셋째로는 '정교함의 대상'[善巧所緣]인 경사境事, 넷째로는 '번뇌를 깨끗이 함의 대상'[淨惑所緣]인 경사境事이다.

4.3.1. 널리 가득 찬 대상인 경사遍滿所緣境事

무엇이 '널리 가득 찬 대상'[遍滿所緣]인 경사境事인가? 또한 네 가지가 있다. 첫째, '추리가 있는 영상'[有分別影像], 둘째, '추리가 없는 영상'[無分別影像], 셋째, '대상의 한계까지인 성질'[事邊際性], 넷째, '해야 할 것을 완성하여 갖춤'[所作成辦]이다.

(1) 추리가 있는 영상有分別影像

무엇이 '추리가 있는 영상'[有分別影像]인가? 어떤 이가 정법正法을 듣거나, 가르침과 지도에 의지하거나, 보거나, 듣거나, 추리하기[分別] 때문에 '알아야 할 대상과 비슷한 성질의 비친 모양'[所知事同分影像]을 삼마히다지三摩呬多地의 비발사나毘鉢舍那의 실천으로 '자세히 살피고'[觀察] '가려서 택하고'[簡擇] '아주 가려서 택하고'[極簡擇] 두루 '찾아 생각하고'[尋思] 두루 '세밀하게 관찰하는'[伺察] 것이다.

'알아야 할 대상'[所知事]이란 '깨끗지 못함'[不淨]이거나, '자애롭고 가엾어함'[慈愍]이거나, '조건의 성질'[緣性]과 '조건이 생김'[緣起]이거나, '영역의 구별'[界差別]이거나, 아나파나념(阿那波那念: ānāpāna-smṛti: 수식관數息觀)이거나, '유위법에 정교함'[蘊善巧]이거나, '영역에 정교함'[界善巧]이거나, '(십이처十二)處에 정교함'[處善巧]이거나, '조건이 생김에 정교함'[緣起善巧]이거나, '이치에 알맞음과 이치에 어긋남에 정교함'[處非處善巧]이거나, '아래 영역의 거친 성질'[下地麁性]과 '위 영역의 고요한 성질'[上地靜性]이거나, '괴로움의 진리'[苦諦]·'(괴로움이) 모이는 진리'[集諦]·'(괴로움이) 소멸하는 진리'[滅諦]·'(괴로움을 소멸시키는) 방도의 진리'[道諦]이다. 이것을 알아야 할 대상이라고 한다.

이 '알아야 할 대상'[所知事]은 가르침과 지도에 의지하거나 정법正法을 듣는 것을 의지로 삼아 삼마히다지三摩呬多地의 의도[作意]가 '앞에 나타나게'[現前] 하는, 즉 그 존재[法: 작의作意]에 대해 해석[勝解]이 생기게 하고 그 알아야 할 대상에 대해 해석이 생기게 한다.

그는 그때 '알아야 할 대상'[所知事]에 대해 지금 받아들이는 해석[勝解]과 같이 전개[轉]한다. 그 '알아야 할 대상'[所知事]이 지금 받아들이는 '어우러져'[和合] '앞에 나타나는'[現前] 것이나 그 외 그 종류의 것[物]이 아니라도, 삼마하다지三摩呬多地의 해석[勝解]을 받아들이는 것과 유사한[相似] 의도[作意]를 받아들이는 것 때문에 그 '알아야 할 대상'[所知事]과 유사한 것이 '뚜렷이 나타난다'[顯現]. 이러한 이치 때문에 '알아야 할 대상과 비슷한 성질의 비친 모양'[所知事同分影像]이라고 한다. '관행하는 이'[修觀行者]는 이를 추구하기 때문에 그 '본래 성질'[本性]의 '알아야 할 대상'[所知事] 중에서 능력[功德]과 잘못[過失]을 자세히 살펴 '정교하게 정한다'[審定]. 이것을 '추리가 있는 영상'[有分別影像]이라고 한다.

(2) 추리가 없는 영상無分別影像

무엇이 '추리가 없는 영상'[無分別影像]인가? '관행하는 이'[修觀行者]가 '영상의 모습'[影像相]을 받아 가진 뒤에는, 다시 '자세히 살피거나'[觀察] '가려서 택하거나'[簡擇] '아주 가려서 택하거나'[極簡擇] 두루 '찾아 생각하거나'[尋思] 두루 '세밀하게 관찰하지는'[伺察] 않지만, 이 '대상의 영상'[所緣影像]에 대해 사마타奢摩他의 실천으로 마음을 고요하게 하는 것이다.

바로 이 '아홉 가지 작용'[九種行相: 구종심주九種心住][70]은 마음이 편안히 머무르게 하는 것이다. (첫째) 마음이 '안에 머물게 하고'[內住],

---

70) 본 역주본 제2권, p.41, 각주 3) 참조.

(둘째) '고르게 머물게 하고'[等住], (셋째) '편안히 머물게 하고'[安住], (넷째, 차츰차츰 마음) 가까이 머물게 하고[近住], '(다섯째, 마음을 산란하게 하는 여러 가지 모습이 잘못이라는 생각을 하여) 굴복시키고'[調伏], (여섯째) '고요하게 하고'[寂靜], '(일곱째, 번뇌가 나타나도 곧 끊어져) 아주 고요하게 하고'[最極寂靜], '(여덟째, 삼마지가 지속되게 하여) 한 가지로 나아가게 하고'[一趣], '(아홉째, 굳이 힘쓰지 않아도 삼마지가 저절로) 지속되게 하는 것'[等持]을 가리킨다.

그는 그때 '추리가 없는 영상'[無分別影像]이라는 대상[所緣]을 완성한다. 곧 이와 같은 대상인 영상影像에 대해 한 가지로 향해 나아가 그 생각을 편안히 머무르게 하고는, 다시 자세히 살피거나 가려서 택하거나 아주 가려서 택하거나 두루 찾아 생각하거나 두루 세밀하게 관찰하지 않는다. 이것을 '추리가 없는 영상'[無分別影像]이라고 한다. 곧 이 영상影像을 '비친 모양'[影像]이라고 하고, 또한 '삼마지의 모습'[三摩地相]이라고도 하며, 또한 삼마지가 작용하는 대상영역[境界]이라고도 하고, 삼마지의 입구[口]라고도 하며, 삼마지의 문門이라고도 하고, '의도하는 곳'[作意處]이라고도 하며, '안의 추리하는 체성'[內分別體]이라고도 하고, '빛이 비친 것'[光影]이라고도 한다. 이와 같은 종류를 '알아야 할 대상과 비슷한 성질의 비친 모양'[所知事同分影像]의 여러 이름의 구별이라고 한다는 것을 알라.

(3) 대상의 한계까지인 성질事邊際性

무엇이 '대상의 한계까지인 성질'[事邊際性]인가? 대상[所緣]의 진소유성(盡所有性: yāvad-bhāvikatā: 존재하는 것을 다한 성질)과 여소유성(如所有性: yathāvad-bhāvikatā: 존재하는 것과 같은 성질)을 가리킨다.

무엇을 진소유성盡所有性이라고 하는가? 색온(色蘊: 물질 유위법) 외에는 다른 물질[色]이 없고, 수온(受蘊: 느낌 유위법), 상온(想蘊: 개념형성 유위법), 행온(行蘊: 의지 작용 유위법), 식온(識蘊: 인식 유위법) 외에는 다른 느낌[受], 개념형성[想], (의지) 작용[行], 인식[識]이 없어서, 모든 '지어진 대상'[有爲事]은 '다섯 가지 존재'[五法]에 속하고, 제법諸法은 (삼)계[界]와 (십이)처[處]에 속하며, 모든 '알아야 할 대상'[所知事]은 사성제四聖諦에 속하는 것을 가리킨다. 이와 같은 것을 진소유성盡所有性이라고 한다.

무엇을 여소유성如所有性이라고 하는가? 대상[所緣]은 바로 '진실한 성질'[眞實性]이고 바로 '실제와 같은 성질'[眞如性]인데, '상대적인 이치'[觀待道理], '작용하는 이치'[作用道理], '경험하여 완성하는 이치'[證成道理], '존재는 으레 그렇다는 이치'[法爾道理] 등 네 가지 이치[道理] 때문에 '이치의 성질'[道理性]을 갖추는 것을 가리킨다.

이와 같은 것을 '대상의 영역'[所緣境]의 진소유성盡所有性과 여소유성如所有性이라고 하며, 아울러 하나로 하여 '대상의 한계까지인 성질'[事邊際性]이라고 한다.

(4) 해야 할 것을 완성하여 갖춤所作成辨

무엇이 '해야 할 것을 완성하여 갖춤'[所作成辨]인가? '관행하는 이'[修觀行者]가 사마타奢摩他와 비발사나毘鉢舍那에 대해 닦거나[修] 익히거나[習] 많이 '닦고 익혔기'[修習] 때문에 '모든 대상인 영상'[諸緣影像]의 의도[作意]를 모두 완성함[圓滿]을 이루고, 이 완성함[圓滿] 때문에 곧 '근거를 전환함'[轉依]을 이룬다. 모든 추중麁重은 다 소멸하고[息滅], '근거를 전환함'[轉依]을 이루어 영상影像을 넘어선다[超過]. 곧 '알아야 할 대상'[所知事]에 대해 '추리함이 없이'[無有分別] 직각直覺하는[現量] 지견智見[71]이 생긴다. 초정려初靜慮에 드는 이는 초정려를 이룰 때, 초정려가 작용하는[所行] 대상영역[境界]에 대해서이다. 제이정려第二靜慮, 제삼정려第三靜慮, 제사정려第四靜慮에 드는 이는 제이정려, 제삼정려, 제사정려를 이룰 때, 제이정려, 제삼정려, 제사정려가 작용하는[所行] 대상영역에 대해서이다. '공空함이 무한한 곳'[空無邊處], '식識이 무한한 곳'[識無邊處], '아무것도 없는 곳'[無所有處], '생각도 아니고 생각 아닌 것도 아닌 곳'[非想非非想處]에 드는 이는 그 선정을 이룰 때, 곧 그 선정이 작용하는 대상영역에 대해서이다. 이와 같은 것을 '해야 할 것을 완성하여 갖춤'[所作成辦]이라고 한다.

이와 같이 네 가지 '(조건의) 대상'[所緣]인 경사境事는 널리 모든 것에 작용하는 것이고, 모든 '대상의 영역'[所緣境] 가운데 따라 들어간 것이라 과거, 미래, 지금의 '바르고 완전하게 깨달은 이'[正等覺者]가 공통적으로 '밝혀 말씀하신'[宣說] 것이다. 그러므로 '널리 가득 찬 대상'[遍滿所緣]이라고 한다. 또한 이 대상[所緣]은 '비발사나 종류'[毘鉢舍那品]에 두루 하고, '사마타 종류'[奢摩他品]에 두루하며, '모든 대상'[一切事]에 두루 하고, '진실한 대상'[眞實事]에 두루하며, '원인과 결과가 속하는 대상'[因果相屬事]에 두루하다. 그러므로 '두루 가득 차다'[遍滿]고 한다. '추리가 있는 영상'[有分別影像]이라고 할 경우는 바로 이 가운데 '비발사나 종류'[毘鉢舍那品]이고, '추리가 없는 영상'[無分別影像]이라고 할 경우는 이 가운데 '사마타 종류'[奢摩他品]이며, '대상의 한계까지인 성질'[事邊際性]이라고 할 경우는 바로 이 가운데 '모든 대상'[一切事]과 '진실한 대상'[眞實事]이고,

---

71) 본 역주본 제1권, p.330, 각주 367) 참조.

'해야 할 것을 완성하여 갖춤'[所作成辨]이라고 할 경우는 바로 이 가운데 '원인과 결과가 속하는 대상'[因果相屬事]이다.

(5) 대상에 마음이 편안히 머묾安樂住

한번은 부처님 세존世尊께서 장로 힐레벌다(頡隸伐多: revata)에게 이것의 의미를 말씀하신 적이 있다.

일찍이 들었다. 장로 힐레벌다頡隸伐多가 세존世尊께 여쭙기를, "대덕大德이시여 여러 비구比丘가 관행觀行을 부지런히 수행하는 것은, 바로 '유가하는 이'[瑜伽師]로서 대상[所緣]에 대해 그 마음을 편안히 머무르게 하는 것입니다. '무엇 때문에'[爲何] 대상[緣]에 그 마음을 편안히 머무르게 합니까? 어떻게[云何] 대상[緣]에 그 마음을 편안히 머무르게 합니까? 어디까지[齊何]가 마음이 편안히 잘 머물렀다고 하는 것입니까?"라고 하였다.

부처님께서 장로 힐레벌다頡隸伐多에게 다음과 같이 말씀하셨다. "선善하고 선善하도다! 그대는 지금 이것의 의미를 물었다. 그대는 지금 자세히 듣고 아주 잘 생각하라. 나는 그대를 위해 밝혀 말해 보여주리라.

힐레벌다頡隸伐多여, 여러 비구比丘가 관행觀行을 부지런히 수행하는 것은, 바로 '유가하는 이'[瑜伽師]로서 대상[所緣]에 대해 그 마음을 편안히 머무르게 하는 것이다. 또는 '깨끗이 하는 수행'[淨行]을 즐거워하는 것이다. 또는 정교함[善巧]을 즐거워하는 것이다. 또는 마음을 '모든 번뇌'[諸漏]로부터 해탈解脫하게 하는 것을 즐거워하는 것이다.

'알맞은 대상'[相稱緣]에 그 마음을 편안히 머무르게 하고, '유사한 대상'[相似緣]에 그 마음을 편안히 머무르게 하며, 대상[緣]에 전도됨이 없이 그 마음을 편안히 머무르게 하고, 그 가운데에서 정려靜慮를 버리지 않는 것이다.

어떻게 비구比丘가 관행觀行을 부지런히 수행하는 것이, 바로 '유가하는 이'[瑜伽師]로서 '알맞은 대상'[相稱緣]에 그 마음을 편안히 머무르게 하는 것이라고 하는가? 그 비구比丘가 다만 '탐냄의 작용'[貪行]만 있다면, '깨끗지 못한 대상'[不淨緣]에 마음을 편안히 머무르게 해야 한다. 이와 같은 것을 '알맞은 대상'[相稱緣]에 그 마음을 편안히 머무르게 하는 것이라고 한다.

만일 '분노의 작용'[瞋行]만 있다면, '자애롭고 가엾어함'[慈愍]에 그 마음을 편안히 머무르게 해야 한다. 만일 '어리석음의 작용'[癡行]만 있다면, '조건의 성질'[緣性]과 '조건이 생김'[緣起]에 그 마음을 편안히 머무르게 해야 한다. 만일 '으스댐의 작용'[慢行]만 있다면, '영역 구별'[界差別]에 그 마음을 편안히 머무르게 해야 한다. 만일 '깊은 생각의 작용'[尋思行]만 있다면, 아나파나념(阿那波那念: 수식관數息觀)에 그 마음을 편안히 머무르게 해야 한다. 이와 같은 것을 '알맞은 대상'[相稱緣]에 그 마음을 편안히 머무르게 하는 것이라고 한다.

힐예벌다頡隷伐多여, 또한 저 비구比丘가 만일 '모든 변천하는 존재'[諸行]의 '고유한 모습'[自相]에 어리석어, 나[我]다, 유정有情이다, '생명이 있는 이'[命者]다, '사는 이'[生者]다, '기르는 이'[能養育者]다, 보특가라補特伽羅다라고 하는 등 대상[事]에 어리석다면, '유위법에 정교함'[蘊善巧]에 그 마음을 편안히 머무르게 해야 한다. 만일 그 원인에 어리석다면, '영역에 정교함'[界善巧]에 그 마음을 편안히 머무르게 해야 한다.

만일 그 조건[緣]에 어리석다면, '(십이처十二)處에 정교함'[處善巧]에 그 마음을 편안히 머무르게 해야 한다. 만일 '항상되지 않음'[無常], 괴로움[苦], '비어 있음'[空], '나라고 할 만한 것이 없음'[無我]에 어리석다면, '조건이 생김'[緣起]과 '이치에 알맞음과 이치에 어긋남에 정교함'[處非處

善巧]에 그 마음을 편안히 머무르게 해야 한다. 만일 욕계欲界의 욕망[欲]으로부터 떠나는 것을 즐거워한다면, 모든 욕망의 '거친 성질'[麁性]과 모든 '보이는 것'[色]의 '고요한 성질'[靜性]에 그 마음을 편안히 머무르게 해야 한다. 만일 색계色界의 욕망으로부터 떠나는 것을 즐거워한다면, 모든 '보이는 것'[色]의 '거친 성질'[麁性]과 '보이지 않는 것'[無色]의 '고요한 성질'[靜性]에 그 마음을 편안히 머무르게 해야 한다. 만일 두루 모든 곳의 살가야(薩迦耶: satkāya: 존재하고 있는 신체)라는 대상[事]에 통달通達하는 것을 즐거워하고, 해탈解脫하는 것을 즐거워한다면, '괴로움의 진리'[苦諦], '(괴로움이) 모이는 진리'[集諦], '(괴로움이) 소멸하는 진리'[滅諦], '(괴로움을 소멸시키는) 방도의 진리'[道諦]에 그 마음을 편안히 머무르게 해야 한다. 이와 같은 것을 비구比丘가 관행觀行을 부지런히 수행하는 것이, 바로 '유가하는 이'[瑜伽師]로서 '알맞은 대상'[相稱緣]에 그 마음을 편안히 머무르게 하는 것이라고 한다.

힐예벌다頡隸伐多여, 어떻게 비구比丘가 관행觀行을 부지런히 수행하는 것이, 바로 '유가하는 이'[瑜伽師]로서 '유사한 대상'[相似緣]에 그 마음을 편안히 머무르게 하는 것이라고 하는가? 저 비구比丘는 이러저러한 '알아야 할 대상'[所知事]에 대해 '가려서 택하거나'[簡擇], '아주 가려서 택하거나'[極簡擇], 두루 '찾아 생각하거나'[尋思], 두루 '세밀하게 관찰하려고'[伺察] 하기 때문에, 전에 '보고 듣고 깨닫고 안'[見聞覺知] 대상에 대해 '보고 듣고 깨닫고 아는'[見聞覺知] 강한 힘으로 말미암아, 삼마히다지三摩呬多地의 의도[作意], 사유思惟, 추리[分別]로 해석[勝解]이 생기게 한다.

그가 '본래 알아야 할 대상'[本所知事]에 대해 어우러져 앞에 나타나는 것을 자세히 살필 수는 없지만, 본래 대상과 유사한 것이 생겨서 그 대상[所緣]과 유사함이 있다. 다만 지혜[智]와 견見과 '바른 기억'[正憶念]만 있을 뿐이다. 저 비구比丘는 때때로 마음이 고요하게 하고, 때때로 '뛰어난 지혜의 방법'[增上慧法]의 비발사나毘鉢舍那에 의해 관행觀行을 부지런히 수행한다. 이와 같은 것을 비구比丘가 관행觀行을 부지런히 수행하는 것이, 바로 '유가하는 이'[瑜伽師]로서 '유사한 대상'[相似緣]에 그 마음을 편안히 머무르게 하는 것이라고 한다.

힐예벌다頡隸伐多여, 어떻게 비구比丘가 관행觀行을 부지런히 수행하는 것이, 바로 '유가하는 이'[瑜伽師]로서 대상[緣]에 전도됨이 없이 그 마음을 편안히 머무르게 하는 것이라고 하는가? 만일 비구比丘가 관행觀行을 부지런히 수행한다면, 바로 '유가하는 이'[瑜伽師]로서 '대상의 영역'[所緣境]에 그 마음을 편안히 머무르게 하고, '알아야 할 대상영역'[所知境界]을 알맞게 이해하며[解了], 실제와 같이 전도됨이 없이 두루 '분명하게 안다'[了知]. 이와 같은 것을 비구比丘가 관행觀行을 부지런히 수행하는 것이, 바로 '유가하는 이'[瑜伽師]로서 대상[緣]에 전도됨이 없이 그 마음을 편안히 머무르게 하는 것이라고 한다.

힐예벌다頡隸伐多여, 어떻게 비구比丘가 관행觀行을 부지런히 수행하는 것이, 바로 '유가하는 이'[瑜伽師]로서 그 가운데에서 정려靜慮를 버리지 않는 것이라고 하는가? 만일 비구比丘가 관행觀行을 부지런히 수행한다면, 바로 '유가하는 이'[瑜伽師]로서 이와 같이 대상[緣]에 대해 바르게 수행修行할 때, '쉴 새 없이 힘씀'[無間加行]과 '정중하게 힘씀'[殷重加行]으로 때때로 '가라앉히는 모습'[止相], '들어올리는 모습'[擧相], '평정하는 모습'[捨相]을 수습修習한다. 닦거나[修] 익히거나[習] 많이

'닦고 익혔기'[修習] 때문에 모든 추중麁重이 모두 다 소멸하고[息滅], 따라서 '닿아서 경험하는'[觸證] 근거[所依]의 청정淸淨함을 이룬다. '알아야 할 대상'[所知事]에 대해 '나타나 보기'[現見] 때문에 따라서 '닿아서 경험하는'[觸證] 대상[所緣]의 청정淸淨함을 이룬다. 탐냄[貪]으로부터 떠나기 때문에 '닿아서 경험하는'[觸證] 마음이 두루 청정淸淨함을 이룬다. 무명無明으로부터 떠나기 때문에 따라서 '닿아서 경험하는'[觸證] 지혜[智]가 두루 청정淸淨함을 이룬다. 이와 같은 것을 비구比丘가 관행觀行을 부지런히 수행하는 것이, 바로 '유가하는 이'[瑜伽師]로서 그 가운데에서 정려靜慮를 버리지 않는 것이라고 한다.

힐예벌다頡隸伐多여, 이 비구比丘은 '대상의 영역'[所緣境]에 그 마음을 편안히 머무르게 한다고 하며, 이와 같이 대상[緣]에 그 마음을 편안히 머무르게 하고, 이와 같이 대상[緣]에 마음을 편안히 머무르게 하고 나서야 '아주 편안히 머무른다'[善安住]고 한다.

세존世尊께서는 이 중에 거듭하여 게송[頌]으로 (다음과 같이) 말씀하셨다.

> '수행하는 이'[行者]는 '모든 모습'[諸相]을 수행하여,
> 모든 '실제 의미'[實義]를 알고,
> 항상 영상[影]의 정려靜慮에서
> 두루 청정淸淨한 경험을 이룬다.

이 중에서, "'수행하는 이'[行者]는 '모든 모습'[諸相]을 수행하여"라고 하는 것은 이같이 '관행하는 이'[修觀行者]는 '가라앉히는 모습'[止相], '들어올리는 모습'[擧相], '평정하는 모습'[捨相]에 대해 '쉴 새 없이 수행하고'[無間修行], '정중하게 수행함'[慇重修行加行]을 밝혀 말씀하신 것

이다. 또한 "모든 '실제 의미'[實義]를 알고"라고 하는 것은 이같이 '대상의 한계까지인 성질'[事邊際性]을 밝혀 말씀하신 것이다. 또한 "항상 영상[影]의 정려靜慮에서"라고 하는 것은 이같이 '추리하는 영상'[分別影像]과 '추리가 없는 영상'[無分別影像]을 밝혀 말씀하신 것이다. 또한 "두루 청정淸淨한 경험을 이룬다."라고 하는 것은 이같이 '해야 할 것을 완성하여 갖춤'[所作成辦]을 밝혀 말씀하신 것이다.

세존世尊께서는 이 중에 거듭하여 게송[頌]으로 (다음과 같이) 말씀하셨다.

> '마음의 모습'[心相]과 '두루 앎'[遍知]에서
> '멀리하는 맛'[遠離味]을 느끼며,
> 정려靜慮를 항상 '자세히 생각하고'[委念]
> 기쁨과 즐거움을 느끼고, 물듦[染]으로부터 떠난다.

이 중에서, "'마음의 모습'[心相]과 '두루 앎'[遍知]에서"라고 하는 것은 '추리가 있는 영상'[有分別影像]과 '추리가 없는 영상'[無分別影像]을 '마음의 모습'[心相]이라고 하고, '대상의 한계까지인 성질'[事邊際性]을 '두루 앎'[遍知]이라고 한 것이다. 또한 "'멀리하는 맛'[遠離味]을 느끼며"라고 하는 것은 이같이 그 대상[所緣]에 대해 바르게 수행修行하는 이가 '끊음을 즐거워하고'[樂斷], '수행을 즐거워함'[樂修]을 밝혀 말씀하신 것이다. 또한 "정려靜慮를 항상 '자세히 생각하고'[委念]"라고 하는 것은 이같이 사마타奢摩他와 비발사나毘鉢舍那에 대해 언제나 부지런히 닦아 익히고, '자세히 연습하여 닦아 익힘'[委練修習]을 밝혀 말씀하신 것이다. 또한 "기쁨과 즐거움을 느끼고, 물듦[染]으로부터 떠난다"라고 하는 것은 '해야 할 것을 완성하여 갖춤'[所作成辦]을 밝혀 말씀하신 것이다.

이와 같이 '두루 가득 찬 대상'[遍滿所緣]은 '깨끗한 가르침'[淨敎]에 따르고, '바른 이치'[正理]에 부합함[契合]을 알라. 이와 같은 것을 '두루 가득 찬 대상'[遍滿所緣]이라고 한다.

4.3.2. 깨끗이 하는 수행의 대상淨行所緣

무엇을 '깨끗이 하는 수행의 대상'[淨行所緣]이라고 하는가? '깨끗지 못함' [不淨], '자애롭고 가엾어함'[慈愍], '조건의 성질과 조건이 생김'[緣性緣起], '영역 구별'[界差別], 아나파나념阿那波那念 등 대상[所緣]의 구별이 있다.

(1) 깨끗지 못함의 대상不淨所緣

① 깨끗지 못함

무엇이 '깨끗지 못함의 대상'[不淨所緣]인가? 간략히 말해 여섯 가지 '깨끗지 못함'[不淨]이 있다. 첫째, '썩고 더러운 깨끗지 못함'[朽穢不淨]. 둘째, '괴로워하는 깨끗지 못함'[苦惱不淨]. 셋째, '못나서 깨끗지 못함'[下劣不淨]. 넷째, '상대적으로 깨끗지 못함'[觀待不淨]. 다섯째, '번뇌의 깨끗지 못함'[煩惱不淨]. 여섯째, '빠르게 망가져서 깨끗지 못함'[速壞不淨].

무엇이 '썩고 더러운 깨끗지 못함'[朽穢不淨]인가? 이 '깨끗지 못함'은 간략히 두 가지에 의한다. 첫째는 '안에 의하는 것'[依內]이고, 둘째는 '외부에 의한 것'[依外]이다.

무엇이 '안에 의한 썩고 더러운 깨끗지 못함'[依內朽穢不淨]인가? '안 몸'[內身] 중의 털[髮毛], 손발톱[爪], 치아[齒], 때[塵垢], 피부[皮], 살[肉], 뼈[骸骨], 힘줄[筋], 핏줄[脈], 심장[心], 쓸개[膽], 간肝, 폐肺, 대장大腸, 소장小腸, 생장(生藏: 음식물이 아직 소화되지 않은 상태를 담당하는 소화 기관: 위장), 숙장(熟藏: 음식물이 어느 정도 소화된 상태를 담당하는 소화 기관: 대소장 등 장腸 전반), 위[肚胃], 비장[脾], 신장[腎], 고름[膿],

혈액[血], 열[熱], 가래[痰], 지방[肪膏], 근육[肌], 뼛골[髓], 뇌막뇌막, 콧물[洟], 침[唾], 눈물[涙], 땀[汗], 대변[屎], 소변[尿]을 가리킨다. 이와 같은 종류를 '안에 의한 썩고 더러운 깨끗지 못함'[依内朽穢不淨]이라고 한다.

무엇이 '외부에 의한 썩고 더러운 깨끗지 못함'[依外朽穢不淨]인가? '(시신의 피부가) 푸릇하게 피가 맺힘'[青瘀]이나, '썩어 문드러짐'[膿爛]이나, '변하여 뭉개짐'[變壞]이나, '(시신이) 부풀어 오름'[膖脹]이나, '(짐승이나 벌레가) 먹음'[食噉]이나, '벌겋게 변함'[變赤]이나, '뭉개져 흩어짐'[散壞]이나, 뼈[骨]나, '늘어 놓여 있음'[鎖]이나, '뼈가 늘어 놓여 있음'[骨鎖]이나, '대변으로 만든 것'[屎所作]이나, '소변으로 만든 것'[尿所作]이나, '침으로 만든 것'[唾所作]이나, '콧물로 만든 것'[洟所作]이나, '피로 바른 것'[血所塗]이나, '고름으로 바른 것'[膿所塗]이나, '대소변 보는 곳'[便穢處]을 가리킨다. 이와 같은 종류를 '외부에 의한 썩고 더러운 깨끗지 못함'[依外朽穢不淨]이라고 한다. 이와 같은 '안에 의한 썩고 더러운 깨끗지 못함'[依内朽穢不淨]과 '외부에 의한 썩고 더러운 깨끗지 못함'[依外朽穢不淨]을 모두 하나로 합쳐 '썩고 더러운 깨끗지 못함'[朽穢不淨]이라고 한다.

무엇이 '괴로워하는 깨끗지 못함'[苦惱不淨]인가? '괴로운 느낌을 낼 촉감'[順苦受觸] 때문에 생기는, 몸이나 마음의 불평등不平等한 느낌과 느낌에 속하는 것이다. 이와 같은 것을 '괴로워하는 깨끗지 못함'[苦惱不淨]이라고 한다.

무엇이 '못나서 깨끗지 못함'[下劣不淨]인가? 가장 못난 대상[事], 가장 못난 영역[界]은 욕계欲界인데, 이곳을 제외하고는 아주 아래이고, 아주 못나고, 가장 '너절하고 더러움'[鄙穢]은 다른 영역에서는 있을 수 없다. 이와 같은 것을 '못나서 깨끗지 못함'[下劣不淨]이라고 한다.

무엇이 '상대적으로 깨끗지 못함'[觀待不淨]인가? 어떤 이가 못나게 청정淸淨한 대상을 그 외의 뛰어나게 청정한 대상과 상대해 보면 '깨끗지 못함'[不淨]과 같아지고, 무색계無色界의 뛰어나게 청정한 대상과 상대하면 색계色界의 제법諸法은 '깨끗지 못함'[不淨]과 같아지며, 살가야薩迦耶가 '고요해지는 열반'[寂滅涅槃]과 상대하면 (무색계無色界의) 유정천[有頂: 비상비비상처非想非非想處]까지가 모두 '깨끗지 못함'[不淨]과 같아진다. 이와 같은 종류 모두를 '상대적으로 깨끗지 못함'[觀待不淨]이라고 한다.

무엇이 '번뇌의 깨끗지 못함'[煩惱不淨]인가? 삼계三界 중의 모든 결박結縛, 수면(隨眠: 잠재된 번뇌), 따르는 '번뇌 전'(煩惱纏: 번뇌의 얽음) 모두를 '번뇌의 깨끗지 못함'[煩惱不淨]이라고 한다.

무엇이 '빠르게 망가져서 깨끗지 못함'[速壞不淨]이라고 하는가? 오취온(五取蘊: 다섯 가지 집착된 유위법)은 무상(無常: 영원하지 않음)하고, 무항(無恒: 늘 그렇지 않음)하여 '보존하고 신뢰할 수'[保信] 없는, '변하여 뭉개지는 존재'[變壞法]의 성질이라는 것이다. 이와 같은 것을 '빠르게 망가져서 깨끗지 못함'[速壞不淨]이라고 한다.

② 탐냄 작용을 깨끗이 하는 수행

이와 같은 '깨끗지 못함'[不淨]은 바로 '탐냄 작용'[貪行]의 대상[所緣]을 청정하게 하는데, 탐냄[貪]은 다섯 가지가 있다. 첫째, '안 몸'[內身]에서 '그저 욕망한다'[欲欲]고 하는 '욕망의 탐냄'[欲貪]이다. 둘째, '외부의 몸'[外身]에 대한 성욕[婬欲]이라는 '성교의 탐냄'[婬貪]이다. 셋째, '대상영역에 대한 욕망'[境欲]이라는 '대상영역의 탐냄'[境貪]이다. 넷째, '모습에 대한 욕망'[色欲]이라고 하는 '모습의 탐냄'[色貪]이다. 다섯째, '살가야에 대한 욕망'[薩迦耶欲]이라고 하는 '살가야의 탐냄'[薩迦耶貪]이다. 이와 같은 것을 '다섯 가지 탐냄'[五貪]이라고 한다.

이 다섯 가지 '욕계의 탐냄'[欲貪]을 '끊어 없애고'[斷滅] '제거하여 내쫓고'[除遣] 나타나 작용하지 않게 하려고, 여섯 가지 '깨끗하지 못함의 대상'[不淨所緣]을 성립한다.

'안에 의한 썩고 더러운 깨끗지 못함'[依內朽穢不淨]의 대상[所緣] 때문에 '안 몸'[內身]에서 '그저 욕망한다'[欲欲]고 하는 '욕계의 탐냄'[欲貪]에 대하여 마음이 정정해진다. '외부에 의한 썩고 더러운 깨끗지 못함'[依外朽穢不淨]의 대상 때문에 '외부의 몸'[外身]에 대한 성욕[婬欲]이라는 '성교의 탐냄'[婬貪]에 대하여 마음이 청정해진다.

'성적인 것'[婬]에 관련한 탐냄[貪]은 또한 네 가지가 있다. 첫째, 색깔[顯色]에 대한 탐냄, 둘째, 모습[形色]에 대한 탐냄, 셋째, '훌륭한 감촉'[妙觸]에 대한 탐냄, 넷째, 성행위[承事: upacāra]에 대한 탐냄[貪]이다. '네 가지 외부에 의한 깨끗지 못함의 대상'[依四外不淨所緣] 때문에 이 네 가지 관련한 '성교의 탐냄'[婬貪]에 대하여 마음이 청정해진다.

어떤 경우는 (시신의 피부가) 푸릇하게 피가 맺힘이나, 썩어 문드러짐이나, 변하여 뭉개짐이나, (시신이) 부풀어 오름이나, (짐승이나 벌레가) 먹음에 대해 '의도하고 사유하여'[作意思惟], 색깔[顯色]의 탐냄에 대하여 마음이 청정해지게 한다. 어떤 경우는 벌겋게 변함에 대해 의도하고 사유하여 모습[形色]의 탐냄에 대하여 마음이 청정해지게 한다. 어떤 경우는 뼈나, 늘어 놓여 있음이나, 뼈가 늘어 놓여 있음에 대해 의도하고 사유하여 '훌륭한 감촉'[妙觸]의 탐냄에 대하여 마음이 청정해지게 한다. 어떤 경우는 뭉개져 흩어짐에 대해 의도하고 사유하여 성행위[承事]의 탐냄에 대하여 마음이 청정해지게 한다. 이와 같은 네 가지를 '성교의 탐냄'[婬

貪]에 대하여 마음을 청정하게 한다고 한다.

　이렇기 때문에 세존世尊께서는 '외부에 의한 썩고 더러운 깨끗지 못함'[依外朽穢不淨]의 구별을 모두 네 가지 '담백한 과정'[憺怕路]으로 바로잡아 세운다.

　이를테면 담백한 과정을 따라 보자면, 여기저기 시신이 되어 하루나 이틀이나 이레가 지나면 까막까치[烏鵲], '주린 개'[餓狗], 수리[鵄鷲], 자칼[狐狼], 여우[野干] 등 짐승의 먹잇감이 된다. 곧 그 모습을 가져다 비유하자면 몸은 이와 같은 성질[性]이고, 이와 같은 종류여서, 이와 같은 '존재의 성질'[法性]을 넘어설 수 없는 것과 같다. 이는 곧 '(시신의 피부가) 푸릇하게 피가 맺힘'[青瘀]부터 '(짐승이나 벌레가) 먹음'[食噉]까지를 나타낸다. 다시 말해 담백한 과정을 따라 보자면, 여기저기 시신은 피부[皮], 살[肉], 혈액[血], 힘줄[筋], 핏줄[脈], '얽어 싼'[纏裹] 것을 떠난다. 이는 곧 '벌겋게 변함'[變赤]을 나타낸다.

　다시 말해 담백한 과정을 따라 여기저기 뼈를 보자면, 뼈[骨], '늘어 놓여 있음'[鎖]이다. 이는 곧 뼈[骨]나, '늘어 놓여 있음'[鎖], 다시 '뼈가 늘어 놓여 있음'[骨鎖]을 나타낸다. 다시 말해 담백한 과정을 따라 보자면, 여기저기 뼈는 손뼈가 제 자리를 벗어나고, 발뼈가 제자리를 벗어나며, 볼기뼈[臗骨]가 제자리를 벗어나고, 종지뼈[膝骨]가 제자리를 벗어나며, 팔뼈[臂骨]가 제자리를 벗어나고, 팔꿈치뼈[肘骨]가 제자리를 벗어나며, 등골뼈[脊骨]가 제자리를 벗어나고, 어깨뼈[髆骨]가 제자리를 벗어나며, 갈비뼈[肋骨]가 제자리를 벗어나고, 턱[頷輪], 이, 머리카락[鬘], 정수리, 해골[髑髏] 등이 각각 흩어져서 일 년이나 이 년이나 삼 년이나 칠 년까지 지나, 그 빛깔이 희디희기가 소라[螺貝] 같거나 비둘기 색깔 같다. 또는 보건대,

그 뼈가 흙먼지와 섞여 있다. 이는 곧 '뭉개져 흩어짐'[散壞]을 나타내는 것이다. 이와 같은 '외부에 의한 썩고 더러운 깨끗지 못함'[依外朽穢不淨]의 대상[所緣]은 네 가지 '성적인 것'[婬]에 관련한 탐냄[貪]에 대해 마음이 청정하게 한다.

'괴로워하는 깨끗지 못함'[苦惱不淨]의 대상과 '못 나서 깨끗지 못함'[下劣不淨]의 대상 때문에 대상영역[境]에 관련한 욕망[欲]이나 탐냄[貪]에 대하여 마음이 청정하게 한다. '상대적으로 깨끗지 못함'[觀待不淨]의 대상 때문에 모습[色]과 관련한 욕망이나 탐냄에 대하여 마음이 청정하게 한다. '번뇌의 깨끗지 못함'[煩惱不淨]의 대상과 '빠르게 망가져서 깨끗지 못함'[速壞不淨]의 대상 때문에 욕계欲界부터 (무색계의) 유정천[有頂: 비상비비상처非想非非想處]까지의 모든 살가야薩迦耶에 대한 욕망이나 탐냄에 대하여 마음이 청정하게 한다. 이와 같은 것을 '탐냄 작용을 깨끗이 하는 수행의 대상'[貪行淨行所緣]이라고 한다.

이와 같은 것은 또한 '탐냄을 깨끗이 하는 수행'[淨貪行]을 요약하여 모두 아울러서 모든 것을 전부 다스리는 데에 속하는 '깨끗지 못한 대상'[不淨所緣]으로 설명한 것이다. 지금 이 의미 중 본래 의도인 '썩고 더러운 깨끗지 못함'[朽穢不淨] 만을 취하였지만 나머지 '깨끗지 못함'[不淨]도 역시 나머지 '깨끗이 하는 수행'[淨行]의 대상[所緣]이다.

(2) 자애롭고 가엾어함의 대상慈愍所緣

무엇이 '자애롭고 가엾어함의 대상'[慈愍所緣]인가? '친한 부류'[親品]에나 '원망하는 부류'[怨品]에나 '중간 부류'[中品]에나 '이익을 주려는'[利益意樂] 데 평등하게 편안히 머물러서, '낮은 종류'[下品], '중간 종류'[中品], '높은 종류'[上品]의 아주 즐거운 '선정의 영역'[定地]의 해석[勝解]을 유도한다. 이 중에서 친한 부류, 원망하는 부류와 중간 부류를 '조건의 대상'[所緣]으로 삼고, 이익을 주려고 아주 즐거운 '선정의 영역'[定地]의 해석[勝解]을 유도하는 것을 '조건의 주체'[能緣]로 삼아, '(조건의) 대상'[所緣]과 '조건의 주체'[能緣]을 모두 하나로 요약하여 '자애롭고 가엾어함의 대상'[慈愍所緣]이라고 한다는 것을 알라.

경經에서 말한 '자애로운 마음'[慈俱心]이란 친한, 원망하는, 중간 등 세 부류의 대상에게 이익을 주려고 함을 나타낸다. 다시 말해 원망이 없고, 적이 없고, 손해를 끼침이 없다는 것은 이익을 주려는 세 가지 모습을 나타낸다. 원망이 없기 때문에 '뛰어난 이익을 주려는 의욕'[增上利益意樂]이라고 한다. 이 '원망이 없는 성질'[無怨性]은 두 구절로 나타낸다. 적대하지 않기 때문이고, 괴롭히지 않기 때문이다. 서로 어기고 다투려고 하지 않는다는 의미가 바로 적대하지 않는다는 것이다. '이익을 주지 않으려'[不饒益] 하지 않는다는 의미가 괴롭히지 않는다는 것이다.

또한 '넓고 큰 데다 무수하다'[廣大無量]고 하는 것은 곧 낮은 종류, 중간 종류, 높은 종류의 아주 즐거움을 나타내는데, 욕계欲界의 아주 즐거움을 넓다[廣]고 한다. 초정려지初靜慮地, 제이정려지第二靜慮地의 아주 즐거움을 크다[大]고 한다. 제삼정려지第三靜慮地의 아주 즐거움을 무수하다[無量]고 한다.

또한 해석[勝解]이 '두루 가득 차'[遍滿] 충분히 머무른다고 하는 것은 곧 아주 즐거운 '선정 영역'[定地]의 해석[勝解]을 유도하는 일을 나타낸다. 또한 이 해석[勝解]은 바로 '아주 즐거운 이익'[快樂利益]을 유도하는 것이다. '뛰어난 의욕'[增上意樂]에 속한 승해작의(勝解作意: 해석하려는 의도)와 함께 작용한다.

만일 괴로움도 없고, 즐거움도 없는 친한, 원망하는, 중간의 세 부류 유정에게 평등하게 그 즐거움을 주려 하면, 자애로움[慈]이란 것을 알라. 만일 괴롭거나 즐거운 친한, 원망하는, 중간의 세 부류 유정에게 평등하게 그 괴로움을 뽑아 주려 하고, 그 즐거움을 경하하려 하면 '불쌍히 여김'[悲]이고, '기뻐해 줌'[喜]이란 것을 알라. 괴로워하는 유정은 '불쌍히 여김'[悲]의 대상[所緣]이고, 즐거워하는 유정은 '기뻐해 줌'[喜]의 대상[所緣]이다. 이를 '자애롭고 가엾어함'[慈愍]의 대상[所緣]이라고 한다.

만일 '분노가 작용하는'[瞋行] 보특가라가 모든 유정에 대해 '자애롭고 가엾어함'[慈愍]을 닦고 익혀 분노가 아주 얇아지게 한다면, 분노[瞋恚]에 대해 마음이 청정하게 한다고 한다.

(3) 조건의 성질과 조건이 생김의 대상緣性緣起所緣

무엇이 '조건의 성질과 조건이 생김'[緣性緣起]의 대상[所緣]인가? (과거, 미래, 지금 등) 삼세三世에는 오직 작용[行], 존재[法], 대상[事], 원인[因], 결과[果] 만이 바른 이치에 속한다. '상대적인 이치'[觀待道理], '작용하는 이치'[作用道理], '경험하여 완성하는 이치'[證成道理], '존재는 으레 그렇다는 이치'[法爾道理]를 가리킨다. 오직 제법諸法이 있어 제법諸法을 유도할 뿐, '지은 이'[作者]와 '받는 이'[受者]가 없다. 이와 같은 것을 '조건의 성질과 조건이 생김'[緣性緣起]의 대상[所緣]이라고 한다.

이 대상에 대하여 의도하고 사유思惟하여 '어리석음의 작용'[癡行]이 뛰어난 보특가라의 어리석음의 작용이 다 얇아져 모든 어리석음의 작용에 대해서 마음이 청정淸淨해지면 이와 같은 것을 '조건의 성질과 조건이 생김'[緣性緣起]의 대상[所緣]이라고 한다.

(4) 영역 구별의 대상界差別所緣

무엇이 '영역 구별'[界差別]의 대상[所緣]인가? '여섯 영역 구별'[六界差別]을 가리킨다. 첫째, '땅 영역'[地界], 둘째, '물 영역'[水界], 셋째, '불 영역'[火界], 넷째, '바람 영역'[風界], 다섯째, '비어있는 영역'[空界], 여섯째, '식 영역'[識界]이다.

무엇이 '땅 영역'[地界]인가? 땅 영역은 두 가지이다. 첫째, 안[內], 둘째, 외부[外]이다. 안의 땅 영역은 이 몸 중에서 안의 '굳센 성질'[堅性]이다. '단단하게 한'[堅鞕] 데 속한 땅이어서, 땅에 속하면서 '가까이 붙고'[親附: antaka] 유지한다[執受: upādatta]. 외부의 땅 영역은 외부의 굳센 성질이다. 단단하게 한 데 속한 땅이어서, 땅에 속하면서도 '가까이 붙지'[親附] 않고 유지하지 않는다.

아울러 안의 땅 영역 대상[事]은 무엇인가? 털[髮毛], 손발톱[爪], 치아[齒], 때[塵垢], 피부[皮], 살[肉], 뼈[骸骨], 힘줄[筋], 핏줄[脈], 간肝, 쓸개[膽], 심장[心], 폐肺, 비장[脾], 신장[腎], 위[肚胃], 대장大腸, 소장小腸, 생장(生藏: 음식물이 아직 소화되지 않은 상태를 담당하는 소화 기관: 위장), 숙장(熟藏: 음식물이 어느 정도 소화된 상태를 담당하는 소화 기관: 대소장 등 장腸 전반) 및 대변[糞穢] 등을 안의 땅 영역이라고 한다. 아울러 외부의 땅 영역 대상[事]은 무엇인가? 기와, 나무, 흙덩이[塊], 자갈[礫], 나무, 돌, 산, 바위를 가리킨다. 이와 같은 종류를 외부의 땅 영역이라고 한다.

무엇이 '물 영역'[水界]인가? 물 영역은 두 가지이다. 첫째, 안[內], 둘째, 외부[外]이다. 안의 물 영역은 이 몸 중에서 안의 '축축한 성질'[濕性]이다. '축축하게 한'[濕潤] 데 속한 물이어서, 물에 속하면서 '가까이 붙고'[親附]

유지한다[執受]. 그 대상[事]은 무엇인가? 눈물[淚], 땀[汗], 콧물[洟], 침[唾], 지방[肪膏脂], 뼛골[髓], 열[熱], 가래[痰], 고름[膿], 혈액[血], 뇌막腦膜, 소변[尿] 등을 가리키는데 이를 안의 물 영역이라고 한다. 외부의 물 영역은 외부의 '축축한 성질'[濕性]이다. '축축하게 한'[濕潤] 데 속한 물이어서, 물에 속하면서도 '가까이 붙지'[親附] 않고 유지하지 않는다. 그 대상[事]은 무엇인가? 우물[井], 샘[泉], 도랑[池], 늪[沼], 연못[陂], 호수[湖], 강[河], 바다[海]를 가리킨다. 이와 같은 종류를 외부의 물 영역이라고 한다.

무엇이 '불 영역'[火界]인가? 불 영역은 두 가지이다. 첫째, 안[內], 둘째, 외부[外]이다. 안의 불 영역은 이 몸 중에서 안의 '따뜻한 성질'[溫性]이다. '따뜻하고 더운'[溫熱] 데 속하는 따뜻함이어서, 따뜻함에 속하면서 '가까이 붙고'[親附] 유지한다[執受]. 그 대상[事]은 무엇인가? 몸 중의 따뜻함으로 몸을 덥게 하고, 골고루 덥게 하고, 두루 덥게 한다. 이 때문에 먹을 것, 마실 것, 씹어먹을 것, 맛볼 것을 쉽고 바르게 소화시켜[消變] 그것을 왕성하게 하기 때문에 '(증기로) 데우고 덥게 하는 것들'[蒸熱數]에 속한다. 이와 같은 종류를 안의 불 영역이라고 한다. 외부의 불 영역은 외부의 '따뜻한 성질'[溫性]이다. '따뜻하고 더운'[溫熱] 데 속하는 따뜻함이어서, 따뜻함에 속하면서도 '가까이 붙지'[親附] 않고 유지하지 않는다. 그 대상[事]은 무엇인가? 사람세상[人間]에서 송곳[鑽]이나 부싯돌[燧]과 '소두엄 가루'[牛糞末]로 불을 붙이는 것인데, 불이 생기고 나면 소두엄[牛糞]을 사를 수 있다. 또는 풀이나, '땔 나무'[薪]나, 덤불[榛]이나, 들이나, 산이나, 물가[渚]나, 마을[村]과 '마을의 외곽'[村分][72]이나, 도시[城]와 '도시의 외곽'

---

72) 유가론기 제7권상(대정장 42. p.447b1-2): 혜경惠景논사는 한 마을에 불이나거나

[城分]이나, 나라[國]와 '나라의 외곽'[國分]이나, 그 외 이와 같은 종류를 외부의 불 영역이라고 한다.

무엇이 '바람 영역'[風界]인가? 바람 영역은 두 가지이다. 첫째, 안[內], 둘째, 외부[外]이다. 안의 바람 영역은 이 몸 중에서 안의 '바람의 성질'[風性]이다. '바람에 나부끼는'[風飄] 데에 속하는 가벼운 성질이고 움직이는 성질이어서 '가까이 붙고'[親附] 유지한다[執受]. 그 대상[事]은 무엇인가? 안 몸 중에 '위로 올라가는 바람'[上行風]이 있고, '아래로 내려가는 바람'[下行風]이 있다. '옆구리로 누워 생긴 바람'[脇臥風][73]이 있고, '등으로 누워 생긴 바람'[脊臥風: 협앙와풍脇仰臥風]이 있고, '허리 틈의 바람'[腰間風]이 있고, '볼기 틈의 바람'[臗間風]이 있고, '작은 칼로 베는 듯한 바람'[小刀風]이 있고, '큰 칼로 베는 듯한 바람'[大刀風]이 있고, '침으로 찌르는 듯한 바람'[針刺風]이 있고, '필발라 바람'[畢鉢羅風: pippalakā vāyavaḥ: 보리수菩提樹 바람]이 있다. '들이키고 내쉬는 바람'[入出息風]이 있고, '사지를 따르는 바람'[隨支節風]이 있다. 이와 같은 종류를 안의 바람 영역이라고 한다. 외부의 바람 영역은 외부의 바람 성질이다. '바람에 나부

혹은 마을의 일부분에 불이 난 것이기 때문에 마을과 마을부분이라 했고, 다시 해석하여 마을과 마을 외곽이라 하였다.　　景云。或令燒一村或燒村之一分。故云或村村分等。今後解云。或燒村及村外界

73) 유가론기 제7권상(대정장 42. p.447b4-6): 혜경惠景논사에 의하면 사람이 바람[風]을 앓는데 옆구리를 위로 해서 누워 생긴 것을 '등으로 누워 생긴 바람'[脊臥風]이라 한다. 어떤 경우는 바람을 앓으면 몸에 병이 작은 칼, 큰 칼 등으로 베이듯 하기도 하고 침으로 찌르는 듯 하며, 어떤 경우는 바람을 앓으면 때때로 얼굴에 검은 점이 생기기도 하는데, 하나하나가 모두 필발라畢鉢羅 상태와 같다고 한다.　　景云。有人患風唯得脇仰臥名脊臥風。或有患風身病如小刀大刀等割。亦如鍼刺。或有患畢鉢羅風風時面生黑點。一一皆如畢鉢羅狀。

끼는'[風飄] 데에 속한다. 가벼운 성질이고 움직이는 성질이지만 '가까이 붙지'[親附] 않고 유지하지 않는다. 그 대상[事]은 무엇인가? 몸 외부에는 '동쪽에서 오는 바람'[東來風]이 있고, '서쪽에서 오는 바람'[西來風]이 있고, '남쪽에서 오는 바람'[南來風]이 있고, '북쪽에서 오는 바람'[北來風]이 있으며, '티끌이 있는 바람'[有塵風]이 있고, '티끌이 없는 바람'[無塵風]이 있으며, '작디작은 바람'[狹小風]이 있고, '크디큰 바람'[廣大風]이 있으며, '비습바 바람'[毘濕婆風: viśvā vāyavaḥ][74]이 있고, 회오리바람[吠藍婆風: vairambhā vāyavaḥ][75]이 있고, '바람 바퀴의 바람'[風輪風]이 있고, 때로는 큰 바람이 갑자기 일어나 쌓여 나무를 부러뜨리고 담장을 기울어지게 하고 산을 무너뜨리고 바다를 흔든다. '몹시 불고'[飄鼓] 나서는 온데간데 없이 저절로 고요해진다[靜息]. 만일 여러 유정이 바람을 바란다면, 옷을 움직이고 부채와 '다라(수) 잎'[多羅掌][76]을 흔든다. 이와 같은 종류를 외부의 바람 영역이라고 한다.

무엇이 '비어있는 영역'[空界]인가? 눈[眼], 귀[耳], 코[鼻], 입[口], 목구멍

---

74) 유가론기 제7권상(대정장 42. p.447b10-11): 비습바毘濕婆 바람은 이것은 종종 '교묘한 장엄한 바람'[巧莊嚴風]이라고 하는데, 비습갈마천毘濕羯磨天 등을 '교묘한 하늘'[巧天]이라 하는 것과 같다. 毘濕婆風者。此云種種巧莊嚴風。如說毘濕羯磨天等名巧天。

75) 유가론기 제7권상(대정장 42. p.447b11-13): 폐람바吠藍婆 바람은 이것은 회오리 바람이라 한다. 즉 소미로산 사이의 회오리 바람으로 사나운 바람이다. 吠藍婆風者。此云旋風。即是蘇迷盧山間旋嵐猛風也。

76) 유가론기 제7권상(대정장 42. p.447b13-14): 다라장多羅掌은 서쪽 지방에 있는 한 나무로 잎의 모양이 종려나무와 유사하다. 잎의 머리 부분을 끊어 내면 다만 그 잎이 있는 것으로 역시 부채의 서늘함을 얻는다. 多羅掌者。西方有一樹。葉狀似棕櫚。截去葉頭但留其掌亦得扇涼。

[咽喉] 등 구멍이다. 이 때문에 '목구멍으로 삼키고'[吞咽], 목구멍으로 삼키고 나면 이 구멍으로 곧 아래로 '새어 나간다'[漏泄]. 이와 같은 종류를 비어있는 영역이라고 한다.

무엇이 '식 영역'[識界]인가? 안식眼識, 이식耳識, 비식鼻識, 설식舌識, 신식身識, 의식意識을 가리킨다. 또한 심心·의意·식識[77] 세 가지가 구별된다. 이와 같은 것을 식識 영역이라고 한다.

만일 '으스댐이 작용하는'[慢行] 보특가라가 '영역 구별'[界差別]에 대해 의도하고 사유하여 곧 몸 안에 대해 일합상一合想을 떠나[78] '깨끗지 못하다는 생각'[不淨想]을 이루어 다시는 높임[高擧]이 없고 교만憍慢이 얇아진다면, 모든 으스댐의 작용에 대하여 마음이 청정해진다. 이와 같은 것을 으스댐이 작용하는 보특가라의 '영역 구별'[界差別]로 말미암은 '깨끗이하는 수행의 대상'[淨行所緣]이라고 한다.

(5) 아나파나념阿那波那念

무엇이 아나파나념(阿那波那念: ānāpāna-smṛti)[79]의 대상[所緣]인가? 들숨[入息]과 날숨[出息]을 대상으로 생각하는 것을 바로 아나파나념阿那波那念이라고 한다. 이 생각의 대상인 '들이키고 내쉼'[入出息]을 아나

---

77) 본 역주본 제1권, pp.23-35 참조.
78) 유가론기 제7권상(대정장 42. p.447b18-20): '일합상을 떠난다'[離一合想]는 것은 나의 실제 모든 영역이 몸이라고 헤아려서 '하나의 합쳐진 나'[一合之我]라고 생각하는데 이제 그 생각에서 떠나는 것이다.　　離一合想者。即計為我其實諸界為身計為一合之我。今離此想也。
79) 유가론기 제7권상(대정장 42. p.447b24): 아나阿那는 이것은 오는 것을 유지하는 것을 말하는데 즉 들숨이다. 파나波那는 이것은 가는 것을 유지하는 것을 말하는데 즉 날숨이다.　　阿那者此云持來。即是入息。波那者此云持去。即是出息。

파나념阿那波那念의 대상[所緣]이라고 한다.

이 중에 들숨[入息]은 두 가지가 있음을 알라. 무엇이 두 가지인가? 첫째는 들숨[入息]이고, 둘째는 '중간 들숨'[中間入息]이다. 날숨[出息]도 두 가지가 있다. 무엇이 두 가지인가? 첫째는 날숨[出息]이고, 둘째는 '중간 날숨'[中間出息]이다.

들숨[入息]이란 날숨에 이어서 '몸의 내부를 향한 입구'[內門]로 바람을 옮겨 배꼽까지 이르는 것이다. '중간 들숨'[中間入息]이란 들숨이 소멸하고 나서 날숨이 아직 발생하기 전 그 중간에 숨 쉬는 곳에 머물러 있을 때 잠시 '아주 가느다란 바람'[微細風]과 유사한 것이 일어나는 것을 바로 중간 들숨이라고 한다. 들숨, 중간 들숨과 같이 날숨[出息], '중간 날숨'[中間出息]도 마찬가지라는 것을 알라. 이 중 구별되는 것은 들숨이 곧바로 '몸의 외부를 향한 출구'[外門]의 바람으로 전환되어 배꼽에서부터 입[面門]에 이르든지, 또는 코끝[鼻端]에 이르든지, 또는 '(입이나 코끝을 통하지 않고) 외부로 배출한다'[出外].

들숨, 날숨은 두 가지 '원인과 조건'[因緣]이 있다. 무엇이 두 가지인가? 첫째, '잡아당기는 일'[牽引業], 둘째, 배꼽[臍處]의 구멍[孔穴], 또는 상반신의 구멍이다.

들숨, 날숨은 두 가지 '의지할 것'[所依]이 있다. 무엇이 두 가지인가? 첫째, 몸[身], 둘째, 마음[心]이다. 왜냐하면 요는 몸과 마음에 의해 '들이키고 내쉬는 것'[入出息]을 옮기는 것이 그 알맞은 대로 되기 때문이다. 만일 몸에 의해서만 숨을 옮긴다고 하면, 무상정無想定에 들거나 멸진정滅盡定에 들거나 무상천無想天에 생겨난 모든 유정 종류는 그 숨을 옮겨야 할 것이고, 만일 마음에 의해서만 숨을 옮긴다고 하면, 무색정無色定에 들거나 무색계無色界에 생겨나면 그 숨을 옮겨야 할 것이다. 만일 몸과 마음 (둘 모두)에 의해서만 (숨을) 옮기는 것이 그 알맞은 대로 되지 않는다면, 제사정려第四靜慮에 들거나 그곳에 생겨난 모든 유정 종류와 갈라람(羯羅藍: 가라라迦羅邏: kalala), 알부담(遏部曇: arbuda), 폐시(閉尸: peśī) 등의 단계인 모든 유정 종류가 숨을 옮겨야 할 것이다. 그러나 그들은 옮기지 않는다. 그러므로 요는 몸과 마음 (둘 모두)에 의해서만 '들이키고 내쉬는 것'[入出息]을 옮기는 것이 그 알맞은 대로 된다는 것을 알라.

들숨과 날숨은 두 가지 '가는 것'[行]이 있다. 무엇이 두 가지인가? 첫째는 들숨은 아래를 향해 간다. 둘째로 날숨은 위를 향해 간다.

들숨과 날숨은 두 가지 자리[地]가 있다. 무엇이 두 가지인가? 첫째, '굵은 구멍'[麁孔穴], 둘째, '가는 구멍'[細孔穴]이다. 무엇이 굵은 구멍인가? 배꼽 구멍으로부터 입, 콧구멍이며, 또한 입, 콧구멍으로부터 배꼽 구멍까지이다. 무엇이 가는 구멍인가? 몸 중의 모든 모공毛孔이다.

들숨과 날숨에는 네 가지 다른 이름이 있다, 무엇이 네 가지인가? 첫째, 바람[風]이라고 한다. 둘째, 아나파나阿那波那라고 한다. 셋째, 들숨[入息]과 날숨[出息]이라고 한다. 넷째, 몸동작[身行]이라고 한다. 바람[風]의 한 종류는 바람과 공통적인 이름이고, 나머지 세 종류는 공통하지 않는 이름이다.

들이키고 내쉬는 것을 수행하는 이는 두 가지 잘못이 있다. 무엇이 두 가지인가? 첫째, 너무 느린 방법이다. 둘째, 너무 빠른 방법이다. 너무 느린 방법 때문에 게으름이 생긴다. 또는 그 마음이 가라앉는 수면에 휩싸인다. 또는 그 마음이 밖으로 흐트러진다. 너무 빠른 방법 때문에 그 몸에 불평등不平等함이 생긴다. 또는 그 마음에 불평등함이 생긴다. 무엇을 몸에 불평등함이 생긴다고 하는가? 억지로 힘을 써서 들이쉼과 내쉼을 유지하는 것을 가리킨다. 들이쉬고 내쉼을 유지하기[執持] 때문에 곧 몸 중에 고르지 못한 바람이 움직인다. 이로 말미암아 최초로 사지[諸支節]에 모두 떨림[戰掉]이 생기는데, 떨림[戰掉]이라고 한다. 이 떨리는 바람이 점점 더 심해질 때에는 질병이 생기고, 이 때문에 사지에 여러 질병이 생긴다. 이와 같은 것을 몸에 불평등함이 생긴다고 한다. 무엇을 마음에 불평등함이 생긴다고 하는가? 마음에 여러 흐트러짐이 생기든지 아주 무거운 근심과 괴로움이 '달달 볶듯이 사무치는'[逼切] 것을 가리킨다. 이를 마음에 불평등함이 생긴다고 한다.

이 아나파나념阿那波那念에는 간략히 다섯 가지 수습(修習: 닦아 익힘)이 있음을 알라. 무엇이 다섯 가지인가? 첫째, '수를 세는 수습'[算數修習], 둘째, '모든 온에 깨달아 드는 수습'[悟入諸蘊修習], 셋째, '연기에 깨달아 드는 수습'[悟入緣起修習], 넷째, '성스러운 진리에 깨달아 드는 수습'[悟入聖諦修習], 다섯째, '열여섯 가지 뛰어난 수행의 수습'[十六勝行修習]이다.

① 수를 세는 수습算數修習

'수를 세는 수습'[算數修習]이란 무엇인가? 간략히 네 가지 수를 세는 수습이 있다. 무엇이 네 가지인가? 첫째로는 하나를 하나(의 단위)로 수를 세기, 둘째로는 둘을 하나(의 단위)로 수를 세기, 셋째로는 순서대로 수를 세기, 넷째로는 거꾸로 수를 세기이다.

(첫째로는) 무엇이 하나를 하나(의 단위)로 수를 세기인가? 들숨을 들이킬 때 들이키는 것으로 말미암아 날숨에 생각을 두고 수를 (속으로) 세되 하나라고 한다. 들숨이 소멸하고 날숨이 생겨 밖으로 나올 때 수를 (속으로) 세되 둘이라고 한다. 이와 같이 전개하여 수가 열에 이른다. 이

수를 세는 것은 생략하지도 않고 넘지도 않는 것이기 때문에 오직 열까지만 이른다. 이와 같은 것을 하나를 하나(의 단위)로 수를 세기라고 한다.

(둘째로는) 무엇이 둘을 하나(의 단위)로 수를 세기인가? 들숨을 들이켜 이미 소멸하고, 날숨이 생겨 이미 나가면 이때 모두 합해 하나(의 단위)로 삼는다. 곧 이와 같이 수를 세는 이치로 수를 열에 이른다. 이를 둘을 하나(의 단위)로 수를 세기라고 한다. 들숨과 날숨을 둘이라고 하고 이 두 종류(의 들숨과 날숨)를 합하여 하나(의 단위)로 삼는다. 그러므로 둘을 하나(의 단위)로 수를 세기라고 한다.

(셋째로는) 무엇이 순서대로 수를 세기인가? 하나를 하나(의 단위)로 수를 세든지, 둘을 하나(의 단위)로 수를 세든지 순서대로 전개하여 수가 열에 이르는 것을 순서대로 수를 세기라고 한다.

(넷째로는) 무엇이 거꾸로 수를 세기인가? 곧 앞서의 두 가지로 수를 세는데 거꾸로 전개하여, 열을 세는 것으로부터 다음은 아홉, 다음은 여덟, 다음은 일곱, 다음은 여섯, 다음은 다섯, 다음은 넷, 다음은 셋, 다음은 둘, 다음은 하나를 세는 것을 거꾸로 수를 세기라고 한다.

때로는 수행자[行者]가 하나를 하나(의 단위)로 수를 세기에 의하기도 하고, 둘을 하나(의 단위)로 수를 세기에 의하기도 하면서 순서대로 수를 세기와 거꾸로 수를 세기에 이미 습관이 되도록 수습修習하면, (수를 세는) 중간에 마음이 흐트러짐이 없고, 흐트러짐이 없는 마음으로 수 세기를 잘한다.

또한 '(위 단계로) 올라가는 수를 세기'[勝進算數]를 설명해야겠다. 무엇이 '(위 단계로) 올라가는 수를 세기'[勝進算數]인가? 하나를 하나(의 단위)로 수를 세기에 의하기도 하고, 둘을 하나(의 단위)로 수를 세기에 의하기도 하는데 두 (단위)를 합쳐 하나(의 단위)로 하여 수 세기를 한다. 하나를 하나(의 단위)로 수를 세기에 의하는 경우 곧 들숨, 날숨 둘을 하나(의 단위)로 한다. 둘을 하나(의 단위)로 수를 세기에 의하는 경우는 (각) 들숨, 날숨 넷을 합쳐 하나(의 단위)로 한다. 이와 같이 전개하여 수가 열에 이른다. 이와 같이 뒤로 뒤로 점점 늘려 백을 하나(의 단위)로 수 세기를 한다. 이처럼 백을 하나(의 단위)로 수 세기로부터 점점 그 수를 그 열 (배)까지 센다. 이와 같이 '숨을 세는 생각'[數息念]을 부지런히 수행하는 이는 '십에 십'[十十: 백] 수를 하나(의 단위)로 삼아 점점 수 세기가 열 (단위)까지 이른다. 이러한 열 (단위)를 하나(의 단위)로 하여 수 세기를 하면 그 중간에 마음이 흐트러지지 않는다. 이제까지를 이미 습관이 되도록 수습修習한다고 한다.

또한 이 '숨을 세는 생각'[數息念]을 부지런히 수행하는 이가 만일 중간에 마음이 흐트러지면 다시 되돌아가[還] 처음부터 수를 순서대로나 거꾸로 세어야 한다. 때로는 수 세기가 아주 습관이 되었기 때문에 그 마음이 '저절로 되는 과정'[任運道]에 오르고, 들숨과 날숨의 대상[所緣]에 편안히 머물러 끊어짐이 없고 쉴 새가 없이 계속 전개된다.

먼저 들숨을 '전개하는 것'[取轉]이 있고, 들숨이 소멸하고 나서 '숨이 비어있는 단계'[息空位]를 전개하는 것이 있고, 다음으로 날숨을 전개하는 것이 있고, 날숨이 소멸하고 나서 '숨이 비어있는 단계'[息空位]를 전개하는 것이 있다. 이와 같이 되풀이하여 계속 흘러가 움직임과 흔들림이 없고 흐트러지는 작용이 없이 '사랑스러워하고 즐거워함'[愛樂]이 전개하면, 이를 수를 세는 단계를 지났으니 다시는 수를 세지 말아야 한다고 한다. 오직 들숨과 날숨의 대상에 마음을 편안히 머무르게 하고 들이키고 내쉼을 바르게 따라 실천해야 하고, 자세히 '분명하게 통달해야'[了達] 하며, 들이키고 내쉼과 두 가지 중간(의 들숨과 날숨)의 전개하거나[轉] 되돌아가는[還] 단계의 구별을 모두 잘 '깨달아 분명히 안다'[覺了]. 이와 같은 것을 '수를 세는 수습'[算數修習]이라고 한다.

　아울러 '근기가 둔한'[鈍根] 이에게는 이러한 '숨을 생각하는 것'[息念]의 수를 세는 수습에 대해 밝혀 말해줘야 한다. 그는 이 때문에 흐트러진 것으로부터 마음을 편안히 머무르고, 마음이 사랑스럽고 즐겁게 된다. 만일 다르게 수를 세어 들이키고 내쉬는 생각을 하면 그는 당연히 가라앉는 수면에 휩싸이거나. 그의 마음이 밖으로 '달려 나가 흐트러진다'[馳散]. '수를 세는 생각'[數息念]을 부지런히 수행함으로 말미암아 그것은 없어진다.

　어떤 이해력[覺慧]이 있어 영리하고 뛰어난, '근기가 예리한'[利根] 이의 경우는 이 수를 세는 데 힘씀[加行]에 오르는 것을 좋아하지 않는다. 만일 수를 세는 데 힘쓰는 것을 밝혀 말하면 빠르고 전도됨이 없이 분명히 통달하기는 하지만 사랑스러워하고 즐거워하지 않는다. 그는 또한 이 들이키고 내쉼의 대상에 생각을 편안히 머무르고 나서, 전개하고, 전개하며, 전개한 것 같이 하고, 때로는 전개하여 이 모두에서 생각을 편안히 머무름으로 말미암아 바르게 따라 실천하고, 이와 같은 힘씀[加行], 이와 같은 모습[相]이 있음을 바르고 분명하게 통달한다. 이 힘씀[加行]을 닦고, 익히고, 많이 닦아 익혀 이 때문에 몸의 가뿐함[輕安]과 마음의 가뿐함이 생겨 일경성(一境性: 마음의 대상이 하나인 성질)을 경험하고, 그 대상[所緣]을 사랑스러워하고 즐거워하여 들어간다[趣入].

　② 온에 깨달아 드는 수습悟入諸蘊修習

　이와 같이 '숨을 세는 생각'[算數息念]을 잘 수습하고 나서, 다시 '취하는 대상'[所取], '취하는 주체'[能取] 두 대상에 대해 의도하고 사유하여 '모든 온'[諸蘊]에 '깨달아 드는'[悟入] 것이다.

무엇이 '깨달아 드는'[悟入] 것인가? 들숨, 날숨과 숨이 의지하는 몸에 대해 의도하고 사유하여 색온(色蘊: 물질 유위법)에 깨달아 든다. 들숨, 날숨의 '취하는 주체'[能取]로서의 생각과 관련한 '받아 들임'[領納]에 대하여 의도하고 사유하여 수온(受蘊: 느낌 유위법)에 깨달아 든다. 곧 그 생각과 관련한 '고르게 앎'[等了]에 대하여 의도하고 사유하여 상온(想蘊: 개념형성 유위법)에 깨달아 든다. 곧 그 생각이나 생각과 관련한 의사[思] 및 추리선택[慧]에 대하여 의도하고 사유하여 행온(行蘊: 의지 작용 유위법)에 깨달아 든다. 그 생각과 관련한 모든 심心, 의意, 식識에 대하여 의도하고 사유하는 경우에는 식온(識蘊: 인식 유위법)에 깨달아 든다. 이와 같이 '수행하는 이'[行者]가 '모든 온'[諸蘊] 가운데 많이 머무르는 것을 이미 깨달아 들었다고 한다. 이와 같은 것을 '모든 온에 깨달아 드는 수습'[悟入諸蘊修習]이라고 한다.

③ 연기에 깨달아 드는 수습悟入緣起修習

때로 모든 온蘊만 있고, 모든 행(行: 변천하는 존재)만 있으며, 모든 사(事: 대상)만 있고, 법(法: 존재)만 있다는 것을 전도됨이 없이 볼 수 있고 알 수 있으면, 그는 그때 제행(諸行: 모든 변천하는 존재)에 있어 연기(緣起: 조건이 생김)에 깨달아 든다. '깨달아 드는'[悟入] 것은 무엇인가? '관행하는 이'[觀行者]가 이 들이키고 내쉼은 무엇을 의지하고 무엇을 대상으로 하는가를 찾고[尋求], 찾고 나서는 들이키고 내쉼은 몸을 의지하고 몸을 대상으로 하며, 마음을 의지하고 마음을 대상으로 한다는 것을 사실대로 깨달아 드는 것이다.

다시 이 몸과 이 마음은 무엇을 의지하고 무엇을 대상으로 하는가를 찾고, 찾고 나서는 이 몸과 이 마음은 수명[命根]을 의지하고 대상으로 한다는 것을 사실대로 깨달아 드는 것이다.

다시 수명[命根]은 무엇을 의지하고 무엇을 대상으로 하는가를 찾고, 찾고 나서는 이 수명은 앞선 작용[行]을 의지하고 대상으로 한다는 것을 사실대로 깨달아 드는 것이다.

다시 앞선 작용[行]은 무엇을 의지하고 무엇을 대상으로 하는가를 찾고, 찾고 나서는 이 앞선 작용[行]은 무명無明을 의지하고 대상으로 한다는 것을 사실대로 깨달아 드는 것이다.

이와 같이 무명無明은 앞선 작용[行]의 의지가 되고 대상이 되며, 앞선 작용[行]은 수명[命根]의 의지가 되고 대상이 되며, 수명은 '몸과 마음'[身心]의 의지가 되고 대상이 되며, 몸과 마음은 들숨[入息]과 날숨[出息]의 의지가 되고 대상이 됨을 분명히 안다. 또한 무명無明이 소멸하기 때문에 작용[行]이 소멸하고, 작용[行]이 소멸하기 때문에 수명[命根]이 소멸하며, 수명이 소멸하기 때문에 '몸과 마음'[身心]이 소멸하고, 몸과 마음이 소멸하기 때문에 '들이키고 내쉼'[入出息]이 소멸함을 분명히 안다. 이와 같은 것을 '연기에 깨달아 든다'[悟入緣起]고 하고, 그 연기에 깨달아 드는 것에 많이 머무르는 것을 잘 수습習修한다고 하며, 이를 '연기에 깨달아 드는 수습'[悟入緣起修習]이라고 한다.

④ 성스러운 진리에 깨달아 드는 수습悟入聖諦修習

이와 같이 그 연기緣起에 깨달아 들어 잘 수습하고 나서, 다시 '모든 변천하는 존재'[諸行]는 '여러 조건'[衆緣]으로부터 생긴다는 것을 사실대로 분명히 알고 무상無常에 깨달아 드는 것이다. 모든 변천하는 존재는 무상無

常하기 때문에 '본래 없는 것'[本無]인데 있게 된 것이고, 있고 나서는 흩어져 소멸한다. 만일 이것이 '본래 없는 것'[本無]인데 있게 된 것이고, 있고 나서는 흩어져 소멸한다면, 곧 이것은 '생겨나는 존재'[生法]이고, '늙는 존재'[老法]이고, '병드는 존재'[病法]이고, '죽는 존재'[死法]이다. 만일 바로 이것이 생겨나는 존재이고, 늙는 존재이고, 병드는 존재이고, 죽는 존재라면, 바로 그것은 괴로움[苦]이다. 만일 이것이 괴로움[苦]이라면, 바로 무아無我이고, 자유로움[自在]을 이룰 수 없으며, 주재자[宰主]와는 먼 것이라는 것에 깨달아 드는 것이다. 이와 같은 것을 무상無常하고, 괴로움[苦]이고, 비어있고[空], 무아無我인 '변천하는 존재'[行]로 말미암아 고제(苦諦: 괴로움의 진리)로 깨달아 든다고 한다.

아울러 그는 '모든 변천하는 존재'[諸行]는 여러 조건으로 생긴 것이어서 그 성질은 괴로움[苦]이고, 질병과 같고, 종기와 같아 모두 다 탐애(貪愛: 탐내고 애착함)를 조건으로 삼는다고 깨달아 든다. 또한 이 여러 괴로움을 생기게 하는 탐애貪愛를 바르게 깨달아 들어 남김없이 끊는다면, 곧 이것은 '끝까지 고요하고 섬세하게 훌륭함'[畢竟寂靜微妙]이다. "만일 내가 이것에 대해 이와 같이 분명하게 알고, 이와 같이 '살펴 보고'[觀見], 이와 같이 많이 머문다면, 장차 탐애貪愛를 남김없이 끊으리라."라고 한다. 이와 같은 것을 집제(集諦: 괴로움이 모이는 진리)에 깨달아 든다고 한다.

멸제(滅諦; 괴로움이 소멸하는 진리), 도제(道諦: 괴로움을 소멸시키는 방도의 진리)에 깨달아 들어 많이 머무르고 나서 모든 진리 중에서 현관(現觀: 나타난 것을 살핌)을 경험[證得]한다. 이와 같은 것을 '성스러운 진리에 깨달아 드는 수습'[悟入聖諦修習]이라고 한다.

⑤ 열여섯 가지 뛰어난 수행의 수습十六勝行修習

이와 같이 '성스러운 진리'[聖諦] 중에서 잘 수습하고 나서, '견도에서 끊는'[見道所斷] 모든 번뇌를 다 영원히 끊는다. 오직 남은 것은 '수도에서 끊는'[修道所斷] 번뇌이다. 이를 끊기 위해서는 다시 '열여섯 가지 뛰어난 수행'[十六勝行]의 수습으로 나아간다.

무엇이 열여섯 가지 뛰어난 수행인가? 들숨을 생각함에 있어, "나는 지금 능히 배워 들숨을 생각한다."라고 하고, 날숨을 생각함에 있어, "나는 지금 능히 배워 날숨을 생각한다."라고 한다.

(열여섯 가지의 뛰어난 수행의 첫째는) 길기도 하다.

(둘째) 짧기도 하다.

(셋째) 몸에 두루한 들숨을 '깨달아 분명히 아는'[覺了] 것에 있어, "나는 지금 능히 배워 몸에 두루한 들숨을 깨달아 분명히 안다."고 한다. 몸에 두루한 날숨을 '깨달아 분명히 아는'[覺了] 것에 있어, "나는 지금 능히 배워 몸에 두루한 날숨을 깨달아 분명히 안다."고 한다.

(넷째) '동작을 그만두어 없애는'[息除身行] 들숨에 있어, "나는 지금 동작을 그만두어 없애는 들숨을 능히 배운다."라고 한다. '동작을 그만두어 없애는'[息除身行] 날숨에 있어, "나는 지금 동작을 그만두어 없애는 날숨을 능히 배운다."라고 한다.

(다섯째) '기쁨을 깨달아 분명히 아는'[覺了喜] 들숨에 있어, "나는 지금 기쁨을 깨달아 분명히 아는 들숨을 능히 배운다."라고 한다. '기쁨을 깨달아 분명히 아는'[覺了喜] 날숨에 있어, "나는 지금 기쁨을 깨달아 분명히 아는 날숨을 능히 배운다."라고 한다.

(여섯째) '즐거움을 깨달아 분명히 아는'[覺了樂] 들숨에 있어, "나는

지금 즐거움을 깨달아 분명히 아는 들숨을 능히 배운다."라고 한다. '즐거움을 깨달아 분명히 아는'[覺了樂] 날숨에 있어, "나는 지금 즐거움을 깨달아 분명히 아는 날숨을 능히 배운다."라고 한다.

(일곱째) '마음의 작용을 깨달아 분명히 아는'[覺了心行] 들숨에 있어, "나는 지금 마음의 작용을 깨달아 분명히 아는 들숨을 능히 배운다."라고 한다. '마음의 작용을 깨달아 분명히 아는'[覺了心行] 날숨에 있어, "나는 지금 마음의 작용을 깨달아 분명히 아는 날숨을 능히 배운다."라고 한다.

(여덟째) '마음의 작용을 그만두어 없애는'[息除心行] 들숨에 있어, "나는 지금 마음의 작용을 그만두어 없애는 들숨을 능히 배운다."라고 한다. '마음의 작용을 그만두어 없애는'[息除心行] 날숨에 있어, "나는 지금 마음의 작용을 그만두어 없애는 날숨을 능히 배운다."라고 한다.

(아홉째) '마음을 깨달아 분명히 아는'[覺了心] 들숨에 있어, "나는 지금 마음을 깨달아 분명히 아는 들숨을 능히 배운다."라고 한다. '마음을 깨달아 분명히 아는'[覺了心] 날숨에 있어, "나는 지금 마음을 깨달아 분명히 아는 날숨을 능히 배운다."라고 한다.

(열째) '기쁜 마음'[喜悅心]의 들숨에 있어, "나는 지금 기쁜 마음의 들숨을 능히 배운다."라고 한다. '기쁜 마음'[喜悅心]의 날숨에 있어, "나는 지금 기쁜 마음의 날숨을 능히 배운다."라고 한다.

(열한째) '절제하는 마음'[制持心]의 들숨에 있어, "나는 지금 절제하는 마음의 들숨을 능히 배운다."라고 한다. '절제하는 마음'[制持心]의 날숨에 있어, "나는 지금 절제하는 마음의 날숨을 능히 배운다."라고 한다.

(열두째) '해탈하는 마음'[解脫心]의 들숨에 있어, "나는 지금 해탈하는 마음의 들숨을 능히 배운다."라고 한다. '해탈하는 마음'[解脫心]의 날숨에

있어, "나는 지금 해탈하는 마음의 날숨을 능히 배운다."라고 한다.

(열셋째) '무상을 따라 살피는'[無常隨觀] 들숨에 있어, "나는 지금 무상無常을 따라 살피는 들숨을 능히 배운다."라고 한다. '무상을 따라 살피는'[無常隨觀] 날숨에 있어, "나는 지금 무상無常을 따라 살피는 날숨을 능히 배운다."라고 한다.

(열넷째) '끊음을 따라 살피는'[斷隨觀] 들숨에 있어, "나는 지금 끊음[斷]을 따라 살피는 들숨을 능히 배운다."라고 한다. '끊음을 따라 살피는'[斷隨觀] 날숨에 있어, "나는 지금 끊음[斷]을 따라 살피는 날숨을 능히 배운다."라고 한다.

(열다섯째) '욕망에서 떠남을 따라 살피는'[離欲隨觀] 들숨에 있어, "나는 지금 '욕망에서 떠남'[離欲]을 따라 살피는 들숨을 능히 배운다."라고 한다. '욕망에서 떠남을 따라 살피는'[離欲隨觀] 날숨에 있어, "나는 지금 '욕망에서 떠남'[離欲]을 따라 살피는 날숨을 능히 배운다."라고 한다.

(열여섯째) '소멸시킴을 따라 살피는'[滅隨觀] 들숨에 있어, "나는 지금 소멸시킴[滅]을 따라 살피는 들숨을 능히 배운다."라고 한다. '소멸시킴을 따라 살피는'[滅隨觀] 날숨에 있어, "나는 지금 소멸시킴[滅]을 따라 살피는 날숨을 능히 배운다."라고 한다.

질문 이와 같은 열여섯 가지는 어떤 구별이 있는가?

대답 유학有學이 '자취를 보고'[見迹] 나서 사념주四念住 등을 이루고, 들이키고 내쉼의 대상[所緣]에 대해 나머지 결結을 끊으려고 의도하고 다시 닦음으로 나아간다. 그러므로 생각하기를, "들숨을 생각함에 있어, 나는 지금 능히 배워 들숨을 생각하고, 날숨을 생각함에 있어, 나는 지금 능히 배워 날숨을 생각한다."라고 한다. 아울러 만일 들숨과 날숨의 영역[境]

을 대상[緣]으로 할 때에는 다시 생각하기를, "나는 지금 능히 배워 '긴 들숨'[長入息]을 생각하고, '긴 날숨'[長出息]을 생각한다."라고 한다. 만일 '중간 들숨'[中間入息]과 '중간 날숨'[中間出息]의 영역을 대상으로 할 때에는 생각하기를, "나는 지금 능히 배워 '짧은 들숨'[短入息]을 생각하고, '짧은 날숨'[短出息]을 생각한다."라고 한다. 들숨과 날숨이 길게 전개한다는 것, 그리고 중간 들숨과 중간 날숨이 짧게 전개한다는 것을 이와 같이 분명히 알라. 이와 같은 것을 (첫째인) 길기도 하고, (둘째인) 짧기도 하다고 한다.

만일 몸 중의 아주 가느다란 구멍으로 들숨과 날숨이 두루하며 모든 모공毛孔 중으로 따라 들어감을 대상으로 영역을 삼아 해석[勝解]을 일으킬 때에는 생각하기를, (셋째인) "나는 몸에 두루한 들숨과 날숨을 '깨달아 분명히 아는'[覺了] 것에 있어, 나는 지금 능히 배워 몸에 두루한 들숨과 날숨을 깨달아 분명히 안다."라고 한다.

만일 이때 혹시 들숨과 중간 들숨이 이미 소멸하고, 날숨과 중간 날숨이 아직 생기지 않아 들숨과 날숨이 비어있는 단계이거나, 들숨과 날숨을 멀리한 단계를 대상으로 영역을 삼는다. 혹시 날숨과 중간 날숨이 이미 소멸하고, 들숨과 중간 들숨이 아직 생기지 않아 들숨과 날숨이 비어있는 단계이거나, 들숨과 날숨을 멀리한 단계를 대상으로 영역을 삼는다. 이때에는 생각하기를, (넷째인) "'동작을 그만두어 없애는'[息除身行] 들숨에 있어, 나는 지금 동작을 그만두어 없애는 들숨을 능히 배운다. 동작을 그만두어 없애는 날숨에 있어, 나는 지금 동작을 그만두어 없애는 날숨을 능히 배운다."라고 한다.

아울러 이것을 닦거나, 익히거나, 많이 수습修習하는 것 때문에 앞서 아직 들이키고 내쉼을 습관이 되도록 익히지 못한 때에 '억지로 하여'[剛強] '괴로운 감촉'[苦觸]을 따라 전개하였지만, 이제 이미 들이키고 내쉼을 습관이 되도록 익혔으므로 모두 그만두어 없애고, 나머지 부드럽고[柔軟] '즐거운 감촉'[樂觸]을 따라 전개하여 생각하기를, "'동작을 그만두어 없애는'[息除身行] 들숨에 있어, 나는 지금 동작을 그만두어 없애는 들숨을 능히 배운다. 동작을 그만두어 없애는 날숨에 있어, 나는 지금 동작을 그만두어 없애는 날숨을 능히 배운다."라고 한다.

아울러 이와 같이 아나파나념阿那波那念을 부지런히 수행하는 이는 만일 초정려初靜慮를 이루거나 또는 제이정려第二靜慮를 이룰 때 생각하기를, (다섯째인) "'기쁨을 깨달아 분명히 아는'[覺了喜] 들숨과 날숨에 있어, 나는 지금 기쁨을 깨달아 분명히 아는 들숨과 날숨을 능히 배운다."라고 한다.

만일 '기쁨에서 떠나는'[離喜] 제삼정려第三靜慮를 이룰 때는 생각하기를, (여섯째인) "'즐거움을 깨달아 분명히 아는'[覺了樂] 들숨과 날숨에 있어, "나는 지금 즐거움을 깨달아 분명히 아는 들숨과 날숨을 능히 배운다."라고 한다.

제삼정려第三靜慮의 위로는 아나파나념阿那波那念에 대해 다시 또 힘씀[加行]을 닦는 이치가 없다. 그러므로 제삼정려第三靜慮까지만 '숨을 생각하는 것'[息念]의 힘씀[加行]에 속한다는 것을 밝혀 말한다.

아울러 이와 같은 '기쁨을 깨달아 분명히 아는'[覺了喜] 이, '즐거움을 깨달아 분명히 아는'[覺了樂] 이는 잠시 '이치에 맞지 않는 생각'[忘念]이 생기는 경우가 있기도 하고, 나[我], '나의 것'[我所]이 있다고 하고, 아만我慢이 발생하기도 하고, 나[我]는 장차 존재하리라고 이르기도 하고,

나[我]는 장차 없으리라고 이르기도 하고, 나는 장차 '보이는 것이 있으리라'[有色]고 이르기도 하고, 나는 장차 '보이는 것이 없으리라'[無色]고 이르기도 하고, 나는 장차 '상(想: 개념형성: 생각)이 있으리라'[有想]고 이르기도 하고, 나는 장차 '상상이 없으리라'[無想]고 이르기도 하고, 나는 장차 '상상이 있는 것도 아니고'[非有想], '상상이 없는 것도 아니리라'[非無想]고 이르기도 한다. 이와 같은 어리석음을 생기게 하여 '개념형성과 의사'[想思]를 함께하는 여러 가지로 으스댐을 하고, 희론戲論을 짓기는 하지만, 탐애貪愛가 잠깐이라도 생기고 나면 곧 빠르게 지혜[慧]로써 통달하여 깊이 물들어 집착하지 않으며, 수행방법[方便]으로 '끊고 소멸시키고'[斷滅] '제거하여 내쫓고'[除遣] '변화시켜 뱉는다'[變吐]. 이러한 힘씀[加行]으로 말미암아 생각하기를, (일곱째인), "'마음의 작용을 깨달아 분명히 아는'[覺了心行] 들숨과 날숨에 있어, 나는 지금 마음의 작용을 깨달아 분명히 아는 들숨과 날숨을 능히 배운다."라고 하고, (여덟째인) '마음의 작용을 그만두어 없애는'[息除心行] 들숨과 날숨에 있어, 나는 지금 마음의 작용을 그만두어 없애는 들숨과 날숨을 능히 배운다."라고 한다.

아울러 만일 근본根本 제일第一, 제이第二, 제삼정려第三靜慮를 이루면 그는 반드시 이미 초정려初靜慮에 가까운[近分] '아직 의지할 데에 도달하지 못한 선정'[未至依定][80]을 이루고, 이것에 의해 생기는 마음을 살펴[觀察] '사실대로 알고'[如實知], 사실대로 '깨달아 분명히 안다'[覺了].

---

80) 근본정根本定인 제일정려第一靜慮부터 무색계의 최고인 비상비비상처정非想非非想處定의 사이의 선정禪定은 근분정近分定이라고 한다. 그리고 색계色界 최초의 제일정려第一靜慮에 아직 도달하지 못한 (욕계의) 선정을 미지정未至定이라고 한다.

탐내는 마음이 있기도 하고, 탐내는 마음을 떠나기도 하고, 분노하는 마음이 있기도 하고, 분노하는 마음을 떠나기도 하고, 어리석은 마음이 있기도 하고, 어리석은 마음을 떠나기도 하고, '안으로 얽매인 마음'[略心], '흐트러진 마음'[散心], '흐릿한 마음'[下心], '명료한 마음'[舉心], '들뜬 마음'[有掉動心], '들뜨지 않은 마음'[無掉動心], '고요한 마음'[有寂靜心], '고요하지 않은 마음'[無寂靜心], 등인(等引: 삼마히다三摩呬多: samāhita)이 있는 마음, 등인이 없는 마음, '잘 수습한 마음'[善修習心], 잘 수습하지 못한 마음, 잘 해탈解脫한 마음, 잘 해탈解脫하지 못한 마음이 있기도 한데, 이와 같은 마음을 모두 사실대로 알고, 사실대로 깨달아 분명히 안다. 그러므로 생각하기를, (아홉째인)"'마음을 깨달아 분명히 아는'[覺了心] 들숨과 날숨에 있어, 나는 지금 마음을 깨달아 분명히 아는 들숨과 날숨을 능히 배운다."라고 한다.

그가 어떤 때에는 '(정신이) 흐릿하게 가라앉고 잠듦'[惛沈睡眠] 개蓋에 그 마음이 덮이는 것을 보는데, 매우 안이 고요함에 머무르기 때문이다. 그때 밖에서는 한가지 '깨끗하고 훌륭한 영역'[淨妙境界]을 대상으로 그 마음을 보여주고, 가르쳐 유도하며, 찬양하고 격려하고, 경하고 기뻐하며 격려한다. 그러므로 생각하기를, (열째인) "'기쁜 마음'[喜悅心]의 들숨과 날숨 있어, 나는 지금 기쁜 마음의 들숨과 날숨을 능히 배운다."라고 한다.

그가 어떤 때에는 '(마음이) 요동하고 후회하는'[掉擧惡作] 개蓋에 그 마음이 덮이는 것을 보는데, 아주 외부에서 '야단스럽게 시끄럽고 떠들썩하게'[囂擧] 머무르기 때문이다. 그때 안에서는 고요하게 편안히 머무르며 그 마음을 절제한다[制持]. 그러므로 생각하기를, (열한째인) "'절제하는 마음'[制持心]의 들숨과 날숨에 있어, 나는 지금 절제하는 마음의 들숨과 날숨을 능히 배운다."라고 한다.

어떤 때에는 마음에 잘 닦고 잘 익히고 많이 잘 수습修習했기 때문에, 나타나 작용하는 개蓋를 모두 멀리하고 모든 개蓋에서 마음이 청정淸淨해진다. 그러므로 생각하기를, (열두째인) "'해탈하는 마음'[解脫心]의 들숨과 날숨에 있어, 나는 지금 해탈하는 마음의 들숨과 날숨을 능히 배운다."라고 한다.

그가 '수도 중에 있는 이'[修道者]의 마음을 장애하는 모든 개蓋에서 이미 해탈解脫하고, 나머지 수면(隨眠: 잠재적인 번뇌)도 당연히 끊어지는데, 그것을 끊으려고 도(道: 성도聖道)가 일어나 앞에 나타난다. 이를테면 제행무상諸行無常의 법성(法性: 존재의 성질)에 대해서 아주 잘 정성스럽고 이치에 맞게 살핀다. 그러므로 생각하기를, (열셋째인) "'무상을 따라 살피는'[無常隨觀] 들숨과 날숨에 있어, 나는 지금 무상無常을 따라 살피는 들숨과 날숨을 능히 배운다."라고 한다.

그는 앞서 또는 아래의 '세 정려'[三靜慮]에 의지해, 또는 '아직 의지할 데에 도달하지 못한 선정'[未至依定]에 의지해, 이미 사마타奢摩他의 유가행瑜伽行을 수행하고, 지금은 '무상을 따라 살핌'[無常隨觀]에 의해 다시 비발사나毘鉢舍那의 유가행瑜伽行을 수행한다. 이와 같이 사마타奢摩他와 비발사나毘鉢舍那로써 마음을 수행[熏修]하고 나서 모든 영역[界] 중에서 그 수면隨眠으로부터의 해탈解脫을 추구한다.

무엇을 모든 영역[界]이라고 하는가? 삼계三界란, 첫째는 '끊는 영역'[斷界]이고, 둘째는 '욕망에서 떠나는 영역'[離欲界]이고, 셋째는 '소멸시키는 영역'[滅界]이다. '견도에서 끊는'[見道所斷] 모든 '변천하는 존재'

[行]를 끊는 것을 끊는 영역이라고 한다. '수도에서 끊는'[修道所斷] 모든 '변천하는 존재'[行]를 끊는 것을 욕망에서 떠나는 영역이라고 한다. 모든 '의지할 것'[依]을 소멸시키는 것을 소멸시키는 영역이라고 한다. 이와 같은 삼계三界의 고요함[寂靜]을 사유하고, 평안하게[安隱] 근심 없이 사마타奢摩他와 비발사나毘鉢舍那를 수행한다.

그는 수습修習하고 많이 수습修習했기 때문에 나머지 '수도에서 끊는'[修道所斷] 번뇌로부터 마음이 해탈解脫한다. 그러므로 생각하기를, (열넷째, 열다섯째, 열여섯째인) "'끊음을 따라 살피는'[斷隨觀], '욕망에서 떠남을 따라 살피는'[離欲隨觀], '소멸시킴을 따라 살피는'[滅隨觀] 들숨과 날숨에 있어, 나는 지금 끊음[斷]을 따라 살피는, 욕망을 떠남을 따라 살피는, 소멸시킴[滅]을 따라 살피는 들숨과 날숨을 능히 배운다."라고 한다.

이와 같이 그는 '견도와 수도에서 끊는'[見修所斷] 모든 번뇌를 다 영원히 끊었기 때문에 아라한阿羅漢이 되고, 모든 번뇌[漏]가 영원히 다하며, 이후로는 '지어야 할 일'[所應作事]이 다시는 없고, '택함을 마무리 짓는'[決擇] 것도 이미 궁극究竟이 되었다. 이와 같은 것을 '열여섯 가지 뛰어난 수행'[十六勝行]이라고 한다. 이와 같이 수습修習하는 것을 아나파나념阿那波那念의 다섯 가지 수습修習이라고 한다.

'깊은 생각'[尋思]의 작용이 많은 보특가라補特伽羅는 이 중에서 바르고 부지런하게 배움을 닦으며 '사랑스러워하고 즐겁게'[愛樂] 길들여야[乘御] 한다. 만일 대상[所緣]에 대해 '분주한 일을 생각하고'[思遽務] 있거나 흐트러짐[散亂]이 있는 이는 안[內]이 각별히 이와 같은 관행觀行을 가까이해야 한다. 만일 이 중에서 부지런히 수습修習하는 이는 '깊은 생각'[尋思], '흐트러져 움직임'[散動]이 모두 없고, 마음이 대상[所緣]에 대해 빠르고 편안히 머물러 '사랑스럽고 즐거워함'[愛樂]이 생긴다. 이와 같은 것을 다섯째, '깊은 생각'[尋思]의 작용이 많은 보특가라補特伽羅의 '깨끗이 하는 수행의 대상'[淨行所緣]이라고 한다.

이와 같은 것을 아울러 '깨끗이 하는 수행의 대상'[淨行所緣]이라고 한다.

4.3.3. 정교함의 대상善巧所緣

무엇이 '정교함의 대상'[善巧所緣]인가? 이 대상[所緣]은 대략 다섯 가지가 있다. 첫째, '유위법에 정교함'[蘊善巧], 둘째, '영역에 정교함'[界善巧], 셋째, '(십이)처에 정교함'[處善巧], 넷째, '연기에 정교함'[緣起善巧], 다섯째, '이치에 알맞음과 이치에 어긋남에 정교함'[處非處善巧]이다.

(1) 유위법에 정교함蘊善巧

'유위법에 정교함'[蘊善巧]에서 온蘊은 무엇이고, '온에 정교함'[蘊善巧]은 무엇인가? 온(蘊: 유위법)은 다섯 가지가 있다. 곧 색온(色蘊: 물질 유위법), 수온(受蘊: 느낌 유위법), 상온(想蘊: 개념형성 유위법), 행온(行蘊: 의지작용 유위법), 식온(識蘊: 인식 유위법)이다.

무엇이 색온色蘊인가? 모든 물질[色]이다. 모두 다 바로 네 가지 대종大種 및 네 가지 대종大種으로 만들어진 것이다. 이것은 다시 과거이기도 하고, 미래이기도 하고, 지금이기도 하고, 안[內]이기도 하고, 외부[外]이기도 하고, 굵기[麤]도 하고, 미세[細]하기도 하고, 못나기[劣]도 하고, 잘나기[勝]도 하고, 멀기[遠]도 하고, 가깝기[近]도 하다. 아울러서 색온色蘊이라고 한다.

무엇이 수온受蘊인가? '즐거운 감촉'[順樂觸]을 대상으로 삼는 모든 느낌[受]이다. 또는 '괴로운 감촉'[順苦觸]을 대상으로 삼는 모든 느낌[受]이다. 또는 '괴롭지도 않고 즐겁지 않은 감촉'[順不苦不樂觸]을 대상으로 삼는 모든 느낌[受]이다. 또한 여섯 가지 수신受身이 있다. 곧 '눈이 접촉해서'[眼觸] 생긴 느낌과 귀[耳], 코[鼻], 혀[舌], 몸[身], 의意가 접촉[觸]해서 생긴 느낌이다. 아울러서 수온受蘊이라고 한다.

무엇이 상온想蘊인가? '모습이 있는 개념형성'[有相想], '모습이 없는 개념형성'[無相想], '좁고 작은 개념형성'[狹小想], '넓고 큰 개념형성'[廣大想], '무수한 개념형성'[無量想], '있는 것이 전혀 없고, 있는 것이 없는 곳의 개념형성'[無諸所有無所有處想]을 가리킨다. 또한 여섯 가지 상신想身이 있다. 곧 '눈이 접촉해서'[眼觸] 생긴 개념형성[想]과 귀[耳], 코[鼻], 혀[舌], 몸[身], 의意가 접촉[觸]해서 생긴 개념형성이다. 아울러서 상온想蘊이라고 한다.

무엇이 행온行蘊인가? 여섯 가지 사신思身을 가리킨다. 곧 '눈이 접촉해서'[眼觸] 생긴 의사[思]와 귀[耳], 코[鼻], 혀[舌], 몸[身], 의意가 접촉[觸]해서 생긴 의사이다. 그 외 느낌[受] 및 개념형성[想]을 제외한 모든 심법(心法: 심소법心所法) 등을 아울러서 행온行蘊이라고 한다.

무엇이 식온識蘊인가? 마음[心], 의意, 식識을 가리킨다. 또한 여섯 가지 식신識身[81]이 있다. (편의상) 안식眼識과 이식耳識, 비식鼻識, 설식舌識, 신식身識, 의식意識이다. 아울러서 식온識蘊이라고 한다. 앞의 수온[受]·상온[想]·행온行蘊 및 이 식온識蘊은 모두 과거, 미래, 지금, 안, 외부 등의 구별이 있다. 앞에서 설명한 것과 같다. 이와 같은 것을 온蘊이라고 한다.

무엇이 '온에 정교함'[蘊善巧]인가? 설명한 온蘊의 여러 가지 구별되는 성질과, 한 가지가 아니고 여러 가지 성질이라는 것과, 이 존재를 제외하고는 더 이상 얻을 것이 없고 '추리할 것'[分別]이 없다는 것을 분명히 잘 아

---

81) 본 역주본 제1권, pp.21-22, 각주 4) 참조.

는 것이다. 이와 같은 것을 간략히 '온에 정교함'[蘊善巧]의 의미라고 한다.

　무엇을 온蘊의 여러 가지 구별되는 성질이라고 하는가? 색온色蘊이 다름[異], 수온受蘊이 다름[異], 내지 식온識蘊이 다름[異]이 다르다. 이와 같은 것을 여러 가지 구별되는 성질이라고 한다.

　무엇을 온蘊이 한 가지가 아닌 여러 가지 성질이라고 하는가? 색온色蘊은 한 가지가 아닌 여러 가지 종류이다. 대종大種으로 만들어진 구별 때문이고, 과거, 미래, 지금 등의 종류의 구별 때문이다. 이와 같은 것을 색온色蘊의 한 가지가 아닌 여러 가지 성질이라고 한다. 이와 같이 나머지 온蘊도 알맞게 모두 분명히 알라.

　어째서 이 존재를 제외하고는 더 이상 얻을 것이 없고 '추리할 것'[分別]이 없는가? 온(蘊: 유위법) 만이 얻을 수 있으며, 대상[事] 만이 얻을 수 있고, 온蘊을 떠나 그밖에 나[我]를 얻을 수 있다거나, 항상 '변함없이 머무르는 것'[常恒住]이 있다거나, '변하지 않는 존재'[無變易法]를 얻을 수 있는 것은 아니다. 또한 '조그만 존재'[少法]라도 나의 소유인 것이 없다. 그러므로 이 존재를 제외하고는 더 이상 얻을 것이 없고 '추리할 것'[分別]이 없다.

　(2) 영역에 정교함界善巧

　무엇이 영역[界]이고, 무엇이 '영역에 정교함'[界善巧]인가? 계界에는 열여덟 가지가 있다. 안계眼界, 색계色界, 안식계眼識界이다. 이계耳界, 성계聲界, 이식계耳識界이다. 비계鼻界, 향계香界, 비식계鼻識界이다. 설계舌界, 미계味界, 설식계舌識界이다. 신계身界, 촉계觸界, 신식계身識界이다. 의계意界, 법계法界, 의식계意識界이다. 이를 영역[界]이라고 한다.

　아울러 저 열여덟 가지 존재에 대해 각각의 계界, 각각의 종자種子, 각각의 종성種姓이 생겨 나타나는 것을 사실대로 분명히 알고, 인정하고[忍

可], '자세히 살피는'[審察] 것을 '영역에 정교함'[界善巧]이라고 한다. 열여덟 가지 존재의 각 계계로부터 각각 전개된다[轉]는 것을 사실대로 분명히 안 즉, '원인과 조건'[因緣]에 대해 정교함[善巧]을 이룬다. 그러므로 이것을 '영역에 정교함'[界善巧]이라고 한다.

(3) 십이처에 정교함處善巧

무엇이 (십이)처處이고, 무엇이 '(십이)처에 정교함'[處善巧]인가? 처處에는 열두 가지가 있다. 안처眼處, 색처色處이다. 이처耳處, 성처聲處이다. 비처鼻處, 향처香處이다. 설처舌處, 미처味處이다. 신처身處, 촉처觸處이다. 의처意處, 법처法處이다. 이를 처處라고 한다.

'처에 정교함'[處善巧]이란 눈[眼]을 증상연(增上緣: 확연하도록 돕는 조건)으로 삼고, '보이는 것'[色]을 소연연(所緣緣: 대상 조건)으로 삼고, '지속적으로 소멸하는'[等無間滅], (곧 직전 찰나) 의意를 등무간연(等無間緣: 지속시키는 조건)으로 삼아 안식眼識, 그리고 (안식과) '관련한 존재'[相應法]를 생기게 하는 것이다. 귀[耳]를 증상연增上緣으로 삼고, 소리[聲]를 소연연所緣緣으로 삼고, 지속적으로 소멸하는, 의意를 등무간연等無間緣으로 삼아 이식耳識, 그리고 (이식과) '관련한 존재'[相應法]를 생기게 하는 것이다. 내지는 의意를 등무간연等無間緣으로 삼고, 이것을 생기게 하는 의도[作意]를 증상연增上緣으로 삼고, 존재[法]를 소연연所緣緣으로 삼아 의식意識, 그리고 (의식과) '관련한 존재'[相應法]를 생기게 하는 것이다. 이와 같이 여섯 가지의 식신識身, 그리고 (여섯 가지의 식신과) '관련한 존재'[相應法]를 생기게 하는 것이다. 모두 증상연, 소연연, 등무간연 등 '세 가지 조건'[三緣] 때문에 유전(流轉: 존재의 원인과 결과가 계속됨)을 한다. 이와 같이 모든 안[內]과 외부[外]의 처處와 조건[緣]에 정교함을 이루어 '처에 정교함'[處善巧]이라고 한다.

(4) 연기에 정교함緣起善巧

무엇이 연기緣起[82]이고, 무엇이 '연기에 정교함'[緣起善巧]인가? 무명無明은 행行의 조건[緣]이고, 행行은 식識의 조건이고, 식識은 명색名色의 조건이고, 명색은 육처六處의 조건이고, 육처는 촉觸의 조건이고, 촉觸은 수受의 조건이고, 수受는 애愛의 조건이고, 애愛는 취取의 조건이고, 취取는 유有의 조건이고, 유有는 생生의 조건이고, 생生은 노사老死의 조건이며, 내지는 이와 같이하여 '순전히 커다란 괴로움의 덩어리'[純大苦蘊]를 불러 모은다. 이것을 연기緣起라고 한다.

아울러 제법諸法만이 제법諸法을 적시고[滋潤][83], 제법諸法만이 제법諸法을 '고르게 적시며'[等潤], 제법諸法만이 '모든 변천하는 존재'[諸行]를 '유도하여 발생하여'[引發], 그 '모든 변천하는 존재'[諸行]가 생기는 원인[因]

---

82) 연기의 세목[支]은 열두 가지인데 차례로 나열하면 다음과 같다. 무명(無明: 이치에 어두움)-행(行: 실천)-식識-명색(名色: 意根과 물질로 된 五根)-육처(六處: 六根)-촉(觸: 접촉)-수(受: 느낌)-애(愛: 애착)-취(取: 집착)-유(有: 존재함)-생김[生]-늙어죽음[老死]. 이들을 원인과 결과로 구분하자면 무명부터 유까지가 원인, 생김·늙어죽음은 결과이다. 그리고 원인과 결과는 생[世: 세상]이 다르다. 즉, 원인이 지금생에 속하면 결과는 내생에 속한다. 또한 원인이 전생에 속하면 결과는 지금생에 속한다. 본 역주본 제1권, pp.325-380, 7.4 태어남의 유전流轉: 연기緣起 참조.

83) 유가론기 제7권상(대정장 42. p.450a29-b3): 자윤滋潤은 두 가지가 있다. 첫째는 '적시는 주체'[能潤]로 즉 애착이다. 둘째는 '적시는 대상'[所潤]으로 즉 유有에서 식識 등이다. 등윤等潤도 두 가지이다. '적시는 대상'[所潤]은 앞과 동일하다. '적시는 주체'[能潤]는 취取이고 애愛와 취取를 자윤滋潤이라 하는 것도 가능하다. 나머지 모든 번뇌가 도와 적시고 생기게 하는 것이 등윤等潤이 된다. 滋潤有二。一能潤即愛。二所潤即有及識等。等潤亦二。所潤同前。能潤即取亦可愛取名滋潤。餘諸煩惱助潤生者名為等潤。

이 되기 때문에, 생기는 조건[緣]이 되기 때문에, 본래 없는 것인데 있는 것이며, 있고 나서는 흩어져 소멸하며, 체성[體]은 바로 무상無常이다. 바로 무상無常하기 때문에 바로 '생겨나는 존재'[生法]이고, '늙는 존재'[老法]이고, '병드는 존재'[病法]이고, '죽는 존재'[死法]이며, '속 태우며 시들고'[愁悴], '슬퍼 탄식하며'[悲嘆], '근심하고 몹시 괴로워하는'[憂苦惱] 존재이다. 이것은 '생겨나는 존재'[生法]이기 때문에 내지는 이것은 '몹시 괴로워하는 존재'[惱法]이기 때문에 괴로움[苦]이라고 하며, 괴로움이기 때문에 자유롭지 못하고 힘이 약하다. 이와 같은 것 때문에 결정적으로 나[我]란 없다는 것을 분명히 안다. 만일 이와 같은 '조건으로 생긴 존재'[緣生法] 중에서 이와 같은 등의 여러 가지 작용[行相]으로 말미암아 정교[善巧]하고, 무상지無常智나 고지苦智나 무아지無我智에 통달한다. 이것을 '연기에 정교함'[緣起善巧]이라고 한다.

(5) 이치에 알맞음과 이치에 어긋남에 정교함處非處善巧

아울러 '이치에 알맞음과 이치에 어긋남에 정교함'[處非處善巧]은 바로 '연기에 정교함'[緣起善巧] 중에서 구별되는 것이라는 것을 알라. 이 가운데 구별되는 것은 '이치에 알맞음'[處]과 '이치에 어긋남'[非處]에 정교함으로 말미암아, 불평등不平等한 인과因果의 이치가 아니면, 선善하고 불선不善한 존재는 이숙과[果異熟]가 있다. 만일 모든 선善한 존재는 사랑스러운 이숙과[果異熟]의 존재가 이루어지고[感], 모든 불선不善한 존재는 사랑스럽지 못한 이숙과[果異熟]의 존재가 이루어진다는 것을 바르게 분명히 안다. 이와 같이 사실대로 분명히 아는 것을 '이치에 알맞음과 이치에 어긋남에 정교함'[處非處善巧]이라고 한다.

지금까지의 다섯 가지 정교함[善巧]은 대략 두 가지이다. 첫째, '고유한 모습'[自相]에 정교함, 둘째, '공통적인 모습'[共相]에 정교함이다. 온蘊에 정교함은 '고유한 모습'[自相]에 정교함을 나타내고, 나머지 정교함은 '공통적인 모습'[共相]에 정교함을 나타낸다. 이와 같이 아울러서 '정교함의 대상'[善巧所緣]이라고 한다.

4.3.4 번뇌를 깨끗이 함의 대상淨惑所緣

(1) 세상의 과정世間道: 추성과 정성麁性靜性

'번뇌를 깨끗이 함의 대상'[淨惑所緣]이란 무엇인가? '아래 영역'[下地]의 '거친 성질'[麁性]과 '위 영역'[上地]의 '고요한 성질'[靜性]을 살피는 것을 가리킨다. 욕계欲界를 초정려初靜慮에 상대하고 내지는 '아무것도 없는 곳'[無所有處]을 '생각도 아니고 생각 아닌 것도 아닌 곳'[非想非非想處]에 상대하는 것과 같다.

무엇이 '거친 성질'[麁性]인가? 거친 성질은 두 가지이다. 첫째, '체성의 거친 성질'[體麁性], 둘째, '수의 거친 성질'[數麁性]이다.

'체성의 거친 성질'[體麁性]이란 욕계欲界를 초정려初靜慮에 상대해 보면 모든 오온五蘊을 갖췄지만 욕계欲界 중에는 잘못이 매우 무겁고 괴로움이 뛰어나게 머무른다. 가장 '너절하고 못나'[鄙劣] 아주 '염증이 나 미워할'[厭惡] 만하다. 그러므로 그것을 '체성이 거친 성질'[體麁性]이라고 한다. 초정려初靜慮 중에서는 이와 같지 않아 매우 고요하고[靜] 매우 훌륭하다[妙]. 그러므로 그것을 '체성이 고요한 성질'[體靜性]이라고 한다.

'수의 거친 성질'[數麁性]이란 욕계의 색온色蘊은 종류가 많이 있으니 알아야 하고 끊어야 한다. 이와 같이 내지는 식온識蘊도 또한 그러하다. 그러므로 그것을 수의 거친 성질이라고 한다. 이와 같이 '위 영역'[上地]으로 점점 서로 상대하며 체성의 거친 성질과 수의 거친 성질을 알맞게 역시 그렇다는 것을 알라. 이와 같이 '거친 성질'[麁性]은 여러 위 영역으로 점점 상대하면서 '아무 것도 없는 곳'[無所有處]까지 이른다.

모든 아래 영역은 괴로움이 늘어나고 수명이 줄어들며, 모든 위 영역은 괴로움이 줄어들고 수명이 늘어난다. '생각도 아니고 생각 아닌 것도 아닌 곳'[非想非非想處]만 고요하고 훌륭해 이곳보다 더 뛰어난 위 영역은 없으므로, 요약하여 말하자면 잘못[過患]이 있다는 의미는 바로 '거친 성질'[麁性]이라는 의미이다.

만일 여기저기의 영역 중에 잘못[過患]이 늘어나면, 이와 같이 잘못이 '늘어나는 성질'[增多性] 때문에 '거친 성질'[麁性]이라고 한다. 만일 여기저기의 영역 중에 잘못이 줄어들면, 이와 같이 잘못이 '줄어드는 성질'[減少性] 때문에 '고요한 성질'[靜性]이라고 한다. 이것은 바로 세상[世間]은 '세상의 과정'[世俗道]으로 말미암아 '번뇌를 깨끗이 함의 대상'[淨惑所緣]이 있다는 것이다.

왜그러냐면 아래 영역은 잘못이 많아 질병과 같고, '악성 종기'[癰]와 같고, 마치 독화살[毒箭]과 같아서 평온하지 못한 성질임을 살펴 '거친 성질'[麁性]로 삼고, 위 영역은 그와 서로 어긋남을 살펴 '고요한 성질'[靜性]로 삼는다. 아래 영역인 욕계欲界부터 시작해서 위로는 '아무 것도 없는 곳'[無所有處]까지의 번뇌를 끊고 제거해도 이것은 잠시이고 '궁극적인 끊음'[究竟斷]은 아니다. 나중에 다시 계속되기 때문이다.

(2) 세상을 벗어난 과정出世間道: 사성제四聖諦

'세상을 벗어난 과정'[出世間道]의 '번뇌를 깨끗이 함의 대상'[淨惑所緣]은 네 가지가 있다. 첫째, '괴로움이라는 성스러운 진리'[苦聖諦], 둘째, '(괴로움의) 원인이라는 성스러운 진리'[集聖諦], 셋째, '(괴로움)의 소멸이라는 성스러운 진리'[滅聖諦], 넷째, '(괴로움을 소멸시키는) 방도라는 성스러운 진리'[道聖諦]이다.

무엇이 '괴로움이라는 성스러운 진리'[苦聖諦]인가? '나는 괴로움'[生苦], '늙는 괴로움'[老苦], '앓는 괴로움'[病苦], '죽는 괴로움'[死苦], '미워하는 이와 마주치는 괴로움'[怨憎會苦], '사랑하는 이와 헤어지는 괴로움'[愛別離苦], '바라도 이룰 수 없는 괴로움'[求不得苦]이다. 간략히 모든 오취온五取蘊의 괴로움을 '괴로움이라는 성스러운 진리'[苦聖諦]라고 한다.

무엇이 '(괴로움의) 원인이라는 성스러운 진리'[集聖諦]인가? 애착[愛], '나중 존재에 대한 애착'[後有愛], '기쁨과 탐냄이 함께 작용하는 애착'[喜貪俱行愛], 이것저것 '기뻐하고 즐거워하는 애착'[喜樂愛] 등[84]을 '(괴로움의) 원인이라는 성스러운 진리'[集聖諦]라고 한다.

무엇이 '(괴로움)의 소멸이라는 성스러운 진리'[滅聖諦]인가? 이 애착[愛] 등을 남김없이 끊고 소멸시키는 것을 '(괴로움)의 소멸이라는 성스러운 진리'[滅聖諦]라고 한다.

무엇이 '(괴로움을 소멸시키는) 방도라는 성스러운 진리'[道聖諦]인가? '여덟 가지 세목으로 된 성스러운 방도'[八支聖道]를 '(괴로움을 소멸시키는) 방도라는 성스러운 진리'[道聖諦]라고 한다.

---

84) 유가론기 제7권상(대정장 42. p.450c3-6): 집제集諦중에서 애착[愛]의 경우 이 구절은 아우른 것이다. '나중 존재에 대한 애착'[後有愛]의 경우는 '안의 몸'[內身]에 대해 추구하는 애착이다. 아래 두 가지 애착은 밖의 대상에 대해 추구하는 애착이다. 이미 얻은 대상에 대해서는 '기쁨과 탐냄이 함께 작용하는 애착'[喜貪俱行愛]이고, 아직 얻지 못한 대상에 대해서는 '기뻐하고 즐거워하는 애착'[喜樂愛]이다. 集諦中言若愛者。此句是總。若後有愛者。求於內身愛。下二種愛是求外境愛。於已得境名喜貪俱行愛。於未得境起彼彼喜樂愛。

이 가운데에서 '물드는 종류'[黑品]와 '청정한 종류'[白品]의 '결과와 원인'[果因]에 의해 건립建立하기 때문에 '네 가지 성스러운 진리'[四聖諦]가 건립되었다는 것을 알라. '괴로움이라는 진리'[苦諦]는 물드는 종류의 결과[果]이고, '(괴로움의) 원인이라는 성스러운 진리'[集聖諦]는 물드는 종류의 원인[因]이고, '(괴로움)의 소멸이라는 성스러운 진리'[滅聖諦]는 청정한 종류의 결과[果]이고, '(괴로움을 소멸시키는) 방도라는 성스러운 진리'[道聖諦]는 청정한 종류의 원인[因]이다. (괴로움을) 얻고[得], (괴로움의 소멸을) 경험하기[證][85] 때문이다.

아울러 '괴로움이라는 진리'[苦諦]는 질병[病]과 같으니 처음부터 두루 알아야 한다. '(괴로움의) 원인이라는 성스러운 진리'[集聖諦]는 질병[病]의 '원인과 조건'[因緣]과 같으니 다음으로 멀리해야 한다. '(괴로움)의 소멸이라는 성스러운 진리'[滅聖諦]는 '질병이 없는 것'[無病]과 같으니 다음으로 '닿아서 경험해야'[觸證] 한다. '(괴로움을 소멸시키는) 방도라는 성스러운 진리'[道聖諦]는 '좋은 약'[良藥]과 같으니 수습修習하고 많이 수습修習해야 한다.

아울러 고제苦諦는 괴롭다[苦]는 의미이고, 내지는 도제道諦는 방도[道]라는 의미이다. 이는 이와 같이 사실[實]이고 '사실과 다르지 않다'[非不如實]. 이는 전도됨[顚倒]이 없고 전도됨[顚倒]이 아니다. 그러므로 진리[諦]라고 한다. 또한 그 '고유한 모습'[自相]은 거짓[虛誑]이 없고, 그를 볼 수 있기 때문에 '전도되지 않은 깨달음'[無倒覺]이 전개된다. 그러

---

85) 유가론기 제7권상(대정장 42. p.450c6): '얻고 경험한다'[能得能證]는 것은 모으는 것[集]에서 괴로움을 얻을[得] 수 있고 방도[道]는 (괴로움의) 소멸을 경험할[證] 수 있다.　　能得能證者。集能得苦道能證滅。

므로 진리[諦]라고 한다.

　질문(1) 어째서 모든 진리[諦]는 '성스러운 진리'[聖諦]라고만 하는가?

　대답(1) 모든 성자聖者만이 이 모든 진리[諦]에 대해 동일하게 진리라고 하여, 사실대로 분명히 알고 사실대로 '살펴 본다'[觀見]. 모든 우부愚夫는 사실대로 모르고 사실대로 못 본다. 그러므로 모든 진리는 오직 '성스러운 진리'[聖諦]라고 한다. 또한 우부愚夫는 오직 '존재는 으레 그렇다는 것'[法爾]으로 진리라고 하는 것이지, 깨달아서[覺悟] 그런 것이 아니다. 모든 성자聖者는 두 가지 모두 갖추어 그런 것이다.

　아울러 '생기는 괴로움'[生苦]이란 '생겨날 때'[生時] 발생하는 여러 가지 몸과 마음의 '괴로운 느낌'[苦受]이지, 생겨나는 자체自體가 바로 그 괴로움[苦]이 아니다. 괴로움의 '원인과 조건'[因緣]이 되기 때문에 괴로움이라고 한다. 내지는 '바라도 이룰 수 없는 괴로움'[求不得苦]은 바라도 이룰 수 없음의 원인과 조건을 말미암아 발생하는 여러 가지 몸과 마음의 괴로운 느낌이지, 바라도 이룰 수 없음 자체[體]가 바로 괴로움이 아니다. 괴로움의 원인과 조건이 되기 때문에 괴로움이라고 한다. 이와 같이 간략히 모든 오취온五取蘊의 괴로움[苦]은 생겨남[生] 등의 '다른 부문'[異門]으로 말미암은 '괴로움 (자체)'[苦苦]만 나타냈다. 이 오취온五取蘊의 괴로움으로 말미암아 또한 나머지 '붕괴되는 괴로움'[壞苦], '변천하는 괴로움'[行苦]을 나타냈다. 왜냐하면 '세 가지 느낌'[三受]을 갖추고 있는 오취온五取蘊과 같은 것을 이와 같은 ('붕괴되는 괴로움'[壞苦], '변천하는 괴로움'[行苦]은) 앞서 설명한 '괴로움 (자체)'[苦苦]의 그릇[器]이 되기 때문이다. 이 중에는 또한 앞서 아직 설명하지 않은 '붕괴되는 괴로움'[壞苦], '변천하는 괴로움'[行苦]도 갖추고 있다는 것을 알라.

질문(2) 어째서 세존世尊께서는 '괴로움(자체)'[苦苦] 한 가지만 자기의 음성으로 설명하시고 '붕괴되는 괴로움'[壞苦], '변천하는 괴로움'[行苦]은 '다른 부문'[異門]으로 설명하셨는가?

대답(2) '괴로움(자체)'[苦苦] 중에서는 범부든 성자든 모두가 동등하게 '괴로움에 대한 이해력'[苦覺慧]이 전개된다. 또한 '괴로움(자체)'[苦苦]의 성질은 매우 염증낼[厭患] 만하다. 또한 그전부터 지혜[慧]를 닦지 않은 이도 설명하자마자 곧 쉽게 들어간다. 또한 모든 진리[諦]에 대해서 굴복[調伏]하여 '교화할 만한'[可化] 유정들이 쉽게 들어가게 하기 때문이다.

어떻게 세 가지 '괴로움의 성질'[苦性]을 건립建立하는가? 앞서 설명한 '나는 괴로움'[生苦] 내지는 '바라도 이룰 수 없는 괴로움'[求不得苦]은 곧 '괴로운 느낌'[苦受]과 '근거가 되는 곳'[所依處]을 '괴로움의 성질'[苦苦性]로 삼는다는 것을 나타낸다. 이와 같은 것을 '괴로움 (자체의) 성질'[苦性]을 건립建立한다고 한다. '모든 존재'[諸有]는 바로 '다스릴 대상인 존재'[所對治法]이다. 젊음[少]은 바로 늙음[老]으로 '다스릴 대상'[所治]이다. 건강함[無病]은 바로 질병[病]으로 다스릴 대상이다. 수명[命]은 바로 죽음[死]으로 다스릴 대상이다. '친애하는 이를 만나는 것'[親愛合會]은 바로 '미워하는 이와 마주침'[怨憎會]으로 다스릴 대상이다. '사랑하는 이와 헤어지지 않는 것'[非愛別離]은 바로 '사랑하는 이와 헤어짐'[愛別離]으로 다스릴 대상이다. '바라는 만큼 이루어지는 것'[所求稱遂]은 바로 '바라도 이룰 수 없음'[求不得]으로 다스릴 대상이다.

아울러 '괴로운 느낌'[苦受]과 '근거가 되는 곳'[所依處]에서 일어난 번뇌가 있다. 또한 건강함[無病] 등 '즐겁게 느끼는 곳'[順樂受處] 등과 거기에서 생기는 느낌에서 일어나는 번뇌가 있다. 이와 같은 것을 아울러

'붕괴되는 괴로움의 성질'[壞苦性]이라고 한다. 이 가운데 '즐거운 느낌'[樂受]과 '근거가 되는 곳'[所依處]은 무상無常하기 때문에 변하거나 달라져 왕성하게 일어나는 여러 괴로움을 느낀다. 만일 여러 번뇌가 모든 곳에서 바로 생길 때는 그 마음을 '얽어 묶어'[纏縛] 마음이 '변하여 망가져'[變壞] 곧 여러 괴로움이 생기므로 '붕괴되는 괴로움'[壞苦]이라고 한다.

세존世尊께서, "'변하여 망가지는 마음'[變壞心]에 들어 여자[母邑]의 손을 잡는다."라고 말씀하신 것 등이다. 또한 "'탐냄 전'[貪欲纏]에 머물러 탐냄 전纏 때문에 생긴 몸과 마음의 근심과 괴로움을 느낀다. 이와 같이 분노[瞋恚], '흐릿하게 가라앉음'[惛沈], 잠[睡眠], 요동함[掉擧], 후회[惡作], 머뭇거림[疑] (등의) 전纏에 머물러서 전纏 때문에 생긴 몸과 마음의 근심과 괴로움을 느낀다."라고 말씀하신 것과 같다. 이 '지극한 가르침'[至敎], '첫째가는 지극한 가르침'[第一至敎][86]으로 말미암아 모든 번뇌 중에서 괴로움의 의미를 얻을 수 있고, 붕괴[壞]의 의미를 얻을 수 있다. 그러므로 번뇌를 '붕괴되는 괴로움의 성질'[壞苦性]이라고 한다. 이와 같은 것을 '붕괴되는 괴로움의 성질'[壞苦性]을 건립한다고 한다.

'변천하는 괴로움의 성질'[行苦性]이 모든 오취온五取蘊 중에서 두루 작용하는 경우를 요약하여 말하자면, '괴로움 (자체)의 성질'[苦苦性]을 제외하고, 번뇌에 속한 '변하여 망가지는 괴로움의 성질'[變壞苦性]을

---

86) 유가론기 제7권상(대정장 42. p.451a14-17): '첫째가는 지극한 가르침'[第一至敎]은 예전에는 '성스러운 가르침'[聖敎]이라 했다. 범본에는 이 말이 없고, '지극한 가르침'[至敎]이라 한다. 지극한 이치의 가르침이므로 대중을 교화하는데 이르러 이해되기도 하고 이해되지 않기도 했다. 이제 이해된다는 뜻을 이끌어 내어 첫째가는[第一]이라 말하고 있다.　　第一至敎者。舊云聖敎。梵本無此語。唯云至敎。至理之敎故。至敎眾多或了不了。今引了義故云第一。

제외하고, '즐거운 느낌에 속한 것'[樂受攝]과 '근거가 되는 곳'[所依處]의 '변하여 망가지는 괴로움의 성질'[變壞苦性]을 제외한 나머지 모든 '괴롭지도 않고 즐겁지도 않은 느낌'[不苦不樂受]과 함께 작용하는 것으로서, 그것에서 생기거나, 그것을 생기게 한 조건이거나, '생기고 머무르는 그릇'[生住器]이 되는 '모든 온'[諸蘊]을 '변천하는 괴로움의 성질'[行苦性]이라고 한다. 그 모든 온은 성질이 무상無常하기 때문에 생멸生滅과 관련하고, 있는 모든 것에 집착하고[取], 세 가지 느낌의 추중(麤重: 번뇌에 결박되어 있음)에 쫓겨[隨逐] 평안하지 못한 데 속해, '괴로움 (자체)'[苦苦]와 '붕괴되는 괴로움'[壞苦]에서 벗어나지 못하고, 부자유함이 전개된다. '변천하는 괴로움'[行苦] 때문에 괴로움이라고 한다. 이와 같은 것을 '변천하는 괴로움의 성질'[行苦性]을 건립한다고 한다.

아울러 애착[愛]은 바람[希求]이라고도 하고, '기뻐하는 욕망'[欣欲]이라고도 하고, '기뻐 즐거워 함'[喜樂]이라고도 한다. 이 바람[希求]은 '세 부문'[三門]으로 전개된다. '나중 존재'[後有]를 바라는 것과 대상영역[境界]을 바라는 것이다. '나중 존재'[後有]를 바라는 것은 '나중 존재에 대한 애착'[後有愛]이라고 한다. 대상영역[境界]을 바라는 것에는 다시 두 가지가 있다. 이미 얻은 대상영역에 대해서는 '기뻐 집착함과 함께 작용하는 애착'[喜著俱行愛]이 있다. 아직 얻지 못한 대상영역에 대해서는 '바람과 어우러져 함께 작용하는 애착'[希求和合俱行愛]이 있다. 이 중 이미 얻은 대상영역에 대한 기뻐 집착함과 함께 작용하는 애착을 '기쁨과 탐냄이 함께 작용하는 애착'[喜貪俱行愛]이라고 하고, 아직 얻지 못한 대상영역에 대한 바람과 어우러져 함께 작용하는 애착을 이것저것 '기뻐하고 즐거워하는 애착'[喜樂愛]이라고 한다는 것을 알라.

소멸[滅]에는 두 가지가 있다. 첫째, '번뇌가 소멸함'[煩惱滅], 둘째, '근거가 소멸함'[所依滅]이다. 과정[道]은 두 가지가 있다. 첫째, '유학인 이의 과정'[有學道], 둘째, '무학인 이의 과정'[無學道]이다. 이와 같은 것을 '세상을 벗어나는 과정'[出世道]의 '번뇌를 깨끗이 함의 대상'[淨惑所緣]이라고 한다는 것을 알라.

이와 같이 네 가지 대상[所緣]을 모두 설명하였다. 첫째, '두루 가득 찬 대상'[遍滿所緣]. 둘째, '깨끗이 하는 수행의 대상'[淨行所緣]. 셋째, '정교함의 대상'[善巧所緣]. 넷째, '번뇌를 깨끗이 함의 대상'[淨惑所緣].

4.4 가르쳐줌敎授

무엇이 가르쳐줌[敎授]인가? 네 가지 가르쳐줌을 가리킨다. 첫째, '전도됨이 없이 가르쳐줌'[無倒敎授], 둘째, '점차 가르쳐줌'[漸次敎授], 셋째, '가르쳐준 것을 가르쳐줌'[敎敎授], 넷째, '경험하는 것을 가르쳐줌'[證敎授]이다.

무엇이 '전도됨이 없이 가르쳐줌'[無倒敎授]인가? 전도됨이 없이 '교법의 의미'[法義]를 밝혀 말해, 이를 받아 지녀 배움을 수행하고 사실대로 벗어나[出離], 바르게 여러 괴로움을 다하여 '괴로움의 한계'[苦邊際]를 짓게 하는 것이다. 이와 같은 것을 전도됨이 없이 가르쳐줌이라고 한다.

무엇이 '점차 가르쳐줌'[漸次敎授]인가? 시기와 근기에 알맞게 교법의 의미를 밝혀 말하는 것을 말한다. 우선 얕고 가까운 것부터 받아 지녀 읽고 외우게 하며, 나중에 차차 그가 깊고 먼 것을 배우게 하는 것이다. 또한 처음 '진리가 나타난 것을 살핌'[諦現觀]에 들게 하기 위해서 우선 '괴로움이라는 성스러운 진리'[苦諦]를 가르치고, 나중에 '(괴로움의) 원인이라는 성스러운 진리'[集諦], '(괴로움)의 소멸이라는 성스러운 진리'[滅諦], '(괴로움을 소멸시키는) 방도라는 성스러운 진리'[道諦](를 가르친다). 또한 정려등지靜慮等至를 이루게 하기 위해서는 우선 최초最初의 정려등지를 가르치고, 나중에 나머지 (둘째, 셋째, 넷째의) 정려등지를 가르친다. 이와 같은 종류를 '점차 가르쳐줌'[漸次敎授]이라고 한다는 것을 알라.

 무엇이 '가르쳐 준 것을 가르쳐줌'[敎敎授]인가? 존경 받는, 또는 '존경 받을 만한'[似尊重], 유가瑜伽에 통달[達解]한 궤범사[軌範]와 친교사[親敎], 또는 모든 여래如來, 또는 부처님 제자로부터 가르침을 듣고, 그 가르침대로 늘리지도 않고, 줄이지도 않고 남에게 가르쳐주는 것을 '가르쳐준 것을 가르쳐줌'[敎敎授]이라고 한다.

 무엇이 '경험하는 것을 가르쳐줌'[證敎授]인가? 자기가 혼자 '빈 곳'[空閑]에 있으면서 이룩하고[得], 감촉하고[觸], 경험한[證] 제법諸法을 남이 이룩하고, 감촉하고, 경험하게 하려고 수행방법[方便]으로 가르쳐주는 것을 '경험하는 것을 가르쳐줌'[證敎授]이라고 한다.

 또 달리 '모든 모습의 완성으로 가르쳐줌'[諸相圓滿敎授]이 있다. 그 대상은 무엇인가? 세 가지 신통 변화로 말미암아 가르쳐주는 것을 가리킨다. '세 가지 신통 변화'[三神變][87]란 첫째로 '신통한 영역의 신통 변화'[神境神變: 신력신변神力神變], 둘째로 '기억했다가 말해주는 신통 변화'[記說神變], 셋째로 '지도하여 이끄는 신통 변화'[敎導神變: 교계신변敎誡神變]이다.

 '신통한 영역의 신통 변화'[神境神變]로 말미암아 여러 가지 '신통한 영역'[神通境界]을 나타내어 남이 자기에게 큰 존경을 생겨나게 한다. 그가 자기에게 존경을 나타내기 때문에 '귀를 기울여'[屬耳] 유가瑜伽에 대해 듣고 매우 공경하려고 한다. '기억했다가 말해주는 신통 변화'[記説

---

87) 이 책 p.153-154, 각주 39) 참조.

神變]로 말미암아 남의 마음 작용의 구별을 찾는다. '지도하여 이끄는 신통 변화'[教導神變]로 말미암아 근기대로, 실천대로, 깨달아 드는 대로 정법正法을 설명하고, 수행修行한 것에 대해서 바르게 지도한다. 그러므로 '세 가지 신통 변화'[三神變]는 '모든 모습의 완성으로 가르쳐줌'[諸相圓滿教授]을 포함한다.

4.5 배움學

4.5.1 세 가지 뛰어난 배움三勝學

무엇이 배움[學]인가? '세 가지 뛰어난 배움'[三勝學]을 가리킨다. 첫째, '뛰어난 계戒를 배움'[增上戒學], 둘째, '뛰어난 마음을 배움'[增上心學], 셋째, '뛰어난 지혜를 배움'[增上慧學]이다.

무엇이 '뛰어난 계戒를 배움'[增上戒學]인가? 구족계[具戒]에 편안히 머무는 등 앞서 자세히 설명하였다. 이와 같은 것을 뛰어난 계戒를 배움이라고 한다.

무엇이 '뛰어난 마음을 배움'[增上心學]인가? 욕(계)의 악惡·불선법不善法으로부터 떠나, '찾음이 있고 살핌이 있는'[有尋有伺], '떠나 기쁨과 즐거움이 생기는'[離生喜樂] 초정려初靜慮에 들어 충분하게 편안히 머무르고, 내지는 제사정려第四靜慮에 들어 충분하게 편안히 머무른다. 이와 같은 것을 뛰어난 마음을 배움이라고 한다. 또한 모든 무색정[無色]과 나머지 (색계의) 등지(等持: 삼마지: samādhi), 등지(等至: 삼마발저: samāpatti)도 모두 '뛰어난 마음을 배움'[增上心學]이라고 한다.[88]

---

88) 유가론기 제7권상(대정장 42. p.451b26-27): 무색정 및 색계의 나머지 번뇌가

그런데 정려靜慮에 의해 최초로 성제현관(聖諦現觀: 성스러운 진리가 나타난 것을 살핌)하여 정성이생(正性離生: 번뇌가 생기는 것으로부터 떠나는 바른 성품: 견도위見道位)에 들며, 완전히 멀리함[遠離]은 아니지만, 모든 정려靜慮는 이 일을 완성할 수 있다. 그러므로 정려靜慮를 가장 뛰어난 것으로 삼기 때문에, 특히 뛰어난 마음을 배움이라고 한다.

무엇이 '뛰어난 지혜를 배움'[增上慧學]인가? 사성제(四聖諦: 네 가지 성스러운 진리) 등의 실제 지견智見을 가리킨다. 이와 같은 것을 뛰어난 지혜를 배움이라고 한다.

질문(1) 어째서 '세 가지 배움'[三學]만이 있을 뿐, 그보다 적거나 많지는 않은가?

대답(1) 선정[定]을 성립한 의미[義] 때문이고, 지혜[智]가 의지하는 의미 때문이고, 할 것을 구분하는 의미 때문이다.

'선정을 성립한 의미'[建立定義]란 '뛰어난 계를 배움'[增上戒學]을 가리킨다. 왜냐하면 계戒로 말미암아 심일경성心一境性을 건립하여, 그 마음이 삼마지三摩地에 접촉[觸]하기 때문이다.

'지혜가 의지하는 의미'[智所依義]란 '뛰어난 마음을 배움'[增上心學]을 가리킨다. 왜냐하면 '바른 선정의 마음'[正定心]으로 일경성一境性을 유념함[念]으로 말미암아 '알아야 할 대상'[所知事]에 대해 '실제 지혜'[如實智], '실제로 봄'[如實見]이 생겨 전개되기 때문이다.

'할 것을 구분하는 의미'[辨所作義]란 '뛰어난 지혜를 배움'[增上慧學]을 가리킨다. 왜냐하면 아주 청정淸淨한 지혜[智]나 봄[見]은 궁극[究竟]을

있는 등지等持와 등지等至에 이르기까지 모두 '선정의 배움'[定學] 이라 한다.
即無色定及色界所有餘有漏等持等至皆名定學。

경험하여 모든 번뇌를 끊기 때문이다. 번뇌를 끊음으로써 바로 자기의 이익[義利]이 되고, 바로 뛰어난 지을 것이 된다. 이보다 더 뛰어나거나[勝], '지을 것'[所作]이 없기 때문이다. 이 때문에 오직 '세 가지 배움'[三學]이 있다.

질문(2) 어째서 '세 가지 배움'[三學]은 이와 같은 차례인가?

대답(2) 우선 시라(尸羅: 계戒)에 아주 청정淸淨하기 때문에 후회[憂悔]가 없다. 후회[憂悔]가 없기 때문에 '매우 기쁘고'[歡喜] 안락安樂하다. 안락[樂]하기 때문에 마음이 '바른 선정'[正定]을 이룬다. 마음이 '바른 선정'[定]을 이루기 때문에 '사실대로 알고'[如實知] '사실대로 본다'[如實見]. 사실대로 알고 보기 때문에 염증[厭]이 일어난다. 염증 때문에 물듦[染]으로부터 떠난다. 물듦으로부터 떠나기 때문에 곧 해탈解脫을 이룬다. 해탈을 이루기 때문에 지을 것이 없는 궁극적인 열반涅槃을 경험한다. 이와 같이 최초로 '깨끗한 계'[淨戒]를 수행하고, 점점 나아간 뒤에 지을 것이 없는 궁극적인 열반涅槃을 경험한다. 그러므로 '세 가지 배움'[三學]은 이와 같은 차례이다.

질문(3) 어째서 '세 가지 배움'[三學]은 뛰어난[增上] 계戒, 마음[心], 지혜[慧]라고 하는가?

대답(3) '나아가야 할 대상이라는 의미'[所趣義]이므로, '가장 뛰어나다는 의미'[最勝義]이므로, 뛰어나다[增上]고 한다.

무엇이 '나아가야 할 대상이라는 의미'[所趣義]인가? '뛰어난 마음'[增上心]으로 나아가려고 '깨끗한 계'[淨戒]를 닦는 것을 '뛰어난 계를 배움'[增上戒學]이라고 한다. '뛰어난 지혜'[增上慧]로 나아가려고 '선정의 마음'[定心]을 닦는 것을 '뛰어난 마음을 배움'[增上心學]이라고 한다. '번뇌를 끊음'[煩惱斷]으로 나아가려고 지견智見을 닦는 것을 '뛰어난 지혜를 배움'[增上慧學]이라고 한다. 이와 같이 나아가야 할 대상이라는 의미 때문에 뛰어나다[增上]고 한다.

무엇이 '가장 뛰어나다는 의미'[最勝義]인가? '뛰어난 계를 배움'[增上戒學]과 '뛰어난 마음을 배움'[增上心學]과 '뛰어난 지혜를 배움'[增上慧學]은 오직 '성스러운 가르침'[聖教]에만 있는 것으로서 이 세 가지는 외도外道와는 공통적이지 않다. 이와 같이 가장 뛰어나다는 의미이므로 뛰어나다[增上]고 한다.

아울러 '뛰어난 마음을 배움'[增上心學]이 있어 '뛰어난 지혜를 배움'[增上慧學]을 유도하여 발생시키기도 하고, '뛰어난 지혜를 배움'[增上慧學]이 있어 '뛰어난 마음을 배움'[增上心學]을 유도하여 발생시키기도 한다. '성스러운 제자'[聖弟子]가 아직 근본정려根本靜慮를 이루지 못했으면 우선 '자취를 보는 것'[見跡: 견도見道에 듦]을 배운 뒤에 '수도에서 끊는'[修道所斷] 모든 번뇌를 끊기 위해 바르게 부지런히 힘써 염각지念覺支를 수행하며 내지는 사각지捨覺支를 수행한다. 이를 '뛰어난 지혜를 배움'[增上慧學]이 '뛰어난 마음을 배움'[增上心學]을 유도하여 발생시킨다고 한다. '뛰어난 마음을 배움'[增上心學]이 있어 '뛰어난 지혜를 배움'[增上慧學]을 유도하여 발생시키는 것은 앞서 이미 설명한 것과 같다.

아울러 '뛰어난 계를 배움'[增上戒學]은 있는데 뛰어난 마음이 없고, 뛰어난 지혜가 없는 경우가 있다. '뛰어난 계를 배움'[增上戒學]은 있고 뛰어난 마음도 있는데, 뛰어난 지혜만 없는 경우가 있다. 그러나 '뛰어난 지혜를 배움'[增上慧學]은 있는데 뛰어난 계가 없고 뛰어난 마음이 없는 경우는 없다. 그러므로 만일 '뛰어난 지혜를 배움'[增上慧學]이 있으면 반드시 '세 가지 배움'[三學]을 갖추었다는 것을 알라. 여기 세 종류의 배움[學]

을 건립하는 가운데에서 모든 유가사瑜伽師는 부지런히 수행해야 한다.

4.5.2 세 가지 보특가라三補特伽羅

배움에는 또한 세 가지 보특가라補特伽羅가 있어, 이 세 가지 배움에 의해 '진리가 나타난 것을 살핌'[諦現觀]에 든다.

무엇이 세 가지인가? 첫째, '아직 욕망에서 떠나지 못한 이'[未離欲], 둘째, '두 배로 욕망에서 떠난 이'[倍離欲], 셋째, '욕망에서 떠나는 것을 마친 이'[已離欲]이다. 이 가운데 모든 욕망에서 아직 완전하게 떠나지 못한 이는 부지런히 수행에 힘써 '진리가 나타난 것을 살핌'[諦現觀]에 들어, 모든 진리가 나타난 것을 살피고 나면 예류과預流果임을 경험한다[證]는 것을 알라. 두 배로 욕망을 떠난 이는 그때 일래과一來果임을 경험한다[證]. 욕망에서 떠나는 것을 마친 이는 그때 불환과不還果임을 경험한다[證].

아울러 '세 가지 근'[三根]이 있다. 첫째, '아직 모르지만 알려고하는 근'[未知欲知根: 미지당지근未知當知根], 둘째, '이미 아는 근'[已知根], 셋째, '앎을 갖춘 근'[具知根]이다.

어째서 이와 같은 '세 가지 근'[三根]을 성립시키는가? 모든 진리에 대해 아직 '나타난 것을 살피지'[現觀] 못한 이는 모든 '진리가 나타난 것을 살피는'[諦現觀] 데 힘써 부지런히 수행한다. 이것에 의해 '아직 모르지만 알려고 하는 근'[未知欲知根]을 성립시킨다. 만일 모든 진리에 대해 '나타난 것을 살핌'[現觀]을 이미 이루었으면, 유학(有學: 유학위의 성자)에 머무른다. 이것에 의해 '이미 아는 근'[已知根]을 성립시킨다. 만일 아라한阿羅漢으로서 지을 것을 이미 갖추고 무학위無學位에 머무르면, 이것에 의해 '앎을 갖춘 근'[具知根]을 성립시킨다.

4.5.3 세 가지 해탈 부문三解脫門

아울러 세 가지 '해탈하는 부문'[解脫門]이 있다. 첫째, '공(空: 비어 있음)의 해탈하는 부문'[空解脫門], 둘째, '무원(無願: 바라는 것이 없음)의 해탈하는 부문'[無願解脫門], 셋째, '무상(無相: 모습이 없음)의 해탈하는 부문'[無相解脫門]이다.

어째서 세 가지 '해탈하는 부문'[解脫門]을 성립시키는가? '알아야 할 대상 영역'[所知境]은 대략 두 가지 종류가 있다. 존재[有]와 '존재가 아닌 것'[非有]이다. 존재[有]는 두 가지 종류가 있다. 첫째는 '지어진 것'[有爲], 둘째는 '지어진 것이 아닌 것'[無爲]이다.

'지어진 것'[有爲] 중에서는 '세 영역에 결박된'[三界所繫] 오온(五蘊: 다섯 가지 유위법)을 말하고, '지어진 것이 아닌 것'[無爲] 중에서는 열반涅槃을 말한다. 이와 같은 두 가지인 유위有爲와 무위無爲를 합해 존재[有]라고 한다. 만일 나[我]를 말하거나 유정有情, '생명이 있는 이'[命者], '사는 이'[生者] 등을 말하면 '존재가 아닌 것'[非有]이라고 한다.

'지어진 것'[有爲] 가운데에서 잘못[過失]을 보기 때문에, '잘못 때문인 근심'[過患]을 보기 때문에 '바라는 것'[所祈願]이 없다. 바람이 없기 때문에 이것에 의해 '무원(無願: 바라는 것이 없음)의 해탈하는 부문'[無願解脫門]을 성립시킨다.

'지어진 것'[有爲] 가운데에서 바람이 없기 때문에 곧 열반涅槃에 대해 깊이 바람이 생겨 아주 고요함을 보고, 매우 '섬세하게 훌륭함'[微妙]을 보고, 영원히 벗어남[出離]을 본다. 영원히 벗어남을 보기 때문에 이것에 의해 '무상(無相: 모습이 없음)의 해탈하는 부문'[無相解脫門]을 성립시킨다.

그 '존재가 아닌 것'[非有]과 '존재하는 것이 없는'[無所有] 가운데, '바라고 있음'[有祈願]도 아니고 '바람이 없음'[無祈願]도 아니며, 그 '존재가 아닌 것'[非有]과 같아 도로 같아져, '존재가 아닌 것'[非有]이라고 알고, '존재가 아닌 것'[非有]이라고 본다. 이것에 의해 '공(空: 비어있음)의 해탈하는 부문'[空解脫門]을 성립시킨다. 이를 세 가지 '해탈하는 부문'[解脫門]을 성립시킨다고 한다.

4.6 배움을 따르는 존재隨順學法

무엇이 '배움을 따르는 존재'[隨順學法]인가? 열 가지 '배움에 거스르는 존재'[違逆學法]가 있는데, 그것을 다스리려고 하기 때문에 열가지 '배움을 따르는 존재'[隨順學法]를 알아야 한다.

4.6.1 배움에 거스르는 존재違逆學法

무엇이 열 가지 '배움에 거스르는 존재'[違逆學法]인가? 첫째는 젊어서[少年] 한창인[盛壯] 사랑스러운 모습의 여자[母邑: matṛ-grāma: 여색女色]이다. 이것은 바르게 배움을 수행하는 선남자善男子 등의 '강한 종류'[上品] 장애障礙이다.

둘째는 살가야(薩迦耶: satkāya: 존재하고 있는 신체)에 속하는 제행諸行에서 생기는 애착愛著이다. 셋째는 게으름[嬾墮懈怠]이다. 넷째는 살가야견(薩迦耶見: 신견身見)이다. 다섯째는 '조각으로 먹기'[段食]에 의한 '좋은 맛'[美味]을 '탐내고 집착함'[貪著]이다. 여섯째는 모든 세상의 여러 가지 희론戱論으로서, 하나가 아닌 여러 가지 각각 종류의 생각할 대상 중에서 '욕계의 탐냄과 애착'[欲貪愛]을 발생시키는 것이다.

일곱째는 제법諸法을 사유하는 유가瑜伽의 의도[作意]의 '잘못 때문인 근심'[過患]이다. 이것은 또 무엇인가? 열한 가지를 가리킨다. 첫째, 모든 진실[諦實], 온蘊, '업의 결과'[業果] 중에서 미루고[猶預], 의혹(疑惑: 헷갈려 하고 머뭇거림)하는 것이다. 둘째, '끊는 것을 수행함'[修斷]을 즐거워하는 이의 몸의 여러 추중麁重이다. 셋째, '느려 터진'[慢緩] 이가 지관止觀을 수행하는 데 있어 '잘못 때문인 근심'[過患]을 의도하고, '흐릿하게 가라앉고 잠듦'[惛沈睡眠]이 그 마음을 덮어[映蔽] 마음이 '아주 안으로 얽매이는'[極略] 것이다. 넷째, 너무 용맹하게 정진하는 이가 몸이 피곤하고 마음이 괴로운 것이다. 다섯째, 너무 못나게 정진하는 이가 '다음 단계로 나아가지'[勝進] 못하고 선품善品이 쇠퇴하는 것이다. 여섯째, 적은 '이익 보는 것'[利養], 명예, 칭찬 하나하나의 즐거움 속에서 깊은 기쁨이 생기는 것이다. 일곱째, 들떠 고요하지 않고 '좋아서 뛰며'[踊躍] 들썩이는[躁擾] 것이다. 여덟째, 살가야薩迦耶가 영원히 소멸하는 열반涅槃에 대해 두려움이 생기는 것이다. 아홉째, 모든 말에 대해 '잘못된 추리'[非量]로 힘쓰고, 이론[言論]이 너무 많다. '교법의 이론'[法論]을 설명해도 굴복시키는 것을 좋아하고 논쟁하는 방법을 일으킨다. 열째, 앞서 보고, 듣고, 느낀 하나가 아닌 여러 가지 각각 종류의 대상영역[境界] 중에서 마음이 달리고 마음이 흩어진다. 열한째, '생각하지 말아야 할 것'[不應思處]에 대해 억지로 깊이 생각한다. 이와 같은 것을 제법諸法을 사유하는 유가瑜伽의 의도[作意]의 '잘못 때문인 근심'[過患]이라고 하는 것을 알아야 한다.

여덟째는 모든 정려靜慮, 등지等至의 즐거움 가운데에서 깊이 그 '맛에 애착하는'[愛味] 것이다. 아홉째는 '모습 없는 선정'[無相定]을 경험해 드는 것을 의욕하는 이가 제행 중에서 '흘러 흩어지는'[流散] 것이다. 열째는 몸에 감촉되는 괴로운 느낌 내지는 수명을 빼앗기는 괴로운 느낌이 들었을 때, 수명壽命을 탐내고 애착하며 살아남기를 바라고, 이 바람을 따라 '마음

아파 탄식하며 혼미 해지는'[迷悶] 것이다. 이와 같은 것을 열 가지 '배움에 거스르는 존재'[違逆學法]라고 한다.

4.6.2 열가지 생각十想과 열가지 존재十法

무엇이 열 가지 '배움에 거스르는 존재'[違逆學法]를 다스리는 '배움을 따르는 존재'[隨順學法]인가? 열 가지를 가리킨다. 첫째는 '깨끗지 못하다는 생각'[不淨想], 둘째는 '무상하다는 생각'[無常想], 셋째는 '무상하니 괴로움이라는 생각'[無常苦想], 넷째는 '괴로우니 나라고 할 만한 것이 없다는 생각'[苦無我想], 다섯째는 '먹을 것이 염증 나고 거슬린다는 생각'[厭逆食想], 여섯째는 '모든 세상은 즐거울 수 없다는 생각'[一切世間不可樂想], 일곱째는 '광명의 생각'[光明想], 여덟째는 '욕망에서 떠난다는 생각'[離欲想], 아홉째는 '소멸한다는 생각'[滅想], 열째는 '죽는다는 생각'[死想]이다.

이와 같이 '열 가지 생각'[十想]을 잘 닦고 잘 익히고 많이 잘 수습修習하면, 열 가지 '배워야 할 존재'[學法]를 장애하고, 배워야 할 존재를 거스르는 것을 끊을 수 있다.

이 가운데 네 가지 광명光明이 있음을 알라. 첫째, 법광명法光明, 둘째, 의광명義光明, 셋째, 사마타광명奢摩他光明, 넷째, 비발사나광명毘鉢舍那光明이다. 이 네 종류 광명에 의해 뛰어나져 '광명의 생각'[光明想]을 세운다. 지금 이 의미 가운데 의도는, 제법諸法을 사유하는 유가瑜伽의 의도[作意]를 장애하는 존재를 끊는다는 것을 취하는 것이다.

이 중 다시 열 가지 '배움을 따르는 존재'[隨順學法]가 있다는 것을 알라. 무엇이 열 가지인가? 첫째는 '전생의 원인'[宿因], 둘째는 '가르침을 따름'[隨順教], 셋째는 '이치에 맞게 힘씀'[如理加行], 넷째는 '끊임없이 정중하게 지음'[無間殷重所作], 다섯째는 '예리하게 의욕함'[猛利樂欲], 여섯째는

'유가의 힘을 유지함'[持瑜伽力], 일곱째는 '몸과 마음의 추중을 멈춤'[止息身心麁重], 여덟째는 '자주 자세히 살핌'[數數觀察], 아홉째는 '겁내지 않음'[無有怯弱], 열째는 '증상만에서 떠남'[離增上慢]이다.

(첫째인) '전생의 원인'[宿因]은 무엇인가? 앞서 익힌 모든 근根이 성숙하고, 모든 근根이 쌓인 것을 가리킨다.

(둘째인) '가르침을 따름'[隨順敎]은 무엇인가? 가르침을 설명하신 것이 전도됨이 없이 점점 (깊어짐을) 가리킨다.

(셋째인) '이치에 맞게 힘씀'[如理加行]은 무엇인가? 가르침대로 전도됨이 없이 수행하는 것을 가리킨다. 이와 같은 수행은 정견正見이 생기게 한다.

(넷째인) '끊임없이 정중하게 지음'[無間殷重所作]은 무엇인가? 이와 같이 바른 힘씀[加行] 때문에 모든 선품善品에 대해서 헛되게 수명을 버리지 않고, 선품善品을 빠르게 쌓고 익히는 것을 가리킨다.

(다섯째인) '예리하게 의욕함'[猛利樂欲]은 무엇인가? 어떤 이가 '높은 해탈'[上解脫]에 대해 바라 말하기를, "나는 언제나 장차 이러한 곳에 충분히 머물 수 있을꼬. 모든 성자聖者처럼 이러한 곳에 충분하게 머물까."라고 하는 것이다.

(여섯째인) '유가의 힘을 유지함'[持瑜伽力]은 무엇인가? 두 가지 '원인과 조건'[因緣]으로 유가의 힘을 유지함을 획득할 수 있다. 첫째, 본성本性이 바로 '예리한 근'[利根]이기 때문이다. 둘째, 오랜 동안 습관적으로 수습했기 때문이다.

(일곱째인) '몸과 마음의 추중을 멈춤'[止息身心麁重]은 무엇인가? 어떤 이가 몸이 피곤하고, 몸(의 힘)이 모자라 몸의 추중과 마음의 추중이 발생한다. 이것은 동작을 바꾸고 벗어나면 곧 멈춘다. 또는 '너무 찾고'[太尋],

'너무 살펴'[太伺] 몸의 추중과 마음의 추중이 발생한다. 이것은 '안의 마음'[內心]이 고요한[寂止] 수행방법[方便]으로 곧 멈춘다. 또는 '마음이 안에만 얽매이고'[心略], '마음이 약해지고'[心劣], '(정신이) 흐릿하게 가라앉고 잠듦'[惛沈睡眠]에 휩싸여 몸의 추중이 발생하고 마음의 추중이 발생한다. 이것은 '뛰어난 지혜의 교법'[增上慧法]인 비발사나毘鉢舍那의 '깨끗하려는 의도'[順淨作意]로 곧 멈춘다. 또는 본성번뇌本性煩惱가 아직 끊어지지 않고 '번뇌 종류'[煩惱品]가 있어 몸과 마음의 추중을 아직 버리고 떠나지 못한다. 이것은 '바른 과정'[正道]을 지속해서 부지런히 수행함으로 곧 멈춘다.

(여덟째인) '자주 자세히 살핌'[數數觀察]은 무엇인가? 시라尸羅에 의해 자주 자세히 살펴 '나쁜 짓'[惡作]은 짓지 말고, 자주 자세히 살펴 선행[善作]은 짓는다. 그 나쁜 짓을 짓지 말고, 옮기지 말며, 그 선행은 지어 물러나지 않는다. 그 나쁜 짓을 지었으면 버리고, 그 선행을 지어 버리지 않는다. 또한 번뇌를 끊음과 아직 끊지 못함을 '자세히 살피는 의도'[觀察作意]의 강한 힘 때문에 자주 자세히 살핀다. 만일 이미 끊었음을 알면 기쁨을 생기게 하고, 만일 아직 끊지 못함을 알면 곧 '바른 과정'[正道]을 자주 부지런히 수행한다.

(아홉째인) '겁내지 않음'[無有怯弱]은 무엇인가? 나중에 알아야 하고, 보아야 하고, 경험해야 하는 것 중에서 아직 알지 못하고, 아직 보지 못하고, 아직 경험하지 못했기 때문에 겁[怯弱]을 발생하여 그 마음이 피곤하고, 그 마음이 결핍[匱損]된 것이다. 그것이 이미 발생해도 굳게 집착하지 말고 빠르게 '끊고 소멸시킨다'[斷滅].

(열째인) '증상만에서 떠남'[離增上慢]은 무엇인가? '이룩한 것'[所得],

'접촉한 것'[所觸], '경험한 것'[所證]에 대해 증상만增上慢이 없고, '전도된 집착'[顚倒執]을 떠난다. '진짜로 이룩한 것'[眞所得]에 대해서는 '이룩했다는 생각'[得想]을 일으키고, '진짜 접촉한 것'[眞所觸]에 대해서는 '접촉했다는 생각'[觸想]을 일으키고, '진짜 경험한 것'[眞所證]에 대해서는 '경험했다는 생각'[證想]을 일으킨다. 이와 같은 '열 가지 존재'[十法]는 닦고 배움을 즐거워하는 모든 유가사瑜伽師에 있어서 닦고 배워야 할 것이다. 처음, 중간, 나중에도 항상 따르고 거스르지 말아야 한다. 그러므로 '배움을 따르는 존재'[隨順學法]라고 한다.

4.7 유가를 망가뜨림瑜伽壞

무엇이 '유가를 망가뜨림'[瑜伽壞]인가? 유가瑜伽를 망가뜨림에는 네 가지가 있다. 무엇이 네 가지인가? 첫째는 '끝까지 유가를 망가뜨림'[畢竟瑜伽壞], 둘째는 '잠시 유가를 망가뜨림'[暫時瑜伽壞], 셋째는 '이룬 것에서 멀어져 놓쳐 유가를 망가뜨림'[退失所得瑜伽壞], 넷째는 '비뚠 실천을 지어 유가를 망가뜨림'[邪行所作瑜伽壞]이다.

'끝까지 유가를 망가뜨림'[畢竟瑜伽壞]이란 '종성이 없는'[無種姓] 보특가라補特伽羅를 가리킨다. 왜냐하면 그의 몸 안에는 열반涅槃을 향해 나아갈 존재[法]가 없어 끝내 '세상을 벗어난'[出世] 유가瑜伽를 '잃고 망가뜨리기'[失壞] 때문이다.

'잠시 유가를 망가뜨림'[暫時瑜伽壞]이란 '종성이 있는'[有種姓] 보특가라를 가리킨다. 왜냐하면 그의 몸 안에는 열반涅槃을 향해 나아갈 존재[法]가 있기 때문에 '외부의 조건'[外緣]이 부족해도 시간이 오래도록 지나면 반드시 조건[緣]이 맞아 유가瑜伽를 수습하여 유가가 나타나 생기게 하며 잘 수습하고 나서 장차 반열반般涅槃한다. 그러므로 그 유가瑜伽를 잠시 잃고 망가뜨린다고 한다.

'이룬 것에서 멀어져 놓쳐 유가를 망가뜨림'[退失所得瑜伽壞]이란 어떤 이가 이룩하고[所得] 접촉하고[所觸] 경험한[所證] 지혜로움[智], 봄[見], '안락하게 머무름'[安樂住]에서 멀어져 놓치는 것이다.

'비뚠 실천을 지어 유가를 망가뜨림'[邪行所作瑜伽壞]이란 어떤 이가 '바른 이치'[正理]에 맞게 수행에 정진하지 않아 많이 힘을 써도 갖춘 것이 없다. 모든 유가瑜伽를 갖출 수가 없고, 선법善法도 아니다.

아울러 어떤 이가 여러 번뇌가 많고 성질이 더러움[塵穢]이 많은데, 식識이 총명하고 예리하고 이해력[覺慧]이 예리해, 선천적인[俱生] 깨달음을 이루어 들은 것을 잘 받아들여 듣는 것을 궁극에까지 하였다. 적거나 많거나 '빈 곳'[空閑]에 머무는데, 재가자在家者와 출가자出家者가 있으면 '성질이 솔직하여'[質直] 그곳까지 가서 교법을 설명해서 마음을 기쁘게 한다.

또한 속여 여러 가지 몸과 말에 관련한 '가장된 선한 지음'[調善所作]을 이치에 맞지 않게 나타내고, 이 때문에 '이익 보는 것'[利養], 공경恭敬, 칭송稱頌, 큰 복덕(福德: 즐거움을 불러들이는 능력)이라는 생각을 불러 모아, 여러 가지 의복, 음식, 침구, '병과 관련한 의약품'[病緣醫藥], '몸을 돕는 살림살이'[資身什物]를 얻는다. 여러 국왕, 대신, 거사居士 내지는 '상단의 대표'[商主]에게 공경과 존중을 받아 다 함께 이르기를, 이 분은 아라한阿羅漢이라고 한다.

아울러 그를 따라 돌아온 여러 출가出家하거나 '가정에 머무르는'[在家] 제자가 '몹시 그리워하고'[戀著] 친애親愛하며 따르고 돌면, 더 많이 불러 들이려고 또 생각하기를, "이 여러 출가出家하거나 '가정에 머무르는'[在

家] 제자가 나를 믿고 따르며 다 함께 이르기를, 이 분은 아라한阿羅漢이라고 한다. 그들이 만일 유가瑜伽의 의도[作意]와 지관止觀 등에 대해 내게 물으면 나는 대답 못할지도 모른다. 그들은 이 일로 해서 장차 나에 대해 믿는 마음을 버리고, 다시는 나를 아라한阿羅漢이라고 하지 않을 것이다. 이 일로 해서 '이익 보는 것'[利養]과 공경恭敬으로부터 물러나 잃을 것이다. 나는 이제는 스스로 사유하고 헤아리고[籌量] 자세히 살펴 번듯하게 유가瑜伽를 성립시켜야겠다."라고 한다.

그는 이 일의 강한 힘 때문에 '이익 보는 것'[利養], 공경, 명예에 '좋아 애착하여'[耽著] 혼자서 '빈 곳'[空閑]에 있으면서 스스로 자세히[諦] 사유하고 헤아리고[籌量] 자세히 살펴 번듯하게 유가瑜伽를 성립시킨다. 그러나 이 유가瑜伽는 계경契經을 따르지도 않고, 계율戒律을 나타내지도 않으며, 법성(法性: 존재의 성질)을 거스른다. 만일 삼장三藏을 잘 지니고 있는 여러 비구比丘라면, 그들에게 그것에 대해 덮어 자기의 유가瑜伽를 열어 보이려고 하지 않는다. 여러 '가정에 머무르는'[在家], 출가出家한 제자에게는 (속여서 아라한이라는 일컬음을 듣는 이가 자기의) 이 유가瑜伽를 몰래 가르쳐주고 널리 드러내게 하지 않는다. 왜냐하면 어떤 삼장三藏의 가르침을 잘 지니고 있는 이가 이와 같은 유가처瑜伽處를 듣고 나서 경經으로 계경契經을 따르지 않음을 조사하고[撿驗], 율律로써 계율戒律을 나타내지 않음을 비추고, 교법[法]으로 법성法性을 거스름을 자세히 살필까 두려워하기 때문이다.

"이 때문에 믿음을 받지 못하고, 믿음을 받지 못하기 때문에 나를 비난하며 논쟁을 일으킬 것이다. 이 때문에 국왕, 대신, 거사居士 내지는 재산이 풍부한 자산가[長者], '상단의 대표'[商主]가 다시는 나를 공경하고 존중하지 않을 것이고, 다시는 의복, 음식, 침구, 병과 관련한 의약품, 몸을 돕는 살림살이를 획득하지 못할 것이다."라고 하며, 그는 '이익 보는 것'[利養], 공경을 '좋아 애착하는'[耽著] 강한 힘 때문에, '정법이 아닌 것'[非法] 중에서 '정법이라는 생각'[法想]을 일으키며, '덮어 감추려는 생각'[覆藏想]을 일으키며, 악惡한 욕망[欲樂]을 나타내고 보이며 '정법이 아닌 것'[非法]을 정법[法]이라고 한다. 여러 그의 견해를 인정하는 이는 또한 '정법이 아닌 것'[非法]에 대해 '정법이라는 생각'[法想]을 일으키며, 어리석고 둔한 이는 '정법이 아닌 것'[非法] 중에서 '정법이라는 생각'[法想]을 일으키기 때문에 그 가르침대로 수행에 정진해도 모두 다 이것은 '비뚠 실천'[邪行]이라는 것을 알아. 이와 같은 것을 '비뚠 실천을 지어 유가를 망가뜨림'[邪行所作瑜伽壞]이라고 한다. 정법正法과 유사한[像似], 진짜 정법正法이 아니어서 정법正法을 장애한다.

정려靜慮를 부지런히 수행하는 모든 비구比丘는 바로 유가사瑜伽師이니 이 네 가지 '유가를 망가뜨리는 존재'[瑜伽壞法]를 바르게 두루 알고, 멀리 버리고 떠나야 한다.

4.8 유가瑜伽

무엇이 유가瑜伽인가? 네 가지 유가瑜伽를 가리킨다. 네 가지란 무엇인가? 첫째, 믿음[信], 둘째, 의욕[欲], 셋째, 정진精進, 넷째, 수행방법[方便]이다.

4.8.1 믿음信

믿음[信]은 두 가지 작용[行相]과 두 가지 '근거가 되는 곳'[依處]이 있다. 두 가지 작용[行相]이란 첫째, '믿고 따르는 작용'[信順行相], 둘째, '청정한 작용'[清淨行相]이다. 두 가지 '근거가 되는 곳'[依處]이란 첫째, '제법을 살피는 이치'[觀察諸法道理]라는 근거가 되는 곳, 둘째, '보특가라의 신통력을 믿고 해석함'[信解補特伽羅神力]이라는 근거가 되는 곳이다.

4.8.2 의욕欲

의욕[欲]은 네 가지가 있다. 네 가지란 무엇인가? 첫째, '경험하려는 의욕'[爲證得欲], 둘째, '질문하려는 의욕'[爲請問欲], 셋째, '식량을 수행하여 모으려는 의욕'[爲修集資糧欲], 넷째, '유가를 따르려는 의욕'[爲隨順瑜伽欲]이다.

'경험하려는 의욕'[爲證得欲]이란 어떤 이가 '높은 해탈'[上解脫]에 대한 바람을 발생하는 등 앞서 자세히 설명한 것과 같다. '질문하려는 의욕'[爲請問欲]이란 어떤 이가 바람이 생겨서 사찰[僧伽藍]로 가서 여러 식견[識]이 있는 함께 범행梵行을 수행하여 유가瑜伽의 '훌륭한 지혜'[妙智]를 성취한 이를 뵙고 아직 듣지 못한 것을 들으려고 궁극까지 듣는 것이다.

'식량을 수행하여 모으려는 의욕'[爲修集資糧欲]이란 어떤 이가 '계에 적합하여'[戒律儀] 청정淸淨하려고, '근에 적합하여'[根律儀] 청정淸淨하려고, 먹는 것에 한도를 알고, 잠을 줄이며, '바르게 알고'[正知] 머물면서 점점 바람을 더 발생하는 것이다.

'유가를 따르려는 의욕'[爲隨順瑜伽欲]이란 '끊임없이 힘쓰고'[無間加行], '정중하게 힘쓰며'[殷重加行] 수습하는 과정 중에 바람을 발생하고 '기쁘고 즐거움'[欣樂]을 발생하는데, (그것은) 지으려는 의욕[欲]에서 이다.

4.8.3 정진精進

정진精進은 네 가지이다. 네 가지란 무엇인가? 첫째, '들음을 위한 정진'[爲聞精進], 둘째, '생각을 위한 정진'[爲思精進], 셋째, '수행을 위한 정진'

[爲修精進], 넷째, '장애를 깨끗이 함을 위한 정진'[爲障淨精進]이다.

'들음을 위한 정진'[爲聞精進]이란 아직 듣지 못한 것을 듣고, 들은 뒤에는 궁극까지 부지런한 마음으로 용맹하게 살펴서 판단하고 힘쓰는 것이다. '생각을 위한 정진'[爲思精進]이란 교법을 들은대로 '빈 곳'[空閑]에 혼자 머무르며 그 의미를 사유하고, 헤아리고, 자세히 살피는 것이다. '수행을 위한 정진'[爲修精進]이란 고요함[寂靜]에 들어 때때로 지관止觀을 부지런히 수행하는 것이다. '장애를 깨끗이 함을 위한 정진'[爲障淨精進]이란 밤낮으로 격려하며 '부지런히 힘쓰고'[精勤], '걷기 하고'[經行], '고요하게 앉기'[宴坐]를 하여 모든 장법(障法: 개蓋와 개를 유도하여 따르는 존재)으로부터 그 마음을 깨끗이 닦고, 부지런한 마음으로 용맹하게 살펴서 판단하는 것이다.

4.8.4 수행방법方便

수행방법[方便]은 네 가지[89]가 있다. 시라율의尸羅律儀에 '방종하지 않고'[無放逸], 마음을 '수비하고 보호하며'[防護], 모든 선법善法을 닦는 것에 '방종하지 않기'[無放逸] 때문에 마음이 바르게 안[內]에서 사마타奢摩他와 '뛰어난 지혜의 교법'[增上慧法]인 비발사나毘鉢舍那를 수행한다.

이 네 가지 유가瑜伽는 (세분하여) 열여섯 가지가 있다. 이 중 처음에는 믿음[信]으로 말미암아 얻어야 하는 의미에 대해서 깊이 '믿고 해석함'[信解]

---

89) 유가론기 제7권상(대정장 42. p.452c22-25): 혜경惠景논사의 구별에 의하면 첫째, 시라尸羅를 보호하고 생각을 잘 수비하다. 둘째, 방종하지 않는다. 셋째, 마음이 바르게 안에서 사마타를 수행한다. 넷째, '뛰어난 지혜의 교법'[增上慧法]인 비발사나毘鉢舍那(를 수행한다). 方便四者。景師判云。一爲護尸羅善守其念。二無放逸。三一心正於內修奢摩他。四增上慧法毘鉢舍那。

이 생기게 하고, 믿음을 얻은 뒤에는 모든 선법善法에 대해 의욕[樂欲]이 생기게 하고, 의욕으로 말미암아 밤낮으로 격려하여 부지런히 힘써 함에 편안히 머무르고, 굳세고[堅固] 용맹하게 정진精進을 발생시킨 뒤에 '받아들이는 수행방법'[攝受方便]으로 '아직 이룩하지 못한 것을 이룩하고'[能得未得], '아직 접촉하지 못한 것을 접촉하고'[能觸未觸], '아직 경험하지 못한 것을 경험하기'[能證未證] 때문에 이 네 가지 수행법을 유가瑜伽라고 한다.

4.9 의도作意

4.9.1 네 가지 의도四作意

의도[作意][90]란 무엇인가? 네 가지 의도[作意]를 가리킨다. 네 가지란 무엇인가? 첫째, '힘주어 전개하려는 의도'[力勵運轉作意], 둘째, '전개하는 데 간격이 있는 의도'[有間運轉作意], 셋째, '끊임없이 전개하는 의도'[無間運轉作意], 넷째, '작용 없이 전개하는 의도'[無功用運轉作意]이다.

무엇이 '힘주어 전개하려는 의도'[力勵運轉作意]인가? '처음 업을 닦는 이'[初修業者]가 마음이 안에 편안히 머무르게 하고, '평등하게 머무르게 하는'[等住] 것을 가리킨다. 제법諸法에 대해 전도됨이 없이 선택하는데, 아직 이루지 못한 닦아야 할 의도에 이르면, 이때 의도를 힘주어 전개한다. 갑절 힘을 주기 때문에 그 마음을 굴복시켜 '하나의 대상영역'[一境]에 머무르게 한다. 그러므로 '힘주어 전개하려는 의도'[力勵運轉作意]라고 한다.

무엇이 '간격이 있게 전개하는 의도'[有間運轉作意]인가? 수행해야 할 의도를 이루고 나서 '세상의 과정'[世道], '세상을 벗어난 과정'[出世道]에

---

90) 본 역주본 제2권, pp.56-66, 3.1 의도作意의 구별 참조.

서 점점 다음 단계로 나가는데, 요상작의(了相作意: 모습을 자세히 알려는 의도)가 '삼마지 생각'[三摩地思] 때문에 서로 섞여 수행을 한 방향으로 순수하게 전개할 수 없는 것을 가리킨다. 그러므로 '간격이 있게 전개하는 의도'[有間運轉作意]라고 한다.

무엇이 '끊임없이 전개하는 의도'[無間運轉作意]인가? 요상작의(了相作意: 모습을 자세히 알려는 의도) 이후로부터 가행구경작의(加行究竟作意: 궁극에까지 힘쓰는 의도)까지를 '끊임없이 전개하는 의도'[無間運轉作意]라고 한다.

무엇이 '작용 없이 전개하는 의도'[無功用運轉作意]인가? 가행구경과작의(加行究竟果作意: 궁극에까지 힘쓴 결과의 의도)를 가리킨다. 이와 같은 것을 '작용 없이 전개하는 의도'[無功用運轉作意]라고 한다.

아울러 다른 네 가지 의도[作意]가 있다. 첫째, '따르는 의도'[隨順作意], 둘째, '다스리려는 의도'[對治作意], 셋째, '청정을 따르는 의도'[順淸淨作意], 넷째, '자세히 살핌을 따르는 의도'[順觀察作意]이다.

(첫째) 무엇이 '따르는 의도'[隨順作意]인가? 대상[所緣]에 대해 깊이 '염증이 나서 무너뜨림'[厭壞]이 생기게 하고 바르게 힘쓰기 시작했는데 아직 번뇌[惑]를 끊지 못한 것을 가리킨다.

(둘째) 무엇이 '다스리려는 의도'[對治作意]인가? 번뇌[惑]를 끊는 것을 가리킨다.

(셋째) 무엇이 '청정을 따르는 의도'[順淸淨作意]인가? 마음이 처지면 [下蹙] '깨끗하고 훌륭한 모습'[淨妙相]을 취하여 격려하고 기쁘게 한다.

(넷째) 무엇이 '자세히 살핌을 따르는 의도'[順觀察作意]인가? 관찰작의(觀察作意: 자세히 살피는 의도)를 가리킨다. 이 의도의 강한 힘 때문에

번뇌의 끊어짐과 아직 끊어지지 않음을 따르며 살핀다.

4.9.2 모습相

질문 대상영역[所緣境]에 바르게 의도할 때, 몇 가지 모습[相]을 사유하는가?

대답 네 가지이다. 무엇이 네 가지인가? 첫째, 소연상(所緣相: 대상의 모습), 둘째, 인연상(因緣相: 원인과 조건의 모습), 셋째, 응원리상(應遠離相: 멀리해야 하는 모습), 넷째, 응수습상(應修習相: 수행해야 하는 모습)이다.

(첫째) '대상의 모습'[所緣相]이란 '알아야 할 대상과 비슷한 성질의 비친 모양'[所知事同分影像]이 분명하게 나타나는[顯現] 것이다.

(둘째) '원인과 조건의 모습'[因緣相]이란 삼마지三摩地의 식량을 쌓고, '가르침과 지도'[教導], 그리고 수행을 함께 실천하여 예리하게 의욕하고, '염증을 낼만한 존재'[可厭法]에 대해 깊이 염증[厭患]이 생기게 하고, 흐트러짐[亂]과 흐트러지지 않음을 자세하게 두루 알고, 남으로부터 괴로움을 당하지 않는데, 사람이 지은 것이거나 '사람이 아닌 것'[非人]이 지은 것이거나, 음성으로 짓거나 작용으로 지은 것이다. 비발사나毘鉢舍那를 위주로 할 경우에는 '안에 얽매인 그 마음'[內略其心]이 매우 왕성하게 한 뒤에 '원인과 조건의 모습'[因緣相]을 살핀다. 만일 사마타奢摩他를 위주로 할 경우에는 '뛰어난 살핌'[勝觀]을 일으켜 매우 왕성하게 한 뒤에 '원인과 조건의 모습'[因緣相]을 가라앉힌다[止].

(셋째) '멀리해야 하는 모습'[應遠離相]은 다시 네 가지가 있다. 첫째, '가라앉은 모습'[沈相], 둘째, '들뜬 모습'[掉相], 셋째, '집착한 모습'[著相], 넷째, '흐트러진 모습'[亂相]이다.

'가라앉은 모습'[沈相]이란 '대상의 모습'[所緣相]과 '원인과 조건의 모습'

[因緣相] 때문에 마음이 못나진 것이다. '들뜬 모습'[掉相]이란 대상의 모습과 원인과 조건의 모습 때문에 마음이 '너무 올라간'[高擧] 것이다. '집착한 모습'[著相]이란 대상의 모습과 원인과 조건의 모습 때문에 마음이 대상 영역[境]에 대해 물듦이 생기고, 집착이 생겨 여러 '괴로운 흐트러짐'[惱亂]을 짓는 것이다. '흐트러진 모습'[亂相]이란 대상의 모습과 원인과 조건의 모습' 때문에 마음이 외부로 달려 나가 흐트러지고 요동치는 것이다. 이와 같은 모든 모습은 앞서 등인지等引地 중에서 이미 설명한 것[91]과 같다.

4.9.3 해석勝解

질문 이와 같이 의도[作意]가 대상영역[所緣境]에 대하여 해석[勝解]이 생기게 할 때 몇 가지 해석이 있는가?

대답 아홉 가지이다. 무엇이 아홉 가지인가? 첫째, '빛나고 깨끗한 해석'[有光淨勝解], 둘째, '빛과 깨끗함이 없는 해석'[無光淨勝解], 셋째, '굼뜨고 미련한 해석'[遲鈍勝解], 넷째, '빠르고 예리한 해석'[捷利勝解], 다섯째, '좁고 작은 해석'[狹小勝解], 여섯째, '넓고 큰 해석'[廣大勝解], 일곱째, '무수한 해석'[無量勝解], 여덟째, '청정한 해석'[淸淨勝解], 아홉째, '청정하지 못한 해석'[不淸淨勝解]이다.

(첫째) '빛나고 깨끗한 해석'[有光淨勝解]이란 '광명의 모습'[光明相]에서 마음을 맑게 하고 잘 취하여 광명光明과 함께하는 해석이다. (둘째) '빛과 깨끗함이 없는 해석'[無光淨勝解]이란 '광명의 모습'[光明相]에서 잘 취하지 못해 어두움[闇昧]과 함께하는 해석이다.

(셋째) '굼뜨고 미련한 해석'[遲鈍勝解]이란 '둔한 근기'[鈍根]의 몸 안의

---

91) 본 역주본 제2권, pp.66-68, 3.2.1 근본 네 가지 모습根本四相 참조.

해석이다. (넷째) '빠르고 예리한 해석'[捷利勝解]이란 '예리한 근기'[利根]의 몸 안의 해석이다.

(다섯째) '좁고 작은 해석'[狹小勝解]이란 좁고 작은 믿음과 의욕이 함께 작용하는 해석이다. 또한 좁고 작은 대상[所緣]을 '의미로 아는'[意解] 해석이다. 이와 같이 의도[作意]가 좁고 작기 때문에, 대상이 좁고 작기 때문에 '좁고 작은 해석'[狹小勝解]이라고 한다. (여섯째) '넓고 큰 해석'[廣大勝解]이란 넓고 큰 믿음과 의욕이 함께 작용하는 해석이다. 또한 넓고 큰 대상을 '의미로 아는'[意解] 해석이다. 이와 같이 의도[作意]가 넓고 크므로, 대상이 넓고 크므로 '넓고 큰 해석'[廣大勝解]이라고 한다.

(일곱째) '무수한 해석'[無量勝解]이란 (공간적으로) '한도 없고'[無邊] (시간적으로) '끝도 없는'[無際] 믿음과 의욕이 함께 작용하는 해석이다. 또한 (공간적으로) 한도 없고 (시간적으로) 끝도 없는 대상을 '의미로 아는' [意解] 해석이다. 이와 같이 의도[作意]가 무수하기 때문에, 대상이 무수하기 때문에 '무수한 해석'[無量勝解]이라고 한다.

(여덟째) '청정한 해석'[淸淨勝解]이란 이미 잘 수행했고, 이미 완성했고[成滿], 이미 '궁극적인 것'[究竟]과 함께 작용하는 해석이다. (아홉째) '청정하지 못한 해석'[不淸淨勝解]이란 아직 잘 수행하지 못했고, 아직 완성[成滿]되지 못했고, 아직 '궁극적이지 못한 것'[未究竟]과 함께 작용하는 해석이다.

4.10 유가의 지어야 할 것瑜伽所作

질문 유가瑜伽를 수행하는 이는 대체로 몇 가지 '유가의 지어야 할 것' [瑜伽所作]이 있는가?

대답 네 가지이다. 네 가지란 무엇인가? 첫째, '근거의 소멸'[所依滅], 둘째, '근거의 전환'[所依轉], 셋째, '두루 앎의 대상'[遍知所緣], 넷째, '사랑스럽고 즐거움의 대상'[愛樂所緣]이다.

'근거의 소멸'[所依滅]과 '근거의 전환'[所依轉]이란 유가瑜伽의 의도[作意]를 부지런히 닦고 익히기 때문에, 추중麤重과 함께 작용하는 근거가 점점 소멸[滅]하고, 가뿐함[輕安]과 함께 작용하는 근거로 점점 전환[轉]하는 것이다. 이와 같은 것을 근거를 소멸하고, 근거를 전환하는 '유가의 지어야 할 것'[瑜伽所作]이라고 한다.

'두루 앎의 대상'[遍知所緣]과 '사랑스럽고 즐거움의 대상'[愛樂所緣]이란 두루 앎의 대상과 사랑스럽고 즐거움의 대상, 그리고 '근거의 소멸과 전환'[所依滅轉]을 첫째로 하는 경우도 있다. 이 두루 앎의 대상과 사랑스럽고 즐거움의 대상의 강한 힘 때문에, 근거가 소멸하고, 근거가 전환하는 경우도 있다. 두루 앎의 대상과 사랑스럽고 즐거움의 대상이 근거를 깨끗하게 하는 작용을 첫째로 하는 경우도 있다. 이 '근거를 깨끗이 하는'[所依淸淨] 강한 힘 때문에, 두루 앎의 대상이 아주 청정하게 하고, 사랑스럽고 즐거움의 대상이 아주 청정하게 하여, 그 지어야 할 것이 갖추어질 때 전환한다.

이와 같은 것을 네 가지 유가瑜伽를 수행하는 이가 '유가의 지어야 할 것'[瑜伽所作]이라고 한다.

4.11 유가사瑜伽師

질문 '유가를 수행하는 이'[修瑜伽師]는 대개 몇 종류인가?

대답 세 종류이다. 세 종류란 무엇인가? 첫째, '처음 업을 수행하는'[初

修業] 유가사瑜伽師, 둘째, '이미 수행을 익힌'[已習行] 유가사瑜伽師, 셋째, '이미 의도를 넘어선'[已度作意] 유가사瑜伽師이다.

(첫째) 무엇이 '처음 업을 수행하는'[初修業] 유가사瑜伽師인가? 두 가지 '처음 업을 수행하는 이'[初修業者]를 가리킨다. 첫째, 의도[作意]에 대해 '처음 업을 수행하는 이'[初修業者], 둘째, 번뇌를 깨끗이 하는 데 '처음 업을 수행하는 이'[初修業者]이다.

무엇이 의도[作意]에 대해 '처음 업을 수행하는 이'[初修業者]인가? 처음 업을 수행하는 보특가라補特伽羅가 한 대상에 편안히 머무르며 의도를 부지런히 수행하는데 아직 수행해야 할 의도를 이룩하지 못하고, '마음이 한 대상인 성질'[心一境性]에 아직 '닿아 경험하지'[觸證] 못한 것이다.

무엇이 번뇌를 깨끗이 하는 데 '처음 업을 수행하는 이'[初修業者]인가? 이미 수행해야 할 의도를 경험[證得]하고 모든 번뇌에 대해 마음을 깨끗이 하려고 요상작의(了相作意: 모습을 자세히 알려는 의도)를 받아들여 부지런히 수행하는 것을 번뇌를 깨끗이 하는 데 '처음 업을 수행하는 이'[初修業者]라고 한다.

(둘째) 무엇이 '이미 수행을 익힌'[已習行] 유가사瑜伽師인가? 요상작의了相作意를 제외한 나머지의 '궁극에까지 힘쓰는 다섯 가지 의도'[加行究竟五作意]를 이미 잘 수행한 이다.

(셋째) 무엇이 '이미 의도를 넘어선'[已度作意] 유가사瑜伽師인가? 가행구경작의(加行究竟果作意: 궁극에까지 힘쓴 결과의 의도)의 단계에 머무르며, 이로 말미암아 힘쓰는 수행방법으로 수행한 의도를 넘어서 수행결과[修果]에 편안히 머무르는 것이다. 그러므로 '이미 의도를 넘어선다'[已度作意]고 한다.

아울러 처음 선법善法을 수습하겠다는 의욕으로부터 이미 떠난 뒤부터 아직 순결택분(順決擇分: 선택을 마무리 지음에 따르는 부분)의 선근善根이 일어나지 않은 때까지를 '처음 업을 수행함'[初修業][92]이라고 한다. 만일 이미 순결택분順決擇分의 선근善根인 이른바 난(煖: 따뜻함), 정(頂: 꼭대기), 수순제인(隨順諦忍: 진리를 따름을 인정함), 세제일법(世第一法: 세상의 최고 수행법)을 일으켰다면, '이미 수행을 익혔다'[已習行]고 한다. 만일 정성이생(正性離生: 번뇌를 떠나는 바른 성품: 견도위見道位)을 '경험하여 들고'[證入] '진리가 나타난 것을 봄'[諦現觀]을 이루어 '다른 조건'[他緣] 때문이 아닌 '부처님의 성스로운 가르침'[佛聖教]에서, '나머지 조건'[餘緣: 사연邪緣: 비뚠 조건]에게 빼앗기지 않는다면, 이때를 '의도를 넘어선다'[度作意]고 한다. 그는 '다른 조건의 의도'[他緣作意]를 넘어서 다른 조건의 의도가 아닌 데 머무르기 때문에 '이미 의도를 넘어섰다'[已度作意]고 한다.

4.12. 유가의 수행瑜伽修

무엇이 유가의 수행[瑜伽修]인가? 두 가지가 있다. 첫째, '생각의 수행'[想修], 둘째, '깨달음의 부분의 수행'[菩提分修]이다.

4.12.1 생각의 수행想修

무엇이 '생각의 수행'[想修]인가? (첫째로) '세상의 과정'[世間道]을 수행

---

92) 유가론기 제7권상(대정장 42. p.453c15-16): 즉 처음 오정심관五停心觀과 (사념처四念處의) 총상념처관總相念處觀·별상념처관別相念處觀을 수습하는 것을 '처음 업을 수행함'[初修業]이라 한다. 　 即是初習五停總別念處名初修業。

할 때, 모든 '아래 영역'[下地: 욕계欲界]에 대해 '잘못 때문인 근심의 생각' [過患想]을 수행하는 경우가 있다. (둘째로) '열반의 과정'[涅槃道]을 수행할 때, '끊음의 영역'[斷界], '욕망에서 떠난 영역'[離欲界], '소멸의 영역'[滅界]에 대하여 '가장 뛰어난 고요한 공덕'[最勝寂靜功德]을 보고, 끊음의 영역, 욕망에서 떠난 영역, 소멸의 영역을 수습하는 경우가 있다. (셋째로) 사마타奢摩他를 수행할 때, '가라앉히는 종류'[止品]의 '위와 아래의 생각' [上下想]을 수습하는 경우가 있다. (넷째로) 비발사나毘鉢舍那를 수행할 때, '살피는 종류'[觀品]의 '앞과 뒤의 생각'[前後想]을 수습하는 경우가 있다.

'위와 아래의 생각'[上下想]이란 이 몸의 머무는 그대로, 바라는 그대로 위는 정수리부터 아래는 발바닥까지 여러 가지 종류의 깨끗지 못함이 가득함을 자세히 살핀다. 예를 들자면 이 몸 안에 있는 여러 가지 털[髮毛], 손발톱[爪], 치아[齒] 등 앞서 자세히 설명한 것과 같다.

'앞과 뒤의 생각'[前後想]이란 어떤 이가 '살피는 모습'[所觀相]에 대해서 '정성스럽고 간절하게'[殷勤懇到] 잘 취하고, 잘 생각하고, 잘 알고, 잘 통달하는 것이다. 서서[住]는 앉음[坐]을 살피고, 앉아서는 누움[臥]을 살핀다. 또는 '뒤의 작용'[後行]은 '앞의 작용'[前行]을 자세히 살핀다. 이는 곧 비발사나毘鉢舍那 수행[行]으로써 삼세三世의 '조건에서 생겨난'[緣生] 제행諸行을 자세히 살피는 것을 나타낸다.

서서[住]는 앉음[坐]을 살핀다고 하는 것은 지금의 의도로 미래에 알아야 할 제행諸行을 자세히 살피는 것을 나타낸다. 왜냐하면 지금 의도의 단계는 이미 '지금 생겨난 것'[現生]이므로 선다[住]고 한다. 미래에 알아야 할 단계는 아직 지금 생겨난 것이 아니므로, '일어나려고 하는 것'[臨欲起]이므로 앉음[坐]이라고 한다.

아울러 앉아서[坐] 누움[臥]을 살핀다고 하는 경우는 지금의 의도로 과거의 알아야 할 제행諸行을 자세히 살피는 것을 나타낸다. 왜냐하면 지금의 의도 단계가 '소멸하려고 하는 것'[臨欲滅]이므로 앉음[坐]이라고 한다. 과거의 알아야 할 단계가 이미 사멸謝滅했으므로 누움[臥]이라고 한다.

아울러 '뒤의 작용'[後行]은 '앞의 작용'[前行]을 자세히 살핀다고 하는 것은 지금의 의도로써 '지속적으로 소멸하는'[無間滅] '지금 작용하는'[現行] 의도[作意]를 살피는 것을 나타낸다. 왜냐하면 이미 생겨 '지속적으로 사멸하는'[無間謝滅] '취하는 대상'[所取]인 의도는 '앞의 작용'[前行]이라고 한다. 지속적으로 새록새록[新新] 생기는 '취하는 주체'[能取]인 의도가 앞서 지속적으로 이미 사멸한 것을 취取하는 것을 '뒤의 작용'[後行]이라고 한다. 이 가운데 지관(止觀: 사마타와 비발사나)을 수행하려고 이 두 가지 종류의 뛰어난 '광명의 생각'[光明想]을 수행하는 것을 '생각의 수행'[想修]이라고 한다.

4.12.2 깨달음 부분의 수행菩提分修

무엇이 '깨달음 부분의 수행'[菩提分修]인가? '서른일곱 깨달음의 부분을 이루는 수행법'[三十七菩提分法]에 대해 친근하고 쌓는 것을 가리킨다. 닦고[修] 익히고[習] 많이 수습修習하면 바로 '깨달음의 부분의 수행'[菩提分修]이다.

무엇이 '서른일곱 가지 깨달음의 부분을 이루는 수행법'[三十七種菩提分法]인가? 사념주(四念住: 네 가지 생각이 머무름), 사정단(四正斷: 네 가지 바르게 결단함), 사신족(四神足: 네 가지 신통한 능력), 오근(五根: 다섯 가지 근), 오력(五力: 다섯 가지 힘), 칠각지(七覺支: 일곱 깨달음의 세목), 팔성도(八聖道: 괴로움의 소멸에 이르는 여덟 성스러운 방도)이다.

사념주四念住란 첫째 '몸에 생각이 머무름'[身念住], 둘째 '느낌에 생각이 머무름'[受念住], 셋째 '마음에 생각이 머무름'[心念住], 넷째 '존재에 생각이 머무름'[法念住]이다.

사정단四正斷이란 첫째, 이미 생긴 악惡하고 불선不善한 존재[法]를 끊으려고, 격려하고 부지런히 정진하여 마음을 격려하며 마음을 유지하는 '바른 결단'[正斷]이다. 둘째, 아직 생기지 않은 악惡하고 불선不善한 존재를 생기지 않게 하려고, 격려하고 부지런히 정진하여 마음을 격려하며 마음을 유지하는 바른 결단이다. 셋째, 아직 생기지 않은 선법善法을 생기게 하려고, 격려하고 부지런히 정진하여 마음을 격려하며 마음을 유지하는 바른 결단이다. 넷째, 이미 생긴 선법善法을 머무르게 하려고, 잊지 않게 하려고, 완성되도록 수행하려고, 갑절 수습하려고, 그것을 자라게 하고, 그것을 넓고 크게 하려고, 격려하고 부지런히 정진하여 마음을 격려하며 마음을 유지하는 바른 결단이다.

사신족四神足이란 첫째, '의욕 삼마지'[欲三摩地]를 '결단하고 실천해서'[斷行] 성취成就한 '신통한 능력'[神足]이다. 둘째, '정진하는 삼마지'[勤三摩地]를 결단하고 실천해서 성취한 신통한 능력이다. 셋째, '마음 삼마지'[心三摩地]를 결단하고 실천해서 성취한 신통한 능력이다. 넷째, '살피는 삼마지'[觀三摩地]를 결단하고 실천해서 성취한 신통한 능력이다.

오근五根이란 첫째, 신근信根이다. 둘째, 정진근精進根이다. 셋째, 염근念根이다. 넷째, 정근定根이다. 다섯째, 혜근慧根이다.

오력五力이란 첫째, 신력信力이다. 둘째, 정진력精進力이다. 셋째, 염력念力이다. 넷째, 정력定力이다. 다섯째, 혜력慧力이다.

칠각지七覺支란 첫째, 염등각지(念等覺支: 생각의 평등한 깨달음의 세목)⁹³⁾이다. 둘째, 택법등각지(擇法等覺支: 제법에서 선택하는 평등한 깨달음의 세목)이다. 셋째, 정진등각지(精進等覺支: 정진하는 평등한 깨달음의 세목)이다. 넷째, 희등각지(喜等覺支: 기쁨의 평등한 깨달음의 세목)이다. 다섯째, 안등각지(安等覺支: 편안함의 평등한 깨달음의 세목)이다. 여섯째, 정등각지(定等覺支: 선정의 평등한 깨달음의 세목)이다. 일곱째, 사등각지(捨等覺支: 평정의 평등한 깨달음의 세목)이다.

팔지성도(八支聖道: 여덟 세목의 성스러운 방도)란 첫째, '바른 견해'[正見]이다. 둘째, '바른 사유'[正思惟]이다. 셋째, '바른 말'[正語]이다. 넷째, '바른 행동'[正業]이다. 다섯째, '바른 생활'[正命]이다. 여섯째, '바른 정진'[正精進]이다. 일곱째, '바른 유념'[正念]이다. 여덟째, '바른 선정'[正定]이다.

(1) 사순관四循觀과 사념주四念住

① 몸·느낌·마음·존재

지금 이 가운데 무엇을 몸[身]이라고 하며, 무엇을 몸에 대하여 '몸을 따르며 살핌'[循身觀]에 머무른다고 하며, 무엇을 생각[念]이라고 하며, 무엇을 '생각이 머무른다'[念住]고 하는가?

간략히 말해 '몸의 모습'[身相]은 서른 다섯 가지⁹⁴⁾가 있다. 이를테면 '자

---

93) 유가론기 제7권상(대정장42. p.454a24-25): 혜경惠景논사의 해석에 의하면 모두에 등등을 말한 것은 이는 평등平等의 뜻이다.　　景師解。皆言等者。此平等義。
94) 유가론기 제7권상(대정장 42. p.454b18-c12): '몸의 모습'[身相]이 서른 다섯 가지라는 것은 간략히 열네 가지의 짝이 있다. 첫째, 안과 외부의 짝. 둘째, 근 있음과 근 없음의 짝. 셋째 유정과 무정의 짝. 넷째, 추중과 경안의 짝. 다섯째, '만드는 주체와 만들어진 대상'[能所造]의 짝. 여섯째, 명신名身과 색신色身의 짝. 일곱째, 오취의 짝. 여덟째, '식識 있거나 없음'[有無識]의 짝. 아홉

기 몸'[內身], '외부의 몸'[外身], '근이 속한 몸'[根所攝身], '근이 속하지 않

째, 속[中]과 겉[表]의 짝. 열째, 변함과 변하지 않음의 짝. 열한 째, '성하거나 성하지 못한 근'[成不成根]. 열두째, 친한 사람·원수·(그) 중간의 사람의 짝. 열셋째, 못남·중간·뛰어남의 짝. 열넷째, 어림·젊음·늙음의 짝.
이 중 자기의 근근根·진진塵·색신色身을 '안의 몸'[內身]이라 한다. 남의 근根·진塵 및 외부의 무정을 아울러서 '외부의 몸'[外身]이라 한다. 자기와 남의 오근五根을 '근이 속한 몸'[根所攝身]이라 한다. 자기와 남의 오진五塵 및 외부의 오진五塵을 '근이 속하지 않은 몸'[非根所攝身]이라 한다. 자기와 남의 안의 근根과 진塵을 '유정류의 몸'[有情數身]이라 한다. 산·강·초목 등을 '무정류의 몸'[非有情數身]이라 한다. 정려를 아직 얻지 못한 것을 '추중이 함께 작용하는 몸'[麁重俱行身]이라 한다. 이미 정려靜慮를 얻는 것은 경안輕安이 함께 작용하는 몸이라 한다. 안밖의 사대四大는 만드는 주체의 몸이다. 자기의 나머지 근根·진塵은 만들어진 대상의 몸이다. 명신名身과 색신色身은 명신으로 두루 거론되는데, 상대하는 것으로 원래 온다. 이 중 의意가 색신을 취하고 명신을 취하지 않는 것은 나머지 삼념주三念住의 대상이다. 문비文備논사가 현장삼장玄奘三藏의 해석을 서술한 것에 의하면 '안의 몸'[內身]을 조건으로 삼는 중에 뜻이 名과 色의 두 가지 몸으로 나뉜다고 한다.
'조상의 몸'[祖父國身]은 귀신[鬼]의 몸이다. 조부로서 오길 모두 바라는 남녀의 제사에는 모두 이 근원이 있으며 내지 윗조상이므로 조부국祖父國이라 말한다. 자세한 해석은 장황한 말과 같다. 아울러 식이 있는 몸이란 수명[命根]이 있는 몸이다. 식이 없는 몸은 죽은 사람의 몸이다. 중신中身과 표신表身은 '(몸의) 안쪽 속'[內中間]은 '속의 몸'[中身]이라고 하고 몸의 바깥 모습을 '밖에서 보이는 몸'[表身]이라고 한다. 죽어서 많은 시간이 지난 것을 '변한 몸'[變異身]이라 하고 막 죽었거나 미처죽지 못한 몸을 '변하지 않은 몸'[不變異身]이라 한다. 반택가半擇迦의 몸은 혜경惠景논사에 의하면 선거가(扇據迦: ṣaṇḍha)는 황문黃門이라 하고 반택가는 예전에 발타鉢吒라 했다고 한다. 말은 정확하지 않은데 근이 없는 모습을 말한다. 친우親友가 아닌 몸은 원수의 몸이다. '중간인 몸'[中庸身]은 (친하지도 원수도 아닌) 중간에 있는 사람의 몸이다. '못한·중간·뛰어난 몸'[劣中妙身]이란 예쁘거나 추함의 다름을 못남·중간·뛰어남으로 구분한 것이다. 혹은 힘이 있는 것이 세거나 약함을 약함·중간·뛰어남으로 구분한 것이다. 혹은 크고 작음으로 나아가 적음·중간·뛰어남으로 구분한 것이다. 　　身相三十五者。略有十四對。一內外對。二根非根對。三情非情對。四麁重輕安對。五

은 몸'[非根所攝身], '유정류의 몸'[有情數身], '무정류의 몸'[非有情數身], '추중이 함께 작용하는 몸'[麁重俱行身], '가뿐함이 함께 작용하는 몸'[輕安俱行身], '만드는 주체의 몸'[能造身], '만들어진 대상의 몸'[所造身]이다.

명신(名身: 의근意根), 색신(色身: 물질로 된 오근五根), '나락가의 몸'[那落迦身], '동물의 몸'[傍生身], '조상의 몸'[祖父國身], '사람의 몸'[人身], '천계의 몸'[天身], '식이 있는 몸'[有識身], '식이 없는 몸'[無識身], '(자기) 속의 몸'[中身], '밖에서 보이는 몸'[表身], '변한 몸'[變異身], '(아직) 변하지 않은 몸'[不變異身]이다.

'여자의 몸'[女身], '남자의 몸'[男身], '반택가(半擇迦: 半宅迦: pandaka)[95]의 몸'[半擇迦身], '친구의 몸'[親友身], '원수의 몸'[非親友身], '(친구도 원수도 아닌) 중간인 몸'[中庸身], '못한 몸'[劣身], '중간 몸'[中身], '뛰어난 몸'[妙身], '어린 몸'[幼身], '젊은 몸'[少身], '늙은 몸'[老身

能所造對。六名色身對。七五趣對。八有無識對。九中表對。十變不變對。十一成不成根對。十二親怨中人對。十三劣中妙對。十四幼少老對。此中自己根塵色身名內身。他人根塵及外非情總名外身。自他五根名根所攝身。自他五塵及外五塵名非根所攝身。自他內根塵名有情數身。山河草木等名非有情數身。未得靜慮名麁重俱行身。已得靜慮名輕安俱行身。內外四大是能造身。自餘根塵名所造身。名身色身者通擧名身相對故來。此中意取色身不取名身。是餘三念住境。備述三藏解。緣內身中義分名色二身。祖父國身者即鬼身也。以祖父來皆望男女之所祭神祀皆有此顚。乃至上祖故言祖父國。廣釋如廣論。又有識身者有命根身。無識身者死人身。中身表身者內中間名中身。身之外相名表身。死經多時名變異身。初死及未死身名不變異身。半擇迦身者。景云。扇[打-丁+虎]迦舊名黃門。半擇迦舊名鉢吒。語不正謂無根相。非親友身者。怨家身。中庸身者。處中人身。劣中妙身者。謂好醜異分劣中妙。或力有強弱分劣中妙。或就大小分劣中妙。

95) 본 역주본 제2권, p.397-398, 각주 107) 참조.

이다. 이와 같은 것을 '몸의 모습'[身相]의 구별이라고 한다.

'몸을 따르며 살핌'[循身觀]에 머무름은 세 가지가 있다. 몸에 의해 '듣고, 생각하고, 수행하는 지혜'[聞思修慧]를 뛰어나게 하여, 이 지혜로 말미암아 모든 몸의 모든 모습에 대해 바르게 살피고 바르게 추구하여 '살피는 대로'[隨觀] '깨닫는 대로'[隨覺] 생각한다[念]. 몸에 의해 '받아들여 지닌'[受持] 정법正法을 뛰어나게 하여, '교법의 의미'[法義]를 사유하고, 수습하여 경험한다[作證]. 글자[文]에 대해, 의미[義]에 대해 수습하여 경험하는 가운데, 마음이 잊는 것이 없다.

어떤 경우에 자세히 사유하기를, "나는 정법正法에 대하여 바르게 받아들여 지니고 있는가, 그렇지 않은가? 이러저러한 의미에 대해서 지혜로 잘 '분명하게 통달하고'[了達] 있는가, 그렇지 않은가? 이러저러한 해탈解脫을 잘 '닿아 경험하고'[觸證] 있는가, 그렇지 않은가?"라고 한다. 이와 같이 그 생각에 자세하고 편안하게 머무르는 것을 '생각이 머무른다'[念住]고 한다.

아울러 생각을 보호[守護]하고, 대상영역[境]에 물들지 않고, 대상[所緣]에 머무르는 것을 '생각이 머무른다'[念住]고 한다.

생각을 보호[守護]한다는 것은 말 그대로 우선 생각을 보호[守護]하고, 항상 '자세히 생각하는'[委念] 것이다.

대상영역[境]에 물들지 않는다는 것은 말 그대로 '마음을 보호할 것'[守護心]을 생각하며 '평등한 단계'[平等位]를 실행하여 그 모습[相]을 취하지 않고 수호(隨好: 부차적인 특징)을 취하지 않는다. 내지는 의근意根을 보호하고, 의근율의(意根律儀: 의근에 적합한 것)를 수행한다.

대상[所緣]에 편안히 머무른다는 것은 말 그대로 '두루 가득 찬 대상'[遍

滿所緣], '깨끗이 하는 수행의 대상'[淨行所緣], '정교함의 대상'[善巧所緣], '번뇌를 깨끗이 함의 대상'[淨惑所緣] 등 '네 가지 대상[四所緣]에 생각이 편안히 머무르는 것이다.

이 세 가지 모습으로 말미암아 그 생각이 잘 머무르기 때문에 '생각이 머무른다'[念住]고 한다.

무엇이 느낌[受]인가? 이를테면 '즐거운 느낌'[樂受], '괴로운 느낌'[苦受], '괴롭지도 즐겁지도 않은 느낌'[不苦不樂受], '즐거운 몸의 느낌'[樂身受], '괴로운 몸의 느낌'[苦身受], '괴롭지도 즐겁지도 않은 몸의 느낌'[不苦不樂身受]이다. '몸의 느낌'[身受]을 설명한 것과 같이 '마음의 느낌'[心受]도 마찬가지이다.

'즐거운 애착할 만한 맛이 있는 느낌'[樂有愛味受], '괴로운 애착할 만한 맛이 있는 느낌'[苦有愛味受], '괴롭지도 즐겁지도 않은 애착할 만한 맛이 있는 느낌'[不苦不樂有愛味受]. '애착할 만한 맛이 없는 느낌'[無愛味受], '탐닉하여 즐거움에 의한 느낌'[依耽嗜受]도 마찬가지임을 알라.

'즐거운 벗어남에 의한 느낌'[樂依出離受], '괴로운 벗어남에 의한 느낌'[苦依出離受], '괴롭지도 즐겁지도 않은 벗어남에 의한 느낌'[不苦不樂依出離受]. 이와 같이 모두 스물한 가지 느낌[受]이 있다. 또는 '아홉 가지 느낌'[九種受][96]이다.

---

96) 유가론기 제7권상(대정장 42. p.455a7-9): 신태神泰논사에 의하면 ('즐거운 느낌'[樂受], '괴로운 느낌'[苦受], '괴롭지도 즐겁지도 않은 느낌'[不苦不樂受]) 세 가지 느낌이 세 가지이고, 넷째는 '몸의 느낌'[身受], 다섯째는 '마음의 느낌'[心受], 여섯째는 '애착할 만한 맛이 있는 느낌'[有愛味受], 일곱째는 '애착할 만한 맛이 없는 느낌'[無愛味受], 여덟째는 '탐닉하여 즐거움에 의한 느낌'[依耽嗜受], 아홉째는 '벗어남의 느낌'[出離受]이다.   泰云。三受為三。四身受。五心

무엇이 마음인가? '탐내는 마음'[有貪心], '탐냄을 떠난 마음'[離貪心], '분노하는 마음'[有瞋心], '분노를 떠난 마음'[離瞋心], '어리석은 마음'[有癡心], '어리석음을 떠난 마음'[離癡心], '안으로 얽매인 마음'[略心], '흐트러진 마음'[散心], '흐릿한 마음'[下心], '명료한 마음'[擧心], '들뜬 마음'[掉心], '들뜨지 않은 마음'[不掉心], '고요한 마음'[寂靜心], '고요하지 않은 마음'[不寂靜心], '선정의 마음'[定心], '선정이 아닌 마음'[不定心], '잘 수행한 마음'[善修心], '잘 수행하지 못한 마음'[不善修心], '잘 해탈한 마음'[善解脫心], '잘 해탈하지 못한 마음'[不善解脫心]을 가리킨다. 이와 같이 모두 스무 종류의 마음이 있다.

무엇이 존재[法]인가? '탐냄의 존재'[貪法]와 '탐냄에 대한 비나야라는 존재'[貪毘奈耶法], '분노의 존재'[瞋法]와 '분노에 대한 비나야라는 존재'[瞋毘奈耶法], '어리석음의 존재'[癡法]와 '어리석음에 대한 비나야라는 존재'[癡毘奈耶法], '얽매인 존재'[略法]와 '흐트러진 존재'[散法], '흐릿한 존재'[下法]와 '명료한 존재'[擧法], '들뜬 존재'[掉法]와 '들뜨지 않은 존재'[不掉法], '고요한 존재'[寂靜法]와 '고요하지 않은 존재'[不寂靜法], '선정인 존재' [定法]와 '선정이 아닌 존재'[不定法], '잘 수행함의 존재'[善修法]와 '잘 수행하지 못함의 존재'[不善修法], '잘 해탈함의 존재'[善解脫法]와 '잘 해탈하지 못함의 존재'[不善解脫法]이다. 이와 같이 건립한 '검은 종류'[黑品]와 '흰 종류'[白品], (다른 말로) '물드는 종류'[染品]와 '청정한 종류'[淨品]는 (모두) 스무 가지 존재[法]라는 것을 알라.

아울러 '즐거운 느낌'[樂受]이란 '즐거운 감촉'[順樂受觸]을 대상으로 삼아 생긴 평등한 느낌으로서, 느낌에 속한 이와 같은 것을 '즐거운 느낌'[樂受]

受。六愛味受。七無愛味受。八耽嗜受。九出離受。

이라고 한다. 이것이 만일 오식五識과 관련하면[相應] '몸의 느낌'[身受]이라고 한다. 만일 의식意識과 관련하면 '마음의 느낌'[心受]이라고 한다.

'즐거운 감촉'[順樂受觸]과 같이 '괴로운 감촉'[順苦受觸], '괴롭지도 즐겁지도 않을 감촉'[順不苦不樂受觸]을 대상으로 삼아 생긴 불평등不平等한 느낌으로서, 느낌에 속한 것과 '평등하지도 않고 불평등하지도 않은 느낌'[非平等非不平等受]으로서, 느낌에 속한 것을 (순서대로) '괴로운 느낌'[苦受], '괴롭지도 즐겁지도 않은 느낌'[不苦不樂受]라고 한다. 만일 오식五識과 관련하면 '몸의 느낌'[身受]이라고 한다. 만일 의식意識과 관련하면 '마음의 느낌'[心受]이라고 한다.

이와 같이 모든 느낌이 열반涅槃을 따르고, '마지막의 결택'[決擇畢竟], '마지막의 벗어남'[出離畢竟], '마지막의 번뇌를 떠남'[離垢畢竟]을 따른다면, 범행梵行이 완성되어[圓滿] '애착할 만한 맛이 없는 느낌'[無愛味受]이라고 한다.

만일 (어떤) 영역[界]에 속하게 되면 '애착할 만한 맛이 있는 느낌'[有愛味受]이라고 한다. 만일 색계, 무색계에 결박되거나 '욕계를 떠남'[離欲]을 따른다면 '벗어남에 의한 느낌'[依出離受]이라고 한다. 만일 욕계欲界에 결박되거나 '욕계를 떠남'[離欲]을 따르지 않는다면 '탐닉하여 즐거움에 의한 느낌'[依耽嗜受]이라고 한다.

아울러 '탐내는 마음'[有貪心]이란 사랑스러운 대상[所緣]인 경사(境事: 대상영역 안의 구체적인 대상)에 대해 탐냄 전纏에 얽매인 것이다. '탐냄에서 떠난 마음'[離貪心]이란 이와 같은 탐냄 전纏을 멀리하는 것이다.

'분노하는 마음'[有瞋心]이란 미워할 만한 대상인 경사境事에 대해 분노 전纏에 얽매인 것이다. '분노에서 떠난 마음'[離瞋心]이란 이와 같은 분노

전纏을 멀리하는 것이다.

'어리석은 마음'[有癡心]이란 어리석을 만한 대상인 경사境事에 대해 어리석음 전纏에 얽매이는 것이다. '어리석음에서 떠난 마음'[離癡心]이란 이와 같은 어리석음 전纏을 멀리하는 것이다. 이와 같은 여섯 가지 마음은 모두 이것이 작용할 때 '세 가지 번뇌 종류'[三煩惱品]가 일어나는 것과 이 세 가지 종류를 다스리는 것의 구별임을 알라.

'(안으로) 얽매인 마음'[略心]이란 '가라앉힘의 수행'[止行] 때문에 안의 대상[所緣]에 그 마음을 결박한 것이다. '흐트러진 마음'[散心]이란 외부로 '다섯 가지 뛰어난 욕망'[五妙欲]이 흘러 흐트러짐을 따르는 것이다. '흐릿한 마음'[下心]이란 '흐릿하게 가라앉음'[惛沈]과 잠[睡眠]이 함께 작용하는 것이다. '명료한 마음'[擧心]이란 '깨끗하고 훌륭한'[淨妙] 대상이 명료明了하게 나타나는[顯現] 것이다.

'들뜬 마음'[掉心]이란 '너무 서둘러서 일을 하기'[大擧] 때문에 들뜸 전纏에 흔들리는 것이다. '들뜨지 않은 마음'[不掉心]이란 '일을 할 때'[擧時]와 '가만있을 때'[略時]에 평등平等한 평정[捨]을 이루는 것이다.

'고요한 마음'[寂靜心]이란 모든 개(蓋: 덮개)로부터 이미 해탈解脫을 이루는 것이다. '고요하지 않은 마음'[不寂靜心]이란 모든 개蓋로부터 아직 해탈을 이루지 못한 것이다. '선정의 마음'[定心]이란 모든 개蓋로부터 해탈을 이루고 나서 다시 근본정려根本靜慮에 '경험해 들어가는'[證入] 것이다. '선정이 아닌 마음'[不定心]이란 아직 들지 못한 것이다.

'잘 수행한 마음'[善修心]이란 이러한 선정에 오랫동안 습관이 되어 바라는 대로 어려움 없이 '막혀 통하지 않음'[梗澁]이 없이 빠르게 '경험해 들어가는'[證入] 것이다. '잘 수행하지 못한 마음'[不善修心]이란 이것에 거스르는 것으로 그 모습을 알아야 한다. '잘 해탈한 마음'[善解脫心]이란 모든 것으로부터 궁극[究竟]의 해탈을 한 것이다. '잘 해탈하지 못한 마음' [不善解脫心]이란 모든 것으로부터 궁극의 해탈을 하지 못한 것이다. 이와 같은 열네 가지 마음은 모두 '머무를 때'[住時]에 일어나는 것인줄 알라.

'개蓋를 깨끗이 하는 영역'[淨蓋地]에 의해 머무를 때 일어나는 여덟 가지 마음이 있다. 약심略心, 산심散心부터 (하심下心, 거심擧心, 도심掉心, 불도심不掉心,) 적정심寂靜心, 부적정심不寂靜心까지이다. '번뇌를 깨끗이 하는 영역'[淨煩惱地]에 의해 일어나는 여섯 가지 마음이 있다. 정심定心, 부정심不定心부터 (선수심善修心, 불선수심不善修心,) 선해탈심善解脫心, 불선해탈심不善解脫心까지이다.

아울러 안에 개蓋가 있으면 스스로 자기에게 여러 개蓋가 있다고 분명하게 안다. 안에 개蓋가 없으면 스스로 자기에게 여러 개蓋가 없다고 분명하게 안다. 저 여러 개蓋가 아직 생기지 않았지만 장차 생길 것이라는 것도 분명하게 안다. 저 여러 개蓋가 생기고 나서는 장차 흩어져 소멸할 것이라는 것도 분명하게 안다.

눈에 결(結: 매임)이 있다, 내지는 의意에 결結이 있다면, 자기에게 안결眼結이 있다, 내지는 자기에게 의결意結이 있다고 스스로 분명하게 안다. 눈에 결結이 없다, 내지는 의意에 결結이 없다면 자기에게 안결眼結이 없다, 내지는 자기에게 의결意結이 없다고 스스로 분명하게 안다. 저 안결眼結 내지는 의결意結이 아직 생기지 않았지만 장차 생길 것이라는 것도 분명하게 안다. 저 여러 결結이 생기고 나서는 장차 흩어져 소멸할 것이라는 것도 분명하게 안다.

안에 염등각지(念等覺支: 생각의 평등한 깨달음의 세목)가 있으면, 자기에게 염등각지念等覺支가 있다고 스스로 분명하게 안다. 안에 염등각지念等覺支가 없으면, 자기에게 염등각지念等覺支가 없다고 스스로 분명하게 안다. 염등각지念等覺支가 아직 생기지 않았지만 장차 생길 것이라는 것도 분명하게 안다. 생기고 나서는 잊지 않고, 완성되도록 수행하고, 갑절 다시 수습하고, 자라게 하고, 넓고 크게 하는 것도 분명하게 안다.

염등각지念等覺支와 같이 택법등각지(擇法等覺支: 제법에서 선택하는 평등한 깨달음의 세목), 정진등각지(精進等覺支: 정진하는 평등한 깨달음의 세목), 희등각지(喜等覺支: 기쁨의 평등한 깨달음의 세목), 안등각지(安等覺支: 편안함의 평등한 깨달음의 세목), 정등각지(定等覺支: 선정의 평등한 깨달음의 세목), 사등각지(捨等覺支: 평정의 평등한 깨달음의 세목)도 마찬가지임을 알라.

이와 같이 모든 '물드는 존재'[雜染法]의 본성[自性]의 '원인과 조건'[因緣], '잘못 때문인 근심'[過患], 다스림[對治]을 사실대로 두루 아는 경우, 이것을 '존재에 생각이 머무름'[法念住]의 체성[體]으로 삼는다.

몸에 대해 '몸을 따르는 살핌'[循身觀]에 머무르는 생각과 '생각이 머무름'[念住]을 설명하는 것과 같이, 느낌[受]에 대한 것, 마음[心]에 대한 것, 존재[法]에 대한 것도 알맞게 마찬가지라는 것을 알라.

② 순신관循身觀과 순수심법관循受心法觀

무엇이 '안 몸'[內身] 등에 대해 '몸 등을 따르는 살핌'[循身等觀]에 머무르는 것인가? 무엇이 '외부의 몸'[外身] 등에 대해 '몸 등을 따르는 살핌'에 머무르는 것인가? 무엇이 '안과 외부의 몸'[內外身] 등에 대해 '몸 등을 따르는 살핌'에 머무르는 것인가?

만일 안의 자기[自]인 유정들[有情數]의 '몸의 모습'[身色]을 조건[緣]

으로 대상영역[境] 삼아 순신관循身觀에 머무르면, 이를 '안 몸'[內身]에 대해 순신관(循身觀: 몸을 따르는 살핌)에 머무른다고 한다. 만일 외부의 '유정이 아닌 것들'[非有情數]의 모습[色]을 조건으로 대상영역 삼아 순신관 循身觀에 머무르면, 이를 '외부의 몸'[外身]에 대해 순신관循身觀에 머무른다고 한다. 만일 외부의 다른 유정들[有情數]의 몸의 모습을 조건으로 대상영역 삼아 순신관循身觀에 머무르면, 이를 '안과 외부의 몸'[內外身]에 대해 순신관循身觀에 머무른다고 한다.

만일 안의 자기[自]인 유정들[有情數]의 '몸의 모습'[身色]에서 생긴 느낌[受], 마음[心], 존재[法]를 조건으로 대상영역 삼아 '(이) 세 가지를 따르며 살핌'[循三觀]에 머무르면, 이를 안의 느낌, 마음, 존재에 대해 순수심법관循受心法觀에 머무른다고 한다.

만일 외부의 '유정이 아닌 것들'[非有情數]의 모습[色]에서 생긴 느낌, 마음, 존재를 조건으로 대상영역 삼아 '(이) 세 가지를 따르며 살핌'[循三觀]에 머무르면, 이를 외부의 느낌, 마음, 존재에 대해 순수심법관循受心法觀에 머무른다고 한다.

만일 외부의 다른 유정들[有情數]의 몸의 모습에서 생긴 느낌, 마음, 존재를 조건으로 대상영역 삼아 '(이) 세 가지를 따르며 살핌'[循三觀]에 머무르면, 이를 안과 외부의 느낌, 마음, 존재에 대해 순수심법관循受心法觀에 머무른다고 한다.

다른 구별이 있다. 만일 '근이 속한'[根所攝] '지님이 있고'[有執], '느낌이 있는'[有受] 모습[色]을 조건으로 대상영역 삼으면, 이를 '안 몸'[內身]에 대해 순신관循身觀에 머무른다고 한다. 만일 '근이 속하지 않은'[非根所攝] '지님이 없고'[無執], '느낌이 없는'[無受] 모습[色]을 조건으로 대상영역 삼으면, 이를 '외부의 몸'[外身]에 대해 순신관循身觀에 머무른다고 한다. 만일 '근이 속하지 않은'[非根所攝] '지님이 있고'[有執], '느낌이 있는'[有受] 모습[色]을 조건으로, 대상영역 삼으면, 이를 '안과 외부의 몸'[內外身]에 대해 순신관循身觀에 머무른다고 한다. 이와 같이 앞의 세 가지 모습[色]에서 생긴 느낌, 마음, 존재를 조건으로 대상영역 삼으면, 알맞게 알아야 하는 즉 순삼관循三觀에 머무르는 것이다.

다른 구별이 있다. 만일 자기 안의 '선정의 영역'[定地]의 가뿐함[輕安]과 함께 작용하는 모습[色]을 조건으로 대상영역 삼으면, 이를 '안 몸'[內身]에 대해 순신관循身觀에 머무른다고 한다. 만일 자기 안의 '선정이 아닌 영역'[不定地]의 추중麁重과 함께 작용하는 모습[色]을 조건으로 대상영역 삼으면, 이를 '외부의 몸'[外身]에 대해서 순신관循身觀에 머무른다고 한다. 만일 남[他]의 가뿐함[輕安]과 함께 작용하는, 추중麁重과 함께 작용하는 모습[色]을 조건으로 대상영역 삼으면, '안과 외부의 몸'[內外身]에 대해 순신관循身觀에 머무른다고 한다. 이와 같이 앞의 세 가지 모습[色]에서 생긴 느낌, 마음, 존재를 조건으로 대상영역 삼으면, 알맞게 알아야 하는 즉 순삼관循三觀에 머무르는 것이다.

다른 구별이 있다. 만일 안의 '만드는 주체'[能造]인 대종大種 물질[色]을 조건으로 대상영역 삼으면, 이를 '안 몸'[內身]에 대해 순신관循身觀에 머무른다고 한다. 만일 외부의 '만드는 주체'[能造]인 대종大種 물질[色]을 조건으로 대상영역 삼으면, 이를 '외부의 몸'[外身]에 대해서 순신관循身觀에 머무른다고 한다. 만일 '만드는 주체'[能造]인 대종大種 물질[色]에서 생긴 '근과 대상영역이 속한'[根境所攝] '만들어진 물질'[(所)造色]을 조건으로 대상영역 삼으면, 이를 '안과 외부의 몸'[內外身]에 대해 순신관循身觀에 머무른다고 한다. 이와 같이 앞의 세 가지 물질[色]에서 생긴 느낌, 마음, 존재를 조건으로 대상영역 삼으면, 알맞게 알아야 하는 즉 순삼관循三觀에 머무르는 것이다.

다른 구별이 있다. 만일 '식이 있는 몸'[有識身]의 '안 모습'[內色]을 조건으로 대상영역 삼으면, 이를 '안 몸'[內身]에 대해서 순신관循身觀에 머무른다고 한다. 만일 '식이 없는 몸'[無識身]의 유정들[有情數]의 '(시신의 피부가) 푸릇하게 피가 맺힘'[青瘀] 등의 단계의 모습을 조건으로 대상영역 삼으면, 이를 '외부의 몸'[外身]에 대해서 순신관循身觀에 머무른다고 한다. 만일 '식이 없는 몸'[無識身]의 모습인데, 과거에는 식이 있는 성질이었던 것과 '식이 있는 몸'[有識身]의 모습인데, 미래에는 식이 없는 성질일 것과 (매 한 가지인) '유사한 존재의 성질'[相似法性], '평등한 존재의 성질'[平等法性]을 조건으로 대상영역 삼으면 이를 '안과 외부의 몸'[內外身]에 대해 순신관循身觀에 머무른다고 한다. 이와 같이 앞의 세 가지 모습[色]에서 생긴 느낌, 마음, 존재를 조건으로 대상영역 삼으면, 알맞게 알아야 하는 즉 순삼관循三觀에 머무르는 것이다.

다른 구별이 있다. 만일 자기 안 몸의 털[髮毛], 손발톱[爪], 치아[齒] 등의 모습을 조건으로 대상영역 삼으면, 이를 '안 몸'[內身]에 대해서 순신관循身觀에 머무른다고 한다. 만일 남의 안 몸의 털[髮毛], 손발톱[爪], 치아[齒] 등의 모습을 조건으로 대상영역 삼으면, 이를 '외부의 몸'[外身]에 대해서 순신관循身觀에 머무른다고 한다. 만일 변한 것, 변하지 않은 것, '(시신의 피부가) 푸릇하게 피가 맺힌 것'[青瘀] 등의 모습을 한 '자기 시신의 겉모습의 몸'[內表身][97], 변한 것, 변하지 않은 것, '(시신의 피부가) 푸

---

97) 유가론기 제7권상(대정장 42. p.456b23-24): 현장삼장玄奘三藏에 의하면 이

릇하게 피가 맺힌 것'[青瘀] 등의 모습을 한 '남의 시신의 겉모습의 몸'[外表身]과 (매 한 가지인) '유사한 존재의 성질'[相似法性], '평등한 존재의 성질' [平等法性]인 것을 조건으로 대상영역 삼으면, 이를 '안과 외부의 몸'[內外身]에 대해 순신관循身觀에 머무른다고 한다. 이와 같이 앞의 세 가지 모습[色]에서 생긴 느낌, 마음, 존재를 조건으로 대상영역 삼으면, 알맞게 알아야 하는 즉 순삼관循三觀에 머무르는 것이다.

이와 같은 종류의 몸[身], 느낌[受], 마음[心], 존재[法]의 모든 구별하는 부문은 많은 종류가 있음을 알라. 이제 이 중에서 약간의 여러 부문의 구별을 나타낸 것이다.

③ 생각이 머무름念住

아울러 '네 가지 전도된 것'[四顚倒]을 다스리려고 세존世尊께서 네 가지 '생각이 머무름'[念住]을 성립시키신 것이다.

(첫째) '깨끗지 못한 것'[不淨] 가운데에서 깨끗하다고 헤아리는 전도를 다스리려고 신념주身念住를 성립시키셨다. 부처님 세존世尊께서는 순신념주循身念住 중에서 '깨끗지 못한 모습'[不淨相]과 관련한 네 가지 '담백한 과정'[憺怕路]를 밝혀 말씀하심으로써, 이에 대해 많이 사유하면, 곧 '깨끗지 못한 것'[不淨]에 대해서 깨끗하다고 하는 전도를 끊는다.

(둘째) 모든 괴로움[苦] 가운데에서 즐겁다고 헤아리는 전도를 다스리려고 수념주受念住를 성립시키셨다. 모든 느낌[受]에 대해 순수관(循受

말은 자기의 시신의 겉모습을 조건으로 삼는 것과 비슷하여 '안의 겉모습의 몸'[內表身]이고, 남의 시신의 겉모습을 조건으로 삼는 것은 '외부의 겉모습의 몸'[外表身]이다.　三藏云。此文似緣自死屍外相名內表身。緣他死屍外相名外表身。

觀: 느낌을 따라 살핌)에 머묾으로써 모든 느낌[受]은 모두 다 괴로움[苦]이라는 것을 사실대로 분명히 알아, 곧 모든 괴로움에 대해서 즐겁다[樂]고 하는 전도를 끊는다.

(셋째) 무상無常한 것 가운데 항상하다[常]고 헤아리는 전도를 다스리려고 심념주心念住를 성립시키셨다. '탐내는 마음'[有貪心] 등 여러 가지 구별과 이러저러한 밤낮[日夜], 찰나刹那, '눈을 깜빡일 새'[瞬], 수유(須臾: muhūrta: 순간)를 지나는 하나가 아닌 여러 가지 종류의 마음의 '생겨나고 소멸하는 성질'[生滅性]을 분명하게 알아, 곧 무상無常한 것을 항상하다[常]고 하는 전도를 끊는다.

(넷째) '나라고 할 만한 것이 없는'[無我] 가운데 나[我]라고 헤아리는 전도를 다스리려고 법념주法念住를 성립시키셨다. 옛적부터 '내가 있다'[有我]는 견해 등의 여러 번뇌가 있었기 때문에, '내가 없다'[無我]는 견해 등의 모든 선법善法이 없었기 때문에, '모든 온'[諸蘊] 가운데 나[我]라는 견해가 생긴다. 제법諸法에 대해서 순법관(循法觀: 존재를 따라 살핌)에 머물러, 헤아린 '모든 온'[諸蘊]의 '고유한 모습'[自相]과 '공통된 모습'[共相]을 사실대로 분명하게 앎으로써, 곧 '나라고 할 만한 것이 없는 것'[無我]을 나[我]라고 헤아리는 전도를 끊는다.

다른 구별이 있다. 모든 세상에서는 많이들 '모든 온'[諸蘊]에 '온의 성질'[蘊性]만 있고, '존재의 성질'[法性]만 있음을 사실대로 모르고 멋대로 내가 있어 몸에 의지한다고 헤아린다. 몸에 의지하기 때문에 괴로움과 즐거움을 받아쓰고[受用] 괴로움과 즐거움을 받아들인 이는 '이치에 맞는 것'[法]과 '이치에 맞지 않는 것'[非法] 때문에 물들기도 하고, 깨끗해지기도 한다. 내가 '근거로 하는 대상'[所依事]에 대한 어리석음을 제거해 버리려고 신념주身念住를 성립시키셨다. 내가 '느끼는 대상'[所領受事]에 대한 어리석음을 없애 버리려고 수념주受念住를 성립시키셨다. 마음, 의意, 식識에 대해 나라고 집착하는 어리석은 이의 '나라는 대상'[我事]에 대한 어리석음을 제거해 버리려고 심념주心念住를 성립시키셨다. 집착하는 '나의 마음'[我心]의 '물들이고 깨끗이 하는 대상'[染淨事]에 대한 어리석음을 제거해 버리려고 법념주法念住를 성립시키셨다.

다른 구별이 있다. 이것에 의해 모든 업業을 짓는[造作] 경우가 있다. 이것을 하기 때문에 모든 업業을 짓는 경우가 있다. 업業을 짓는 이인 경우가 있다. 이것으로 말미암기 때문에 모든 업業을 짓는 경우가 있다. 이와 같은 모든 것을 다 나타내려고 사념주四念住를 성립시키셨다. 이 가운데 몸에 의지해 모든 업業을 짓고, 느낌[受]을 추구하기 때문에 모든 업業을 짓고, 업業을 짓는 마음[心]이 선법善法, 불선법不善法으로 말미암아 모든 업業을 짓는다는 것을 알라.

다른 구별이 있다. 이것에 의해 물듦이 있고, 깨끗함이 있는 경우가 있다. 이것을 하기 때문에 물듦을 일으키고, 깨끗함을 일으키는 경우가 있다. 물들고 깨끗한 이인 경우가 있다. 이것으로 말미암기 때문에 물듦을 이루고, 깨끗함을 이루는 경우가 있다. 이와 같은 모든 것을 다 나타내려고 사념주四念住를 성립시키셨다. 이 가운데 몸에 의지해 물듦이 있고 깨끗함이 있으며, 느낌[受]을 추구하기 때문에 물듦을 일으키고 깨끗함을 일으키며, 마음[心]이 물들고 깨끗하다는 것은 모든 존재[法]로 말미암아 물듦을 이루고 깨끗함을 이룬다는 것을 알라.

질문 '생각이 머무름'[念住]은 무슨 의미인가?

대답 이것에 '생각이 머무르기'[念住]도 하고, 이것으로 말미암아 '생각이 머무르기'[念住]도 하는 모두를 '생각이 머무름'[念住]이라고 한다. 이것에 '생각이 머무름'[念住]이란 대상[所緣]에 생각이 머무르는 것이고, 이것으로 말미암아 '생각이 머무름'[念住]이란 지혜[慧]나 생각[念]을 선정에서 유지하는 것인데, 본성[自性]에 생각이 머무르는 것이다. 그 외 관련하는 모든 마음[心]과 심법心法이 '섞여 있는'[相雜] 데에 생각이 머무르는 것이다. 또한 몸[身], 느낌[受], 마음[心], 존재[法]가 강해서 생긴 '번뇌가 있는 과정'[有漏道]의 선善, '번뇌가 없는 과정'[無漏道]의 선善은 모두 '생각이 머무름'[念住]이라고 한다. 다시 세 가지가 있다. 첫째, '들어서 완성된 것'[聞所成], 둘째, '생각해서 완성된 것'[思所成], 셋째, '수행해서 완성된 것'[修所成]이다. 듣거나 생각해서 완성된 것은 '번뇌가 있는'[有漏] 것만 있고, 수행해서 완성된 것은 '번뇌 있음'[有漏]과 '번뇌 없음'[無漏]에 모두 통한다.

(2) 사정승四正勝과 사정단四正斷

① 네 가지 바르고 뛰어남

이와 같이 사념주四念住를 습관적으로 실천하기 때문에 이미 '거칠고 거친 전도된 것'[麁麁顛倒]를 '제거하여 내쫓고'[除遺], 이미 선善, 불선법不善法을 '분명하게 통달한다'[了達]. 이로부터 쉴 새 없이 아직 생기지 않은 여러 악불선법(惡不善法: 악하고 선하지 않은 존재)이 생기지 않게 하려고, 이미 생긴 여러 악불선법惡不善法을 끊어지게 하려고, 아직 생기지 않은 모든 선법善法을 생기게 하려고, 이미 생긴 모든 선법善法이 머무르게 하고 잊지 않게 하려고, 앞서 자세히 설명한 대로 '마음을 모으고'[攝心], '마음을 유지한다'[持心].

무엇을 악불선법惡不善法이라고 하는가? '욕망 전'[欲纏]에 물든 '행위를 하는 것'[身業], '말하는 것'[語業], '마음먹는 것'[意業]을 가리킨다. 이는 몸, 말, 의도의 악행惡行에 속하며 그것을 일으키는 번뇌인데, 만일 아직 어우러지지[和合] 않고 앞에 나타나 있지 않다면, '아직 생기지 않음'[未生]이라고 한다. 만일 이미 어우러지고, 이미 앞에 나타나 있다면 '이미 생김'[已生]이라고 한다.

무엇을 모든 선법善法이라고 하는가? 저것[彼][98]을 다스린 경우거나, 개(蓋: 덮개)를 다스린 경우거나, 결(結: 매임)을 다스리는 경우인데, 아직 생기지 않음, 이미 생김 등 앞서와 같이 알아야 한다.

악불선법惡不善法이 아직 생기지 않은 그때[若時], 악불선법惡不善法이 앞서 아직 어우러지지 않았으면 생기지 않게 하려고 바라기를, "나는 장차 그 모두가, 모든 것이 전부 다시는 생기지 않게 할 것이다."라고 한다. 이를 아직 생기지 않은 모든 악불선법惡不善法이 생기지 않게 하려는 의욕[欲]이 생기게 한다고 한다. 악불선법惡不善法이 이미 생긴 그때 앞서 이미 어우러졌다면 끊어지게 하려고 바라기를, "나는 장차 그 모두 전부 다를 인정하여 받아들이지 않고, 끊어 소멸시키고 제거하여 내쫓을 것이다."라고 한다. 이를 이미 생긴 모든 악불선법惡不善法을 끊어지게 하려는 의욕이 생기게 한다고 한다.

아울러 모든 악불선법惡不善法은 과거의 일을 조건으로 생기기도 하고, 미래의 일을 조건으로 생기기도 하고, 지금의 일을 조건으로 생기기도

---

98) 유가론기 제7권하(대정장 42. p.457b5-7): 저것[彼]에 대한 규기窺基논사의 두 가지 해석에 의하면 하나는 구별하는 저것[彼]이다. 이를테면 저[彼] 개蓋와 결結이다. 다른 하나는 앞에서는 '선하지 않은 존재'[不善法]를 해석하고, 지금은 저[彼] 앞의 불선의 다스림(의 해석)이다. 　　言彼者。基公兩解。一云。即別之彼也。謂彼蓋結也。二云。前解不善法。今即彼前不善之對治也。

한다. 이와 같이 저 (악불선)법은 '나타나 보이지'[現見] 않는 대상영역을 조건으로 하기도 하고, 나타나 보이는 대상영역을 조건으로 하기도 한다. 과거의 일이나 미래의 일의 대상영역을 조건으로 하면, 이는 나타나 보이지 않는 대상영역을 조건으로 한다고 한다. 지금 일의 대상영역을 조건으로 하면, 이는 나타나 보이는 대상영역을 조건으로 한다고 한다.

이 가운데 나타나 보이지 않는 대상영역을 조건으로 하는 악불선법惡不善法 중에 아직 생기지 않은 것을 생기지 않게 하려고, 이미 생긴 것을 영원히 끊으려고 스스로 채찍질하듯[策] 하고, 스스로 격려한다[勵]. 이를 '채찍질하듯 격려한다'[策勵]고 한다. 나타나 보이는 대상영역을 조건으로 하는 악불선법惡不善法 중에 아직 생기지 않은 것을 생기지 않게 하려고, 이미 생긴 것을 영원히 끊으려고 용맹하게 바르고 부지런히 한다. 이를 '부지런히 정진한다'[發勤精進]고 한다.

왜냐하면 견고하게 스스로 채찍질하듯 하고, 스스로 격려하여 용맹하게 바르고 부지런히 해야 그것이 다시는 생기지 않게 하거나 영원히 끊어 소멸시킬 수 있기 때문이다. 또한 '약한 종류'[下品], '중간 종류'[中品]의 모든 전纏에 대해서 아직 생기지 않은 것은 생기지 않게 하려고, 이미 생긴 것은 영원히 끊으려 하기 때문에 스스로 '채찍질하듯 격려한다'[策勵]. '강한 종류'[上品]의 전纏에 대해서는 아직 생기지 않은 것은 생기지 않게 하려고, 이미 생긴 것은 영원히 끊으려고 부지런히 정진한다.

아울러 과거의 대상영역에 대해 실천한 경우, 이와 같이 실천할 때에는 번뇌가 그것을 조건으로 생기지 않게 하고, 다시 잊어서 잠시 생길 경우에는 '인정하여 받아들이지'[忍受] 않고, 빨리 '끊어 소멸시키고'[斷滅] '제거하여 내쫓고'[除遣] '변화시켜 뱉는다'[變吐]. 과거를 조건으로 하는 것과 같이 미래에 대해 실천하는 것도 마찬가지임을 알라.

이와 같이 아직 생기지 않은 악불선법惡不善法은 생기지 않게 하고, 생긴 것은 끊는다. 이를 책려한다(策勵: 채찍질하듯 격려하다)고 한다. 만일 지금의 대상영역[所緣境界]에 대해 실천하고, 이와 같이 실천할 때 번뇌가 그것을 조건으로 생기지 않게 하고, 다시 잊어 잠시 생기는 경우에는 인정하여 받아들이지 않고, 빨리 끊어 소멸시키고 제거하여 내쫓고 변화시켜 뱉는다. 이와 같이 아직 생기지 않은 악불선법惡不善法은 생기지 않게 하고, 생긴 것은 끊는다. 이를 발근정진(發勤精進: 부지런히 정진함)이라고 한다.

아울러 어떤 악불선법惡不善法이 대상영역의 힘 때문이 아니고 오직 '추리의 힘'[分別力] 때문에 생기는 경우가 있고, 어떤 악불선법惡不善法이 대상영역의 힘과 추리의 힘 때문에 생기는 경우가 있다. 대상영역의 힘 때문이 아니고 오직 추리의 힘 때문에 생기는 것은 머무를 때에 과거, 미래의 대상영역을 사유하여 그것[악불선법]을 생기게 하는 것이다. 대상영역의 힘과 추리의 힘 때문에 생기는 것은 실천할 때에 지금의 대상영역을 사유하여 그것[악불선법]을 생기게 하는 것이다. 당연히 그때 결단코 '이치에 맞지 않는 추리'[非理分別]가 있다.

이 중에서 악불선법惡不善法이 대상영역의 힘 때문이 아니고 오직 추리의 힘 때문에 생기는 것은 그것이 아직 생기지 않은 것은 생기지 않게 하고, 생긴 것은 끊는다. 이를 책려策勵라고 한다. 대상영역의 힘과 추리의 힘 때문에 생기는 것은 그것이 아직 생기지 않은 것은 생기지 않게 하고, 생긴 것은 끊는다. 이를 발근정진發勤精進이라고 한다.

아직 생기지 않은 모든 선법善法을 생기게 하려고 의욕[欲]이 생기게 한다. (이는) 아직 얻지 못하고, 아직 앞에 나타나 있지 않은 선법善法에 대해 얻고, 앞에 나타나 있게 하려고 마음으로 바라되 예리하게 얻으려는 의욕과 앞에 나타나게 하려는 의욕을 발생시켜 앞에 나타나게 하는 것이다. 이와 같은 것을 아직 생기지 않은 모든 선법善法을 생기게 하려고 의욕[欲]이 생기게 한다고 한다.

　이미 생긴 모든 선법善法에 대해 머무르게 하려고, 잊지 않게 하려고, 수행을 완성하려고 의욕을 낸다. 이미 얻어, 이미 앞에 나타나 있는 선법善法을 이미 생긴 선법善法이라고 한다. 이 선법善法을 이미 얻었으면 잃지 않고, 이미 얻었으면 물러나지 않는다는 말은 머무르게 하려 한다는 것이다. 이 선법善法에 대해서 분명하고 '어두워 흐릿하지 않은 성질'[無闇鈍性]을 나타낸다는 말은 잊지 않게 하려 한다는 것이다. 이 선법善法에 대하여 이미 나타나게 하고 자주 수행하여 궁극에까지 완성한다는 말은 수행을 완성하려 한다는 것이다. 이 선법善法에 대하여 마음으로 바라되 예리하게 굳세게 머무르게 하려는 의욕, 잊지 않으려는 의욕, 수행을 완성하려는 의욕을 발생시켜 앞에 나타나게 하는 것이다. 이를 이미 생긴 모든 선법善法이 머무르게 하려고, 잊지 않게 하려고, 수행이 완성되게 하려고 의욕이 생기게 한다고 한다.

　책려策勵란 이미 얻은 것이 나타나게 하기 위해서이고, 발근정진發勤精進은 아직 얻지 못한 것을 얻기 위해서이다. 또한 책려策勵란 이미 생긴 선善을 머무르게 하고 잊지 않기 위해서이고, 발근정진發勤精進이란 수행을 완성하기 위해서이다.

　아울러 약한 종류, 중간 종류의 선법善法은 아직 생기지 않은 것은 생기게 하고, 생긴 것은 머무르게 하고, 잊지 않게 한다. 이를 책려策勵라고 한다.

강한 종류의 선법善法은 아직 생기지 않은 것은 생기게 하고, 생긴 것은 수행을 완성하는 데 이른다. 이를 발근정진發勤精進이라고 한다.

'마음을 채찍질하듯 한다'[策心]는 말은 마음으로 사마타奢摩他의 일경성(一境性: 대상영역이 하나인 성질)을 수행하는 가운데 수행방법에 바르고 부지런하여 아직 생기지 않은 모든 악불선법惡不善法이 생기지 않게 하는 등 내지는 이미 생긴 모든 선법善法이 머무르게 하려고, 잊지 않게 하려고, 수행을 완성하려고 하기 때문에 마음이 안에 '아주 얽매여'[極略] 못나지거나 못나지는 것을 두려워한다. 이를 살피고 난 그때 한 가지 '깨끗하고 훌륭한'[淨妙] '들어올리는 모습'[擧相]을 따르며 취하여 정성스럽게 책려策勵하고 마음을 기쁘게 한다. 이를 '마음을 채찍질하듯 한다'[策心]고 한다.

무엇이 '마음을 유지하는 것'[持心]인가? 들어올림[擧]을 수행할 때 마음이 들뜨거나 들뜨는 것을 두려워한다. 이를 살피고 난 그때 도로 안에 그 마음을 얽어 거두어 사마타奢摩他를 수행하는 것이다. 이를 '마음을 유지한다'[持心]고 한다.

이와 같이 네 가지를 '바르고 뛰어남'[正勝]이라고도 한다. '물드는 종류'[黑品]인 제법諸法에 대해 아직 생기지 않은 것은 생기지 않게 하고, 이미 생긴 것은 끊어 없어지게 하려는 의욕이 생기게 하여 책려策勵하고, 발근정진發勤精進하고, '마음을 채찍질하듯 하고'[策心], '마음을 유지한다'[持心]. 이를 두 가지의 '바르고 뛰어 남'[正勝]이라고 한다.

'청정한 종류'[白品]인 제법諸法에 대하여 아직 생기지 않은 것은 생기게 하려는 (이미 생긴 것은 머무르게 하고 잊지 않게 하려는)것은 앞서 '물드는 종류'[黑品]를 자세히 설명한 것과 (이치가) 같다. 이는 두 가지 '바르고 뛰어남'[正勝]을 알라.

② 네 가지 바르게 결단함

이와 같은 네 가지를 정단(正斷: 바르게 결단함)이라고 한다.

첫째는 율의단(律儀斷: 규범에 적합한 것을 결단함)이라고 하는데, 이미 생긴 악불선법惡不善法에 대하여 끊어지게 하려고 의욕이 생기게 하여 책려策勵하는 등이다. 둘째는 단단(斷斷: 끊을 것을 결단함)이라고 하는데, 아직 생기지 않은 악불선법惡不善法이 생기지 않게 하려고 의욕이 생기게 하여 책려策勵하는 등이다.

이미 생긴 '악하고 불선한 대상'[惡不善事]은 율의(律儀: 규범에 적합함)를 수행하여 그것이 끊어져 소멸되게 해야 하기 때문에 '인정하여 받아들이지'[忍受] 말아야 한다. 이 때문에 율의단律儀斷이라고 한다. 아직 생기지 않은 악불선사惡不善事에 대해 그것이 '나타나 작용하지'[現行] 않게 하려고 끊고, 그것이 '앞에 나타나지'[現前] 않게 하려고 끊는다. 끊으려 하기 때문에, 끊기 때문에 단단斷斷이라고 한다.

셋째는 수단(修斷: 수행을 결단함)이라고 하는데, 아직 생기지 않은 모든 선법善法이 생기게 하려고 하기 때문에 '마음을 채찍질하듯 하고'[策心], '마음을 유지하기'[持心]에 이른다. 선법善法에 대하여 자주 닦고 자주 익혀 전에는 아직 얻지 못한 것이 앞에 나타나게 하고, 결단하기 때문에 수단修斷이라고 한다.

넷째는 방호단(防護斷: 수비하고 보호하는 것을 결단함)이라고 하는데, 이미 생긴 모든 선법善法에 대하여 머무르게 하려는 등 '마음을 채찍질하듯 하고'[策心], '마음을 유지하기'[持心]에 이른다. 이미 얻고, 이미 앞에 나타나 있는 모든 선법善法으로 말미암아 방종함[放逸]을 멀리하여 '방종하지 않음'[不放逸]을 수행하여 선법善法이 머무르게 하고, 잊지 않게 하고,

수습修習을 완성하며, 이미 생긴 선법善法을 수비하여 보호하고, 결단하기 때문에 방호단防護斷이라고 한다. 이와 같이 사정단四正斷을 자세히 설명하였다.

이 가운데 요지를 무엇이라고 알아야 하는가? 흑품黑品과 백품白品을 버리고 취하는 일 가운데 뛰어난 의욕[意樂]의 완성과 힘씀[加行]의 완성을 나타내려고 네 가지 '바른 결단'[正斷]을 밝혀 말하였다. 이 가운데 의욕[欲]이 생기게 하기 때문에 뛰어난 의욕[意樂]이 완성되고, 스스로 책려策勵하고 발근정진發勤精進하고 책심策心하고 지심持心하기 때문에 힘씀[加行]이 완성됨을 알라.

'유가를 수행하는 이'[修瑜伽師]는 다만 바르게 지을 대상이 있다. 끊어야 할 대상을 끊어 소멸시키기 위해, 얻을 대상을 얻기 위해 우선 바라는 의욕[樂欲]을 일으켜야 하고, 모든 전纏을 끊기 위해 다시 때때로 바르고 부지런하게 '가라앉힘, 들어올림, 평정함의 모습'[止擧捨相]을 수습해야 한다. 모든 전纏과 수면隨眠을 끊으려고 하기 때문에 다시 다스리는 선법善法을 닦고 모아야 한다. 이와 같이 모든 지을 것을 나타내려고 사정승四正勝과 사정단四正斷을 설명하였다. 이를 요지라고 한다.

(3) 사삼마지四三摩地와 사신족四神足

① 네 가지 삼마지

이로부터 다시 '네 가지 삼마지'[四三摩地]를 수행한다. 욕삼마지欲三摩地, 근삼마지勤三摩地, 심삼마지心三摩地, 관삼마지觀三摩地를 가리킨다. 의욕[欲]의 강한 힘 때문에 이루는 삼마지를 욕삼마지欲三摩地라고 하고, 부지런함[勤]의 강한 힘 때문에 이루는 삼마지를 근삼마지勤三摩地라고 하고, 마음[心]의 강한 힘 때문에 이루는 삼마지를 심삼마지心三摩

地라고 하고, 살핌[觀]의 강한 힘 때문에 이루는 삼마지를 관삼마지觀三摩地라고 한다는 것을 알라.

이때 순수하게 의욕[樂欲]이 생기게 하고, 의욕이 생기게 하고 나서는 모든 악불선법惡不善法의 본성[自性], '원인과 조건'[因緣], '잘못 때문인 근심'[過患], 다스림[對治]에 대해 바르고 자세히 생각하고 살펴 '하나의 대상영역인 생각'[一境念]을 일으킨다. 모든 선법善法의 본성, 원인과 조건, 공덕功德, 벗어남[出離]에 대해 바르고 자세히 생각하고 살펴 '하나의 대상영역인 생각'[一境念]을 일으킨다. 이와 같이 많이 수습修習하기 때문에 '하나의 대상영역인 성질'[一境性]에 접촉하여 모든 악불선법惡不善法으로 나타나 작용하는 모든 전纏을 멀리하는데, 번뇌수면煩惱隨眠을 아직 영원히 없앤 것은 아니다. 이를 의욕[欲]의 강한 힘으로 이룬 삼마지라고 한다.

만일 과거, 미래, 지금의 대상영역에 대해 악불선법惡不善法을 따르고, 약한, 중간, 강한 종류의 번뇌 전纏을 따르는 가운데에서라면 아직 생기지 않은 것은 생기지 않게 하려고, 이미 생긴 것은 끊어 소멸되게 하려고, 스스로 책려策勵하고 발근정진하여 그 대상을 수행한다. 그 대상영역의 본성, 원인과 조건, 잘못 때문인 근심, 다스림에 대해 바르고 자세히 생각하고 살펴 '하나의 대상영역인 생각'[一境念]에 머무른다. 곧 이와 같이 자주 편안히 머묾으로 말미암아 심일경성(心一境性: 마음이 하나의 대상영역인 성질)을 바르게 일으켜, 모든 악불선법惡不善法으로 나타나 작용하는 모든 전纏을 멀리하는데, 아직 번뇌수면煩惱隨眠을 영원히 없앤 것은 아니다. 이를 부지런함[勤]의 강한 힘으로 이룬 삼마지라고 한다.

어떤 경우는 모든 못난 마음을 격려하고, 또는 모든 요동하는 마음을 제어하며, 때때로 뛰어난 평정[捨]을 수행한다. 이 원인과 조건으로 말미암아 모든 악불선법惡不善法에 대하여, 즉 따르는 악불선법惡不善法대로, 그리고 모든 선법善法, 즉 따르는 선법善法의 본성, 원인과 조건, 잘못 때문인 근심, 공덕功德, 다스림, 벗어남[出離] 대로, 바르고 자세히 생각하고 살펴 '하나의 대상영역인 생각'[一境念]에 머무른다. 곧 이와 같이 자주 편안히 머묾으로 말미암아 심일경성心一境性을 바르게 일으킨다. 자세히 설명했고 이를 마음[心]의 강한 힘으로 이룬 삼마지라고 한다.

따르는 악불선법惡不善法에 대해 의도하고 사유하는 것은 이치에 맞지 않는다고 여기고, 또한 따르는 선법善法에 대해 의도하고 사유하는 것은 이치에 맞는다고 여긴다. 이와 같이 모든 전纏을 멀리하기 때문에, 모든 전纏을 다스리는 것을 결정코 맨 앞으로 삼는 모든 선법善法을 일으키기 때문에, 모든 악불선법惡不善法이 모두 나타나 작용하지 못하게 한다. 스스로 생각하기를, "나는 이제 지금 있는 악불선법現有惡不善法을 깨달아 알지 못하는가? 지금 악불선법惡不善法이 없음을 깨달아 알지 못하는가? 나는 두루 자세히 살펴야 한다."라고 한다. 그는 살피고 의도하는 강한 힘으로 스스로 끊음과 아직 끊지 못함을 바르게 살피고, 바르고 자세히 살펴 일경념一境念에 머무른다. 곧 이와 같이 자주 편안히 머묾으로 말미암아 심일경성心一境性을 바르게 '접촉하여 경험한다'[觸證]. 이 때문에 증상만增上慢에서 떠나며, "나는 전纏으로부터 마음이 해탈했을 뿐이고, 아직 모든 수면隨眠으로부터 마음이 다 해탈한 것은 아니다. 나는 오직 모든 전纏을 다스리는 것을 결정코 맨 앞으로 하는 선법善法을 얻고 수습했을 뿐, 아직 수면隨眠을 다스리는 것은 얻거나 수습하지 못하였다."라고 사실대로 스스로 안다. 이를 살핌[觀]의 강한 힘으로 이룬 삼마지라고 한다.

그는 이와 같은 네 가지 삼마지의 강한 힘으로 말미암아 모든 전纏을 이미 멀리한다. 그리고 모든 악불선법惡不善法인 모든 수면隨眠을 다 영원히 없애려고, 다스릴 능력이 있는 모든 선법善法을 수행하여 모으려고, 다시 의욕[樂欲]과 책려策勵를 일으킨다. 자세한 설명은 앞서의 사정단四正斷을 수행함에 힘쓰는 이치와 같다.

② 여덟 가지 결단하는 실천

그가 이와 같이 바르게 수습할 때에 '여덟 가지 결단하는 실천'[八斷行]이 있다. 모든 수면隨眠을 영원히 없애고, 삼마지를 완성하려고 구별해서 전개한다.

무엇이 '여덟 가지 결단하는 실천'[八斷行]인가?

첫째는 의욕[欲]이다. 이와 같이 바람과 의욕[樂欲]을 일으켜, "나는 언제나 삼마지를 수행해 완성을 이룰 것인가? 나는 언제나 악불선법惡不善法인 수면隨眠을 끊어 소멸시킬 것인가?"라고 하는 것을 가리킨다.

둘째는 책려策勵이다. 다스림[對治]을 수행하여 힘씀을 버리지 않는 것을 가리킨다. 셋째는 믿음[信]이다. 힘씀을 버리지 않고 바르고 편안히 머물기 때문에 위에서 경험할 것에 대해 깊이 '믿고 해석함'[信解]이 생기게 하는 것을 가리킨다.

넷째는 편안함[安]이다. 깨끗한 믿음을 맨 처음으로 하여 마음에 기쁨이 생기게 한다. 마음이 기쁘기 때문에 점점 모든 '악불선법 종류'[惡不善法品]의 추중麤重을 '그만두어 없애는'[息除] 것을 가리킨다.

다섯째는 '마음에 떠올림'[念]이다. '아홉 가지 모습'[九種相][99]을 가리킨다. 아홉 가지 모습에 대해 그 마음을 편안히 머물고 '사마타 종류'[奢摩他品]를 굳게 지키기 때문이다. 여섯째는 '바르게 앎'[正知]이다. '비발사나

---

99) 이 책 pp.219-220 참조.

종류'[毘鉢舍那品]의 지혜[慧]를 가리킨다.

일곱째는 의사[思]이다. 마음이 '짓는 것'[造作]을 가리킨다. 끊음과 아직 끊지 못함에 대해 바르게 살필 적에 그 마음을 지어 지관止觀을 따르는 두 종류인 동작[身業], 말[語業]을 일으킨다.

여덟째는 평정[捨]이다. 과거, 미래, 지금에 작용하는 모든 악불선법惡不善法 중에서 마음이 물들지 않는, 마음의 평등平等한 성질을 가리킨다. 두 가지 때문에 수면隨眠을 끊는 것에 대해 추리하고 분명히 아는 것인데, '대상영역에 나타나 보이지 않는 의사'[境界不現見思]와 '대상영역에 나타나 보이는 평정'[境界現見捨] 때문이다.

이와 같은 것을 '여덟 가지 결단하는 실천'[八斷行]이라고 한다. 또는 '뛰어난 실천'[勝行]이라고 한다. 이와 같은 '여덟 가지 결단하는 실천'[八斷行]과 '뛰어난 실천'[勝行]을 수면隨眠을 없애는 유가瑜伽라고 한다.

③ 네 가지 신통한 능력

이(여덟 가지 결단하는 실천) 중에서 의욕[欲]이란 바로 (유가瑜伽의) 그[100] 의욕[欲]이다. 이 중에서 책려策勵란 곧 (유가瑜伽의) 그 정진精進이다. 이 중 믿음[信]이란 바로 (유가瑜伽의) 그 믿음이다. 이 중 편안함[安], '마음에 떠올림'[念], '바르게 앎'[正知], 의사[思], 평정[捨]은 곧 (유가瑜伽의) 그 수행방법[方便]이다. 이와 같이 이 중에서는 의욕[欲]을 처음으로 하는 네 가지 삼마지와 이제 말한 '여덟 가지 결단하는 실천'[八斷行]으로 수면隨眠을 영원히 끊으려고, 삼마지를 완성하여 갖출 때에 모든 것을 다 이름하기를, '의욕 삼마지를 결단하고 실천하여 성취한 신족'[欲三摩地斷行成就神足], '부지런함 삼마지를 결단하고 실천하여 성취한

---

100) 이 책 pp.290-293, 4.8 유가瑜伽 참조.

신족'[勤三摩地斷行成就神足], '마음 삼마지를 결단하고 실천하여 성취한 신족'[心三摩地斷行成就神足], '살핌 삼마지를 결단하고 실천하여 성취한 신족'[觀三摩地斷行成就神足]이라고 한다.

질문 무엇 때문에 신족神足이라고 하는가?

대답 어떤 다리가 있는 이는 갈 수 있고, 올 수 있고, 뛰어오르고 용맹하고 굳세어 세상의 뛰어난 존재를 얻을 수 있고, 경험할 수 있는데, 세상의 뛰어난 존재를 신神이라고 한다. 그는 이에 이를 수 있으므로 신족(神足: 신통한 능력)이라고 한다.

만일 이와 같이 '모든 존재'[諸法]가 있고, 삼마지를 완성하여 갖췄다면, 그의 마음은 이와 같이 청정하고 희디희어[鮮白] 전혀 흠이 없고, 따르는 번뇌煩惱로부터 떠나 바르고 곧은 데에 편안히 머물러 감당할 수 있어서 부동不動을 획득하여 갈 수 있고, 올 수 있고, 뛰어오르고, 용맹하고 굳세어 '세상을 벗어난 존재'[出世間法]를 얻을 수 있고, 경험할 수 있다. 세상을 벗어난 존재에 가장 자유롭고 자유로우면 바로 가장 뛰어난 신神이라고 하는데, 그는 이를 경험할 수 있기 때문에 신족神足이라고 한다.

(4) 오근五根과 오력五力

그는 이와 같이 뛰어난 삼마지를 '의지하여 지닐 것'[所依持]으로 삼고, 뛰어난 삼마지를 '의지하여 하여 머무를 것'[所依止]으로 삼기 때문에 증상심학增上心學, 증상혜학增上慧學의 유가瑜伽로 나아가 수습한다. 이 유가를 나아가 수습하기 때문에 다른 큰 스승님의 제자가 경험한 것에 대해서 '깊은 해석'[勝解]이 생기고, 깊이 깨끗한 믿음이 생긴다. 이 청정한 믿음은 뛰어난 의미이기 때문에 신근信根이라고 한다.

질문(1) (믿음[信]은) 무엇에 뛰어난가?

대답(1) '세상을 벗어난 존재'[出世間法]를 생기게 하는 데에 맨 처음으로 삼으며, 정진精進, 유념[念], 선정[定], 지혜[慧]를 일으키게 하는 데에 뛰어나다. 그 외 정진精進 등은 '세상을 벗어난 존재'[出世間法]를 생기게 함과 '전개하여 전환함'[展轉]을 일으키고 내지는 지혜[慧]를 생기게 하는 데에 뛰어나다. 다만 지혜는 '세상을 벗어난 존재'[出世間法]를 일으킬 때만 뛰어나다. 그러므로 믿음[信] 등을 '다섯 가지의 근'[五根]이라고 한다.

아울러 만일 앞뒤로 경험한 것이 구별됨을 분명히 안다면, 이에 따라 뒤의 뒤에 경험할 출세간법(出世間法: 세상을 벗어난 존재)에 대해 '깊은 해석'[勝解]이 생기고, 깊이 깨끗한 믿음이 생긴다. 이 청정한 믿음은 굴복시키기 어렵다는 의미이기 때문에 신력信力이라고 한다.

질문(2) 무엇이 굴복시킬 수 없다는 것인가?

대답(2) 이 청정한 믿음은 '천계에 머무는 이'[天]든, 마라[魔]이든, 여러 사문沙門이든, 바라문婆羅門이든, 그 외 세상에서 '이치에 맞게'[如法] 빼앗을 이가 없고, 모든 번뇌 전纏도 굴복시킬 수 없기 때문에 '굴복시키기 어렵다'[難伏]고 한다.

이것을 맨 처음으로 삼고, 이것을 앞선 작용으로 삼아 그 외 정진精進 등도 힘[力]이라고 한다. 이 모든 힘은 큰 세력을 갖추어 모든 '마라의 군대'[魔軍]의 세력을 굴복시키기 때문에, 모든 번뇌가 영원히 다함을 경험하기 때문에, 힘[力]이라고 한다.

이 가운데 신근信根과 신력信力은 곧 사증정(四證淨: 네 가지 깨끗함을 경험함: 사불괴정四不壞淨)[101] 가운데의 '깨끗한 믿음'[淨信]이란 것을 살펴야 한다. 왜냐하면 정성이생(正性離生: 번뇌를 떠나는 바른 성품:

---

101) 부처님, 교법, 승단, 계戒에 대한 믿음을 가리킨다.

견도위見道位)에 경험하여 드는 증정證淨은 모두 이것[신근信根과 신력信力]이 원인이고, 이것이 조건이고, 이것이 실마리이기 때문이다.

그것[신근信根과 신력信力]은 바로 이것[사증정四證淨 가운데의 깨끗한 믿음]의 증상과(增上果: 확연하도록 돕는 결과)이다. 그러므로 세존世尊께서는 그 인과가 지속되는 이치를 취하여 그것이 증정證淨임을 살펴야 한다고 말씀하셨다. 곧 그것의 체성[體]도 아니고, 그것의 모습[相]도 아니다.

이 가운데 정진근精進根과 정진력精進力은 곧 사정단四正斷 가운데의 정진精進이라고 살펴야 한다. 이것이 어째서 '바르게 끊는 것'[正斷]인가? '견도에서 끊는'[見道所斷] 모든 번뇌를 영원히 끊는 수행방법[方便]으로서의 '바르게 끊는 것'[正斷]이다. 이 가운데 의도는 이와 같이 바르게 끊는 것을 말한다. 이 정단正斷으로 말미암아 결국 모든 악불선법惡不善法을 끊기 때문이다.

이 가운데 염근念根과 염력念力은 곧 사념주四念住 가운데의 정념(正念: 바르게 유념함)이라고 살펴야 한다. 사념주四念住는 모든 전도됨을 남김없이 끊는 것을 가리킨다.

이 가운데 정근定根과 정력定力은 곧 사정려四靜慮 가운데의 정정(正定: 바른 선정)이라고 살펴야 한다. 모든 정려는 수행방법[方便]이 되어 불환과不還果를 경험하는 것을 가리킨다.

이 가운데 혜근慧根과 혜력慧力은 곧 사성제四聖諦 가운데 정지(正智: 바른 지혜)라고 살펴야 한다. 사성제에 대한 성제지(聖諦智: 성스러운 진리에 대한 지혜)는 현관(現觀: 진리가 나타난 것을 살핌)을 경험하여 '사문의 결과'[沙門果]를 이루는 것을 가리킨다.

곧 이와 같이 모든 근根과 모든 힘[力]은 점점 닦고, 점점 익히고, 점점 많이 수습하기 때문에 곧 약한, 중간, 강한 종류 순결택분(順決擇分: 결택을 따르는 부분)의 '네 가지 선근'[四種善根]을 일으킨다. 무엇이 네 가지인가? 첫째, 난(煖: 따뜻함), 둘째, 정(頂: 꼭대기), 셋째, 순제인(順諦忍: 진리를 따라 인정함), 넷째, 세제일법(世第一法: 세상에서 최고의 존재)이다.

이를테면 어떤 이가 불로 불을 지필 때는 불타는 것을 추구하기 때문에 밑에는 마른 나무를 놓고 위에는 '비벼 뚫어서 불을 피우되'[鑽燧], '매우 부지런히'[精勤] 하고 책려策勵하여 용맹하게 비벼 댄다. 그가 이와 같이 매우 부지런히 하고 책려하여 용맹하게 비벼 댈 때, 밑에 놓은 나무의 윗부분에 최초로 따뜻함[煖]이 생긴다. 다음으로 따뜻함이 점점 더하여 열기가 위로 뻗친다. 다음으로 갑절 왕성해지다 연기가 마침내 발생한다. 다음으로 불꽃 없는 불이 갑자기 흘러나오고, 불이 나와서는 쉴 새 없이 거센 불길이 발생한다. 거센 불길이 생기고 나면 불을 지핀 것이 된다.

비벼 뚫어 불을 피우는 사람이 '매우 부지런히'[精勤] 책려策勵하여 용맹하게 비벼대는 것과 같이 오근五根과 오력五力을 점점 닦고, 점점 익히고, 점점 많이 수습하는 것도 마찬가지임을 알라. 아래 놓은 나무 윗부분에서 처음에 따뜻함이 생기는 것과 같이 난선근煖善根도 마찬가지임을 알라. 모든 번뇌를 불사르는 '번뇌가 없는 존재'[無漏法]의 불이 생기는 조짐이기 때문에 따뜻함이 점점 더하여 열기가 위로 뻗치는 것처럼, 정선근頂善根도 마찬가지임을 알라.

다음으로 연기가 발생하는 것처럼 순제인(順諦忍: 진리를 따라 인정함)도 마찬가지임을 알라. 불꽃 없는 불이 갑자기 흘러나오는 것처럼 세제일법世第一法도 마찬가지임을 알라. 불이 나와서는 쉴 새 없이 거센 불길이 발생하는 것처럼, 세제일법世第一法에 속한 오근五根과 오력五力에서 쉴 새 없이 생긴 '세상을 벗어난 번뇌 없는 성스러운 존재'[出世無漏聖法]도 마찬가지임을 알라.

(5) 칠각지七覺支와 팔정도八正道

① 일곱 가지 깨달음의 세목

이것은 다시 무엇인가? 칠각지(七覺支: 일곱 가지 깨달음의 세목)을 가리킨다. 정성이생(正性離生: 번뇌를 떠나는 바른 성품: 견도위見道位)에 경험하여 드는 모든 보특가라의 사실대로의 '깨닫는 지혜'[覺慧]는 이것으로 버팀목[支]을 삼기 때문에 각지覺支라고 한다.

이 일곱 가지 사실대로의 각지覺支는 세 종류에 속한다. 세 각지는 사마타奢摩他 종류에 속하고, 세 각지는 비발사나毘鉢舍那 종류에 속하고, 하나의 각지는 두 가지에 공통으로 속한다. 그러므로 '일곱 각지'[七覺支]라고 한다.

택법각지(擇法覺支: 제법에서 택하는 각지)와 정진각지精進覺支와 희각지喜覺支 등, 이 세 가지는 '살피는 종류'[觀品]에 속한다. 안각지安覺支, 정각지(定覺支: 선정의 각지)와 사각지(捨覺支: 평정의 각지) 등, 이 세 가지는 '고요함의 종류'[止品]에 속한다. 염각지念覺支 한 가지는 모든 종류에 속하니 두루 작용한다고 한다. 그는 그때에 최초로 칠각지七覺支를 획득하므로 처음의 유학(有學: 유학위에 있는 이)이라고 한다.

② 여덟 세목의 성스러운 방도

'성스러운 진리'[聖諦]의 자취를 보고 나서는 '견도에서 끊는'[見道所斷] 모든 번뇌를 끊어 소멸시킨다. 오직 남은 것은 '수도에서 끊는'[修道所斷] 번뇌일 뿐이다. 그것을 끊기 위해 '세 가지 모임'[三蘊]에 속한 '여덟 세목의 성스러운 방도'[八支聖道]를 수습한다. 이중 '바른 견해'[正見], '바른 사유'[正思惟], '바른 정진'[正精進]은 '지혜의 모임'[慧蘊]에 속하고, '바른 말'[正語], '바른 행동'[正業], '바른 생활'[正命]은 '계의 모임'[戒蘊]에 속하고, '바른 유념'[正念], '바른 선정'[正定]은 '선정의 모임'[定蘊]에 속한다.

질문(1) 어째서 '여덟 세목의 성스러운 방도'[八支聖道]라고 하는가?

대답(1) 모든 성스러운 유학有學으로서 이미 '자취를 본'[見迹] 이는 여덟 세목에 속한 발자취의 바른 방도로 말미암아 모든 번뇌를 남김없이 끊고, 궁극의 해탈을 경험한다. 그러므로 '여덟 세목의 성스러운 방도'[八支聖道]라고 한다.

이 가운데 각지覺支(를 수행할) 때 얻은 '진실한 깨달음'[眞覺], 그리고 그것을 얻고 나서 지혜로 '경험대로의 깨달음'[如證而覺]을 성립시키면 간략히 두 가지를 합쳐 '바른 견해'[正見]라고 한다.

이 '바른 견해'[正見]의 강한 힘으로 말미암아 일어난 벗어남[出離]의 '분노가 없고'[無恚], '해코지 않는'[無害] '추리의 사유'[分別思惟]를 '바른 사유'[正思惟]라고 한다. 마음이 여러 깊은 생각에 들어가는데, 오직 이와 같은 형상만을 깊이 생각하는 깊은 생각을 한다.

마음이 여러 가지 이론으로 들어가면 '바른 견해'[正見]의 강한 힘으로 말미암아 선한 사유를 일으키고, 여러 가지 이치에 맞는 이론을 일으킨다. 이를 '바른 말'[正語]이라고 한다.

'교법에 맞게'[如法] 의복, 음식, 여러 방석과 침구, 병과 관련한 의약醫藥, 몸에 쓰는 도구를 추구하는데, 추구할 때 가거나 오거나 바르게 알고 머무른다. 보든[覩], 살펴보든[瞻], (몸을) 구부리든, 펴든, 옷과 식기 그리고 (비구의 세 가지 옷 가운데 하나인) 승가지(僧伽胝: saṁghāṭi)를 지니든, 먹든, 마시든, '우물우물 씹든'[噉], '맛보든'[嘗] 바르게 알고 머무른다. 또는 머물 때에 있어서나, 이미 추구한 의복 등의 대상에 대해서나,

가거나, 멈추거나, 앉거나, 눕거나 내지 '피로해서 잠드는 것을 해소하는 것'[解勞睡]까지 바르게 알고 머무른다. 이를 '바른 행동'[正業]이라고 한다.

교법에 맞게 의복, 음식부터 도구까지를 추구하되, 모든 '비뚠 생활'[邪命]을 일으키는 존재를 멀리한다. 이를 '바른 생활'[正命]이라고 한다.

만일 멀리하는 바른 '말·행동·생활'[語業命]을 했다면, 그는 번뇌 없는 의도의 모든 각지를 경험할 때 앞서 이미 획득한 것이다.

질문(2) 어째서 이것을 '성자가 애호하는 계'[聖所愛戒]라고 하는가?

대답(2) 모든 성자, '어질고 선한 (이)'[賢善], '바르게 이른 (이)'[正至]가 오랜 동안 즐거워하고, 흠모하고, 기뻐하며, "나는 언제나 악한 말, 악한 동작, 악하고 비뚠 생활 모두를 짓지 않는 율의(律儀: 규범에 적합함)를 얻을 것인가?"라고 한다. 그는 오랜 동안 이 시라尸羅를 깊이 마음으로 즐거워하고, 흠모하고, 기뻐했으므로 얻을 때 성자가 애호하는 것이라고 한다.

이와 같이 성자가 애호하는 계을 얻고 나서는 끝내 바르게 알지 못하고 '이치에 맞지 않는 말'[妄語]을 하지 않고, 끝내 고의로 중생의 생명을 해치지 않고, 끝내 고의로 주지 않은 것을 취하지 않고, 고의로 '비뚠 행위'[欲邪行]를 하지 않고, 끝내 '이치에 맞지 않게'[非法] 의복 등을 추구하지 않는다. 이와 같은 성자가 애호하는 계의 강한 힘 때문에 '수행하는 과정'[修道]에서 말, 행동, 생활을 기르는 일이 전개되는 것도 바른 말·행동·생활이라고 한다. '바른 견해'[正見]와 '바른 사유'[正思惟], 바른 말·행동·생활에 의지하여 부지런히 수행하는 이가 모든 의욕[欲], 정진[勤精進], 벗어남[出離], 용맹한 힘으로 그의 마음을 일으키고 책려策勵함을 지속하여 쉴 새 없는 것을 '바른 정진'[正精進]이라고 한다.

이와 같이 '바른 정진'[正精進]을 성취하는 것은 사념주四念住의 강한 힘 때문에 전도됨이 없이 '아홉 가지 작용'[九種行相]에 속한 '바른 유념'[正念], 그리고 (이를) 포함한 아홉 가지 작용을 마음에 머무르게 하는 것을 이루는 것을 (각각) '바른 유념'[正念], '바른 선정'[正定]이라고 한다.

이와 같이 모든 '여덟 세목의 성스러운 방도'[八支聖道]는 두 가지로 성립한다. '지을 것이 없는 것'[無所作]과 '지을 것에 머무르는 것'[住所作]을 가리킨다. '지을 것이 없는 것'[無所作]이란 '바른 말'[正語], '바른 행동'[正業], '바른 생활'[正命]이다. '지을 것에 머무르는 것'[住所作]이란 두 가지가 있다. 사마타奢摩他와 비발사나毘鉢舍那이다. '바른 견해'[正見], '바른 사유'[正思惟], '바른 정진'[正精進]은 비발사나毘鉢舍那이고, '바른 유념'[正念], '바른 선정'[正定]은 사마타奢摩他이다.

이와 같이 청정한 바른 말·행동·생활을 의지하여 때때로 지관止觀을 수습하여 모든 결結을 남김 없이 영원히 끊는 것을 경험하면 최상의 아라한과阿羅漢果를 얻는다.

오랜 동안 지속되는 것을 수도修道라고 하고, 오랜 동안 습관적으로 익히고 번뇌를 끊기 때문에 갑자기[率爾] 지혜[智]가 생기는 것을 견도見道라고 하며, 잠시 지혜가 일어나 모든 번뇌를 영원히 끊기 때문에 수도修道 중에 바른 말·행동·생활을 하기 시작한다.

이와 같이 점점 '서른일곱 가지 깨달음의 부분을 이루는 수행법'[三十七種菩提分法]을 '닦고 익히는'[修習] 데에 힘쓰는 수행방법을 '깨달음의 부분의 수행'[菩提分修]이라고 한다.

4.13 수행의 결과修果

4.13.1 사문과沙門果

무엇이 수행의 결과인가? 네 가지 사문과沙門果를 가리킨다. 첫째, 예류과(預流果: 성인의 흐름에 들어가는 결과), 둘째, 일래과(一來果: 한 번은 오는 결과), 셋째, 불환과(不還果: 욕계로 돌아오지 않는 결과), 넷째, 가장 위인 아라한과(阿羅漢果: arhat: 응공應供이라는 결과)이다.

이 가운데 무엇을 사문沙門이라고 하며, 무엇을 결과[果]라고 하는가? '성스러운 과정(에 있는 이)'[聖道]를 사문이라고 하고, 번뇌를 끊는 것을 결과라고 한다. 뒤에 생기는 과정[道]의 중간이나 위는 앞서 생긴 과정의 결과이다.

질문 어째서 이와 같은 '네 가지 결과'[四果]를 성립시키는가?

대답 네 종류의 여러 번뇌를 다스리기 때문이다. '나쁜 세상'[惡趣]으로 갈 원인을 이루는 일이 전혀 없고, 번뇌를 끊기 때문이며, 그것을 끊을 수 있는 다스림[對治]이 생기기 때문에 예류과預流果를 성립시킨다.

박가범薄伽梵께서는 '세 가지 결'[三結]을 영원히 끊어 이 결과를 성립시킨다고 하셨는데, '세 종류'[三品]의 세 가지 결結에 의해 '성스러운 과정'[聖道]을 장애하여 생기지 않게 하기 때문이다. 첫째, '집에 머무는 종류'[在家品], 둘째, '교법과 비나야에 대해 악하게 설명하는 종류'[惡說法毘奈耶品], 셋째, '교법과 비나야에 대해 선하게 설명하는 종류'[善說法毘奈耶品]이다.

집에 머무는 종류에 의해 살가야견薩迦耶見이 있다. 이 견해로 말미암아 우선 두려움이 생겨 '성스러운 과정'[聖道]으로 나아가려고 하지 않는다.

교법과 비나야에 대해 악하게 설명하는 종류에 의해 '계와 금지에 대한 집착'[戒禁取]이 있다. 이 집착으로 말미암아 이미 나아가고서도 '이치에 어긋난'[邪僻] 행동을 한다. 이 때문에 '성스러운 과정'[聖道]이 생길 수 없다. 교법과 비나야에 대해 선하게 설명하는 종류에 의해 '머뭇거림'[疑]이 있다. 이 의疑 때문에 이미 나아가고 이치에 어긋난 행동을 안하지만, '바른 과정'[正道]에 아직 습관이 되지 않아 사실대로의 견해로 알아야 할 대상에 대해 미루고[猶豫], 의혹(疑惑: 머뭇거리고 헷갈려함)해서 '성스러운 과정'[聖道]을 장애하여 생기지 않게 한다. 이 때문에 오직 이것을 끊어 예류과預流果를 성립시킨다고 한다. 이 예류과는 최대 '일곱 생'[七有]이 남았는데, 이 때문에 많은 생을 지속한다.

만일 다시 태어나 지속되는 번뇌를 끊어 태어남이 다시 지속됨이 없다면, 일래과一來果를 성립시킨다. 만일 '천계에서의 생'[天有]에 속하거나, '사람으로의 생'[人有]에 속해 다시 생김이 지속되는 번뇌를 영원히 끊고, 끝으로 '천계에서의 생'[天有] 한 생이거나, '사람으로의 생'[人有] 한 생만을 다시 받기 때문에 그 때 일래과一來果를 성립시킨다.

만일 돌아옴[還來]을 이루어 여기에서 생기는 번뇌를 영원히 끊었고, '천계에서의 생'[天有]만 장차 받아 태어나면 그 때 불환과不還果를 성립시킨다.

만일 모든 '태어나는 생'[生有]을 이룰 번뇌를 영원히 끊었다면 가장 위인 아라한과阿羅漢果를 성립시킨다.

박가범薄伽梵께서는 '세 가지 결'[三結]을 영원히 끊는다고 말씀하셨는데, 탐냄[貪], 분노[瞋], 어리석음[癡]을 엷게 해서 일래과一來果를 성립시킨다.

'다섯 가지의 아래 부분'[五下分][102]을 따르는 결結을 영원히 끊어 불환과 不還果를 성립시킨다. 모든 번뇌를 궁극에까지 영원히 끊어 가장 위인 아라한과阿羅漢果를 성립시킨다. 이를 '수행의 결과'[修果]라고 한다.

아울러 이 가운데 탐냄[貪], 분노[瞋], 어리석음[癡], 으스댐[慢], '깊은 생각'[尋思]이 작용하는 이는 우선 '깨끗이 하는 수행의 대상'[淨行所緣]에 대한 그 수행을 깨끗이 닦은 후에 마음이 바르고 편안히 머무름을 경험해야 한다. 그는 각각의 대상영역에 대해 반드시 대상의 구별된 세력으로 말미암아 힘써 부지런히 수행한다.

만일 '부분이 고르게 작용하는'[等分行] 보특가라라면 애호하고 즐거워하는 것을 따라 대상영역을 대상으로 힘써 부지런히 수행한다. 이와 같이 부지런히 수행하는 것은 다만 '마음이 머무르는 것'[心住]이고, 수행을 깨끗이 하는 것은 아니다. '부분이 고르게 작용하는'[等分行] 보특가라와 같이 '얇은 번뇌가 작용하는'[薄塵行] 이도 마찬가지라고 알라.

4.13.2 번뇌가 얇은 이의 작용行相

그런데 모든 작용에는 구별이 있다. 탐냄[貪]이 작용하는 이는 부지런히 수행을 해도 오랜 세월이 지나야 '마음이 머무름'[心住]을 경험한다. '부분이 고르게 작용하는'[等分行] 이는 부지런히 수행을 할 때 아주 오랜 세월이 지나지 않아 마음이 머무름을 경험한다. '얇은 번뇌가 작용하는'[薄塵行] 이는 부지런히 수행을 할 때 가장 빠르게 마음이 머무름을 경험한다.

질문 앞서 이미 탐냄[貪]이 작용하는 보특가라의 작용[行相]의 구별을 자세히 설명하였는데, '부분이 고르게 작용하는'[等分行] 보특가라와 '얇은

---

102) 본 역주본 제2권, p.200 참조.

번뇌가 작용하는'[薄塵行] 보특가라는 어떤 작용이 있는가?

　대답 '부분이 고르게 작용하는'[等分行] 이도 탐냄[貪]이 작용하는 보특가라의 작용[行相] 모두를 갖고 있다. 하지만 그 작용이 강하지도 않고 뛰어나지도 않다. 탐냄이 작용 하는 것처럼, 마주치는 조건에 따라 구별이 있다. 이 작용도 그것과 유사하다.

　'얇은 번뇌가 작용하는'[薄塵行] 보특가라의 작용을 구별하자면 '무거운 장애'[重障]가 없고, 처음부터 청정하고, 식량[資糧]을 이미 갖추었고, 청정한 믿음이 많고, '총명하고 지혜로움'[聰慧]을 성취하였고, 모든 복덕(福德: 즐거움을 불러들이는 능력)을 갖추었고, 모든 공덕(功德: 훌륭한 결과를 내는 능력)을 갖추었다.

　'무거운 장애'[重障]가 없다는 것은 '세 가지 장애'[三障]가 없는 것이다. 무엇이 세 가지인가? 첫째, '업의 장애'[業障], 둘째, '번뇌의 장애'[煩惱障], 셋째, '이숙의 장애'[異熟障]이다.

　'업의 장애'[業障]란 '다섯 가지 무간(지옥에 떨어질) 업'[五無間業]과 그 외 고의로 업을 지은 더욱 무거운 업이다. 그 이숙과(異熟果: 결과)가 이루어지는 때에는 정도正道를 장애하여 생기지 못하게 한다. 이를 업장業障이라고 한다.

　'번뇌의 장애'[煩惱障]란 예리한 번뇌이고 오랜 동안의 번뇌이다. 이 번뇌 때문에 지금생에 여러 가지 '깨끗이 하는 수행의 대상'[淨行所緣]을 깨끗하게 할 수 없다. 이를 '번뇌의 장애'[煩惱障]이라고 한다.

　'이숙의 장애'[異熟障]란 태어난 곳에서 '성스러운 과정'[聖道]이 그것[이숙의 장애] 때문에 생기지도 자라지도 않는다. (왜냐하면) 태어난 곳에 이숙과異熟果가 생겨났기 (때문이다). 또는 태어난 곳에 성스러운 과정이 그것[이숙의 장애]에 의해 생겨 자라나도 그 안에는 이숙과異熟果가 생겨 청각장애인[聾騃], '어리석은 이'[愚鈍], 시각장애인[盲瞽], '말 못하는 병에 걸린 이'[瘖瘂]어서 손으로 말을 대신하고, 교법의 의미를 선하게 설명했는지, 악하게 설명했는지 분명하게 풀이할 능력이 없다. 이를 '이숙의 장애'[異熟障]라고 한다.

처음부터 청정하다는 것은 선하고 깨끗한 계戒와 '바르고 곧은 견해'[正直見]이다. 열 가지 원인과 조건으로 말미암아 계戒가 선하고 깨끗하다. 앞서와 같이 알아야 한다. 그리고 바르고 곧은 견해란 견해[見]가 '깨끗한 믿음'[淨信]과 관련하고, 해석[勝解]과 관련하기 때문에, 홀림[誑]과 알랑댐[諂]을 멀리하기 때문에, 교법의 의미를 선하게 생각하고 헷갈려하거나[惑] 머뭇거리지[疑] 않고 벗어남에 힘쓰기 때문에, 바르고 곧다고 한다.

이와 같이 바르고 곧은 견해는 깨끗한 믿음과 관련하기 때문에, 부처님의 정법正法과 비나야로부터 유도하여 빼앗을 수 없다. 해석과 관련하기 때문에, 모든 여래如來와 성스러운 제자의 생각지도 못할 위력[威德]과 '신통한 힘'[神力], 생각지도 못할 태어나는 곳을 구별함, 매우 깊은 교법의 가르침, '확언할 수 없는 일'[不可記事]에 대해 깊은 해석이 생겨 놀람, 무서워함, 두려워함이 없다.

홀림[誑]과 알랑댐[諂]을 멀리하기 때문에, 견해가 바르고 곧다. 견해가 바르고 곧은 종류(의 사람은) '성스러운 가르침'[聖敎] 그대로 바르게 수행하고, 진실 그대로 저절로 나타난다. 교법의 의미를 선하게 생각하고 헷갈려하거나[惑] 머뭇거리지[疑] 않고 벗어남에 힘쓰기 때문에, 모든 존재가 무상하고, 괴롭고, 비어있고, '나라고 할 만한 것이 없다'[無我]는 등의 의미에 대해 선하고 바르게 사유하고, 선하고 바르게 헤아리고[籌

量], 선하고 바르게 살핀다. 이 때문에 헷갈림이 없고, 머뭇거림이 없으며, '두 길'[二路]을 멀리하여 '다음 단계로 나아감'[昇進]을 이룬다. 이 네 가지 모습으로 말미암아 앞서 설명한 견해를 '바르고 곧은 견해'[正直見]라고 하는 것이다.

식량[資糧]을 이미 갖추었다는 것은, 식량에 대한 자세한 설명은 앞서와 같이 알아야 하는데, 간략히 네 가지가 있다. 첫째, 복덕福德의 식량, 둘째, 지혜智慧의 식량, 셋째, 전생[先世]의 식량, 넷째, 지금생[現法]의 식량이다.

복덕福德의 식량이란 이로 말미암아 지금에 따르는 살림살이[資具]와 풍부한 '귀한 재물'[財寶]을 얻고, 진정한 복전(福田: 미래의 즐거운 결과를 키워주는 터전)을 만나서 선지식善知識으로 삼아, 여러 장애를 떠나 부지런히 수행하는 것이다.

지혜智慧의 식량이란 이로 말미암아 '총명하고 지혜로움'[聰慧]을 성취하고, 힘도 있고 기량[能]도 있어, 교법을 선하게 설명했는지 악하게 설명했는지를 이해한다. 따르는 '교법의 가르침'[法教], '의미의 가르침'[義教], '가르쳐 주는 것'[教授], 지도[教誡]를 획득하는 것이다.

전생[先世]의 식량이란 전생에 모은 선근善根으로 말미암아 지금에 '모든 근'[諸根]이 이루어짐을 획득하는 것이다.

지금생[現法]의 식량이란 지금생에 선법에 대한 의욕이 있고 모든 근이 성숙해지고, 계율의戒律儀와 근율의根律儀를 갖추는 등 앞서 자세히 설명한 것이다.

청정한 믿음이 많다는 것은 큰 스승님께 헷갈림도 없고 머뭇거림도 없어 깊이 깨끗한 믿음과 해석이 생기는 것이다. 큰 스승님께와 같이 교법에 대해서도 배움에 대해서도 마찬가지이다. 그 외 자세한 설명은 앞서와 같다.

'총명하고 지혜로움'[聰慧]을 성취한다는 것은 이로 말미암아 교법이나 의미에 대해 빠르게 받아들이고, 오랜 세월이 지나도 교법이나 의미에 대해 잊지 않고, 교법이나 의미를 빠르게 통달하는 것이다.

모든 복덕福德을 갖춘다는 것은 이로 말미암아 생김새가 단정하여 많은 이가 보기 좋아하고, 청정한 믿음을 발생시켜 건강해 장수하고, 말이 '도탑고 정중하며'[敦肅], '큰 가문'[大宗葉]을 갖추어 많은 이에게 알려지고, 큰 복을 성취하여 옷 등 생활을 돕는 도구를 많이 획득하며, 여러 나라 국왕과 대신들에게 공양, 공경, 존중, 감탄을 받는 것이다.

모든 공덕功德을 갖춘다는 것은 본성本性을 성취하고 욕망이 적은 등 여러 가지 공덕이 더할 나위가 없는 것이다. 앞서 자세히 설명한 '사문의 장식'[沙門莊嚴][103])에서 그 모습을 알아야 한다. 이와 같은 종류를 모든 '얇은 번뇌가 작용하는'[薄塵行] 보특가라의 작용의 구별이라고 한다는 것을 알아야 한다.

4.14 보특가라의 다른 부문補特伽羅異門

무엇이 보특가라의 다른 부문인가? 여섯 가지가 있는데, 무엇이 여섯 가지인가? 첫째, 사문沙門, 둘째, 바라문婆羅門, 셋째, '범행을 하는 이'[梵行], 넷째, 비구[苾芻], 다섯째, '매우 부지런한 이'[精勤], 여섯째, '출가한 이'[出家]이다.

4.14.1 사문沙門

사문沙門은 다시 네 가지가 있다. 무엇이 네 가지인가? 첫째, '뛰어난

---

103) 이 책 pp.181-196, 3.3.10 사문의 장식沙門莊嚴 참조.

과정의 사문'[勝道沙門], 둘째, '말하는 과정의 사문'[說道沙門], 셋째, '사는 과정의 사문'[活道沙門], 넷째, '무너진 과정의 사문'[壞道沙門]이다.

모든 선서(善逝: 잘 가신 분: 부처님 별칭)를 '뛰어난 과정의 사문'[勝道沙門]이라고 하며, 모든 정법正法을 설명하는 이를 '말하는 과정의 사문'[說道沙門]이라고 하며, 모든 선행善行을 닦는 이를 '사는 과정의 사문'[活道沙門]이라고 하며, 모든 '비뚠 실천'[邪行]을 실천하는 이를 '무너진 과정의 사문'[壞道沙門]이라고 한다는 것을 알라.

모든 선서善逝란 이미 경험[證得]하고, 탐냄, 분노, 어리석음이 남김없이 다한 이다. 정법正法을 설명한다는 것은 탐냄, 분노, 어리석음 등을 굴복시키려고 정법을 밝혀 말하는 것이다. 선행善行을 닦는다는 것은 탐냄, 분노, 어리석음 등을 굴복시키려고 부지런히 '바른 실천'[正行]을 닦는 것이다. '비뚠 실천'[邪行]을 실천한다는 것은 시라尸羅를 어기고 여러 모든 '악한 존재'[惡法]를 실천하는 것이다.

아울러 유학단계[學]와 무학단계[無學]를 '뛰어난 과정의 사문'[勝道沙門]이라고 한다. '번뇌 없는 과정'[無漏道]으로써 모든 견도見道와 수도修道에서 끊는 번뇌를 다 '꺽어 소멸시키기'[摧滅] 때문이다.

아울러 만일 여래如來와 모든 보살菩薩이 없을 때, 깨달음[菩提]을 위해 부지런히 정행正行을 닦는 모든 성문聲聞으로서 삼장三藏을 지닌 이를 '말하는 과정의 사문'[說道沙門]이라고 한다. 임의로 세상의 교법과 비나야를 지니고 정법안(正法眼: 바른 교법을 밝히는 눈)을 전개하여 끊기지 않게 하기 때문이다.

모든 이생異生 보특가라의 경우에 성품을 '고르게 선하게 하고'[調善], 자기의 이익을 위해 부지런히 정행正行을 수행하고, 부끄러움과 후회가 있고, 바르게 배움을 사랑하고 즐거워한다. 아직 이루지 못한 것을 이루기 위해, 아직 접촉하지 못한 것을 접촉하기 위해, 경험하지 못한 것을 경험하기 위해 부지런히 힘써 수행한다. 힘이 있고 기량이 있어서 아직 얻지 못한 것을 얻기를 견디고, 아직 접촉하지 못한 것을 접촉하기를 견디고, 아직 경험하지 못한 것을 경험하기를 견디면, '사는 과정의 사문'[活道沙門]이라고 한다.

그는 지금 모든 선법의 따뜻함[煖]이 있으므로 성스러운 지혜의 명근命根을 생장시키는 것을 견딜 수 있어 살아 있다고 하지 죽었다고 하지 않는다. 그러므로 '사는 과정의 사문'[活道沙門]이라고 한다.

모든 계戒를 어기는 보특가라의 경우 '악한 존재'[惡法]를 많이 실천하는 등 실제로는 범행梵行이 아닌데 범행梵行이라고 자칭하는데, '무너진 과정의 사문'[壞道沙門]이라고 한다. 그는 파괴함으로 말미암아 최초 정도正道의 근본根本에 대해 힘이 없고 기량이 없어 과정[道]을 살릴 그릇이 아니다. 지금 정도正道의 가르침을 설명하고 지금 정도正道를 경험한 이가 있어도 그는 이루지 못한다. 그러므로 '무너진 과정의 사문'[壞道沙門]이라고 한다.

세존께서는 다음과 같이 말씀하셨다. "여기는 처음의 사문부터 넷째 사문까지 있다. 외도의 사문과 바라문의 가르침은 비어있어 아무것도 없지만, 여기에는 '여덟 세목의 성스러운 과정'[八支聖道]을 성립시킬 수 있다. 여기에서야 처음의 사문부터 넷째 사문까지가 있다."

4.14.2 바라문婆羅門

바라문婆羅門은 다시 세 가지가 있다. 첫째는 부족[種姓]의 바라문, 둘째는 '이름과 생각'[名想]의 바라문, 셋째는 정행正行의 바라문이다.

부족[種姓]의 바라문婆羅門이란 바라문 가문에서 태어나 있고, 어머니의 산문産門으로부터 나오고, 부모가 잘 갖추어져 있어 바라문이라고 하는 것이다. '이름과 생각'[名想]의 바라문이란 모든 세상의 개념형성[想] 등의 생각[想]으로 말미암아 임시로 말하기를 바라문이라고 하는 것이다. 정행正行의 바라문이란 '지을 일'[所作事]을 궁극에까지 결정決定하여 악불선법惡不善法을 내쫓아버린 이다. 설명한 것과 같이 바라문이란 다시는 지을 것이 없고, 지을 일은 이미 갖춘 것을 바라문이라고 한다는 것을 알라.

4.14.3 범행하는 이梵行

'범행을 하는 이'[梵行]는 다시 세 가지가 있다. 첫째는 받아들여 멀리 하는 범행梵行을 하는 이, 둘째는 잠시 끊는 범행梵行을 하는 이, 셋째는 끝까지 범행梵行을 하는 이다.

받아들여 멀리하는 범행梵行을 하는 이란 배움을 받아들여 모든 '범행이 아닌 것을 익혀 성욕(을 발휘하는) 존재'[非梵行習婬欲法]의 실천을 멀리 하는 이다. 잠시 끊는 범행梵行을 하는 이란 모든 이생異生으로서 '세상의 과정'[世間道]으로 말미암아 욕계의 욕망을 떠나는 이다. 끝까지 범행梵行을 하는 이란 모든 성자로서 불환과不還果를 이루고, 다시 가장 위인 아라한과阿羅漢果를 얻는 이다.

4.14.4 비구苾芻

비구[苾芻]는 다시 다섯 가지가 있다. 첫째는 구걸하는[乞匃] 비구, 둘째는 자칭自稱하는 비구, 셋째는 '이름과 생각'[名想]의 비구, 넷째는 번뇌를 무너뜨린 비구, 다섯째는 백사갈마白四羯磨로 구족계具足戒를 받은 비구이다.

4.14.5 매우 부지런한 이精勤

'매우 부지런한 이'[精勤]는 다시 세 가지가 있다. 첫째는 계를 어기는 것을 멈춤에 매우 부지런한 이다. 모든 불선한 동작[身業]과 말[語業]을 멀리하는 이다. 둘째는 대상영역을 멈춤에 매우 부지런한 이다. 근문根門을 빈틈없이 보호하고, 생각을 수비[防守]하는 것과 '항상 자세히'[常委] 생각하는 것을 수행하는 등은 앞서 자세하게 설명하였다. 셋째는 번뇌를 멈춤에 매우 부지런한 이다. 견도見道와 수도修道에서 끊는 모든 번뇌를 영원히 끊고, 모든 이전에 생긴 욕망의 깊은 생각이나 분노의 깊은 생각이나 해코지의 깊은 생각이나, 탐냄이나, 분노나, 여러 비뚠 견해나, 격분[忿]이나, 원망스러워함[恨]이나, '잘못을 감춤'[覆]이나, 괴로움[惱]이나, 홀림[誑]이나, 알랑댐[諂] 등, 나쁜 곳인 나락가那洛迦 등 모든 험한 '나쁜 세상'[惡趣]으로 갈, '사문의 교법이 아닌 것'[非沙門法]이면, 생기는 대로 인정해 받아들이지 않고 빨리 '끊어 소멸시키고'[斷滅] '제거하여 내쫓고'[除遣] '변화시켜 뱉는다'[變吐]. 이 가운데 간략히 두 가지의 번뇌를 멈추는 것이 있으니, 첫째는 수면隨眠을 멈추는 것, 둘째는 모든 전纏을 멈추는 것이라는 것을 알라.

4.14.6 출가한 이出家

'출가한 이'[出家]는 다시 두 부류가 있다. 첫째는 교법과 비나야에 대해 선하게 설명하는 가운데로 출가한 이, 둘째는 교법과 비나야에 대해 악하게 설명하는 가운데로 출가한 이다.

교법과 비나야에 대해 선하게 설명하는 가운데로 출가한 이란 비구[苾芻], 비구니[苾芻尼], 정학(正學: 식차마나式叉摩那), 사미沙彌, 사미니沙

彌尼를 가리킨다. 또한 스스로 몸 안의 모든 악불선법에서 떠났다면, 이를 진실로 출가한 이라고 한다는 것을 알라.

교법과 비나야에 대해 악하게 설명하는 가운데로 출가한 이란 여러 외도外道이다. 옷을 전혀 안 입기도 하고, 괴색의(壞色衣: kasaya: 가사袈裟: 우중충한 색의 옷)을 입기도 하고, 재를 바르기도 하는 등 뛰어난 외도이다. 그리고 그 외 많은 종류의 외도가 있다.

그러므로 여러 사문沙門, 바라문婆羅門, '범행을 수행하는 이'[修梵行], 여러 비구[苾芻], '매우 부지런한 이'[精勤者], '출가한 이'[出家者]라고 한다. 이 모두를 삭취취數取趣의 다른 부문이라고 한다.

4.15 여덟 가지 보특가라補特伽羅와 성립

보특가라補特伽羅는 간략히 여덟 가지이고, 이를 성립시킨 원인과 조건은 간략히 네 가지이다.

4.15.1 여덟 가지 보특가라八補特伽羅

무엇이 여덟 가지 보특가라인가? 첫째, '감당할 수 있는 이'[有堪能者], 둘째, '감당할 수 없는 이'[無堪能者], 셋째, '수행방법을 잘 아는 이'[善知方便者], 넷째, '수행방법을 잘 알지 못하는 이'[不善知方便者], 다섯째, '쉴 새 없이 수행함이 있는 이'[有無間修者], 여섯째, '쉴 새 없이 수행함이 없는 이'[無無間修者], 일곱째, '이미 습관적으로 수습하는 이'[已串修習者], 여덟째, '아직 수습이 습관이 되지 않은 이'[未串修習者]다.

4.15.2 성립의 원인과 조건

무엇이 보특가라를 성립시킨 원인과 조건 네 가지인가? 네 가지 구별되는 원인과 조건 때문에 여덟 가지 보특가라를 성립시킨다. 첫째, 근根이 구별되기 때문에, 근이 이미 성숙됨과 근이 아직 성숙되지 않음이 있다. 둘째, 유가瑜伽가 구별되기 때문에, 유가를 잘 아는 것과 유가를 잘 알지 못함이 있다. 셋째, 힘씀[加行]이 구별되기 때문에, '쉴 새 없고 정중한 수행이 있음'[有無間慇重修]과 '쉴 새 없고 정중한 수행이 없음'[無無間慇重修]이 있다. 넷째, 시기가 구별되기 때문에, 이미 오랜 동안 과정을 수행함과 아직 과정을 오랜 동안 수행하지는 않음이 있다.

어째서 이와 같은 구별이 앞의 여덟 가지 보특가라를 성립시킨 원인과 조건이 되는가? 근이 이미 성취되면 감당할 수 있는 이고, 근이 아직 성취되지 않았으면 감당 할 수 없는 이다. 유가를 잘 알면 수행방법을 잘 아는 이고, 유가를 아직 잘 알지 못하면 수행방법을 잘 알지 못하는 이다. 쉴 새 없고 정중한 수행이 있으면 쉴 새 없이 수행하는 이인데, 이는 또한 '항상 자세히'[常委] 수행한다고 한다. 쉴 새 없고 정중한 수행이 없으면 쉴 새 없이 수행하지 않는 이인데, 이는 또한 '항상 자세히'[常委] 수행하지 않는다고 한다. 이미 오랜 동안 과정을 수행하면 이미 습관적으로 수습하는 이고, (아니면) 아직 과정을 오랜 동안 수습하지 않은 이다.

이와 같은 것을 근의 구별 때문에, 유가의 구별 때문에, 힘씀의 구별 때문에, 시기의 구별 때문에, 여덟 가지 보특가라를 성립시킨다고 한다.

근이 아직 성취되지 않은 보특가라의 경우, 그는 수행방법을 잘 아는 것, 쉴 새 없이 수행하는 것, 수습에 습관이 되는 것을 이치에 맞게 교법에 맞게 정교하게 모두 갖출 수가 없다. 근이 이미 성숙한 보특가라라도 아직 정교한 수행방법을 아직 잘 알지 못한 경우 여러 가지를 모두 갖출 수가 없다.

근이 이미 성숙한 보특가라의 경우 수행방법은 잘 알지만 쉴 새 없이 수행하지 않으면, 빠르게 '통달한 지혜'[通慧]를 이룰 수 없다. 근이 이미 성숙한 보특가라의 경우 수행방법을 잘 알고, 쉴 새 없이 수행하지만 아직 수습이 습관이 되지 않으면, 자기가 지을 일을 아직 갖출 수 없다. 근이 이미 성숙한 보특가라의 경우, 수행방법을 잘 알고, 쉴 새 없이 수행하고, 이미 수습이 습관이 되면 그는 모든 것을 다 갖출 수가 있다. 또한 빠르게 통달한 지혜를 획득하고, 자기가 지을 일을 갖춘다.

4.16 마라魔

마라는 대략 네 가지가 있고, '마라가 짓는 일'[魔所作事]은 무수한 종류가 있음을 알라. 부지런히 관행觀行을 닦는 모든 유가사瑜伽師는 두루 잘 알아서 바르게 멀리해야 한다.

4.16.1 네 가지 마라四魔

무엇이 '네 가지 마라'[四魔]인가? 첫째, '유위법인 마라'[蘊魔], 둘째, '번뇌인 마라'[煩惱魔], 셋째, '죽음인 마라'[死魔], 넷째, '천계에 머무는 이인 마라'[天魔]이다.

'유위법인 마라'[蘊魔]란 '다섯 가지 집착된 온'[五取蘊]이다. '번뇌인 마라'[煩惱魔]란 삼계三界의 모든 번뇌이다. '죽음인 마라'[死魔]란 이러저러한 유정이 이러저러한 유정들한테 죽는 것이다. '천계에 머무는 이인 마라'[天魔]란 뛰어난 선품善品을 부지런히 수행하는 이가 온蘊, 번뇌煩惱, 사死등 세 가지 마라를 뛰어넘으려 할 때, 욕계 맨 위에서 생겨난 '천계에 머무는 이'[天子]가 '큰 자유로움'[大自在]을 얻어, 장애를 지으려고 여러 가지 요란한 일을 발생시킨다. 이를 '천계에 머무는 이인 마라'[天魔]¹⁰⁴⁾라고 한다. 이 가운데에서는 몸[所依: 오취온五取蘊]을 죽게 하고, (번뇌로) 죽게 하고, 바로 죽음이고, 죽음에 대해 장애가 되는 일을 지어 뛰어넘지 못하게 한다는 것을 알라.

이 네 가지에 의해 네 가지 마라가 성립된다. 이미 생겨났고, 이미 들어갔고, 나타나 있는 '다섯 가지 집착된 온'[五取蘊] 때문에 죽음이 있다. 번뇌 때문에 내생에 생겨남을 얻고 나서는 죽는다. 모든 유정들이 수명[命根]이 다해 소멸하면 죽는데, 이것이 죽음의 본성이다. 부지런히 선함을 수행하는 이는 죽음을 뛰어넘으려고 바르게 힘쓸 때에 '천계에 머무는 이인 마라'[天魔]가 큰 자유로움을 얻어 장애를 짓는다. 장애 때문에 죽음[死法]에서 벗어나지 못하기도 하고, 오랜 동안 무척 고생을 겪고서야 뛰어넘기도 한다.

아울러 마라가 그곳에서 잠시 자유로움을 이루지 못하기도 한다. 이를테면 '세상의 과정'[世間道]에서 욕망을 떠난 이생異生이 '이 세상'[此間]에 살고 있거나 '다른 세상'[彼]에 생겨난 경우이다.

마라가 그곳에서는 큰 자유로움을 얻기도 한다. 이를테면 아직 욕망을 떠나지 못하거나, 욕망을 떠나지 못해 마라의 수중에서 욕망을 따라 짓는 경우이다.

만일 '세상의 과정'[世間道]에서 욕망을 떠난 이라도 마라의 결박에 묶여 아직 마라의 올가미를 벗어나지 못한다. 반드시 이 세계로 돌아와서 태어나기 때문이다.

---

104) 마라의 천궁天宮은 타화자재천他化自在天에 속해 있다고 한다.

4.16.2 마라가 하는 일魔事

무엇이 마라가 하는 일인가? 벗어남을 유도할 수 있는 선법에 대한 의욕이 생겨도 여러 욕망에 집착하는 강한 힘 때문에 금방 도로 물러나 버리면, 이것은 바로 마라가 하는 일인 줄 알라. 만일 바르게 편히 머무르며 근문을 빈틈없이 보호하는데, 여러 사랑스러운 보이는 것, 소리, 냄새, 맛, 감촉, 존재에 대해 모습을 잡아 취하고, 수호(隨好: 부차적인 특징)를 잡아 취하기 때문에 마음이 즐거워지면 이것은 바로 마라가 하는 일인 줄 알라.

만일 바르게 편히 머무르며 먹는 것에 대해 한도를 아는데, 여러 좋은 맛을 고르지 않게 먹으며, 탐내고 집착하는 욕망 때문에 마음이 즐거워진다면, 이것은 바로 마라의 일인 줄 알라. 만일 바르게 편히 머무르며 초저녁, 늦은 밤에 '잠에서 깨난 유가'[覺寤瑜伽]를 매우 부지런히 수습하는데, 잠을 즐기는 것, '벌떡 누워있음'[偃臥]을 즐기는 것, '겨드랑이로 누워있음'[脇臥]을 즐기는 것을 게으름의 힘 때문에 마음이 즐거워지면 이것은 바로 마라가 하는 일인 줄 알라.

만일 바르게 편히 머무르며 바르게 알고 머무르는데, 가고 오는 등의 여러 일을 할 때 만일 앳되고 한창인 아름다운 모습의 여러 여자 등을 보고 이치에 맞지 않게 '모습과 부차적인 특징'[相好]을 잡아 취함으로 말미암아 마음이 즐거워지거나, 세상의 여러 훌륭하고 좋은 대상을 보고 마음이 즐거워지거나, 번다한 일, 번다한 할 일에 마음이 즐거워지거나, 가정에 머무는 이와 출가한 이들이 즐겁게 섞여 머무르는 것을 보거나, 악한 벗과 같이 섞여 머무르는 것을 보고 금방 기쁨을 따라 마음이 즐거워지면 모두 다 바로 마라가 하는 일인 줄 알라.

부처님, 교법, 승단, 괴로움, (괴로움의) 원인, (괴로움의) 소멸, (괴로움을 소멸시키는) 방도, 이 세상, 저 세상에 대해 머뭇거림과 헷갈림이 생긴다면 모두 다 마라가 하는 일인 줄 알라.

아란야阿練若, 나무 아래, 무덤 사이, 빈 곳, 고요한 방에 머무르는데, 크디큰 두려운 대상을 보고 기겁하여 털이 곤두서거나, 사문, 바라문의 영상이나 '사람인 것 같지만 사람이 아닌 것'[人非人]의 영상이 홀연히 다가와서 바른 이치에 어긋나게 백품白品을 버리라고 권하고 흑품黑品을 취하라고 권하는 것을 보면 모두 다 마라가 하는 일인 줄 알라.

만일 이익을 보는 것, 공경, 칭찬에 마음이 즐거워지거나, 인색한 데다 크나큰 욕망으로 기뻐 만족할 줄 모르며, 격분[忿], 원망스러워함[恨], '잘못을 감춤'[覆], 괴로움[惱]과 속임 등 '사문의 장식'[沙門莊嚴]으로 다스려야할 대상에 마음이 즐거워지면 모두 다 마라가 하는 일인 줄 알라.

이와 같은 종류가 무수하고 한없는데, 모두 마라가 하는 일이다. 모두 다 바로 네 가지 마라가 지은 것이니 알맞고도 바르게 분명히 알아야 한다.

4.17 결과 없음의 원인과 조건無果因緣

세 가지 원인과 조건 때문에 바르게 수행하는 이가 매우 부지런히 나아가도 헛되어 결과가 없다. 무엇이 세 가지인가? 첫째, 모든 근이 아직 모이지 않았기 때문이다. 둘째, 가르쳐 주는 것을 따르지 않기 때문이다. 셋째, 등지等持의 힘이 약하기 때문이다.

모든 근이 아직 모이지 않은 경우에는, 가르쳐 주는 것을 따르고 강성한 등지等持를 획득하여 매우 부지런히 나아가도 헛되어 결과가 없다. 모든 근이 모였고 등지等持의 힘도 강성한데 가르쳐 주는 것을 따르지 않는 경우에는, 매우 부지런히 나아가도 헛되어 결과가 없다. 모든 근이 모였고 가르쳐 주는 것을 따라도 등지等持의 힘이 강성하지 않은 경우에는, 매우 부지런히 나아가도 헛되어 결과가 없다.

　모든 근이 모였고, 가르쳐 주는 것을 따르고, 등지等持의 힘이 강성한 경우에야 매우 부지런히 나아가면 반드시 결과가 있다. 이와 같은 것을 세 가지 원인과 조건 때문에 매우 부지런히 나아가도 헛되어 결과가 없다고 하고, 세 가지 원인과 조건 때문에 반드시 결과가 있다고 한다.

신현승

고려대학교 철학과를 졸업하고
동국대학교 대학원 불교학과에서 원시불교사상으로 석사학위를,
유식 사상으로 박사학위를 취득하였다.

논문   原始佛敎의 在家生活 原理 硏究
       『成唯識論』의 말나식 존재증명에 대한 검토
       『成唯識論』의 말나식 연구

현장삼장 한역
유가사지론 瑜伽師地論 3 (제21권 - 제29권)

역주 신현승

2025년 1월 18일 1판 1쇄 펴냄
펴낸이   신현승
편집디자인   신영철
펴낸곳   도서출판 묘광
주소   서울특별시 강남구 테헤란로 147 성지하이츠2 1513호
전화   02) 547-3952
E-mail   myogwangbooks@gmail.com
출판등록   제2020-000233호

ⓒ 신현승 2024

ISBN   979-11-971681-2-3

값   28,000원

이 책은 저작권법에 의해 보호를 받는 저작물이므로 무단 전재와 무단복제를 금합니다.
출판사명에 쓰인 글꼴은 서울시 마포구에서 제공한 무료글꼴인 Mapo애민체입니다